El Despertar de Jennifer Lopez, Christina Aguilera y Selena Gomez

Ignorar el futuro y lucir espléndida

Parte Uno

por Ray Songtree

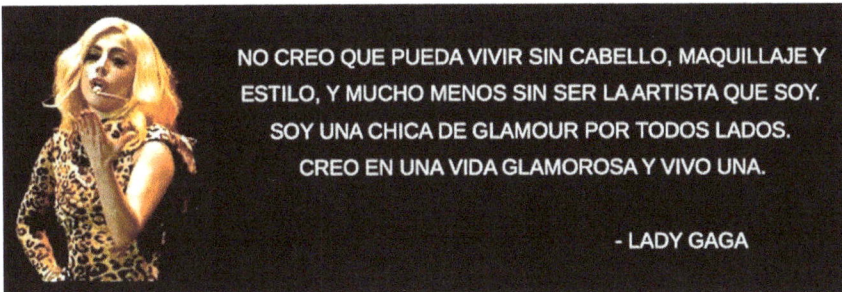

NO CREO QUE PUEDA VIVIR SIN CABELLO, MAQUILLAJE Y ESTILO, Y MUCHO MENOS SIN SER LA ARTISTA QUE SOY. SOY UNA CHICA DE GLAMOUR POR TODOS LADOS. CREO EN UNA VIDA GLAMOROSA Y VIVO UNA.

- LADY GAGA

Ella cree en el consumo excesivo. Ella cree en la vanidad.
Ella abre las piernas al público y la apoyan para que continúe haciéndolo.
El consumo excesivo está basado en tomar de otros,
que no tienen suficiente. Esto es forzado por el ejército.
La vanidad conduce a la violencia, lápiz labial y crímenes de guerra.

El Despertar de Jennifer Lopez, Christina Aguilera y Selena Gomez
ISBN 978-1-941293-32-4 (edición rústica)
ISBN: 978-1-941293-33-1 (libro electrónico)

The Awakening of Jennifer Lopez, Christina Aguilera, and Selena Gomez
ISBN 978-1-941293-06-5

Kauai Transparency Initiative International
(Iniciativa Internacional de Transparencia de Kauai)

Declaración de misión: Kauai Transparency Initiative International cree que la naturaleza humana es el amor. El "derecho a saber" conduce a elecciones informadas lo cual conduce a una administración local. Cuando el gobierno y la industria sean honestos, abiertos con los ciudadanos y los consumidores, las personas elegirán naturalmente la salud para ellos mismos y las futuras generaciones. Una madre protege a su hijo. KTII existe para ayudar causas que trabajan por la transparencia y la divulgación. El objetivo es una sociedad amorosa informada en Kauai y mucho más lejos, producida mediante el fomento de una conciencia de responsabilidad a través de una educación honesta. KTII fue fundada por Ray Songtree en 2011.

Para hacer donaciones deducibles de impuestos, para preguntar sobre el programa de afiliados, para recibir pago por la organización de un concurso de ensayo en tu área, o para preguntas sobre talleres-charlas-presentaciones, visita por favor, Lapiz-Labial-y-Crimines-de-Guerra.Com

Debajo de esta llama

    la vela fundida en mi interior.

Ante mí,

    tus ojos de perla,

tu piel elegante

    acariciando

    la luz de mi conciencia.

– Ray Songtree 1976

Gracias mamá, Ontshauwan, Penny, Diana y Riza

Prefacio

Este libro representa dos años de investigación sólida y escritura (y 7 años antes de eso). Es el primero de la serie el Fin de la Tecnocracia. Durante estos dos años contraté traductores en español, de modo que la versión en español de Lápiz Labial & Crímenes de Guerra pudiese estar casi al mismo tiempo que la versión en inglés; con los fondos generados de la ventas del libro, seguirá una edición francesa para África.

La primera parte comprende los primeros 9 capítulos y tiene 335 páginas con más de 300 imágenes en color. Además de la historia de los pueblos indígenas y modernos, el libro describe nuestros conceptos de sexo, sexualidad e identidad sexual diseñados por ingeniería social. Demuestro que la confusión sobre polaridad de género, modestia y familia es intencionalmente promovida en los medios de entretenimiento y ahora en las escuelas. Hemos sido cambiados por programas planificados que debilitan nuestra moral, nuestra naturaleza, familias y comunidades locales, de modo que apenas resistimos un "único" sistema mundial. Hemos renunciado a la lealtad local porque hemos sido "transformados" y estamos progresando y hemos sido alimentados con la promesa de "paz", con una cadena alrededor de nuestros cuellos y nuestros jóvenes se han convertido en criminales de guerra. Muchos veteranos saben en sus corazones, y en su vergüenza, de que no son héroes. El libro viene a su ayuda en la segunda parte, donde conocerás un sobreviviente del *USS Liberty*.

Muestro eso ya que debido a los gastos de la extracción y entrega de recursos, no habrá recuperación económica para los 43 millones de estadunidenses que usan cupones alimenticios, y lo que los globalistas planean para nosotros es abusivo, para hacerlo con moderación… cada guerra por más de cientos de años ha sido diseñada. Seremos instruidos sobre aceptar la austeridad, como en varias naciones europeas en la actualidad, mientras Billionaire Boy's Club (segunda parte) mantiene el reinado por "nuestro propio bien".

Pero no tiene que ser de este modo. Necesitamos nuestro propio plan en nuestras comunidades y necesitamos ser claros sobre quiénes somos espiritualmente y nuestro lugar en esta tierra.

De ahí el subtítulo, **la globalización que no recibiste en la escuela.**

Es probable que la fundación de Bill y Melinda Gates continúe con su compromiso de control de la población mundial, y ahora, en la creación del currículo de las escuelas de la nación, porque ellos en realidad creen saber mejor que nadie como debemos vivir.

-Anne Hendershott (Capítulo 6)

A continuación, ella es una mocosa famosa de Disney. Ella está usando tacones altos demoniacos. En el capítulo ocho se revela la participación de ella como satanista y una herramienta para planes que ella ni siquiera comprende.

Los engranajes críticos del libro se balancean con muchas imágenes en color y la corrupción impactante de la industria musical, que primero emociona y luego indigna. ¡La realidad, como

la conoces, no sobrevivirá a este libro! Si amas la música, la trama del libro es con frecuencia acompañada de letras de canciones. Hay alrededor de 150 *enlaces en el libro como referencias.*

Reparto de personajes en la primera parte se incluyen : Lady Gaga, Zbigniew Brzezinski, Jennifer Lopez, Henry Kissinger, La Voz, Michael Jackson, Demi Lovato, Secretaria de Estado Madeleine Albright, Simon Cowell, "Sir" Bush Sr., Britney Spears, Bill Gates, Barack Obama, "Sir" Collin Powell, Madonna, Christina Aguilera (arriba), Selena Gomez, Shakira, David Icke, Reina Elizabeth, Secretaria de Estado Hillary Clinton, Lord Rothschild, Rihanna, David Rockefeller, Karl Marx, Nicki Minaj, "Sir" Alan Greenspan, Paul Volkner, Cynthia McKinney, George Washington, "Sir" Alan Greenspan, Walt Disney, Whitney Houston, Tupac, "Sir" Elton John, ganadora del Factor X RU Sam Bailey, participante del Factor X Ellona Santiago, Secretaria de Estado Condoleezza Rice, participante del Factor X Tamera Foster, Los Hopi, George Orwell, Taylor Swift, "Sir" General Norman Schwarzkopf, la canción "Frozen", la película Brave, "Sir" Tom Jones, "Sir" J. Edgar Hoover, FCC, la Operación Ebola, Plaza Sesamo, Charlas TED, geo-ingeniería y mucho más.

Por favor, guarde su recibo, de modo que tenga la oportunidad de ganar un premio en dinero en efectivo, cuando describa su reacción sobre el libro en la página de Facebook del "concurso de ensayo" descrito al final de esta primera parte. La mayoría de dinero de los libros irá a premios de dinero en efectivo. La estrategia de marketing no es para hacer dinero, sino para fomentar la discusión. Espero haber concluido para el final del año y tener todo el dinero generado, ponerlo otra vez en un esfuerzo crítico para despertar. La "ganancia" del libro será medida en términos de lo que el libro da, no de lo que el libro *recibe.*

Mi esfuerzo principal es para ayudar a terminar el encubrimiento de crímenes de parte de instituciones públicas y además para alentar y proteger la privacidad, la soberanía y la diversidad local. Mientras la ética del consumidor decae, como está pasando ahora con las ventas al detal cayendo en un periodo de deflación indiscutible, podemos crear una llegada más suave estando preparados para tiempos más simples. Esta es una opción que tenemos y una posibilidad que necesita empoderamiento. Yo describo el poder real para mujeres y hombres, que no es el feminismo "quiero ser un hombre" o el "estoy haciendo mi trabajo". En vez de esto, el poder real se encuentra en la soberanía personal que respeta a uno mismo y a los otros.

A la izquierda la imagen de la cantante Beyoncé Knowles, en la entrega de los Grammy 2010, con un gesto demoniaco hecho con las manos entre las piernas, repetido tres años después por Ellona Santiago de

17 años de edad en la temporada del Factor X 2013 Estados Unidos (Capítulo 8). La industria musical es manejada por un plan de ingeniería social subliminal y negativo. ¿Quién está haciendo esto y por qué?

Cubierta frontal del libro: la cantante Rihanna con un lápiz labial fálico y el asesor de Obama – Bilderberger, pedófilo y criminal de guerra – Henry Kissinger visto a continuación con la estrella de rock de U2, Bono. ¿Cuál es la relación entre entretenimiento y política extranjera?

"Tricia Jenkins, autora de la *CIA en Hollywood*, dijo a DailyMail.com que ella había conseguido evidencia, de manera reciente, que mostraba como la CIA trabajaba de manera secreta para influir en los guiones de Hollywood de manera nunca antes conocida. Ella dijo: "En esta documentación, relacionada a una de las películas más importantes de Hollywood, es claro que la CIA funcionó como socio principal modelando el guion original y su influencia sobrepasó lo que hubiese hecho un productor agresivo o un ejecutivo de estudio."

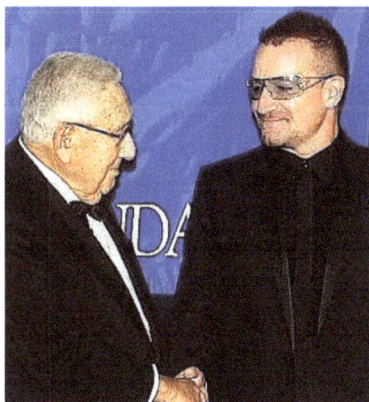

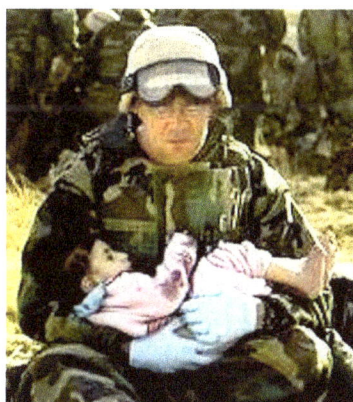

¿Estás confundido sobre el guion?
No lo estés.

Introducción

Esta edición del Vol. 2 de Lápiz Labial y Crímenes de Guerra está dedicada a la salud y el despertar espiritual de los hijos de todas las celebridades de la industria del entretenimiento, especialmente a los hijos de las actrices y cantantes Jennifer Lopez, Christina Aguilera y a los futuros hijos de Selena Gomez. Ten en cuenta que también hay una edición en español. Hablaré de Shakira en el Vol. 3.

> *"Los niños copian lo que hacemos, por eso quiero ser un buen ejemplo para ellos."*
>
> – Jennifer Lopez, 2 de diciembre de 2013

She's just Emme from the block! Jennifer Lopez's adorable daughter dresses up like famous mother for hilarious selfie

By MIKE LARKIN FOR MAILONLINE

PUBLISHED: 21:31 EST, 25 September 2014 | UPDATED: 06:21 EST, 26 September 2014

f Share 🐦 📌 g+ ✉ ◁

💬22
View comments

She was born with a silver spoon in her mouth.

But it seems Jennifer Lopez's daughter is just Emme from the block after she dressed up like her famous mother for an hilarious selfie.

The Booty favourite posted the image of the adorable six-year-old wearing an identical outfit for fans to enjoy on her Instagram page.

¡Ella es solo Emme, la del barrio! La adorable hija de Jennifer Lopez se viste como su famosa madre en esta divertida selfie. Por MIKE LARKIN PARA MAILONLIN,

> *Nació en cuna de oro. Pero parece que la hija de Jennifer Lopez es simplemente Emme, la del barrio, después de vestirse como su famosa madre para tomar una divertida selfie. En su página de Instagram, la favorita de Booty publicó para sus fans una imagen de su adorable hija de seis años vestida de forma idéntica.*

A diferencia de la títere Madonna, que parece estar disociada, Jennifer Lopez podría cambiar de parecer. De todos los agentes del cambio de la industria de la música, Lopez acapara mi atención por su edad y posición. Es posible rezar por alguien de forma muy directa. Podemos tener esperanza por las celebridades que conocemos y desear que den la espalda a sus roles como objetos corrosivos de glamur y concentrarse en algo muy simple: la inocencia e integridad de los niños.

Esto implica pedir disculpas una y otra vez por los roles pasados como objetos de lujuria sin compromiso.

Los lectores puede completar el espacio en blanco con el nombre de cualquier celebridad que conozcan, que están de acuerdo con cumplir las órdenes de la industria a cambio de fama y fortuna.

Estimado _____

He producido más de una portada y título de este Vol. 2 que abarca la historia, la industria de la música, la sexualidad, la educación, las personas indígenas, la tecnocracia, el transhumanismo, la homosexualidad, la guerra, la banca y el espíritu. El subtítulo de la serie es "Ignorar el futuro y lucir fabulosos".

Les pido que, cuando tengan tiempo, analicen el currículo unificado para las escuelas de EE. UU. Hay buenos videos en youtube; muchas personas están tomando conciencia.

Les agradecería que uniéramos esfuerzos para exponer a las personas y la agenda oculta en este ataque educativo a la familia y la virtud.

Tal vez sus hijos no asistan a escuelas públicas, pero millones de niños sí lo hacen. La "tolerancia" a la experimentación de género es una excusa para la perversión del "todo vale". El currículo unificado está siendo probado en EE. UU. y se globalizará mediante la "Iniciativa para la niñez temprana" del Banco Mundial, promocionada por Shakira. En la vida real, en tiempo real, el futuro de la diversidad humana está en juego. Es decir, todas las culturas son el objetivo de la extinción excepto la monocultura mundial.

No ganaré un centavo con estos libros. No utilicé tu nombre para ganar dinero. Escribo para salvar a tus hijos y a la mía. Mi hija tiene 9 años. Lo que ellos enfrentarán en su vida es como un océano partido de icebergs girando de aquí para allá en un caldo tóxico. ¿Sobre qué bases se construye la vida? Ricos o pobres, todos enfrentaremos la crisis medioambiental, económica y espiritual a menos que nos pongamos firmes ahora y volvamos al poder de la familia, la comunidad local, la organización del hogar y la administración.

Tengo una visión crítica sobre algunas de tus elecciones y creo, si lees el libro cuidadosamente sin ponerte a la defensiva, que podrías estar de acuerdo con mis críticas. ¿Qué significa ser un buen modelo de conducta para las jóvenes? ¿Significa hacer CUALQUIER COSA para alcanzar el éxito? Como todos los títeres de la industria del entretenimiento, enfrentas fuerzas y presiones que requieren hacer concesiones en quién quieres ser realmente. La presión de mantener la imagen es más de lo que una simple alma puede soportar. Sin embargo, la verdad sea dicha, existe vida después del entretenimiento. Algunos famosos se niegan a descubrir esta verdad y tienen un estilo de vida adictivo. Están atrapados en la vanidad y la pose durante toda su vida.

Ocupas una excelente posición para demostrar a millones de personas lo que podrían significar valores simples y conectados a tierra. Puedes renunciar a actuar, renunciar a posar, renunciar a los estilistas y la imagen. Si te alejas de la fama, podrías pasar por el ojo de la aguja (Mateo 19-24).

Consulta por favor la declaración de misión de Kauai Transparency Iniciative en la contraportada. Ve con Dios.

Ray Songtree 05/16/2016

Índice

(Lista de personajes)

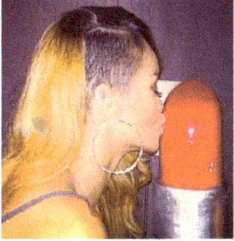

Rihanna, "Diva" del materialismo seductivo

Mira la discusión del concurso al final del libro.

Criminal de guerra Henry Kissinger

Compañía Británica de las Indias Orientales
Napoleón Bonaparte
Wellington – Batalla de Waterloo
Thomas Jefferson
Kalmann (Carl) Mayer Rothschild colega del Papa Gregorio XVI
Karen Hudes – Denunciante del Banco Mundial
Guiseppe Mazzini – Agente Illuminati
Jack Ruby – Asesino a sueldo de Oswald
Lee Harvey Oswald – Incriminado
John C. Calhoun – Vicepresidente bajo Andrew Jackson
Jacob Schiff – Principal agente Rothschild en Estados Unidos, fundó FED, ADL, NAACP,
    y La revolución bolchevique
Primer ministro británico Benjamin Disraeli
Nativos americanos Cherokee y Creek – Sendero de lágrimas
Karl Marx – Empleado Rothschild
Karl Ritter – Anti-tesis del manifiesto comunista
Friedrich Wilhelm Nietzsche
Abraham Lincoln
Tsar Alexander II – Enemigo de Rothschild
John D. Rockefeller – Standard Oil financiado por Rothschild
Frederick Engels – Deben conocer este nombre jóvenes. Él escribió el *Manifiesto Comunista*
    con Karl Marx.
David Allen Rivera – Autor
Warren Buffet
Marioneta remplazable Arnold Schwarzenegger
La FED – Reserva Federal, un banco Rothschild privado que se reúsa a ser auditado
ADL – Liga Anti Difamación
James Earl Ray – Exonerado en el juicio de 1999 (censurado por Media), Shelby
    Tennessee. No mató a Martin Luther King.
NAACP – Asociación Nacional para el Progreso de las Personas de Color
Collin Powell – Criminal de guerra
Condoleezza Rice – Criminal de Guerra
Marioneta remplazable Oprah Winfrey
Vendido Jessie Jackson
Eddie Murphy – Vendido
Cynthia McKinney – Héroe denunciante
Película – *The Monuments Men (2014)* dirigida por George Clooney – Vendido
Jesús
Budismo

Paul A. Volker – Subalterno Roth-efeller
El grupo Bilderberg de verdad
Edmond de Rothschild
Sharon Percy Rockefeller
Andrew Gavin Marshall – Investigador

Niños palestinos asesinados
Emperador Nerón
Geo-ingeniería – Modificación el clima más ionización de la atmósfera para otros programas

Greg Ray – Marinero
Plankton Decline – No discutido
Geo-ingeniería
Oscurecimiento global
Elana Freeland – autora de *Estelas químicas, HAARP, y la dominación de espectro completo del planeta tierra*
Pescado muerto
Dane Wigington – Héroe denunciante de GeoEngineeringWatch.org
Vincent Freeman – Denunciante de nanotecnología
Plan secreto transhumanista
"Si está encubierto, es cierto." – Chuck Cannon, San Francisco
Gráfico de autismo
Gráfico de Alzheimer
Gráfico de cáncer de próstata en el RU
Gráfico de Hepatitis C, RU
Gráfico NAS Tennessee
Cupones de alimentación – Gráfico de ración
Gráfico de erosión del suelo – Nosotros heredamos la realidad, no la creamos.
Gráfico de agua por Cápita
Torre de celular/ Gráfica de electro sensibilidad

Bertrand Russel
Mayor de USAF George R. Jordon – Fluoruro
Mike Adams – Héroe denunciante – NaturalNews.com
Medidores "Inteligentes"
Electricidad sucia – Cambiando el modo de suministro de energía
Josh del Sol – Héroe denunciante – Productor del film *Recupera tu poder*
Breast Cancer
FCC – Estándares de seguridad obsoletos intencionalmente
Bioinitiative.org – Miles de estudios muestran el peligro a largo plazo del wifi
Cinco jovencitas danesas de noveno grado – Heroínas denunciantes
Gary Null y Richard Gale – Héroes denunciantes del CDC
Ninguna epidemia de Ebola, números de casos desaparecen en Liberia
Dave Hodges – CDC y Bill Gates dueños de las patentes sobre el Ebola
Monsanto Inc.
Vacuna del Ebola imposiblemente producida en pocos meses

"Sir" Norman Schwarzkopf
"Sir" Collin Powell
Madeleine Albright
"Sir" Henry Pedófilo Kissinger
"Sir" Brent Scowcroft
"Sir" Alan Greenspan
"Sir" George Pedófilo Herbert Walker Bush y "Sir" Ronald Reagan
"Sir" J. Edgar Hoover
"Sir" Tom Jones
Francmasones
Celine Dion
Rihanna
Movimiento New Age
Deepak Chopra
Imagen–La sequía de California
Película – *Por qué nos están rociando* (2012)

El Autor

Mi primer recuerdo fueron varios sonidos estrepitosos. Mi madre me estaba cargando y acabábamos de dejar el apartamento en Octavia Street en San Francisco. La existencia era una figura humana eléctrica de color azul. El pulso de esa corriente de luz azul en movimiento y la melodía con la forma de un pequeño hombre era yo, mi conciencia, mi ser. Yo abrí mis ojos a las calle y a la acera, y observé y escuché los edificios y los carros, y los sonidos estridentes. Era un ruido muy fuerte y aterrador. Se podría decir que fue un despertar tosco.

Yo vine a este mundo. Era un bebé pequeño –no sé cuál era mi edad, pero estaba demasiado pequeño para caminar.

Cuando yo tenía tres años de edad, mi padre me llevó de pesca a Coyote Point en la bahía de San Francisco. Atrapé una pequeña perca plateada brillante y la tenía arriba sobre el embarcadero y estaba jalándola al final de la línea. Él empezó a gritar para que parara.

Tú recuerdas cosas como esta.

Esa fue mi primera lección espiritual… respeto y amabilidad. Otra fue mi madre avergonzada porque su uña accidentalmente se había enterrado en mi piel… Amabilidad y culpa. Mi hermano menor llorando porque yo lo intimidaba, y mi vergüenza posterior… remordimiento y vergüenza.

Cuando tenía cuatro años y estaba en la guardería, la profesora me preguntó: "¿Crees en Dios?" Yo no tenía ni idea. Ella levantó a otro chico en su regazo y dijo: "Johnny cree en Dios y yo amo a Johnny". Prejuicio.

Tú recuerdas cosas como estas.

Mis tías y tíos. Mis primos. La mascota, el desierto, las montañas, las camas de alga marina… estas son mis raíces. Yo crecí en una ciudad costera al sur de California. Tuve suerte porque mis padres fueron ávidos campistas y amaban la naturaleza. Yo vi el cóndor californiano en peligro de extinción volando lleno de juventud detrás de Santa Bárbara. Ya no vuelan allí. La mayoría de los 7 billones de personas del mundo no saben lo que es pasar la noche en la naturaleza, permanecer durante meses, como yo lo he hecho. La mayoría del mundo nunca ha visto bosques vírgenes, y por lo tanto no tienen el punto de referencia con el cual contemplar nuestra relación con el antiguo mundo natural.

Para la mayoría de la gente, la naturaleza no es antigua. Para la mayoría de la gente, la naturaleza no es el Gran Misterio porque nunca han pasado días y semanas en el silencio que pone en evidencia cada ápice de vanidad y nos despoja de la capacidad de nombrar.

Recuerdo ir de excursión en la naturaleza a las Sierras bajo un cielo azul profundo. Recuerdo mirar hacia arriba. Había estelas de vapor de agua desapareciendo detrás de los jets. ¿Pero ahora el cielo está cubierto de estelas?

Las estelas ahora se abren en abanico y cubren el cielo. Ya no son simples estelas.

Cuando era adolescente, en la cuenca de Los Ángeles, aprendí que el agua se bombeaba desde las montañas. Recuerdo que pensé: "Esto no va a durar", levanté la vista de mi escritorio de escuela y me dije a mí mismo: "me voy de aquí."

No me sentía inspirado por la universidad y cuando un amigo me ofreció un tiquete gratis a Londres, lo acepté, y después viajé a través de Europa, Turquía, Irán y Afganistán a Pakistán y la India. Eso fue antes de las guerras. Una base más para la bondad fue mi estancia en 1973 con Lama Yeshi y Zopa Rinpoche cerca de Katmandú, Nepal. Ellos me enseñaron el Voto de Servicio. [1]

Los escritos del peruano Carlos Castañeda fueron fundamentales para mí, sobre todo "Viaje a Ixtlán" que es uno de los pocos libros que recomendaría a alguien interesado en el camino espiritual. Una frase en un libro anterior suyo me llevó a dejar de beber alcohol durante el resto de mi vida.

En India tuve una experiencia donde el universo es transformado. Hablo de ello en mi único video de Youtube que se puede encontrar en línea. Esto tomó muchos años para poder integrarse. Estaba desorientado y sin ningún apoyo.

Regresé a la universidad y probé todos los linajes y profesores espirituales que pude encontrar. En mi primera entrevista privada con Kobun Chino Roshi (le llamábamos Kobun), él se acercó a mí mientras yo estaba sentado y mirando hacia abajo en una mesa del patio. Él dijo: "Es como mirar a la luna." Él sabía, como yo, que cuando el universo se voltea, el aquí y el allá no significan nada nunca más. Realmente no hay espacio entre nada. Está todo en la mente, y la mesa de picnic no está más lejos que la luna. Él me dijo que yo era muy joven para tener esta experiencia.

En toda mi vida sólo he conocido a algunas personas que saben acerca de lo que acabo de hablar. Tal y como Kobun pudo ver esto en mí, yo puedo ver esto en los demás. Es la diferencia entre una ventana que está abierta y otra que no lo está. Cuando está abierta, no hay alteridad. Se produce de mente a mente.

Pero también he aprendido que hay más de una forma de despertar, y lo que puedo ver es diferente al tipo de visión que otros tienen a su disposición. Esto significa que no hay una única dirección para la evolución del alma; hay un sinnúmero de direcciones. Esta toma de conciencia socava la forma de comprensión universal que nuestro ego a menudo trata de buscar. No puedo ir allí nunca más. La evolución es multidireccional y ningún mapa puede dirigirla.

✳   ✳   ✳

Otra experiencia importante fue mi estancia en 1975 con el invidente David Menongye, en Hopiland, Arizona. Él se sentó a mi lado y me dijo hacia dónde manejar para encontrar una roca sobre la que estaba dibujada la Profecía Hopi. Él era invidente, pero podía ver.

El abuelo David me llevó hacia abajo a la kiva donde escuché a John y Mina Lansa en su antigua lengua. Estas personas eran leyendas para mí.

En las palabras del anciano Hopi John Lansa, según la traducción de Thomas Banyacya...

"Hay una visión espiritual de las cosas que no pueden ser explicadas. Hay santuarios en el centro espiritual, que son marcadores de rutas espirituales que se extienden en las cuatro direcciones al borde del continente. A través de nuestras ceremonias, es posible mantener las fuerzas de la naturaleza juntas. Desde aquí, en el centro espiritual, nuestras oraciones van a todas partes de la Tierra. Nuestras oraciones mantienen el equilibrio que conserva todas las cosas sanas y saludables. Este es el lugar sagrado. No debe haber nada malo en él. Nunca debe ser profanado. Lo queremos orgánico como siempre ha sido. Deje la tierra en manos de los Hopi para que cuiden de todo para todas las personas. Sabemos cómo cultivar. Sólo las personas que saben cómo hacer crecer las cosas, sobreviven. A través de la oración, las personas pueden desarrollar, a su manera, aquello que los Hopi tienen. "

Me gustaría añadir que, hasta que cada uno de nosotros veamos el mundo como algo sagrado, vamos a seguir abusando de él.

Cuando estuve en la India vi a una mujer tibetana que podía hacer que las cosas desaparecieran. La multitud alrededor suyo estaba cautivada y completamente aterrorizada. Mientras caminaba, golpeaba un palo en el suelo, lo lanzaba y desaparecía. No la observé suficiente para averiguar de dónde venían los palos. Pensé en eso más adelante. Pero la vi golpeando otro palo contra el suelo y también lo oí. La multitud estaba como en un círculo alrededor ella bajando por la carretera. Tenían miedo de acercarse demasiado a ella. Vi el círculo de gente aproximarse donde yo estaba, sentado en una pared de piedra con dos chicos. No me moví así que quedé atrapado por el círculo de personas. Entonces estábamos en el círculo de espectadores y veía lo que todo el mundo estaba viendo. A continuación, el círculo pasó junto a nosotros y todo lo que podía ver era las espaldas de la gente. Lo vi con mis propios ojos. El horror en la cara de una mujer fue la confirmación para mí. Todos lo vimos. Los chicos bromeaban conmigo que yo no tenía miedo.

Cuando regresé a la universidad, andaba con Swami Muktananda, un siddhi. Los siddhis tienen poderes siddhi. Es una fase más allá de lo que está disponible en el budismo zen. Lo vi materializar agua. No era un truco y los pocos que estaban presentes ni siquiera lo percibieron. Fue hecho para un propósito práctico, porque una jarra de agua se había agotado, y sólo el individuo que sostenía la jarra y tal vez yo supimos lo que pasó. Estas fueron buenas experiencias que me hicieron saber que el mundo no era lo que me dijeron que es. También es bastante humillante, porque yo no sé lo que estas personas estaban haciendo.

En 2005, a la edad de 52 años, me fui en un viaje con mi hijo adulto y él traía un libro del autor australiano David Holmgren, Permacultura: Principios y Senderos más allá de la Sostenibilidad. El libro comienza con un gráfico de la producción máxima de petróleo. La gráfica mostraba que desde su descubrimiento en 1847, la producción de petróleo se disparó y luego se estabilizó en torno al año 2000. Luego mostraba la disminución que podemos esperar. Habrá menos petróleo cada año a medida que nos vayamos deslizando al otro pico de la gráfica. Esto es cierto porque el petróleo fácil ya ha sido extraído. En el otro lado de la gráfica, ponía "período de malestar social." Vi eso, y miré a mi hijo y le dije: "Este libro dice la verdad."

Una mayor demanda de petróleo ha hecho que los precios aumenten. En los próximos diez años el petróleo disponible se reducirá mientras que la demanda seguirá subiendo. El precio nos afectará a todos. Buscaremos petróleo en lugares cada vez más profundos, hasta que finalmente se convierta en inaccesible. El petróleo es el combustible más barato y más fácil de utilizar en la mayoría de usos, y la civilización tal como la conocemos se basa en el petróleo. Los fertilizantes, el plástico y la ropa sintética están hechos de petróleo. Discuto más sobre esto en el tercer libro. Los globalistas saben todo sobre esto, pero no lo han advertido al público.

Cuando mi hijo y yo regresamos a casa de este viaje, pasamos un mes investigando en Internet. Un tema llevó a otro. Vimos un montón de documentales. Cada pocos días descubríamos algo nuevo que nos impresionaba. Algunos de los conocimientos fueron impactantes para mi psique. Necesité un par de días para recuperarme. Si quieres en realidad sorprenderte, mira este video en YouTube, La Conferencia de Prensa del Proyecto de Divulgación, mayo de 2001.

Por alguna razón, los sitios web sobre el Cénit Petrolero mencionaban el 9/11. Yo no podía entender eso así que hice una búsqueda en YouTube sobre el 9/11. Fue un momento decisivo cuando vi el video, "9/11 Loose Change" y vi el edificio de 47 pisos de altura, el llamado World Trade Center 7, cayendo en una demolición simétrica perfectamente controlada a las 5:30 de la tarde del 11 de septiembre del 2001.

Nunca nos mostraron esto en la televisión.

Cayó de manera perfecta sobre su propia huella. No fue alcanzado por un avión. Era un edificio de acero a 740 pies de altura. Eso es como más de dos campos de fútbol. Es imposible que llegue a convertirse en polvo en 10 segundos debido a la quema de los muebles de oficinas en algunas plantas. Era muy obvio una demolición controlada, como cualquiera puede ver si se mira este video. [2] Para derribar un edificio perfectamente como este se requerirían semanas para colocar los explosivos profesionalmente. Fue planeado con antelación. Todo esto se hizo evidente para mí en un instante.

*Perfecta demolición controlada en 9/11 a las 5:30 AM. El edificio World Trade Center 7
de 47 pisos de altura es el rectángulo negro en el centro de las fotos*

Más estremecedor es que la demolición se anunció en el suelo con antelación de modo que el área estuviera despejada de personal. La BBC incluso informó del "colapso" 20 minutos antes de que ocurriera. Ya que el colapso real del WTC 7 nunca fue mostrado por los medios de comunicación, tenía que significar que los medios de comunicación participaron en el encubrimiento de lo que realmente sucedió ese día.

Yo me burlaba de la "teoría de la conspiración" en 9/11 Loose Change hasta ese momento. Miré la simetría perfecta del polvo de este enorme edificio y me quedé boquiabierto. Dije: "Oh, mierda".

El elefante estaba en la habitación. Me habían mentido. Todo el mundo lo había hecho. La conspiración no era una teoría. La conspiración era un hecho. Vivía en un mundo loco de mentira, y las guerras se libraban en base a esas mentiras. ¿Sangre por qué? ¿Para quién? Pedí todos los libros escritos sobre el 9/11. Yo estaba furioso.

He pasado los últimos 9 años regresando a la "universidad" en la forma de autodidacta, tratando de tener una idea de lo que está pasando en este mundo. Otros amigos en mi lista de correo constantemente actualizaban y profundizaban mi estudio. La conspiración es un hecho, no una teoría, que millones están investigando por primera vez en la historia. Esta gran masa de investigadores constituyen, en mi opinión, los profetas de nuestro tiempo.

*   *   *

Para limpiarnos del engaño, todos los métodos de engaño deben ser entendidos, de lo contrario vamos a pensar que hoy conocemos "la verdad", sin corregir la mente que recibe la información.

He aprendido a no creer en nada, pero viendo todo como mensajes que pueden ser útiles. Ya no asumo que los datos sean confiables. Los hechos que comparto en este libro son en realidad descripciones. Esto es lo que me gustaría que el lector aprendiese. Las palabras son sólo palabras. Los "hechos " en este libro se harán más reales a medida que más verdad sea expuesta con el tiempo. Los hechos aquí son mucho más ciertos que lo que los medios te hayan dicho. Por lo tanto, lo que pensabas que era "verdad" será desafiado. Voy a conectar una gran cantidad de puntos para ti y tendré que ser repetitivo en la medida en que el círculo de la comprensión crezca e incluya más historia y más evidencias. Al mismo tiempo estoy tejiendo un análisis de la base moral para una alternativa a la actual sociedad disfuncional, con la que nos estamos haciendo daño a nosotros mismos. Presento un resumen en los primeros capítulos y luego la evidencia viene en caliente y pesada. Este círculo cada vez mayor de puntos conectados es lo que puede cambiar tu vida al modificar la manera en que digieres la información. A medida que te encuentres con información nueva podrás utilizar conceptos como el doble lenguaje y marioneta remplazable (ver Glosario) para ver el rostro detrás de la máscara.

A través de mi estudio, he aprendido que la mayoría de las personas inteligentes que conozco no están informadas.

Ellos creen y sienten lo que hacen, basados en una desinformación controlada. El hecho de que los sentimientos de la gente y las pasiones, incluidos los míos, se puedan manipular, es difícil de ver. Todos en el mundo están programados por sus culturas, pero nuestras raíces fueron secuestradas en el siglo pasado y lo que llamamos "nuestros valores" está siendo dirigido por personas que no respetan la virtud. Nuestros valores están siendo manipulados, de modo que podamos convertirnos en la primera cultura sin virtud.

Es increíble la cantidad de miles de millones de personas que creen en las mismas mentiras. Por ejemplo, las tres leyes de la termodinámica son sólo teóricamente ciertas en un "sistema cerrado", pero no hay sistemas cerrados.

Sin embargo, las personas inteligentes, capacitadas en la ciencia y la enseñanza de las ciencias, creen en las "leyes de la física", olvidando que nos hicieron creer en ellas. Y miles de millones de personas están igual de atrapadas. Terminamos viendo mucha gente tan inteligente, pero ignorante. Y luego nos miramos a nosotros mismos, incluso más de cerca.

Y el truco real, como ya he dicho, es que nuestros valores han sido programados. Nuestras coordenadas éticas se colocaron con programas de ingeniería social. Se nos ha dicho desde que éramos niños que estuviéramos orgullosos de nuestra bandera. Pasan los años y nos encontramos trabajando para proteger las corporaciones de los banqueros corruptos como guardias de seguridad en una ocupación militar, asesinando luchadores por la libertad en otros países. (El término "banquero corrupto" se ha traducido del inglés "bankster", que es una combinación de palabras banquero y gánster, y está creciendo en el uso, ya que con exactitud describe la creación de crédito de la nada, en el que ningún valor respalda el "préstamo" en papel bancario, y el mundo se pone en deuda con la policía respaldando los supuestos "préstamos". Cargar las tasas de interés se llamaba usura en el pasado.)

¿Hay que volver a casa después de una guerra de ocupación y enseñar a nuestros hijos a estar orgullosos de nuestra bandera?

Lo diré de nuevo.

No es sólo que la historia y la ciencia hayan sido mentiras, sino también que los valores diseñados que nos fueron inculcados cuando éramos niños, eran falsos.

¿Qué es el matrimonio? ¿Qué es el sexo? ¿Qué es la libertad? ¿Qué es el progreso? ¿Qué es valioso? Créelo o no, tus respuestas son muy diferentes de cómo las personas respondieron a las mismas preguntas hace miles de años. Es muy poco lo que es normal en los valores modernos. Nuestros valores fueron diseñados en algún cuarto trasero y se hicieron lo suficientemente sabrosos para poder tragarlos. Sé que es difícil de creer, pero este libro te mostrará cómo nuestros niños están siendo distorsionados justo en nuestros propios hogares.

* * *

En el horizonte de la comprensión de cada uno está lo desconocido. Todavía estoy aprendiendo. La única persona que conozco que está tratando de presentar una síntesis de lo espiritual y el despertar político es David Icke del Reino Unido. (No estoy descontando los esfuerzos cristianos o patrióticos, pero estos a menudo no piden a sus partidarios que dejen de lado la religión cultural dominante. Por ejemplo, los Testigos de Jehová no participan en fiestas comerciales, pero siguen siendo los principales consumidores. Ellos todavía creen que los humanos tienen "dominio" sobre la Madre Tierra.)

Icke es digno de respeto, incluso si no estás de acuerdo con cada cosa que diga. No siempre estoy de acuerdo con él, pero le respeto mucho. No estoy de acuerdo con su comprensión de los antiguos profetas. Sus historias pueden estar adornadas hasta el punto de ser sólo fábulas, pero ellos existieron, y algunos todavía están vivos en ámbitos que todavía son importantes para nuestra fe. He tenido experiencias con personas que supuestamente murieron. Todavía existen. Jesús todavía existe, y lo sé, y le valoro, a pesar de que no soy cristiano. Hay muchos otros grandes seres que no podemos ver, pero están activos aquí y son valiosos.

Aquellos que ridiculizan a Icke toman generalmente algunas declaraciones de volúmenes de su investigación, y le juzgan. David Icke es un portavoz altruista de la historia que está oculto de nosotros por falsas "noticias". Eso le hace un héroe. Él conecta los puntos para mostrar la corrupción y el crimen detrás de todas las ficciones. Icke expondrá pedofilia rampante en el gobierno. ¡Tu red de noticias no lo hará! Pero su punto de vista no es la visión perfecta, ni es la mía o la tuya. El crítico tiene que decidir, ¿estás con Icke contra la pedofilia, o no? ¡Será mejor que escojas un bando! No hay nada grande en molestar a un informante. Tenemos algunos crímenes reales que necesitan ser resueltos.

En cualquier caso, no queremos que todos estén de acuerdo. Eso sería monocultura. Somos personas con perspectivas únicas así que ¿por qué habríamos de criticar a alguien por ver de manera diferente a nosotros mismos?

La razón por la que somos tan críticos con los demás es que todavía estamos infectados con la cultura dominante, que es uno de los principales temas de la serie El fin de la Tecnocracia. En lugar de ser seres soberanos independiente, tendemos a pensar como competidores, cada uno luchando por nuestra posición de rey de la montaña a los ojos de los demás. "¡Yo soy el hombre! ¡Yo sé lo que está pasando!"

Es por eso que picoteamos a cualquiera que trate de hacer una diferencia. Somos como los pollos siempre luchando en un orden jerárquico. ¡Qué tontería! Si yo soy único, tú eres único. Si no estamos en desacuerdo, ¿cómo puedo aprender algo de ti?

Hacer frente a los demás y calumniarlos es lo que nuestros opresores hacen. (Esas serían las personas que no nos dijeron lo que realmente sucedió el 9/11.) Si queremos emanciparnos de su dominio, tenemos que emancipar a otros de nuestro ridículo.

* * *

Yo no había estado en Australia durante muchas vidas. Regresé en el 2012 para ver cómo le iba a mi antigua familia. No les iba para nada bien. Descubrí que la mayoría de mis hermanos y hermanas habían muerto, y yo, a los 59 años era un anciano. Mi estancia con un pequeño grupo de familias Yolngu en Arnhem Nation, en el lejano caluroso norte de Australia, fue deprimente y desgarradora. Lo que era más deprimente es que la integridad y la honestidad habían sido destruidas por el bienestar. Más profunda que la pereza era la falta de motivación. Cuando no había ningún tipo de motivación, era cuando se buscaban sustancias para drogarse.

El gobierno está privando de manera activa a las comunidades aborígenes de Australia de sus derechos, con una ley nueva y terrible con el nombre hipócrita y de doble lenguaje (ver glosario) "Futuros más fuertes."

El intento de los ancianos de la comunidad para organizar cualquier cosa ha sido saboteado por este nuevo ataque imperial del gobierno de Australia. La policía en los territorios más antiguos actúa como si estuvieran en Sídney. Era tan malo como lo que vi en el Tíbet con el gobierno chino. La minería para el "progreso" es lo primero, la gente está después. Me quedé con familias que habían conocido con su primera cultura dominante del Hombre Blanco hacía menos de 80 años. Aprendí que todas las partes de un animal son comestible, todas las tripas. Aprendí que seas blanco o negro, los mosquitos te están esperando. Me enteré de que las experiencias paranormales eran pan de cada día para estas personas y que tenían miedo del mundo de los espíritus y de salir a solas en la noche. Así no era como vivían sus abuelos, y, curiosamente, el mismo miedo está presente muy lejos, en el Amazonas. Mi base espiritual y mi nueva formación política pesaban sobre la comprensión de su situación social y cultural, que no es única, sino un ejemplo clásico del abuso de la cultura dominante de los pueblos indígenas (ver el Glosario).

A menos que el lector conozca alguien de una cultura indígena, es difícil entender cómo nos fijamos en sus ojos. Parecemos codiciosos invasores porque, de hecho, lo somos. Es bueno tratar de entender esto.

Voy a tomar un ejemplo de una canción que muchos estadounidenses conocen, escrita por Woodie Guthrie...

Esta tierra es tu tierra, esta tierra es mi tierra

Desde California, hasta el horizonte de Nueva York,

Desde los bosques de secuoyas, a las aguas de la Corriente del Golfo

Esta tierra fue hecha para ti y para mí.

Bueno, yo vagaba y divagaba, y he seguido mis pasos

A través de las brillantes arenas de sus desiertos de diamante,

Y todo alrededor de mí, una voz llamaba

Esta tierra fue hecha para ti y para mí.

La letra suena bastante agradable: "Podemos compartir este continente." Pero la letra sólo suena bien si se pretende que los nativos americanos no han estado aquí ya desde hace miles de años. Los nativos americanos conocen Norteamérica como un lugar vivo, no un lienzo en blanco sobre el cual una fábrica de cultura debe ser plantada. Ellos conocen esta tierra de una manera que la mayoría de los estadounidenses no están siquiera interesados en conocer. La mayoría de los estadounidenses no conocen el suelo, el agua, las plantas y los animales, así que ¿cómo Guthrie dice "Esta es tu tierra, esta es mi tierra?" Él está cantando esto como un Globalista de una cultura dominante que quiere reemplazar las corporaciones de la cultura dominante con colectivismo de cultura dominante y utilizar la tierra tan abusivamente como las corporaciones, pero en nombre de "la gente". ¿Quién va a organizar "el pueblo"? Los Globalistas.

> *Mientras iba caminando, vi un cartel*
> *Y en el letrero decía "Prohibido el paso".*
> *Pero por otro lado no decía nada,*
> *Ese lado fue hecho para ti y para mí.*

La idea de Woodie de la libertad y la propiedad de la comunidad, en oposición a la propiedad privada o corporativa suena bien. Entonces, si eso es lo que siente, la tierra en realidad ya tiene una comunidad que la posee.

Los antiguos habitantes. Pero al ser un miembro de la cultura dominante, él no podía ver eso. "Tú y yo" son gente blanca, que por arte de magia están de acuerdo en todo.

Si no hay alguien cuidando la ecología, pueden abusar de ella. En el antiguo Hawái, la cosecha de peces estaba estrictamente regulada, ¡por lo que podía ser sostenible! No hay libertad para la responsabilidad en la Naturaleza.

La canción "Waltzing Matilda" en Australia es similar. Suena muy bien, excepto que esta canción es para un invasor violador despiadado que dibujó las líneas rectas en la antigua patria, reclamó territorios para la "Corona" y se siente uno patriótico ahora al cantarla.

Australia es un símbolo de lo que todo el mundo ha experimentado a manos del monstruo de los banqueros corruptos de Europa, que fueron los que financiaron el Imperio Británico. En sólo doscientos años, fue destruido todo el continente de Australia. Incluso hoy en día, el crimen no ha sido curado, ni el criminal ha sido arrestado. Cada una de las culturas indígenas en todo el mundo se encuentra bajo la misma presión.

Un abogado del gobierno en Bolivia me dijo: "No hay pueblos indígenas. Fueron invadidos hace 50 años. "¿Podría ser esto cierto?"

Nuestra idea "moderna" de progreso, frente a la que todos nos inclinamos como si fuera Dios, es la creación de un basurero tóxico que nuestros hijos tendrán que limpiar. ¿Qué hay de magnífico? ¿Por qué estamos tan orgullosos? También en nuestros vertederos hay culturas que estaban limpias y en su sano juicio y vivían tranquilas, que fueron destruidas por nuestra infección, nuestro deseo de dominar. Al igual que borrachos con nuestras cremalleras hacia abajo, a esto lo llamamos "progreso".

* * *

Espero poder ayudar a que los jóvenes regresen a un camino de purificación. Siento que estoy calificado para hacerlo. Para ayudar.

La insostenibilidad de nuestra tasa de consumo y la cantidad de mi**da que se nos pide que creamos, me convence de que vamos a volver a un camino de purificación.

Los sistemas suprimidos de "energía libre" tienen que seguir estando suprimidos hasta que nos deshagamos de la cultura dominante de nuestra conciencia y se sustituya por una cultura alimentaria. La Tierra y los otros dos millones de especies no necesitan motosierras de energía libre. Cada uno de nosotros tenemos que reducir la velocidad, no acelerar.

Es tiempo para la calidad, no de más cantidad. Es el momento de reducir la velocidad y conectar.

Algunas personas llaman a esta transición desde el abuso, la "ascensión." Creo que es al revés. Sinceramente, no creo que vayamos hacia adelante a una nueva conciencia. Siento que tenemos que volver a algo. Volver a la normalidad. Hay personas que han predicho fechas para algún gran momento, algún gran cambio. Había gente como David Wilcock que promovieron el 2012 como el año en que ascendería. Él no quería estar aquí nunca más. Él es más viejo y más sabio ahora.

El cambio es muy parecido a la luz antes del amanecer. Para nosotros esperar a que el sol se ponga en el horizonte está bien, pero podemos ver un montón de la luz del amanecer y tenemos que empezar a cambiar ahora.

Una transición de regreso a la cordura no va a suceder rápidamente y las ilusiones no llevarán a nadie al "Cielo" ni a alguna "cuarta o quinta dimensión de la conciencia." La idea de que algún nivel galáctico de energía vaya a cambiar los hábitos kármicos de sus habitantes es, en mi opinión, una negación de nuestra responsabilidad para reformarnos a nosotros mismos.

Me parece extraño que las personas que viven un estilo de vida decadente piensen que están evolucionado.

La siguiente exposición de los crímenes impactantes de nuestros líderes sin sentido será nuestro rito de entrada a una ética de rejuvenecimiento. Nuestros modelos de conducta no serán la élite sucia rica, sino la sal de la Tierra. Nuestros héroes serán las personas lentas, que todavía están encarnadas en las culturas indígenas lentas.

A causa de agotamiento de los recursos (ver Glosario), mi visión sobre este tema es preciso. Disminuir la velocidad es nuestro futuro. O eso, o nos veremos esclavizados en un planeta prisionero tecnócrata (Ver Glosario) gobernado por globalistas de élite, como en la reciente película *Elysium* (2013) con Matt Damon.

La "utopía" yuppie de la alta tecnología se basa en la negación de nuestro impacto sobre los demás. Expongo estos engaños en las páginas que vas a leer. La verdad va a ganar y vamos a reducir la velocidad.

No existe una manera sana para conducir un coche de carreras. Vamos a caminar. Es sólo cuestión de tiempo. Y este viejo paseo es un futuro positivo, lo que representa un verdadero progreso desde el loco "juego de la ruleta rusa" que ahora estamos jugando con la naturaleza misma.

*   *   *

Mi escrito tiene la intención de ayudar a catalizar la conciencia y de movernos hacia un punto de inflexión donde la transparencia se impondrá sobre el secreto. Hay miles de personas que realizan este trabajo y el lector puede ser uno de ellos.

Sinceramente siento que es hora de apagar el televisor. Es hora de hacer un balance de nuestra situación. Mujeres verdaderas, es tiempo de que se levanten. Hombres verdaderos, es tiempo de que se levanten.

Cuando nos bajemos de nuestros sofás soñolientos y nos levantemos, tenemos que preguntarnos: "¿Qué estoy comprando cada día que mata a tantas especies? ¿Por qué las mujeres nos pintamos la cara? ¿Por qué hay defectos de nacimiento en Fallujah y quién va a solucionar esto? ¿Quién está pulverizando nuestra atmósfera, bajo qué autoridad? ¿Por qué las escuelas siguen ofreciendo atún venenoso a los estudiantes? [3]

Para muchos de los que lean este libro, la verdad va a ser dolorosa. Es un libro para los buscadores, no es un libro para entretenimiento. Pero me encanta la música y me encanta el espíritu humano, por lo que creo que también sentirás eso. Incluyo la música de nuestro tiempo, que es a la vez un oráculo de nuestros sentimientos y el medio de nuestra decadencia. Para aquellos que están en un tiempo duro con información dura, comparto plenamente su dolor. Sí, lloro. Pero la bondad no tiene fin, puedo prometer eso. Tu corazón necesita la iluminación, que sólo está disponible ahora a través de fuentes alternativas como esta.

Amar con el debido cuidado requiere coordenadas veraces. Estas coordenadas veraces no son "hechos". Las coordenadas veraces vienen de estudiar las consecuencias de tu elección.

Lo que queremos son coordenadas éticas para tomar decisiones sabias.

Mis mentores son muchos. Doy fe a cada uno de ustedes con referencias. Mi información no puede ser completamente exacta, ni puede la información de cualquiera de mis fuentes. Todos estamos aprendiendo juntos, y no queremos dejar nunca de aprender. Traté de verificar todas las referencias, pero la verificación nunca es perfecta. Así que por favor, lee este libro como un investigador, no como un creyente o un no creyente. Las palabras son historias. Las palabras son descripciones.

Me disculpo de antemano si mi estilo de escritura es pedante o poco afilado. Es sólo una forma de expresión. Mucha gente quiere las cosas muy suaves y recubiertas de azúcar, ya que de ninguna otra manera es políticamente correcto para ellos. ¡No soy bueno en ser políticamente correcto! Para mí, no hay ni siquiera tiempo para ser amable ahora. Aquellos que gritan "fuego" en voz alta son héroes para mí.

El libro está escrito como un flujo de conciencia. El tema es holístico, así que no podría organizar una presentación perfectamente lineal. Mezclo la psicología con la ética y con la historia, ya que sin la comprensión interna no sabremos cómo ver nuestro lugar en la historia revelada. Así que cuando un gráfico económico sigue a una foto vergonzosa de una diva, por favor observa la conexión. El pintalabios oculta el lado oscuro. Espero que el lector pueda conectar los puntos con los que he tratado de hacer un círculo. Tú estás en el centro de este círculo.

El coro de los verdaderos está creciendo, y te pido por favor que te unas a nosotros. Sigue estudiando y comparte lo que aprendas. Vamos a recomendar a este mundo la elección informada y vamos a elegir conexión y responsabilidad…

– Ray Songtree, Junio de 2014

He pasado mucho tiempo
Mirando mi lengua en el espejo
E inclinado sólo para verla claramente
Pero mi aliento nubló el cristal,
Así que hice una cara nueva y sonreí

Supongo que lo que estoy cantando es que no hay mejor razón
para librarte de las vanidades y sólo debes fluir con las estaciones
Es lo que pretendemos hacer, nuestro nombre es nuestra virtud

– de la canción "I'm Yours" ("Soy Tuyo") de Jason Mraz
www.youtube.com/watch?v=o5aPiyDn1do

Glosario de términos con conceptos generales

Todos nosotros somos un conjunto de elecciones.

No existe diferencia entre quienes somos y nuestras elecciones y sus consecuencias (karma). No somos una mente ni un cuerpo que realiza elecciones: somos nuestras elecciones.

Nuestra existencia consiste de elecciones realizadas en determinados contextos. Creemos ser cuerpos separados de todo contexto; sin embargo, cuando bajamos el ritmo, nos damos cuenta de que no estamos separados, sino conectados los unos a los otros. Esto no se trata de una conclusión intelectual, sino de una experiencia dinámica y tranquila, una transición real hacia nuestra verdadera naturaleza. Despertar no es un destino, sino una simplificación demasiado tranquila para nombrarla y que crece de manera más profunda.

En el contexto ineludible que nos rodea, se encuentran otros seres. Al respetar y apreciar su derecho inalienable de estar aquí, elegimos actuar moralmente; por consiguiente, vivimos en un universo moral. Jamás podemos evadir la responsabilidad: esta es una verdad absoluta que incluso los ateos pueden aceptar. Entonces podemos elegir entre encerrarnos en nuestras ideas, mantenernos separados y ser abusivos; o calmarnos y conectar desde el corazón, afirmar nuestra soberanía personal, y hacer algo positivo.

Al despertarnos, ayudamos a otros a despertar. Al dejar atrás el consumismo, ayudamos a que otros lo hagan también. Fortaleciendo nuestra comunidad, socavamos el plan globalista de centralizar y controlarlo todo. La re-localización revertirá la monocultura y sacará del trono a las estructuras parasitarias de la corrupción que amenazan con matar el planeta.

Dado que ninguno de los dos tomamos las mismas decisiones, existe una fricción dentro del multiverso. No hay universo o una única versión. No hay un mensaje o una solución universal. No existe una "humanidad". No hay utopía o cielo. Sin importar dónde los seres elijan, hay multiverso y multi-elección y fricción. Un "creyente" espiritual olvida esto y enmascara esta realidad con un dogma como la "paz" o la "evolución espiritual", o el único dios o la única verdad. No existe una única paz, ni un solo camino de evolución, ni una deidad que tenga una perspectiva finita o elecciones infinitas, no hay una única manera de expresar una verdad que abarque elecciones infinitas.

La creencia estructurada es ceguera.

En vez de vivir en un dogma, un individuo soberano vive en acción que está cada vez más informada por la conexión. Esa conexión incluye otras dimensiones que no pueden ser explicadas, pero en inglés usamos las palabras suerte, sincronicidad, gracia, tao, Dios, espíritu, providencia (capítulo 16) para referirnos a esta conexión y a los seres con los que nos conectamos. Yo no puedo explicar esto, ni nadie puede.

Nosotros acostumbrábamos a vivir de manera natural dentro de una comunidad ecológica. Estas son nuestras raíces indígenas. Hasta que regresemos a vivir de manera natural dentro de una comunidad ecológica, asesinaremos bio-regiones con un estilo de vida interior que destruye el mundo exterior sin pensar. Tenemos que derrocar a los parásitos globalistas y tocar otra vez la tierra. De este modo, tocaremos el espíritu de nuevo y tomaremos responsabilidades por eso, cada uno como individuos soberanos. La simplificación sobrevivirá a la enfermedad que llamamos "progreso". El sobreconsumo y la monocultura son desafortunados, pero nosotros no. ¡Los jóvenes se adaptarán!

Se sugiere que el lector revise el Glosario de conceptos centrales al final del libro antes de continuar con la lectura, ya que está ilustrado con explicaciones largas de los términos que forman el tema presentado. Aquí está la lista de términos, que aparecerán en itálica a través del texto.

1. Agotamiento de recursos	22. Maldad
2. Auto-legitimado	23. Marioneta remplazable
3. Camino de la purificación	24. Medios de comunicación controlados
4. Compasión	25. Monopolización
5. Consumismo	26. No sostenible
6. Cooptar	27. Países "desarrollados"
7. Cultura dominante	28. Países "en desarrollo"
8. "Democracia"	29. Países "desarrollados" en recuperación
9. Deseo ávido	
10. Doble lenguaje	30. Programación predictiva
11. Elección informada	31. Progreso
12. El Gran Misterio	32. Pueblos indígenas
13. Enfermedades autorizadas	33. Relaciones inversas
14. Fuerzas Armadas	34. Relocalización
15. Globalistas	35. Roth-efellers
16. Globalización	36. Rothschild
17. Habitantes urbanos	37. Soberanía personal
18. Héroe	38. Tecnocracia
19. Historia	39. Tema de la jaula
20. Ingeniería Social	40. Vanidad
21. Libertad	41. Vanidad desconectadora

CAPÍTULO 1

Consumismo organizado

Menos mal que el propósito de la vida son muchos propósitos.

Desarrollar la bondad, sin embargo, parece ser un propósito muy distinto al de acumular poder. La cooperación no es lo mismo que crear intrigas para aprovecharse de otros. Nutrir es distinto de abusar. Cultivar alimentos es diferente a robarlos.

Y no es que sólo parezca que nuestra sociedad está fuera de control y enferma. ¡Verdaderamente está fuera de control y enferma! Tampoco sólo parece que las cosas empeoran. ¡Las cosas definitivamente están empeorando! Para aquellos que piensan que esto es negativo o absurdo, o que no tenemos problemas, ¡puede que no hayan notado que Estados Unidos está imprimiendo 30 mil millones de dólares estadounidenses al mes para mantenerse a flote! ¡Puede que no sepan que 100 millones de estadounidenses reciben algún tipo de asistencia social! Puede que no sepas lo que sucede con los mares o con los ríos o con el cielo porque los medios de comunicación no hacen mención de esto.

Muchos han descrito estos temas. Sin embargo, este libro llega más profundo. Este libro trata del empoderamiento, la responsabilidad y de invertir la tendencia. Yo creo que la gente es buena, y que cuando la verdad exponga el engaño, la gente buscará la bondad.

En esta serie de libros preguntaremos si podríamos estarnos engañando sin siquiera saberlo. Preguntaremos dónde conseguimos nuestros valores. Preguntaremos si tenemos tiempo o mente para el lápiz labial.

Los problemas ambientales, los problemas de agotamiento de recursos, las discrepancias comerciales, el encubrimiento de crímenes de guerra, son todos síntomas. Alguien hizo que sucedieran estas cosas. A alguien no le importó. Hay una enfermedad más profunda que se manifiesta como todas las disfunciones que vemos a nuestro alrededor.

Algunos dicen que el gran problema es simplemente demasiadas bocas para alimentar o demasiados autos en la carretera. Yo digo que eso es sólo la mitad del problema. Están ignorando lo que todos tenemos en nuestra cabeza, nuestros deseos, para qué pensamos que estamos aquí y cómo escuchamos o no escuchamos a nuestra conciencia. Lo interesante es que nuestra forma de pensar ha cambiado como fenómeno de masas, porque nuestro pensamiento ha sido dirigido con ingeniería social. (Ver Glosario) Se fomentaron tendencias y esto ha afectado nuestras elecciones como masa.

De ahí el subtítulo de éste libro, "La globalización que no recibirás en la escuela."

Las elecciones de la sociedad han cambiado porque cada uno de nosotros tiene una nueva narrativa en nuestra cabeza que fue colocada ahí paso a paso. Cada uno de nosotros se ha convertido en el hogar de una nueva cultura que no existía hace cien años. Desde cómo nos vemos en el espejo de la vanidad, al tipo de alimentos que esperamos en cada comida, hasta las guerras que apoyamos con nuestros impuestos, nuestros valores han cambiado.

Son nuestros valores los que han causado las disfunciones que vemos manifestarse a nuestro alrededor. Sé que es más cómodo culpar a los malos, pero eso no va a funcionar, porque incluso después de que encarcelemos a este líder corrupto o a aquel banquero, o aunque pongamos a 100.000 de ellos bajo arresto, aún tendremos lo que han plantado en nuestra cabeza durante un siglo. Aún tendremos nuestros hábitos, nuestras metas disfuncionales, que fueron diseñadas y publicitadas hasta integrarlas en nosotros.....entonces, ¿ahora qué? ¿Con qué las reemplazamos?

Now what?

"¿Ahora qué?"

Después de escapar del acuario del apartamento, los peces están todavía atrapados en la bolsa plástica. Ellos no son libres. No habían planeado qué vendría después de la revolución. De la película, Buscando a Nemo, de Disney Pixar.

Es cierto que hay instituciones corruptas, que durante siglos han vivido de nosotros como parásitos. Las estudiaremos. Y sí, han usado cada truco psicológico para empujar los valores corporativos. Y su empuje ha sido aprovecharse de nosotros, sin duda. El crimen de la disparidad intencional es evidente. Pero, ¿estas instituciones trabajan solas o las ayudamos?

Al examinar la raíz de la disfunción, hay visionarios que dicen que es una fuerza externa la que distorsiona nuestra dimensión. Algunos piensan que estamos siendo utilizados por otras civilizaciones. Quizás eso explica de dónde vino la electricidad o las matemáticas avanzadas. Yo digo, quizás, pero ¿y qué importa? Quizás somos esclavos, extrayendo minerales para construir una nave espacial para los alienígenas. Quizás. Pero, ¿y qué? Y quizás estos extraterrestres sean malvados, porque para ellos el fin justifica los medios. Quizás todo eso.

Pero, ¿a quién le importa lo que piense alguien más? ¿A quién le importa lo que piensen los visionarios? Hay algo más esencial que es más poderoso que una "fuerza externa".

*   *   *

El lector es consciente. Estamos solos, tú y yo. Tú no eres una víctima. No eres un resultado.

Eres conciencia. Te respeto, y escribí esto para ti. Somos capaces de una elección consciente. Aún somos centrales a nuestra propia experiencia de la existencia. El Yo sigue siendo el Yo. El Yo todavía elige. Nos importa. Somos morales. Tenemos algo que decir en el asunto.

Tu destino espiritual se basa en el ímpetu de tu carácter. El mío también. No somos víctimas, somos quienes elegimos.

Nuestro poder está en la elección y nuestra elección ha cambiado. Todas las manipulaciones que han ocurrido, alguien decidió seguirles la corriente. Y podemos decidir no seguirla más. No estamos atascados. No tenemos libre albedrío, pero tenemos la posibilidad de elegir. Podemos sencillamente decidir que no cooperaremos ni permitiremos más abusos.

Es algo que decidimos en nuestro interior, y luego observamos, casi como testigos, cómo esa decisión cambia a qué le entregamos nuestra energía. Tomamos una postura. Es una decisión que puedes elegir hacer en tu interior.

> *Salgo, salgo de todas tus cajas*
>
> *Salgo, no puedes retenerme con estas cadenas, voy a salir*
>
> *Padre, libérame de esta esclavitud, Conociendo mi condición*
>
> *Es la razón por la cual debo cambiar*
>
> *No apoyaré más tu mentira, ni si quiera lo intentaré ya*
>
> *Si debo morir, oh Señor*
>
> *Así elijo vivir*
>
> *....Porque ahora elijo la vida, ey, tomo el sacrificio, ey*
>
> *Si todo se debe ir, entonces es así como elijo vivir.*
>
> – de la canción "Yo Salgo" por la heroína Lauryn Hill

Debemos examinar cómo y por qué cambiaron nuestras elecciones, pero la fuente crucial y central de los problemas del mundo es que *nos permitimos adoptar un sistema de valores materialista.*

Algunos dirán que no tuvimos elección, que se nos obligó a punta de pistola de la misma manera que se está obligando al mundo a adoptar un "sistema de libre mercado" y "libre comercio" a punta de pistola el día de hoy. Esto es cierto y lo puedo apreciar. Hemos visto como las políticas, la manipulación de divisas y las nuevas leyes de "seguridad alimentaria" del FMI (Fondo Monetario Internacional) han dejado sin negocios a agricultores locales en todo el mundo. Puedo apreciarlo; sin embargo, el punto neurálgico de nuestro poder como seres soberanos no está en cómo reaccionamos, sino en cómo tomamos nuestra próxima decisión dentro de la libertad que poseemos. Aun en los campos de concentración la gente ha demostrado que puede elegir o no elegir el odio, elegir o no elegir la fe.

(Quiero decir aquí mismo que hay un momento para detener las Casacas Rojas y eso también es una elección). Me refiero al Ejército Continental de 1775, que detuvo a los ingleses. Defender a tu familia no es odio. Todo el personal de seguridad que está leyendo esto debe comprender que debe estar en el lado correcto de la historia en la lucha entre la corrupción y la virtud. Los militares y oficiales encargados de hacer cumplir las leyes deben pensar profundamente acerca de las cuestiones que sobresalen en la película *El Capitán EE. UU., El Soldado de Invierno,* 2014, protagonizada por Robert Redford.)

Al buscar soluciones no podemos seguir disecando eternamente los problemas. Hay millones de personas que han leído acerca de problemas sociales durante décadas y no han hecho nada al respecto. Podemos estudiar los escándalos para siempre pero no estamos ejerciendo nuestro poder de elección.

Los más altos planificadores y corporaciones han dirigido nuestras elecciones, pero son *nuestras* elecciones. La *soberanía personal* (Ver glosario) significa que asumimos la responsabilidad de nuestras decisiones. Somos responsables.

Tienes algo que decir al respecto. Tienes poder.

$$* \quad * \quad *$$

"La mayoría de los estadounidenses se han dado por vencidos. Han racionalizado su futilidad. Es fácil hacer eso, y se inventan excusas de por qué no pueden asistir a una reunión del pueblo, o siquiera llegar a votar localmente, o atrapar a su miembro del Congreso, o iniciar un nuevo grupo de ciudadanos. Y es fácil racionalizar la futilidad porque, reconozcámoslo, hay un 1 % que verdaderamente tiene una tremenda cantidad de riqueza y poder. Y el 1 % ha borrado la diferencia entre el poder local, estatal, federal y corporativo (que se llama corporativismo).

"El 1 % además tiene cientos de maneras para decirle a la gente joven y a los niños "No se preocupen". A menudo lo hacen con distracción y entretenimiento (lápiz labial). Lo hacen con farmacéuticas. Lo hacen con amonestaciones en tercer o en quinto grado. [Y por medio de modelar los estándares y modas.]

"Comercializan la educación. Los estudiantes no crecen aprendiendo acerca de la historia cívica, así como aprenden de la historia militar y la historia de la electrónica por un tiranía bipartidaria, y [aprenden] acerca de la construcción de vías férreas y todo lo demás, pero no aprenden historia cívica y *la lucha por la justicia*, que en sus mejores momentos el Senador Daniel Webster llamó "la gran labor de los seres humanos sobre la Tierra."

- Ralph Nader, Junio de 2013 [4]

La base de la pirámide económica, los miles de millones de nosotros, nos estamos dando cuenta de que no hay una recuperación económica a la vista debido a la población y al *agotamiento de los recursos* (Ver glosario). (En este momento, algunos lectores podrían decir que no existe la sobrepoblación, pero debo preguntarles, ¿alguna vez han criado ratones o peces, o limpiado un jardín?) Los estudiantes universitarios lo entienden. Hay muy pocos empleos esperándolos. La idea del "éxito" está cambiando, y eso es bueno, porque un "crecimiento sin fin" es un esquema de Ponzi insostenible.

Nosotros, como civilización, nos estamos enfrentando a un choque inminente y el colapso rápido o lento dependerá de qué tan lejos vivamos de las áreas agrícolas. Los que, como yo, viven donde se importa el 90 % de la comida, con una disponibilidad de suministros inmediata que alcanza para una semana, son muy vulnerables. Por suerte para Hawái, si cambiamos nuestras elecciones podemos cultivar suficiente comida para nosotros mismos. Pero ¿qué pasa con Phoenix o Toronto o Tokio o Leningrado o Addis Ababa o Sao Paulo? Gracias al "desborde", a todos se nos ha venido encima una emergencia, sin importar dónde vivamos. (Ver *agotamiento de los recursos* en el Glosario) Ya que el crecimiento infinito es imposible, va a haber una contracción. Las líneas de suministro van a decaer con más niños que nunca en la Tierra.

Aunque no recuerden nada más de este libro, por favor recuerden lo que acabo de escribir.

La necesidad de servicio y compasión para la próxima generación nunca ha sido más imperiosa, ni el sacrificio necesario más sincero. Pero debemos dirigir este servicio desde nuestros propios corazones y hogares, no ser seguidores de los que ahora tienen el control de la sociedad. No debemos reemplazar un gobierno mundial por otro gobierno mundial. Así que cuando el Estado ofrezca ayuda para organizar a los grupos comunitarios en tu área, ten sospechas. Ellos están ya alimentando a casi todos los niños con desayuno y almuerzo diario en las escuelas primarias. El estado está alimentando a los niños, no los padres.

Estamos siendo condicionados. La mejor ayuda es que el gobierno no interfiera con la orga-nización comunitaria, de modo que nosotros, vecinos, podamos vivir juntos como individuos y padres responsables, sin las amabilidades de *doble lenguaje* del Gran Hermano. Hay una nece-sidad de servir unos a otros, no una necesidad de recibir una ración o alguna "restauración comunitaria" bajo una jerarquía global, lo que son las Naciones Unidas en estos días.

Las películas nos recuerdan constantemente la realidad de un colapso inminente. (Esto se llama programación predictiva—ver glosario). Pocos de esos mensajes nos llevan a prepararnos. El obstáculo a estar preparado es que nuestro sistema de valores completo debe adaptarse y eso no es fácil de hacer cuando estamos ocupados aplicando lápiz labial. Las únicas personas que verdaderamente comprenden a lo que nos estamos enfrentando son los "preppers" (personas preparadas para el colapso económico), que se muestran de forma tergiversada en la red y en la TV. Todos sabemos que el colapso se vuelve cada día más probable, pero vivimos en un estado de negación. Debemos cambiar esa negación hoy mismo.

Si el llamado "progreso" no es sostenible, entonces no es progreso, ¿o sí?

*   *   *

Un nuevo conjunto de valores corruptos está dentro de nosotros y nos ciega a la realidad. Creemos que somos superiores y modernos, pero nos estamos dirigiendo a un abismo. De verdad.

Ahora somos los anfitriones de una cultura que es parasitaria con la Tierra y con nosotros mis-mos. Este es el punto interesante. Toda mi vida he escuchado a los ambientalistas que niegan al espíritu, y también he oído a gente espiritual que ecológicamente es analfabeta.

Por favor, todos, necesitamos comer *y además*, "no sólo de pan vive el hombre".

Nuestra cultura debe estar asentada en la realidad, que es ecológica, *y también* debe estar cimen-tada en la fe, que es nuestro camino espiritual.

Por lo tanto, ahora el lector sabe que, cuando digo que tenemos que despertar, estoy sugiriendo que debemos despertar tanto a la ecología como al espíritu. No es uno o el otro. Ambos.

Hoy en día, nuestro estilo de vida e incluso nuestro presupuesto de gobierno toman prestado del futuro de nuestros hijos. Esto es canibalismo de recursos y de impuestos. Nos hemos desco-nectado. Nuestra preocupación con nuestra búsqueda egoísta de "la felicidad" se ha vuelto peli-grosa.

Solíamos tocar y conocer la Tierra. Esto conectaba nuestros corazones. Conocíamos a nuestras familias. Conocíamos nuestras tradiciones. Conocíamos nuestras fuentes de agua y nuestras plantas. Sabíamos lo que funcionaba y lo que no. Éramos sabios.

Nuestras verdaderas naturalezas espirituales tienen una infección parasitaria. Mientras que no nos limpiemos, todos marchamos al suicidio. Hasta que recuperemos nuestra conexión y nuestra sabiduría, estamos recorriendo un camino de ignorancia destructiva. Sólo un idiota se mata comiendo. Sólo un monstruo roba a su hijo su próxima comida.

*   *   *

Siento que eliminar la confusión conduce a la claridad. Este es un enfoque constructivo. La utopía es un sueño. Es mejor limpiarnos de algunas creencias que aferrarnos a creencias poco realistas como la "paz mundial" o el "progreso". Lo siento si esto hace sentir mal a algunos lectores, pero la realidad nunca ha incluido una utopía. Entonces, en lugar de desear, creo que es mejor hacer. Es mejor seguir limpiando nuestras mentes y estableciendo nuestros jardines.

El objetivo de muchas invenciones es la idea de que resolverán las cosas. No lo harán. Un nuevo carburador no resolverá el deseo de hacer un viaje de placer. Los autos de hidrógeno no resolverán el problema de que la gente piense que la felicidad está en otro lugar.

Es difícil imaginar que menos es más, pero la verdad es que no necesitamos un nuevo invento. Necesitamos cambiar por qué pensamos que estamos aquí.

Cuando la purificación reemplace al "más y más rápido" como ética de vida, las cosas que parecían imposibles sucederán. Si podemos mantener un bote ligero, flotará y viviremos para ver salir el sol sobre el océano.

La purificación podría ser un concepto nuevo para algunos. Si estamos más limpios hoy que ayer, ¿estaremos más capacitados para hacer frente a lo que nos presente la vida? Sí.

¿Y qué es lo que NO nos ayuda? Lo que no nos ayuda es ignorar los problemas porque estamos demasiado ocupados, colocándonos lápiz labial, ataviados con nuestra apariencia o consumiendo datos frente a un monitor o dispositivo de mano. Un entretenimiento sensual o intelectual más barato no nos va a ayudar. Una banda ancha más rápida no nos va a ayudar. Tú no puedes comer la nueva generación de juguetes. Siento que los teléfonos celulares y los dispositivos de mano son el nuevo opio de las masas.

Desgraciadamente, a menudo no podemos imaginar que lo que nos cautiva es exactamente lo que evita que encontremos "soluciones".

En 1992 el presidente Bush Sr. declaró que "El estilo de vida estadounidense no es negociable". En febrero de 2006 su hijo Bush junior dijo "EE. UU. es adicta al petróleo", sin ninguna sugerencia para cambiar la adicción. Su declaración fue engañosa. No estamos adictos al petróleo, sino a las cosas y a la velocidad. Un nuevo combustible no corregirá nuestra adicción a más velocidad y más cosas. Buscar alternativas a los combustibles fósiles no ayudará al adicto. Una nueva dosis no es la solución.

Si el estilo de vida de sobreconsumo estadounidense no es negociable, entonces el resto del mundo simplemente puede seguir siendo pobre, ¿verdad, Sr. Bush? Y se usarán pistolas para hacer cumplir esto, ¿cierto?

Lápiz labial y crímenes de guerra.

La gente que escribió aquellos discursos de Bush provenía de los mismos centros de estudios que dictaron los discursos de FDR en los años 30 y escriben lo que sale de la boca de Barack Hussein

Obama el día de hoy. (Yo lo llamo "Logo" Obama porque tiene tanta *soberanía personal* como un logo — ver glosario—). Esta obsesión con más cosas y más velocidad va mucho más allá que esta o aquella administración.

*   *   *

Nos vendieron nuestras obsesiones, y el día de hoy nos las están vendiendo más rápido y más abiertamente que nunca. Esto afecta lo que creemos que necesitamos consumir, cómo creemos que necesitamos comportarnos y cómo creemos que debemos pensar.

Hoy en día los valores corruptos de los Globalistas corporativos están insertos en las temáticas de Hollywood y en DVD para niños en todo el planeta. La destrucción de las culturas antiguas parece ser la nueva cultura de Estados Unidos.

Un mensaje subliminal en este cartel es la "ciudad inteligente" en segundo plano. ¿Dónde están los agricultores? No hay ninguno. ¿Dónde está la feminidad? Desaparecida.

El Cuerpo de Paz, por ejemplo, tiene la "meta altruista" de enseñarle al resto del mundo acerca de "Estados Unidos". El objetivo es la asimilación y la monocultura. El Cuerpo de Paz está en guerra con todas las otras culturas, por introducir los valores estadounidenses por todas partes.

Así que usemos aquí la expresión *doble lenguaje*, la cual defino en el Glosario. El Cuerpo de la Paz en realidad significa la Corporación de Guerra Cultural.

Cuando un presidente de Estados Unidos dice que los estadounidenses no cambiaremos nuestra adicción, o que el estilo de vida estadounidense de sobreconsumo no es negociable, esto es una amenaza para otras naciones, porque *Estados Unidos* utiliza más recursos per cápita que la mayoría de los otros países *y* tiene más de 1000 bases militares en todo el mundo. El *consumismo* tiene el régimen militar más grande y más avanzado respaldándolo. Las *fuerzas armadas* (ver el Glosario) existen para "proteger los intereses estadounidenses"; es decir, el robo estadounidense. Entonces cuando Bush (padre) le dijo a la audiencia de la Cumbre de Río que EE. UU. no se apretaría el cinturón, todos entendieron que el talón imperial del poder estadounidense estaba aquí para quedarse. Y, por supuesto, todos estaban demasiado aterrorizados para abuchearlo.

* * *

El *consumismo* nunca se ha cuestionado realmente dentro de nuestra cultura porque el *consumismo* es la leche a partir de la cual los banqueros extraen la crema para hacer la mantequilla de la concentración de su riqueza y poder. Y ya que la elite controla la conversación, nunca se revela la verdad acerca de esto. Sí, en realidad hay una elite financiera que concentra la riqueza y el poder.

Ochenta y cinco personas que están vivas hoy, y que podemos estar seguros de que se conocen entre ellos, controlan la riqueza de la mitad de la raza humana, 3,5 mil millones de personas.

> El *informe Oxfam* encontró que durante las últimas décadas, los ricos han ejercido exitosamente una *influencia política* para sesgar a su favor políticas sobre temas que abarcan desde la desregulación financiera, paraísos fiscales, prácticas corporativas anticompetitivas para bajar la tasa de impuestos sobre los ingresos altos y recortes en los servicios públicos para la mayoría. Desde fines de la década de 1970, las tasas de impuestos para los más ricos han caído en 29 de los 30 países para los que existen datos, según el informe.
>
> Esta "captura de oportunidades" por los ricos a expensas de la clase media y pobre ha llevado a una situación donde el 70 % de la población mundial vive en países donde la desigualdad ha aumentado desde 1980 y el 1 % de las familias poseen el 46 % de la riqueza mundial.
>
> – Graeme Wearden, *Guardian,* 20 de enero de 2014

Sin nuestra adicción a "más cosas", los ricos no podrían alimentarse de nosotros ni dirigirnos. Seríamos unos "no-participantes". Si cada comunidad trabajara para la autosuficiencia, la elite no importaría. La parte superior de la pirámide no tendría base.

Pero en este momento, la elite financiera tiene el control y está presionando para obtener más control lo antes posible. Lo más desconcertante es que intentan convertir a todos los niños mediante la programación mental que han prescrito. Las carnadas con las que nos atraen son más cosas y más velocidad, que podríamos llamar *consumismo.* Una vez que mordemos el cebo y nos enganchamos, la programación mental entra en nosotros.

La programación mental es que mientras más comemos, más somos. No es así. Necesitamos consumir muy poco para ser seres magníficos.

Hemos llegado a ser como asnos con una zanahoria colgada frente a nuestros rostros: esa zanahoria es la promesa de más y más y más.

Nos han comprado con golosinas, así que pensamos que va a funcionar. Pero no seguirá funcionando. Y la elite lo sabe, así que ahora nos conducen a algo más que sus propias ganancias monetarias. Quieren algo más. Están usando su influencia para algo más.

¿Quién nos está dirigiendo? ¿Quiénes son?

> *Sudáfrica está en manos del capital internacional.*
>
> – George Soros, *Davos Economic Forum,* 2001

Por ahora, cuando digo "ellos", me refiero a la gente más rica del mundo occidental, que ejerce el mayor poder. "Ellos" están establecidos internacionalmente y no tienen lealtad con ninguna nación, religión o etnia. Solo son leales a su "gran juego de ajedrez" del monopolio, que significa buscar siempre más y más poder *sobre* otros. Y "ellos" han estado organizados durante siglos, cómo podrás ver más adelante.

Muchos de los que tienen el control no son parte de esa lista de 85 personas. Están escondidos, y controlan más que sólo riquezas. Controlan la mayoría de las fuerzas armadas del mundo y pueden tomar decisiones de las que, digamos, la Junta de Jefes de Estado Mayor en el Pentágono no está al tanto. Son una fuerza de sombras escondida y sabemos que existe porque han sido revelados por denunciantes; los medios de comunicación no cubren a los denunciantes porque es "demasiado controversial". Esto significa que quien sea que controle a los medios tiene un interés particular en detener las fugas de los denunciantes. Esto significa que los denunciantes dicen la verdad.

Los Illuminati globalistas son una asociación. Son dueños de las 85 personas más ricas porque son más peligrosos. Son los gánsteres más peligrosos, con sicarios y casas de seguridad.

Su base de operaciones parece ser la "Ciudad financiera de Londres", Wall Street, y Basilea, Suiza (que coordina los bancos centrales del mundo bajo una única dirección). Algunos dicen que son los descendientes de las clases gobernantes que se remontan a miles de años atrás, pero no les seguiré la pista en tanto detalle aquí. Dos siglos y medio son suficientes para estos libros. Demostraré que "ellos" están organizados, y están dedicados a la política, las normas, la guerra, y la *ingeniería social*. Pero recuerden lo que dije, que "ellos", como fuerza externa, no son tan importantes como el lector que lee esto.

*   *   *

> *La clase gobernante tiene a los colegios y a los medios de comunicación bajo su control. Esto le permite influenciar las emociones de las masas.*
>
> – Albert Einstein

¿Cuántos lectores sienten que Albert Einstein fue un "teórico de la conspiración"?

> "En 1954, un comité especial del congreso investigó la *red entrelazada* de las fundaciones exentas de impuestos para ver qué impacto tenían sus becas sobre la psiquis estadounidense. El Comité se tropezó con el hecho de que algunos

de estos grupos se habían embarcado en un proyecto gigantesco para reescribir la historia estadounidense e incorporarla en nuevos libros de textos escolares.

"Norman Dodd, el director de investigaciones del comité, encontró en los archivos de la Fundación Carnegie para la Paz Internacional [nombre benigno, ¿no?] la siguiente notable declaración de intenciones:

> "La única forma de mantener control sobre la población era obtener el control de la educación en los EE. UU. Se dieron cuenta de que esta era una tarea prodigiosa, por lo que se acercaron a la Fundación Rockefeller con la sugerencia de que podrían trabajar juntos: la porción de la educación que podría considerarse como de orientación local fuera gestionada por la Fundación Rockefeller, y la parte que estuviera orientada a materias internacionales fuera gestionada por la Fundación Carnegie.

La Fundación Rockefeller accedió a tomar la porción local de la tarea. El propósito de todo este interés por la historia era, por supuesto, reescribirla. Dodd explicó:

> *Decidieron que el éxito de este programa radicaba en la forma en la que se presentaba la historia estadounidense. Entonces se acercaron a cuatro de los historiadores más destacados en ese entonces - como Mary y Charles Beard - con la sugerencia de que alteraran la forma en la que estaban acostumbrados a presentar la materia. Los rechazaron de plano, así que... decidieron que debían construir una camarilla de historiadores de su propia selección.*

"La Fundación Guggenheim acordó otorgar becas a los historiadores recomendados por la Fundación Carnegie. Gradualmente, a lo largo de la década de 1920, reunieron un grupo de veinte académicos jóvenes y prometedores, y *los llevaron a Londres.* [El punto de avanzada británico de la familia banquera Rothschild, como veremos pronto. El thriller de no ficción comienza.] Ahí les informaron acerca de lo que se esperaba de ellos cuando fueran profesores de historia de los Estados Unidos. Esos veinte fueron el núcleo de lo que eventualmente se convertiría en la Asociación Histórica Estadounidense.

"En 1928, la Fundación Carnegie le otorgó 400.000 dólares estadounidenses a la Asociación Histórica Estadounidense para que escribiera un estudio de siete tomos acerca de la dirección que debía tomar la nación. El objetivo de estos libros, según Dodd, fue que "el futuro de este país pertenece al colectivismo y al humanismo". [Estas son palabras de *doble discurso* que significan renunciar a nuestros lazos comunitarios únicos y convertirnos en una pieza sin rostro dirigida por el Gran Hermano.]

A partir de su estudio, Dodd concluyó que estas fundaciones exentas de impuestos - en virtud del hecho de que pagan por estos estudios - eran el núcleo *de un grupo* decidido a destruir a los Estados Unidos. [Convertir a los EE. UU. en un miembro del Nuevo Orden Mundial.]

Los cambios en la educación se aplicaron de forma muy gradual, para no alarmar a la población estadounidense en general, pero han sido documentados. [5]

Bueno, Albert no era un teórico de conspiración. Sabía de lo que hablaba, pero las personas como tú y como yo no lo sabemos, porque los colegios controlados por la "clase gobernante" que él menciona nunca nos contaron acerca de todos los elementos de la conspiración. El hecho de que nunca se nos contaran estas historias en los medios de comunicación o en la escuela nos deja saber que estas historias eran ciertas. Así que por favor, abre tu mente, porque la mayoría de la evidencia que voy a presentar nunca la has oído mencionar.

Utilizaré muchos ejemplos, pero debido a que la cultura de la música pop afecta a cientos de millones de jóvenes y se difunde desde ceremonias presidenciales al entretiempo del Súper Bowl, y parece ser la vanguardia del modelamiento cultural globalista, cubriré el ejemplo de la industria musical del "lápiz labial" en mayor detalle hacia la mitad del libro. Pero sigamos abriendo nuestra situación ética.

✳   ✳   ✳

Los Globalistas no sólo quieren controlar las elecciones y las leyes. También quieren dictaminar las actitudes y valores con respecto a nuestro sentido de la identidad. De la misma forma que se tomó control de la educación, ha sucedido con los lugares de discurso público, incluyendo la industria del entretenimiento. Esto asegura que los sentimientos/estándares públicos no se interpongan en su camino. Ya se trate de metas corporativas como convencer a las mujeres a fumar porque "está de moda" o metas políticas/de recursos como calumniar a algún líder del Medio Oriente llamándolo "dictador" y luego asesinándolo, *nuestro sentido de identidad y nuestra ética están siendo manipulados*. Nos están dirigiendo.

> En 1928 George Hill, presidente de la Compañía Estadounidense de Tabaco, contrató a Edward Bernays para expandir las ventas de sus cigarrillos marca Lucky Strike. Reconociendo que las mujeres aún estaban en la cresta del movimiento sufragista, Bernays utilizó esto como la base de su nueva campaña. Consultó al Dr. A.A. Brill, un psicoanalista, para encontrar la base psicológica de las mujeres que fuman. El Dr. Brill determinó que los cigarrillos, que generalmente se identificaban con los hombres, representaban la igualdad si las mujeres también podían fumar, entonces se organizó un evento mediático de las "antorchas de la libertad" donde se contrataron muchachas para que fumaran en un desfile frente a las cámaras. Se abrió el "mercado emergente" de mujeres fumadoras. Se estima que 100 millones de personas han muerto por enfermedades relacionadas con el tabaco durante el siglo 20.

✳   ✳   ✳

Ya que "ellos" son manipuladores y ladrones furtivos, uno de los valores que deben hacer desaparecer es la virtud en sí.

No quieren que la gente arme un lío por sus crímenes. Y, como les mostraré, han tenido éxito en destruir la virtud como ideal para las personas jóvenes, que dañará a muchos jóvenes de por vida. En el corto plazo, al mantenernos hastiados, son libres de hacer lo que quieran. En el largo plazo, hay menos resistencia a que nuestras libertades civiles simplemente desaparezcan.

El hecho es que hoy es aceptable lo que hace cinco años era éticamente o legalmente escandaloso. ¿Estoy exagerando? Escuchen este breve discurso en la Facultad de Derecho de Harvard (ver enlace al video en las notas de la página 306 [6]).

Ahora no es suficiente estar "enterado" y ser cínico. Es el momento de gritar que un gobierno ilegal, como se describe en la Universidad de Harvard, no es aceptable. Los parásitos Illuminati temen al coraje moral porque no tienen. Tu compromiso con una nueva ética dará vuelta la tortilla. Así que, veremos qué haces cuando termines de leer este libro y te des cuenta de que tu mente está alucinando, como pasó con la mía. Lo creas o no, ¡en este libro el lector es un personaje de no ficción!

UTILIZAR LA CRISIS

> *Por lo tanto, el mundo puede aprovechar la oportunidad [la culminación de la Operación Tormenta del Desierto] para cumplir con la antigua promesa de un Nuevo Orden Mundial donde las diversas naciones se unen en una causa común para lograr las aspiraciones universales de la humanidad.*

> – Presidente George Herbert Walker Bush, 6 de marzo de 1991

El Presidente George Bush (padre) ayudó a planificar la "oportunidad" de la Operación Tormenta del Desierto, donde 400.000 iraquíes fueron asesinados o heridos en 100 horas, uno de los peores crímenes de guerra en la historia. Aquí van unos cuantos antecedentes, para que podamos comprender de dónde venía Bush con *sus* grandes aspiraciones.

1953:   El democráticamente electo primer ministro iraní, Mosaddeq, fue derrocado en la operación Ajax de la CIA. EE. UU. ayuda a colocar al Shah, quien gobierna con puño de hierro durante 26 años y devuelve generosos contratos petroleros al Reino Unido y a otros.

1979:   Ayatola Khomeini vuelve a Irán después de ser protegido durante 15 años en el extranjero para fomentar la ira musulmana para futuras guerras planificadas con naciones musulmanas. Fue transportado a Irán desde Francia en un avión lleno de periodistas europeos, por lo que no podía ser derribado. Fue colocado.

1980-1988:   Guerra entre Irak e Irán, con ambos lados utilizando armas militares de EE. UU. Estados Unidos entrega inteligencia estratégica a Irak, sabiendo que Irak la utilizaría para lanzar ataques con armas químicas que matarían a miles, un crimen de guerra. [7]

Las fábricas de gas mostaza en Iraq fueron financiadas mediante corporaciones intermediarias chilenas, que fueron financiadas por Chase Manhattan Bank. "El informante de la DEA John Pastis dijo que Chalmers le aseguró que el gobierno estadunidense había aprobado el negocio. En 1988 impulsó planes para construir un complejo de gas mostaza PC-2 de $3 mil millones en Iraq, luego construido por Bechtel." [8]

En este período entre 1978-1992, EE. UU. crea muyahidín para luchar en contra de los rusos en Afganistán y coloca al operativo de la CIA Osama Bin Laden.

1990:   EE. UU. preparó a Irak para que invadiera a Kuwait, con el fin de iniciar la Operación Tormenta del Desierto, que se detalla en el último capítulo de este libro.

¿La Operación Tormenta del Desierto fue una nueva "oportunidad" o una movida en un largo juego de ajedrez? Por favor permítanme de-construir la declaración de *doble lenguaje* del criminal Bush.

"Por lo tanto, el mundo puede aprovechar la oportunidad…"

¿Quién es el mundo? No existe tal cosa. Entonces, él se refiere a los Globalistas. Y aquí vemos un tema común en el pensamiento globalista, que una catástrofe trágica es una "oportunidad".

"para cumplir con la antigua promesa"

¿Qué antigua promesa? No existe tal cosa. Nuevamente se está dirigiendo a las personas que hacen parte de su complot común para controlar el planeta y está proyectando ese pensamiento en las masas para hacer una *ingeniería social* de nuestras expectativas y valores.

"de un Nuevo Orden Mundial".

Los banqueros globalistas iniciaron esta fraseología como se muestra en esta copia de un libro a continuación, el cual identifica a la Liga de las Naciones como el Nuevo Orden Mundial. La Liga de las Naciones, precursora de las Naciones Unidas, fue creada por los Rothschild, la familia banquera más influyente durante los últimos 250 años.

> The New World Order, by Frederick Charles Hicks. (Garden City & New York: Doubleday, Page & Co., 1920, pp. viii, 496.)
>
> This work is in reality a treatise on the new international law of today as it has been affected by the League of Nations and the recent treaties. Most of those who have studied international law up to the present time have felt that numerous changes have taken place during

> EL NUEVO ORDEN MUNDIAL por Frederick Charles Hicks. (Garden City & New York: Doubleday, Page & Co., 1920, pp. Viii, 496.)
>
> Este trabajo es en realidad un tratado sobre la nueva ley internacional de hoy, ya que ha sido afectado por la Liga de las Naciones y los tratados recientes. Muchos de los que han estudiado la ley internacional hasta el momento presente, han sentido que han ocurrido numerosos cambios.

También vemos el término "Nuevo orden mundial" en la escritura de Alice Bailey (1880-1949) [9] quien desarrolló Lucis Trust (Rockefeller y el criminal de guerra Henry Kissinger estaban en el comité) que hoy tiene mucha influencia en Estados Unidos. Lucis Trust fue una transformación de Lucis Publishing, formalmente conocida como Lucifer Publishing, fundada por Bailey y su esposo francmasón en 1922.

Según Wikipedia manipulada… "los objetivos de Lucis Trust, como están establecidos en su acta constitutiva, son: 'Alentar el estudio de la religión, la filosofía, la ciencia y el arte comparativos; animar cada línea de pensamiento ("Dominio de espectro completo") tendiente hacia la ampliación (homogenización) de las simpatías e intereses humanos, y la expansión (monopolización) de literatura religiosa ética y educativa; ayudar o comprometerse en actividades para aliviar el sufrimiento y para el mejoramiento humano (como es definido por los titiriteros) y, en general, para mayores esfuerzos con fines educativos y humanitarios (ingeniería social).

"La compañía Lucis Trust Publishing fue fundada a principios de 1920 como **Lucifer Publishing Company.** Lucis Trust dice que el nombre fue probablemente elegido en honor a Lucifer. El nombre fue cambiado en 1925 a Lucis Publihing Company. En latín *lucem fee* significa "iluminar" y *lucis* significa luz. [El mal se apodera de la luz reclamando ser LA luz, capítulo 16]. La compañía tiene sus oficinas centrales en Nueva York, Londres y Ginebra. [Los tres centros de los Illuminati... Wall Street, la ciudad financiera "Ciudad de Londres" en el interior de Londres y Suiza, donde el Banco de Pagos Internacionales en Basilea preside, como se ha mencionado, regulando todos los bancos centrales del mundo.]

"El Fideicomiso es establecido en Gran Bretaña bajo el título de 'Lucis Trust Ltd.', en Suecia como 'Lucis Trust Association' y en Holanda como 'Lucis Trust Stichting'.

"Como parte del proyecto 'Benevolencia mundial en la ONU, están desarrollando un proceso para definir nuevos objetivos de desarrollo sostenible para la humanidad [como una monocultura] después de 2015 cuando los objetivos de desarrollo del milenio van a expirar. [Los satanistas de Lucifer están planeando tu nuevo orden futuro mundial de esclavitud.] — Wikipedia

> "En el periodo preparatorio para el nuevo orden mundial habrá un desarme regular y regulado. No será opcional. [Será forzado a punta de pistola por los Globalistas humanitarios quienes monopolizarán la seguridad.] Ninguna nación [soberana] tendrá permitido producir y organizar ningún equipo con propósitos destructivos ni infringir la seguridad de cualquier otra nación". [Las naciones sólo existirán en nombre, bajo el arma de los Globalistas.]
>
> - Alice Bailey [9]

Ahora que hemos trazado los orígenes satánicos y banqueros del Nuevo Orden Mundial, volvemos al discurso de Bush sénior en 1991, mientras alardeaba sobre la matanza en la Operación Tormenta del Desierto...

"...dónde diversas naciones se unen en una causa común para lograr las aspiraciones universales de la humanidad."

¡Las naciones diversas no tienen una aspiración común! La gente en los campos de arroz no sabe nada acerca de la gente que cosecha maíz o papas en otro lugar. Entonces aquí el globalista Bush dice hablar en nombre de los corazones de miles de millones de personas. Esto no es sólo pomposo. Es depredador. Ahora quitemos el *doble lenguaje* y escuchemos lo que Bush en realidad dice...

> *Por lo tanto, nosotros, los Globalistas, podemos aprovechar la oportunidad para cumplir con nuestra antigua meta de unir a las naciones del mundo y terminar con su soberanía, incluyendo a los EE. UU., para que sólo haya un gobierno en el mundo. El nuestro.*
>
> *Y utilizaremos el ideal de terminar con la guerra para seducir a la población, mientras que compramos a los líderes que convencerán a su pueblo a vestir cadenas en nombre de la paz.*

Para supuestamente poner fin a la guerra, haremos una guerra continua y tendremos las fuerzas armadas más grandes del mundo.

Para obtener el apoyo y la complicidad del público estadounidense, engañaremos a la gente con el patriotismo, mentiremos en los medios de comunicación acerca de regímenes malvados y diremos que defendemos la democracia, mientras que instalamos marionetas y saqueamos recursos.

Para mantener a todos atontados, proveeremos un estándar de vida gordo, y mientras más obesidad haya, mejor.

Por lo tanto, ¡escuchen todos! ¡Humanidad con aspiraciones universales! ¡El estilo de vida estadounidense no es negociable!

✻   ✻   ✻

"El acta final de la ronda de Uruguay, que marca la conclusión de la negociación comercial más ambiciosa de nuestro siglo, dará como resultado – en Marruecos – a la Organización Mundial de Comercio, el tercer pilar del Nuevo Orden Mundial, junto con las Naciones Unidas y el Fondo Monetario Internacional.

> \- de un anuncio de página completa realizado por el gobierno (marioneta) de
> Marruecos en el New York Times, abril de 1994

Por lo tanto, la declaración de Bush sénior sobre el Nuevo Orden Mundial no era poesía. Los *Roth-efellers* (ver glosario) crearon las ONU, FMI, OMC y mucho más. Entonces, vemos que el presidente de Estados Unidos es sólo un títere, una *marioneta reemplazable* (ver glosario) que lee un guion para manipular nuestras mentes.

Guía del estudiante inteligente al Nuevo Orden Mundial

www.conspiracyarchive.com/NWO/Intelligent_Students_NWO.htm

La esencia del Nuevo Orden Mundial (NOM), o sistema de gestión mundial, es que es una gestión realizada por ingenieros sociales en vez de por un gobierno basándose en una constitución escrita. La medida en que r este sistema de gestión te afecta depende de lo que decidan los ingenieros sociales respecto de qué debe hacer el sistema por ti y qué debe requerir de ti. Los ingenieros sociales y gestores de sistemas piensan en sí mismos como científicos que aplican el método científico al control del comportamiento grupal. Tu comportamiento y tus relaciones son considerados materia de investigación y control por aquellos autodenominados científicos sociales. Tú eres uno más de sus animales de laboratorio, no tienes nada que decir y a menudo ningún conocimiento, acerca de los experimentos en los que te ves involucrado. Si se implementa el NOM por completo, tu independencia, individualidad y libertad habrán desaparecido.

No hay nada nuevo en la idea de manejar a otros o incluso de controlar el mundo entero. Ese ha sido el objetivo de los filósofos sociales durante miles de años. Sin embargo, no es necesario que repasemos la historia antigua. Nos preocupa principalmente lo que ha sucedido en nuestras generaciones. Esto lo podemos comprender bastante bien si nos limitamos a los siglos 19 y 20.

Objetivos del Nuevo Orden Mundial

Para empezar a entender el Nuevo Orden Mundial (NMO) es necesario que te olvides de todo lo que te han dicho acerca de las diferencias filosóficas entre los republicanos y los demócratas; la izquierda y la derecha; los socialistas y los libertarios; el comercio y el trabajo; liberal y conservador; blanco y negro, etc. Los planificadores del Nuevo orden Mundial saben que deben utilizar, influenciar y satisfacer a todos estos grupos para lograr las metas que buscan, que son:

Consolidar todo.

Comercializar todo.

Clasificar todo.

Reclamar todo.

Controlar todo.

– por Erica Carle

De EDUCACION 2000, Una perspectiva holística, II. Plan de Implementación

"¿Cómo se ve la educación transformadora? [El énfasis es mío, ¡recuerda que las palabras transforman!] ¿Dónde están las personas que pueden movilizar el cambio? [Desestabilización/consolidación] ¿Qué distritos electorales deberían participar en este proceso? Creemos que para generar el momento necesario para llevar la enseñanza y el aprendizaje a la *siguiente etapa*, se requerirá una red enorme de *transformadores* que participen. Estos individuos y organizaciones representan un *espectro amplio* de la sociedad. Incluyen a gente joven, comunidades locales, familias, profesores, formadores de docentes y académicos, asociaciones educativas, organizaciones de las Naciones Unidas, líderes del comercio, gobierno, y educación local/nacional, escuelas holísticas modelo, agrupaciones ciudadanas para el cambio social, los medios de comunicación." [10]

A continuación se muestra un pantallazo de la misma URL de arriba.
www.ties-edu.org/GATE/Education2000.html

Organización de las Naciones Unidas

Creemos que las Naciones Unidas y sus organizaciones aliadas abogan por una visión educativa y una misión proporcional a la nuestra. GATE busca trabajar en sociedad con los grupos en la esfera de las Naciones Unidas, incluyendo las ONG (organizaciones no-gubernamentales). Nuestra intención es crear relaciones laborales recíprocas.

Ejemplo #1. Varios miembros del Comité Directivo GATE ejercen en el Comité Consultivo sobre las Semillas del Programa de Educación Global para la Paz y Responsabilidad Universal en la Universidad de la Paz de las Naciones Unidas en Costa Rica. La misión del proyecto es: Diseñar e implementar un programa de educación global que pueda fomentar la conciencia de la responsabilidad universal en cada miembro de la familia humana para asegurar un mundo más pacífico y sustentable para las generaciones futuras.

Ejemplo #2. GATE se ha estado conectando con diversas ramas de la UNESCO para desarrollar una serie de conferencias mundiales sobre la educación. El propósito de estas conferencias sería: explorar las materias críticas actuales en la educación, investigar técnicas y modelos innovadores y crear un movimiento de reforma mundial con un plan de acción de 10 años. Las conferencias modelarían el proceso no-jerárquico del nuevo liderazgo y estarían organizadas según los siguientes ítems:

Materias críticas en educación

Ciudadanía global y educación ecológica

Educación para todos

Estrategias y técnicas innovadoras

Educación espiritual

Paz y educación

El lenguaje hermoso y buena onda de arriba es un ejemplo perfecto de doble discurso. Lo que se está describiendo es el Dominio de espectro completo, donde la "educación", que en realidad significa adoctrinamiento, incluso incluye una "educación espiritual." "Responsabilidad universal" significa que nadie tiene responsabilidad ni territorio ni soberanía ni administración personal. Se describió "paz" en la cita de Alice Bailey. La "familia humana" significa que no hay diversidad, lo que significa casas de acogida estatales como las que vivieron los nativo-americanos. "Conciencia" significa todos bajo el mismo control mental. Un "mundo sustentable" (sin administración local) significa que todos reciben raciones de fábrica. "Mundo sustentable" no significa una ecosfera sustentable ni aguas subterráneas incontaminadas ni cielos sin contaminar. Piensa en las estelas químicas. El uso de la palabra "no-jerárquico" sólo coopta las críticas a la pirámide de poder.

Sólo una pirámide jerárquica de poder puede hacer cumplir los objetivos de Educación 2000 y del Nuevo Orden Mundial. El "gran" número de organizaciones que han comprado este doble discurso es intimidante. Por eso escribí este libro para ti. La globalización que no recibiste en la escuela.

*   *   *

Los Globalistas no pueden avanzar en el juego del monopolio si no hay jugadores. Si las naciones fueran amistosas y vivieran en paz y los ciudadanos simplemente vivieran sus vidas en su antiguo estilo de vida, los parásitos estarían completamente bloqueados de cualquier influencia. Un virus no puede hacer mucho contra un sistema inmune fuerte. Entonces se debe lesionar a la humanidad para crear una apertura.

La desestabilización/consolidación es la forma de hacer que los jugadores se muevan. Para hacer esto, se inyecta una crisis. Estados Unidos aterrorizó, engañó y luego abandonó a 1,1 millones de vietnamitas del norte en la antigua cultura agraria de Vietnam del Sur en 1954. Estas personas secuestradas fueron dejadas sin provisiones ni suministros y tuvieron que convertirse en bandidos para sobrevivir. De este modo, en la antigua y estable Vietnam se introdujo el proceso de desestabilización/consolidación. Ahora los Globalistas tendrían jugadores que necesitan "ayuda".

La desestabilización/consolidación no sólo se usa en la política externa, sino en todo lo que tocan los Globalistas, incluyendo tu hipoteca, tus deudas, tu empleo, tus hijos, lo que se transmite en tu

T.V., lo que está en tus diarios y lo que se ve en la pantalla de tu computador. La paz y la harmonía no venden. La fidelidad no hace una teleserie interesante. La crisis es su oportunidad y esparcir la disfunción es la diversión de su viaje.

Cada guerra de los últimos doscientos años fue un juego de poder de los Globalistas. Los Globalistas banqueros transportaron las drogas desde India y Birmania (y ahora desde Afganistán) y pagaron a los esclavistas africanos durante siglos. Incluso mientras escribo esto, la enormidad de estos siglos de horrores me apuñala el corazón. Para la gente tradicional alrededor del mundo, los últimos quinientos años han sido el infierno en la Tierra.

Pero antes de culpar a éste o aquel monstruo, debo recordar que *la cultura* ha apoyado a la dominación, por lo menos desde que se escribió el Génesis. Culpemos a esta voluntad de ser parte de una *cultura dominante* por lo que verdaderamente sucedió y sigue sucediendo. (Gloria a los escritores de la reciente película *Noé* (2014), por poner las palabras de *cultura dominante* en la boca del hombre malo, el enemigo de Noé).

*   *   *

Los Globalistas utilizan la crisis para volver a barajar las cartas de la sociedad a *su* manera. Vale la pena comprender el libro *La Doctrina del Shock*, de Naomi Klein. Cuando los banqueros provocan auges y depresiones o burbujas inmobiliarias o recesiones al aumentar y luego disminuir la oferta de dinero, la crisis trae una oportunidad para comprar propiedades y fábricas a un precio barato y utilizar una fuerza laboral desesperada. Eso es un buen negocio para los que planificaron la crisis. También la "venta corta" en el mercado de valores permite a las personas enteradas lograr ganancias de una caída. Es así como J.P. Morgan hizo aún más fortuna en 1929. Aquí hay pruebas de que la Gran Depresión fue orquestada.

"El martes 29 de octubre de 1929, los vendedores en corto empezaron a comprar a la baja. Salieron llamadas de JP Morgan y Cía. Los mensajes sólo contenían una palabra. Vender. Cuando empezó la montaña rusa de ese día, el financista estadounidense Bernard Baruch trajo consigo a una ilustre visita a la Bolsa de Valores de Nueva York. El invitado de Baruch, el ex Ministro de Hacienda de Inglaterra, Winston Churchill, fue traído al centro del comercio estadounidense en Wall Street 11 por una razón.

> "…. La mayoría de los cronistas de conspiración estaban convencidos de que Churchill, que no volvió a ejercer un cargo público durante una década, fue seleccionado por los barones del dinero para ser testigo del poder que tenían los banqueros internacionales, que podían, según su voluntad, colapsar los sistemas monetarios de cualquier, o todos, los estados-nación del mundo, lograr una gran recesión, o inflar o desinflar la moneda de cualquier nación - o peor aún, oponer a una nación contra otra en guerra.

> "… y al parecer, querían un testigo. Churchill fue ese testigo…"

> – por Jon Christian Ryter, 2 de agosto de 2011 [11]

Hay otras evidencias de que Churchill ya era una persona enterada, y que fue colocado utilizando su falso heroísmo durante la Guerra Boer Sudafricana. Churchill sabía que no era un héroe. Fue una *marioneta reemplazable* colocada y un mentiroso. Por lo tanto, en mi opinión,

Churchill fue llevado a la Bolsa de Valores de Nueva York para presenciar el colapso del mercado que devastaría al mundo, no para presenciarlo con sorpresa, sino para presenciar el colapso como parte de su aprendizaje. Cuatro millones de hombres en Estados Unidos estuvieron sin hogar durante la Gran Depresión subsiguiente. La depresión preparó a los EE. UU. para los programas socialistas de FDR, cuyo abuelo era corredor de drogas para los Rothschild. No estoy inventando esto. Todos estos "líderes" fueron colocados.

Se le enseña a la mayoría de los economistas que el "ciclo de negocios de 70 años" es causado por las fuerzas del mercado si no hay manipulación por los bancos. Los banqueros son los que financian la educación universitaria para controlar el currículum, como se demuestra arriba, por lo tanto a los economistas no se les enseña acerca de la pirámide financiera que nos controla, y la mayoría negaría, con la mayor certeza académica, que pudiese existir una conspiración financiera. Acabo de demostrar que el colapso del mercado de valores de 1929 fue orquestado. Dejando el esnobismo de lado, este thriller de no ficción no tiene piernas a menos que el lector abra su mente.

*   *   *

Las catástrofes pueden deberse a crisis financieras, a la guerra, a causas médicas, geológicas o climáticas. Hay armas para crear muchos tipos de crisis, y han sido utilizadas durante décadas, pero esto es un gran secreto. La mayoría de los lectores no han oído hablar de armas tectónicas ni de virus genético-específicos que han sido creados para atacar a ciertas etnias. La mayoría de las personas nunca han oído hablar de las decenas de miles de estudios realizados por las fuerzas armadas para determinar las formas en que las frecuencias electromagnéticas, de radio y de microondas pueden ser utilizadas para crear enfermedades, afectar niveles hormonales o casi cualquier cosa. Es difícil para la mayoría de las personas imaginar que Estados Unidos tiene una forma de crear tsunamis.

Permíteme comenzar con el armamento tectónico. Del mismo modo que la ingeniería climática, el armamento de temblores (tectónico) es una ciencia, que tiene alrededor de 50 años de antigüedad. Esta ciencia fue discutida por el senador Claremont Pell en el congreso en 1976. [12] Es posible rebotar ondas electromagnéticas a través de la atmosfera con un sistema llamado HAARP y enfocarlas debajo de la tierra en un lugar específico, y después de muchas horas y días, un terremoto puede ser disparado. La atmosfera ionizada mediante estelas químicas que fue mencionada con una imagen en la introducción, ayuda a estas armas. Muchos de los terremotos devastadores en los pasados cincuenta años fueron hechos por el hombre, principalmente en Jungua (Mandarín para China), pero más recientemente en Chile, Haití y Nueva Zelanda. [13] El Tsunami de diciembre de 2004 en Indonesia/Tailandia fue además hecho por el hombre, con Collin Powell y Jeb Bush haciendo trabajo de reconocimiento. Fukushima fue otro Tsunami hecho por el Nuevo Orden Mundial, pero es demasiado detallado para tratarlo aquí. Mira la evidencia aquí. [14]

Katrina fue creada con geoingeniería, como también lo fue el ciclón de Myanmar y mucho más. [15] Las inundaciones en Pakistán y el Medio Oeste no fueron naturales. Los terremotos en Haití, Chile y Nueva Zelanda no fueron naturales. Con un poco de estudio, estarás a bordo. Estudia "HAARP" en línea. Otra crisis intencional de los últimos tiempos fue el Derrame de Petróleo del Golfo en el 2010. [16]

(Al investigar en Internet, sugiero ignorar a Wikipedia o cualquier cosa que no haga preguntas difíciles. Yo uso las referencias de Wikipedia en este libro para mostrar *"su historia"* (ver glosario) para las masas, que es suavizada, pero algunas veces lo suficientemente incriminatoria. Generalmente los primeros cinco enlaces de una búsqueda son la historia oficial, no la historia de los denunciantes. Siempre busca la historia de los denunciantes, agregando palabras como expuso, reveló, cuestionó, peligro, conspiración. Como un ejercicio, haz una búsqueda por "beneficios de las vacunas" y luego por "peligros de las vacunas", o haz una búsqueda por "bombardeo de Oklahoma" y luego haz una búsqueda por "conspiración en bombardeo de Oklahoma". Luego filtra en busca de las que dan referencias. Las academias que suenan oficiales no son fuentes de datos verdaderos. Averigua quién está en la Junta Directiva, y esto se aclarará. Si ves "Goldman Sachs" o Rockefeller, ¡corre!)

A un nivel menos peligroso, la doctrina del shock o la creación de una crisis se utiliza cuando los productos son diseñados cuidadosamente para que se desgasten y deban ser reemplazados para mantener un flujo de ingresos futuros. Un auto que fuera manejado por 500.000 millas destruiría el "mercado" para más autos. Esto no es doctrina del shock, pero es similar. La obsolescencia planificada es una estrategia comercial preconcebida para asegurar una demanda de mercado futura, y por lo tanto es una doctrina del shock que asegura la necesidad para reconstruir. Halliburton y KBR ganaron miles de millones reconstruyendo Irak, por ejemplo. En Irak, el dinero se hacía vendiendo armas, luego en la reconstrucción, y por supuesto, obteniendo los contratos para el petróleo, lo que controla los precios.

Los programas de desestabilización/consolidación, como la obsolescencia planeada, incluyen sembrar en la población un virus vivo para asegurarse que la "temporada de gripe" llegue, incluso en la Hawái tropical. [17] De modo que las compañías farmacéuticas puedan tener cierto flujo de mercado e ingresos. Por esta razón, tu doctor de la Asociación Médica Estadounidense no está entrenado en la prevención o nutrición y puede únicamente prescribir medicamentos de las grandes farmacéuticas.

> "Como mencioné anteriormente, las fundaciones Rockefeller y Carnegie tradicionalmente trabajaron juntas, casi como una, en el fomento de sus objetivos mutuos, y esto ciertamente no fue una excepción. Los hermanos Flexner representaron la lente que volvió nítidas las fortunas Rockefeller y Carnegie en la insospechada y vulnerable profesión médica.
>
> - El que paga manda – *Creación del Establecimiento Médico Moderno*
>
> G. Edward Griffin

"La Asociación Médica Estadounidense fue fundada en 1847 e incorporada en 1897. A comienzos de 1900, la AMA comprendió que eran necesarios algunos cambios en la educación médica. La educación y la práctica clínica en algunas áreas dejaba mucho que desear (capacitaciones pobres y escuelas médicas con poco personal). Creó el Concejo de Educación Médica, con el propósito de evaluar la capacitación médica en todo el país y hacer mejorías donde fuese necesario [centralizadas]. Sin embargo, no tuvieron suficiente dinero para hacerlo. Aquí entra Rockefeller y Carnegie con su financiación y popularidad [autofinanciada].

> El presidente de la Fundación Carnegie, Henry Pritchett, se reunión con la AMA y ofreció respaldar todo el proyecto del Consejo de Educación Médica. Lo siguiente es de hemphealer.wordpress.com…

"Aquí está la formula filantrópica clásica en funcionamiento otra vez. Otros tienen que pagar una porción mayor de la factura (el AMA ha hecho ya la mayoría del trabajo. La inversión total de Carnegie fue sólo $10.000.), obtienen una enorme bonificación de parte de la opinión pública (no es maravilloso que estos hombres tengan un interés en la mejora de la educación médica) y ganan una oportunidad para controlar una esfera enorme y vital de la vida estadounidense." – G. Edward Griffin.

"— En 1800, la Asociación Médica Estadounidense (AMA) se resintió con sus competidores, quienes bajaron los costos del cuidado médico y alejaron clientes;

"—La AMA hizo un llamado al brazo más fuerte de la fuerza gubernamental para derrotar la competencia, lo hizo a través de la regulación de las escuelas médicas;

"— Un reporte fue encargado para llamar a la estandarización [monopolización] de la educación médica; esta fue la Comisión Flexner;

"—El reporte de la Comisión concluyó que habían muchos doctores y escuelas médicas en Estados Unidos y recomendó reducir el número de las escuelas. El clamor público generado por [en favor de] el [bien publicitado] reporte convenció al Congreso a declarar el AMA como el único cuerpo con el derecho para otorgar licencias médicas en Estados Unidos". [18]

Las compañías farmacéuticas no existen para mantener a la población saludable. Ellos existen para vivir de la población y controlar las escuelas médicas (de modo que su doctor nunca ha estudiado prevención o nutrición), las grandes farmacéuticas aseguran su monopolio. Estimado lector, si quiere evitar la gripe, entonces consuma alimentos libres de químicos, haga ejercicio, pase tiempo afuera, desarrolle un sistema inmunológico fuerte y evite las vacunas y a aquellos que las toman. El virus vivo en las vacunas es contagioso. Cuando la semana de la vacunación ocurre en las escuelas, los niños que no recibieron la vacuna, al igual que aquellos que sí lo hicieron, de repente se enferman. Es un modelo empresarial para obtener ganancias, nada que ver con la salud. La salud está basada en piernas fuertes, no en muletas, y en una nutrición buena, no en pastillas o agujas.

* * *

Si el lector aplica esta forma de analizar cómo se usa el fracaso o una crisis para generar oportunidades nuevas a toda la vida moderna, entonces empezará a comprender cómo los Globalistas planifican para el futuro. Planifican la destrucción, el fracaso, la enfermedad y la crisis con antelación.

Necesito profundizar un poco más en esto, en cómo cada uno de nosotros procesa las decisiones. Es difícil imaginar que haya gente sin ética ni conciencia. Sin embargo, este es un juicio duro e inexacto. Todos los lectores aquí presentes, y también yo, tenemos secretos que nunca, jamás le diremos a nadie. Cada lector tiene secretos que se niega a sí mismo... cosas que son tan privadas que tú (y yo) las olvidamos intencionalmente - errores que preferimos no recordar.

El control mental, que no puedo cubrir profundamente en este libro, implica crear un espacio de negación, o incluso múltiples personalidades, donde se pueden guardar los secretos o incluso el comportamiento. A los soldados se les controla la mente para que nieguen su propia humanidad. A los artistas de la industria musical, que conoceremos en los próximos capítulos, se les ha controlado la mente para que nieguen el impacto de su presencia en el escenario. Cuando hacemos algo a espaldas de alguien, negamos que lo hayamos hecho, así que cada uno de nosotros sabe lo que es la negación - ¡no lo niegues!

La participación en crímenes, como la experiencia nazi que involucró a millones de alemanes (toda mi familia extendida en Europa murió bajo los nazis), o los crímenes contra la humanidad de los israelís contra los palestinos, o el Holocausto de Irak que aún no termina y que ha involucrado a millones de soldados estadounidenses, requiere poner grandes escenarios de actividad en ese lugar interior de negación/secretos.

Los Globalistas saben que están involucrados en crímenes contra la humanidad, pero esto se pone en un lugar de negación de manera que desaparece (verbo). "No viste nada, nunca estuviste aquí." Esto hace que los Globalistas estén desconectados de la realidad y de la verdad.

Desarrollan una mente criminal que está dedicada, paso a paso al gran secreto, que se hace más grande y más profundo a medida que suben la escalera del poder. Para subir la escalera deben demostrar que a ellos se les pueden confiar secretos atroces. Deben estar dispuestos a comprometerse a sí mismos. Deben "ganar experiencia", como en la película *El Padrino*. "Ganar experiencia" incluye rituales satánicos, como reveló el Jefe del FBI, Ted Gunderson. (Busca Ted Gunderson en YouTube). Estos rituales son utilizados por sociedades secretas como los Masones y sociedades de Calaveras y Huesos, ambas repletas de altos funcionarios del gobierno.

El Vaticano tolera la pedofilia porque es un peldaño en la escalera del sacrifico infantil mediante el cual controlan el temor oscuro de la transparencia en la jerarquía de su "iglesia" corrupta. La manera en que la pirámide de poder permanece en total secreto es que los actores más importantes en los negocios, el gobierno e incluso en la iglesia, han sido iniciados gradualmente en la perversión sexual, chantajes y rituales satánicos. El poder no se gana, se concede. Las personas más poderosas en nuestro mundo son propiedad de los Illuminati y viven en una prisión de secretos atroces que re-estructuran su piscología y los desconectan. Esto funciona como la *vanidad* en sus vidas.

Por supuesto, estas personas tienen miedo de ser expuestas y esto las vuelve completamente leales a la conspiración de la que forman parte. Esta es la razón de por qué me enfocaré en la programación sexual de la industria musical en los próximos capítulos. Todos estamos siendo inducidos en la lujuria y la perversión para sostener una pirámide de negación, que al mismo tiempo sostiene la pirámide de abuso. Lápiz labial y crímenes de guerra.

Detrás de la máscara cosmética está el temor a ser expuesto. La oscuridad está amenazada por la luz de la transparencia. (De ahí el nombre de la organización sin ánimo de lucro que produjo este libro, Kauai Transparency Initiative International). La conspiración está amenazada por la mente y el corazón compasivos y limpios, que es nuestro derecho natural, y por lo tanto, estamos siendo modificados mediante *ingeniería social* para carecer de virtud y sobornados por el *consumismo* para olvidar nuestras bases espirituales, nuestra mente pura natural. El deseo ávido (ver glosario) ha remplazado la serenidad y la percepción penetrante.

La cita arriba mencionada, del héroe Ralph Nader, fue tomada de una breve charla en la Facultad de Derecho de Harvard, donde le preguntó a los estudiantes de qué nivel eran. La mayoría estaban en primer año. Y en YouTube, él asintió con la cabeza y les explicó que los estudiantes más viejos se ven atrapados en carreras donde trabajan para las mismas firmas jurídicas que existen para soslayar la ley. Han ingresado en el proceso de negar la verdad paso a paso, y pierden el valor moral que los estudiantes más jóvenes aún poseen. Se han comprometido a sí mismos, y viven en la negación y están demasiado avergonzados como para venir a escuchar a un héroe como Nader.

Los actores globalistas medianos y superiores son diferentes a ti o a mí, que no hemos tomado el camino peligroso. Pero la diferencia es sólo una cuestión de grado. Nadie es perfecto, pero su imperfección es demoníaca. Para la mayoría de nosotros, el éxito consiste en construir algo hermoso que otros también puedan experimentar. Compartimos, no acaparamos. Pero como parásitos, estos Globalistas no construyen ni comparten. Ellos roban.

Esto es difícil de comprender para los que creemos en la belleza y el amor. Decimos que creemos esto, pero nuestro estilo de vida es hedonista, que es dañino para los que están en el otro extremo del consumismo. Pero esto se nos oculta. Si supiéramos lo que verdaderamente cuestan nuestros productos en términos del sufrimiento de otros, nos detendríamos. La mayoría de nosotros no albergamos crueldad intencional, que es lo que yo llamo "el mal".

El mal por goteo sigue vivo y en buen estado en Estados Unidos desde la Segunda Guerra Mundial, cuando EE. UU. gozó de impunidad para explorar el poder bruto. Como aprenderemos, los banqueros Illuminati financiaron todos los lados de la Segunda Guerra Mundial, con el fin de que ELLOS fuesen los ganadores de la guerra y el poder político estadunidense desde 1945 es en realidad SU poder político. Esto llevó a los ciudadanos por el camino de la delincuencia, del mismo modo que los ciudadanos de la Roma antigua fueron inducidos a una cultura que los nombró maestros de la esclavitud grotesca. Recuerda, Estados Unidos fue construido del trabajo de esclavos y del Holocausto de los Nativo Americanos. Los que están orgullosos de Estados Unidos necesitan recordar constantemente que nosotros robamos esta tierra y seguimos aplastando a los lugareños que permanecen en el país. Hemos aprendido a negar la sombra del poder. La sombra del poder es abuso.

Creo que los Globalistas van aún más allá. Niegan el amor. Estoy utilizando esta palabra sólo como metáfora, no como un ego, pero es difícil entender el síndrome de Lucifer, porque Lucifer es una sombra, no una luz como el amor en nuestros corazones. La mente criminal vive como una sombra, y no tiene fuente. La mente criminal es el abandono de la fuente.

Es difícil poner esto en palabras. La resolución llegará un día cuando los principales Globalistas se sienten cara a cara con las personas de buen corazón y se confiesen ante el mundo, hasta que finalmente rompan en llanto (volveré sobre esto en el último capítulo).

Hasta que volvamos a conectar a esta gente con sus propios corazones, estaremos esparciendo almas tóxicas a través del universo.

Volviendo a nuestra discusión de la doctrina del shock y la destrucción planificada como modelo comercial para el "progreso", los Globalistas, por supuesto, han analizado a su base de clientes. Han analizado la sobrepoblación y verdaderamente no quieren un colapso aleatorio debido a averías materiales y líneas de suministro prolongadas. Esto, simplemente, es una mala planificación.

Entonces, como hombres de negocios, preguntan, "¿Cuál sería el mejor número de personas en un mundo perfectamente controlado?" ¿Cuál es el plan? Utilicemos algunos modelos computacionales para encontrar nuestro número ideal... mmmm.... ¿Cómo llegaremos a ése número? Mmmm, podemos eliminar a esas personas adicionales en hambrunas, o en una gran guerra, o quizás lentamente, utilizando diferentes enfermedades... mmmm... quizás una mezcla de programas sería lo mejor. Si es una matanza lenta y gradual, nadie se dará cuenta, y tampoco tendremos que ver tanta sangre, que es un desorden. Si tenemos muchos agentes que causan cáncer, nadie podrá determinar la causa. Mmmm."

Ahora volvemos al peligro porque estos Globalistas han olvidado lo que es el amor, y no pueden imaginar una solución cooperativa que incluya empoderar a las masas. Muy por el contrario...

Lo que acabo de describir acerca de los objetivos poblacionales no es teoría. Hay mucha evidencia de los programas antes mencionados. Sólo para que el lector lo sepa, viniendo de un fundamento Zen, verdaderamente tengo poca tolerancia con la especulación. Lo que escribo aquí ha sido informado por evidencia. No puedo cubrir toda la evidencia; para eso sirve la Internet, pero se acumula cada día más a medida que más y más héroes denunciantes salen a la luz.

"Dr. Henry Kissinger (cubierta de este libro) propuso en su memorándum fechado el 24 de abril de 1974, titulado 'Implicaciones del crecimiento poblacional mundial para la seguridad de Estados Unidos & los intereses extranjeros', al Consejo de Seguridad Nacional (NSC) que la despoblación debería ser una prioridad superior de la política internacional de Estados Unidos hacia el Tercer Mundo'.

"Él citó razones de seguridad nacional y que la economía de Estados Unidos requerirá cantidades cada vez mayores de minerales del extranjero, especialmente de países menos desarrollados… En cualquier lugar donde la disminución de población pueda incrementar los prospectos para dicha estabilidad, se vuelve importante una política de población para recursos, suministros e interés económicos de Estados Unidos (la punta de la lanza de la marioneta del Nuevo Orden Mundial).

"La política de despoblación se convierte en una prioridad esencial en la agenda de la NSC, el Club de Roma, y para los que hacen las políticas estadounidenses como el Gral. Alexander Haig, Cyrus Vance, Ed Muskie y Kissinger. De acuerdo a un portavoz de la NSC en el momento, Estados Unidos compartió la visión del antiguo presidente del Banco Mundial, Robert McNamara (quien recibió su posición de banquero en el Nuevo Orden Mundial por matar a millones de vietnamitas como Secretario de Estado), según la cual la "crisis poblacional" es una amenaza mayor a los intereses de la seguridad nacional de Estados Unidos que la aniquilación nuclear. En 1975, Herry Kissinger estableció un grupo planificador de políticas en la Oficina de Asuntos Poblacionales del Departamento de Estado. El documento de despoblación "GLOBAL 2000" fue preparado por el presidente Jimmy Carter.

"No es una sorpresa que esta política fuese establecida bajo el presidente Carter con ayuda de Kissinger (A la derecha en la foto y cubierta) y Brzezinski — *todos con conexiones con David Rockefeller* (el énfasis es mío). La familia Bush y la familia Harriman — el socio financiero en Wall Street de Bush en el financiamiento de Hitler (esto será discutido pronto) — y la familia Rockefeller son la elite del movimiento eugenésico estadunidense. (…incluyendo el padre de Bill Gates. Gates fue colocado, por lo que Microsoft fue controlado por los Illuminati desde el comienzo, mientras que Apple Inc. fue interceptado después). Incluso el príncipe Philip de Bretaña, un miembro del grupo Bilderberg, está a favor de la despoblación:

"Si reencarnara me gustaría hacerlo como un virus asesino para bajar los niveles de población humana (Príncipe Philip, duque de Endimburgo, líder del (frente falso) Fondo Mundial para la Naturaleza, citado en '¿Estás listo para el futuro de la nueva era?' Reporte de personas infiltradas, centro de política estadounidense, diciembre de 1995)

"El secretario de defensa, Donald Rumsfeld, ha estado proponiendo, financiando y construyendo laboratorios de armas biológicas de nivel 3 y 4 en muchos lugares a lo largo de Estados Unidos, incluso en los campus universitarios y en locaciones urbanas pobladas. En una instalación de nivel 4 de armas biológicas, una única bacteria o virus es letal. El nivel 4 de las armas biológicas es el nivel más alto legalmente permitido en Estados Unidos continental.

"¿Para qué propósito están estos laboratorios siendo desarrollados, y quién tomará la decisión sobre dónde serán usadas las armas biológicas creadas en estas instalaciones y sobre quién? Más de 20 microbiólogos de clase mundial han sido asesinados (silenciados) desde 2002 (ampliamente corroborado), principalmente en Estados Unidos y el Reino Unido. Todos estuvieron trabajando en el desarrollo de armas biológicas para etnias específicas (buscar Smart Dust, Roboflies &)…"

- del artículo "Kissinger, Eugenesia y Despoblación"
Por la informante heroína Leuren Moret, noviembre 20 de 2004

ATLANTA, GEORGIA

FEMA ESTÁ REUNIENDO UN SUMINISTRO IMPRESIONANTE DE BÓVEDAS DE ENTIERRO INEXPLICABLES QUE ALBERGARAN MILLONES DE CUERPO. A TRAVÉS DE LA HISTORIA, LOS GOBIERNOS CRIMINALES HAN PLANEADO LA DESPOBLACIÓN GENOCIDA MEDIANTE DISEÑO. LOS LABORATORIOS DEL GOBIERNO ESTADUNIDENSE CREAN ARMAS BIOLÓGICAS ESPECÍFICAS, LA 'OMS' OBLIGA QUE LAS VACUNAS CONTENGAN MERCURIO Y VIRUS DE CÁNCER. ALUMINIO EN LAS ESTELAS QUÍMICAS. ¿ESTÁS UNIENDO LOS PUNTOS?

HOUSTON, TEXAS

¿Pronto en tu barrio? FEMA no explicará esto. Estos ataúdes no se están acumulando para una matanza lenta, sino para algo mucho más rápido y más mortal. Si estás asustado, deberías estarlo. Y es premeditado. ¿Aún te sientes cómodo?

Las personas con fondos prácticamente ilimitados efectivamente planifican la obsolescencia y la crisis, para que puedan reemplazar el viejo sistema con su nuevo sistema, y con cada nueva reconstrucción, se pueda desplegar una sociedad más *tecnocrática*. (Ver glosario *Tecnocracia*).

Un ejemplo reciente de tecnocracia es la introducción simultánea *mundial* de "medidores inteligentes" para el servicio de electricidad, con la excusa "verde" de que una "red inteligente" ahorraría energía. Esto fue una mentira. La excusa ha permitido que se coloquen dispositivos emisores de emisiones RF cancerígenas, que son más peligrosas que los teléfonos celulares, en todas las casas, y estaciones repetidoras, similares a pequeñas torres de telefonía celular, en todos los barrios.[19] Los "medidores inteligentes" también son una herramienta de vigilancia. Esto es *tecnocracia,* al pie de la letra. Y, por supuesto, en la reconstrucción se hicieron millones, y se crearon industrias completas para seguir la línea globalista.

Los Globalistas no quieren paz y estabilidad. Para nada. Los Masones son una sociedad secreta que es parte del complejo de los Illuminati, y su lema es "Orden a través del Caos". Esto significa *su* orden a través de nuestro caos. Uno de los símbolos francmasones es la colmena para una sociedad "bien ordenada", regulada por reuniones secretas. Francmasonería es lo opuesto de la comunidad o la democracia. Está basada en los secretos y la manipulación. Es libre de controlar a otros en secreto.

El fundador de los Illuminati, Johann Adam Weishaupt (6 de febrero de 1748 - 18 de noviembre de 1830) creía mucho en la "Dialéctica hegeliana", que ve el cambio como una progresión lineal en la cual las fuerzas opuestas de la tesis y antítesis traen una síntesis. Esto ha sido traducido como problema-reacción-solución, (ver este vídeo explicativo de 4 minutos en YouTube [20]) donde el planificador crea un problema, generalmente con violencia, dirige la reacción con los medios, y entrega la solución pre-planificada como una nueva ley o institución o cultura. Esto lo trataremos en mayor detalle en capítulos posteriores.

Los Globalistas quieren cambio y agitación para que puedan seguir arando el suelo de la sociedad, y apostar y realizar inversiones con su información privilegiada. Durante más de doscientos años, cada guerra y depresión ha sido creada para brindarles ganancias a los instigadores. Desde la Revolución Francesa de 1789 [21] hasta las protestas de Ucrania en 2014 [22], y la ISIS en Oriente Medio (último capítulo) el mismo programa de desestabilización/consolidación, reemplazo, encubrimiento y prensa amarillista (ver *medios de comunicación controlados* en el Glosario) ha sido practicado *por el mismo grupo.* (Sé que en este momento algunos lectores están pensando "teoría de conspiración", pero ese es su condicionamiento. Albert está mirando por encima de tu hombro y diciendo "¡sigue leyendo!")

Su objetivo es manejar la agenda del mundo paso a paso a paso. Este compromiso centenario con el poder/crimen siempre tiene nuevos reclutas que quieren "triunfar". La mayoría de los jugadores son familiares e hijos de las personas de confianza, pero se necesitan cientos de miles de nuevos reclutas que sublimarán su ética para que el sistema siga avanzando en base a la ganancia. Recuerda el ejemplo anterior de los estudiantes de leyes de Harvard. A continuación hay una grabación expuesta recientemente sobre conversaciones en el FED. [23]

Se podría decir que la *cultura dominante* consiste de asesinos, y ahora también asesinas, que son reclutados y pagados por sus jefes criminales. El crimen paga, en una cultura materialista. Esta cultura parasitaria no crea, le roba a la naturaleza y a las personas naturales. La naturaleza no es renovada, la naturaleza es agotada y ese robo es lo que está controlando nuestros valores y nuestro impacto sobre todos los seres vivos.

A "ellos" yo los llamo Globalistas, pero otros utilizan palabras como "La Cábala" o "El Nuevo Orden Mundial". También uso la palabra "Illuminati", porque las raíces son verdaderas y los valores satánicos ahora se propagan, por medio de símbolos, por todas partes. El término "bankster" es bueno, ya que combina las palabras "banquero" y "gánster". Todos estos hilos están conectados por... la deuda.

Virtud

En la cultura dominante, somos animados a ser debiluchos. El individuo es dependiente de un grupo industrial y no es soberano. Él o ella no es un eslabón fuerte, pero sí obediente. Podremos tener músculos y cerebros, pero no integridad soberana. Como miembro de una cultura dominante, eres probablemente demasiado ignorante, dependiente y físicamente débil para cosechar alimentos.

Como una mujer, eres probablemente demasiado dependiente y temerosa para acostarte sobre la hierba y dar a luz por tu cuenta. Si eres un hombre, probablemente eres demasiado débil y falto de educación para saber cómo hacer las cosas. Todo lo que sabes es jugar con el teclado de un computador o con una pantalla táctil. Has sido removido de la naturaleza y te has vuelto dependiente de la dominación industrial moderna. Solíamos ser fuertes.

Para ofrecer una alternativa, Gandhi proponía hilar tu propio algodón, romper la dependencia industrial monopolística.

En la cultura vana, el orgullo es una función de aprobación. El valor viene del reconocimiento social. Si parecemos que valemos la pena, entonces creemos que valemos la pena. En la cultura dominante, hay poca soberanía personal y muchos codazos en busca de un rango.

La dependencia y el rango son tasados y exaltados, codificados y llamados valiosos.

Lo opuesto de orgullo basado en aprobación sería la autoestima de tomar el tiempo de conocer al hacedor de todas las cosas, el Gran Misterio, uno sobre uno. Para hacer esto, un buscador debe ser fuerte y dejar el orgullo.

Este tipo de autoestima es en realidad humilde, de modo que el hombre o mujer con verdadera autoestima busca humildad en sus propios ojos. "¿Soy humilde?", él o ella pregunta. Entonces, no nos preocupamos por la opinión o la aprobación de nadie. No somos más débiles y dependientes. Lo que nos preocupa es nuestra honestidad, sinceridad y humildad a nuestros propios ojos.

Esto ha sido llamado "Fe". No podemos ser corrompidos nunca más mediante la búsqueda de aprobación.

A partir de allí, encontramos nuestra fortaleza. A partir de allí brota la virtud.

Todos los reyes del hombre

*"... Los monarcas y ministros de todos los países cortejaban
su consejo y se guiaban por sus sugerencias."*

El nombre Rothschild surge por una buena razón. Siendo la principal familia banquera estafadora de Europa durante siglos, se enteraron de todo, y al mejor estilo de la mafia, eventualmente controlaron su territorio... Europa. Y por medio de *su* Imperio Británico, obtuvieron el control de la mayoría de los países y se fueron a la guerra en contra de otras naciones coloniales (ladronas) para obtener aún más territorio. Utilizaron excedentes de dinero y oro saqueado de la India para ayudar en otros proyectos internacionales. *Su* Compañía de las Indias Orientales sacó a la Compañía Holandesa de las Indias Orientales de Sudáfrica. Los Rothschild crearon el sionismo y controlan Israel desde entonces. Cuando estuve en Bolivia vi el nombre Rothschild en un museo. Crearon y controlan la Reserva Federal de EE. UU. (FED) y son como dos gotas de agua con los Rockefeller.

> "La dinastía de los Rothschild es, sin duda, la pionera de las finanzas internacionales. Mayer Amschel Rothschild, el primero de la familia en fundar un banco, fue honrado por la revista *Forbes* como el séptimo empresario más influyente de todos los tiempos y el inventor de la banca moderna."
>
> –Business Insider, 23 de diciembre de 2012

¡*Forbes* es horrible! Más adelante en este libro veremos algunas portadas de la revista *Forbes* que resaltan la esclavitud y el satanismo.

A continuación presento sólo algunos puntos destacados de la historia de los Rothschild. Una versión de la historia completa puede encontrarse en línea, *Historia de la Casa de Rothschild* por Andrew Hitchcock, que he modificado a continuación porque encontré más datos o una historia diferente o contraria. La mayor parte de la siguiente cronología es de Hitchcock. Es bueno leer más de una versión [24] (Dije que no me remontaría 250 años.)

> "Por favor no des por hecho que alguien que conozcas con el nombre Rothschild sea parte de la red criminal Rothschild. Además, y más importante, la mayoría de los judíos askenazi son inocentes y no son parte de esta red. En primer lugar, verifica los hechos por tu cuenta. Este artículo está diseñado para informar a la gente acerca de quién es el enemigo, no para señalar personas de una raza en particular o personas con un apellido en particular, que pueden no tener nada que ver con la red criminal Rothschild."
>
> - Denunciante héroe Andrew Hitchcock

1743: Mayer Amschel Bauer, un judío askenazi, nació en Frankfurt, Alemania. Era hijo de Moisés Amschel Bauer, un prestamista y dueño de una oficina de contabilidad.

Moisés Amschel Bauer pone un cartel rojo sobre la entrada de su oficina de contabilidad. Este cartel es un hexagrama (que geométricamente y numéricamente se traduce al número 666), que bajo instrucciones de Rothschild terminaría en la bandera de Israel unos dos siglos más tarde. [Rothschild creó, fundó y gestionó a los sionistas desde el primer día, así que esto es fácilmente posible.]

1760: Durante esta década Mayer Amschel Bauer trabajó para un banco propiedad de los Oppenheimer en Hanover, Alemania. Fue muy exitoso y se convirtió en un socio menor.

Después de la muerte de su padre, Bauer volvió a Frankfurt para hacerse cargo del negocio de su padre. Bauer reconoció el significado del hexagrama rojo en la puerta de su padre y cambió su nombre de Bauer a Rothschild ("rot" es "rojo" en alemán y "schild" es alemán para "señal").

Ahora como Mayer Amschel Rothschild, descubre que el general von Estorff está vinculado con la corte del Príncipe Guillermo IX de Hesse-Hanau, una de las casas reales más ricas de Europa, que ganó su riqueza alquilando soldados hessianos a países extranjeros con enormes ganancias (una práctica que continúa hasta el día de hoy en la forma de exportar tropas "de mantenimiento de la paz" por todo el mundo [y "contratistas" en Irak y otras naciones. Es decir... mercenarios]).

Por lo tanto, vuelve a encontrarse con el General con el pretexto de venderle valiosas monedas y bagatelas a precios de descuento. Como era su plan, Rothschild fue presentado nuevamente al Príncipe Guillermo en persona, quien estaba más que feliz con los precios con descuento que cobraba por sus excepcionales monedas y bagatelas. Rothschild le ofreció un bono por cualquier otro negocio que el Príncipe pudiera encaminarle.

Posteriormente Rothschild se convierte en un asociado cercano al Príncipe Guillermo y termina haciendo negocios con él y con los miembros de la corte. *Pronto descubrió que prestarle dinero a los gobiernos y a la realeza era más rentable que otorgar préstamos a individuos, ya que los préstamos eran más grandes y estaban protegidos por los impuestos del país.* (Prestamos asegurados mediante impuestos que benefician a los aristócratas y a la elite parasitaria)

1769: El Príncipe Guillermo autorizó a Mayer Amschel Rothschild a colgar un cartel frente a sus locales comerciales declarando "M.A. Rothschild, por nombramiento, banquero de la corte de Su Alteza Serenísima, el Príncipe Guillermo de Hanau."

1770: Mayer Amschel Rothschild elaboró planes para la creación de los Illuminati y le confió su organización y desarrollo al judío askenazi Adam Weishaupt, un cripto-judaizante que aparentaba ser católico romano. [Rothschild financia a los Illuminati]

1773: Nacimiento de Amschel Mayer Rothschild, el primer hijo varón de Mayer Amschel Rothschild. Él, al igual que todos sus hermanos después de él, entró al negocio familiar a los 12 años. [Sus mentes fueron programadas.]

1776: Adam Weishaupt termina oficialmente la organización de los Illuminati el 1º de mayo de este año. El propósito de los Illuminati [según Hitchcock] es dividir a los goyim (todos los no-judíos) a través de medios políticos, económicos, sociales y religiosos. Los bandos contrarios debían estar armados y se debía crear incidentes para que pelearan entre ellos, destruyeran gobiernos nacionales, destruyeran instituciones religiosas, y eventualmente, se destruyeran los unos a los otros.

[En un nivel más profundo, el propósito de los Illuminati es la dominación de nuestro lado intuitivo conectado mediante el ego, "la vanidad desconectadora", y que encuentra prepotencia, u orgullo falso, a través de la manipulación divide y conquistarás. La conexión "buena" se "vuelve mala" y los parásitos cosechan beneficios de la destrucción. Esta vanidad es una sombra insaciable que no puede ser apaciguada y que avanza buscando más control e influencia, ya que está alejada de la conexión, llamada también "fuente".]

Weishaupt pronto infiltró la Orden Continental de masones con esta doctrina Illuminati y estableció las logias del Grand Orient como su cuartel general secreto. Todo esto bajo las órdenes y financiamiento de Mayer Amschel Rothschild; el concepto se extendió y hasta el día de hoy lo siguen las logias masónicas de todo el mundo.

Weishaupt también reclutó a 2.000 seguidores pagados [él no tenía esa cantidad de dinero, fue financiado por Rothschild] incluyendo a los hombres más inteligentes en los campos del arte y letras, educación, ciencia, finanzas e industria. Se les ordenó seguir los siguientes métodos para controlar a la gente.

1. Utilizar sobornos monetarios y sexuales para obtener control sobre hombres ya instalados en altos cargos, en los diversos niveles de todos los gobiernos y otras áreas de actividad. Una vez que personas influyentes caían en las mentiras, engaños y tentaciones de los Illuminati, debían ser mantenidos en esclavitud aplicando chantaje político y de otros medios, amenazas de ruina económica, exposición pública y daño físico, incluso la muerte para ellos y sus familiares amados. [En nuestros tiempos todo es fotografiado o grabado en secreto y el blanco se vuelve esclavo por miedo a la exposición. Esto incluye casi a todo el mundo, como Edward Snowden ha revelado.]

2. Las facultades de estudios superiores y universidades debían cultivar estudiantes con habilidades mentales excepcionales que pertenecían a familias de bien con tendencias internacionales y recomendarlos para una educación especial en internacionalismo, o más bien la noción de que sólo un gobierno único mundial puede poner fin a las recurrentes guerras y conflictos. [En este paradigma, la disciplina espiritual no existe y no traerá paz; sólo un gobierno jerárquico, con poder de imposición total, nos salvará "de nosotros mismos", de acuerdo a los Illuminati. En vez de una solución espiritual desde abajo a través de la educación, una solución jerárquica que conlleve el embrutecimiento de todos fue la receta para las enfermedades de la sociedad. ¿Y quién creó la desigualdad y la guerra?... Sigue leyendo.] Este entrenamiento sería proporcionado dándole becas a los seleccionados por los Illuminati. [En Estados Unidos, la escuela de la Liga de la Hiedra proveía las marionetas remplazables para las nuevas generaciones siguientes de amigos globalistas.]

3. Todas las personas de influencia engañadas para ponerlas bajo el control de los Illuminati, además de los estudiantes que fueron especialmente educados y entrenados, serían utilizadas como agentes y colocados tras bambalinas de todos los gobiernos como expertos y especialistas. Esto se hizo para que aconsejaran a los más altos ejecutivos que adoptaran políticas que, en el largo plazo, servirían para el plan secreto de la conspiración mundial de los Illuminati y traerían la destrucción de los gobiernos y religiones que fueron elegidos o nombrados para servir.

Obtener el control absoluto de la prensa (en ese tiempo el único medio de comunicación masiva que distribuía información al público), para que todas las noticias e información fueran sesgadas para hacer creer a las masas que un gobierno único mundial es la única solución a nuestros muchos y variados problemas.

[Esto describe de manera precisa qué ha evolucionado de este grupo.]

1777: Nacimiento de Nathan Mayer Rothschild.

1784: El fundador de los Illuminati, [empleado de Rothschild] Adam Weishaupt, emitió una orden en forma de libro para que Maximilien Robespierre iniciara la Revolución Francesa. Este libro fue escrito por uno de los asociados de Weishaupt, Xavier Zwack, y fue enviado por mensajero desde Frankfurt a París. Sin embargo, en el camino, el mensajero fue alcanzado por un relámpago. [Para aquellos que no creen que existen reinos invisibles que intervienen, están equivocados. El espectro visible que podemos ver es sólo un pedazo de la realidad. Este rayo parece demasiada "coincidencia" para ser descartado como algo aleatorio en mi opinión.] El libro que detallaba este plan fue descubierto por la policía y fue entregado a las autoridades de Baviera.

Como consecuencia, el gobierno bávaro ordenó a la policía invadir las logias masónicas de Weishaupt en el Gran Oriente y también los hogares de sus asociados más influyentes. Claramente, las autoridades bávaras estaban convencidas de que el libro que habían descubierto era una amenaza muy real de un grupo privado de personas de influencia para utilizar guerras y revoluciones para lograr sus fines políticos.

1785: El gobierno de Bavaria prohíbe a los Illuminati y cierran todas las logias masónicas del Gran Oriente. Mayer Amschel Rothschild mudó su hogar familiar a una casa de cinco pisos en Frankfurt, que compartió con la familia Schiff. [Recuerda el nombre Jacob Schiff]

1798: John Ribson, que en 1783 fue elegido Secretario General de la Sociedad Real de Edimburgo, publicó un libro llamado *"Pruebas de una conspiración en contra de todas las religiones y gobiernos de Europa llevada a cabo en las reuniones secretas de los Masones, los Illuminati, y las Sociedades de Lectura"* y proporcionó detalles sobre todo el complot de los Illuminati Rothschild.

Advirtió que había sido un masón de alto nivel en el Rito Escocés de Masonería y había sido invitado por Adam Weishaupt a Europa [continental], donde se le había entregado una copia revisada de la conspiración de Weishaupt. Sin embargo, aunque fingió seguirlo, el Profesor Robinson no estaba de acuerdo con él, por eso publicó su libro. Este libro incluía detalles de la investigación del gobierno bávaro sobre los Illuminati y la Revolución Francesa.

Ese mismo año, el 19 de julio, David Pappen, Presidente de la Universidad de Harvard, dio un discurso a la clase que se graduaba acerca de la influencia que el iluminismo tenía sobre la política y religiones de Estados Unidos. (Los Illuminati son reales, no una creencia, como veremos en la industria musical)

A la edad de 21 años, Nathan Mayer Rothschild abandonó Frankfurt y se fue a Inglaterra, donde, con una importante suma de dinero que le dio su padre, estableció una casa de banca en Londres.

1798: *No era mi intención poner en duda el hecho de que las* **doctrinas de los Illuminati**, *y los principios del jacobismo, no se habían esparcido en los Estados Unidos. Por el contrario, nadie está más sinceramente convencido de este hecho que yo. [Están aquí]. La idea que quise transmitir fue que no creía que las logias de masones en este país habían [aún], como Sociedades, tratado de propagar la diabólica doctrina de los primeros [los Illuminati], ni los perniciosos principios de los últimos [jacobinismo] (si fueran susceptibles de separación). Que individuos de aquellos [Illuminati] podrían... efectivamente tener* **en la mira una separación del Pueblo con su Gobierno, es demasiado evidente para cuestionarlo."**

– *George Washington,* 1er Presidente de los Estados Unidos (1789–1797),
de una carta escrita el 24 de octubre de 1798,
que se puede encontrar en la Biblioteca del Congreso. [25]

[El Presidente Henry Jackson era un masón que fue el mayor enemigo de los banqueros Illuminati, por lo que la visión de George Washington parece tener apoyo. Existe controversia acerca de Ben Franklin como masón o el plan secreto verdadero de Washington. [26] No entraré en eso aquí.]

1806: Napoleón Bonaparte declara que es su objetivo "retirar a la casa de Hess-Cassel de la autoridad y eliminarla de la lista de poderes." Al oír esto, el Príncipe Guillermo IX de Hesse-Hanau huye a Alemania, va a Dinamarca y le confía su fortuna, valorada en 3 millones de dólares en ese tiempo, a Mayer Amschel Rothschild para su custodia.

1808 : Moisés Montefiore y Nathan Mayer Rothschild le prestan £3.200.000 a la Tesorería Británica (utilizados para atender la deuda que se debía al Banco de Inglaterra, operado privadamente por Nathan Mayer Rothschild) y a cambio se les otorgó la concesión exclusiva de privilegios comerciales con todos los países de los Océanos Índico y Pacífico, entre el Cabo de Hornos y el Cabo de Buena Esperanza, para la recientemente constituida sociedad anónima incorporada controlada por Rothschild: la Compañía Británica de las Indias Orientales.

1810: Mueren Sir Francis Baring y Abraham Goldsmid. Esto deja a Nathan Mayer Rothschild como el principal banquero de Inglaterra.

Salomón Mayer Rothschild, hermano de Nathan, va a Viena, Austria, y establece el banco M. von Rothschild und Söhne.

1811: Se vence el acta constitutiva para el Banco de los Estados Unidos de los Rothschild y el Congreso vota en contra de su renovación. Nathan Mayer Rothschild declara, "O se concede la solicitud de renovación del acta constitutiva o Estados Unidos se encontrará involucrado en una guerra desastrosa." El Congreso no da su brazo a torcer y no se renueva el acta constitutiva, lo que hace que Nathan Mayer Rothschild emita otra amenaza "Enséñenles una lección a estos estadounidenses insolentes. Que vuelvan al estado colonial".

1812: Muere Mayer Amschel Rothschild. En su testamento estableció leyes específicas que la Casa de Rothschild debía seguir:

• todas las posiciones clave del negocio familiar sólo podrían ser ocupadas por miembros de la familia.

- sólo se le permitiría a los miembros de sexo masculino de la familia participar en el negocio familiar; esto incluía a un sexto hijo bastardo secreto. (Es importante destacar que Mayer Amschel Rothschild también tuvo cinco hijas, por lo que el día de hoy la propagación de la dinastía sionista Rothschild sin el nombre Rothschild se ha esparcido a lo largo y a lo ancho);

- la familia debía casarse entre primos de primer y segundo grado para preservar la fortuna de la familia (de los 18 matrimonios entre los nietos de Mayer Amschel Rothschild, 16 fueron entre primos de primer grado, una práctica que hoy se conoce como endogamia);

- nunca se publicaría un inventario público de su propiedad; (Él era una mentira viviente)

- nunca se tomaría acción legal alguna con respecto al valor de la herencia;

- el hijo mayor del hijo mayor se convertiría en la cabeza de la familia (esta condición sólo podría revertirse cuando la mayoría de la familia acordara lo contrario).

De inmediato se eligió a Nathan Mayer Rothschild como cabeza de la familia después de la muerte de su padre, Mayer Amschel Rothschild.

Jacob (James) Mayer Rothschild fue a París, Francia, para establecer el banco de Rothschild Frères.

1814: Con respecto a los 3 millones de dólares que el Príncipe Guillermo IX de Hesse-Hanau había confiado a Mayer Amschel Rothschild para su cuidado, lo que pasó a continuación viene de la *Enciclopedia Judía,* edición de 1905, Volumen 10, página 494, que dice,

"Según la leyenda este dinero estaba escondido en barricas de vino y, habiendo escapado a la búsqueda realizada por los soldados de Napoleón cuando ingresaron a Frankfurt, fue restituida en las mismas barricas, completamente intacta, en 1814, cuando el elector (Príncipe Guillermo IX de Hesse-Hanau) volvió al electorado (Alemania). Los hechos son un poco menos románticos, y más prácticos."

Esta última frase indica que Rothschild nunca le devolvió el dinero al Príncipe Guillermo IX de Hesse-Hanau. La *Enciclopedia* sigue diciendo que "Nathan Mayer Rothschild invirtió estos 3 millones de dólares en oro de la Compañía de las Indias Orientales, sabiendo que lo necesitaría para la campaña peninsular de Wellington."

Con el dinero robado Nathan realizó "no menos de cuatro ganancias: Sobre la venta del papel de Wellington que compró a 50 centavos de dólar y recolectó a la par; sobre la venta de oro a Wellington; sobre la recompra; y sobre reenviarlo a Portugal."

1815: Los cinco hermanos Rothschild trabajan para suministrar oro tanto al ejército de Wellington (por medio de Nathan en Inglaterra) como al ejército de Napoleón (por medio de Jacob en Francia) y comienzan su *política de financiar ambos bandos de la guerra.* Los banqueros aman las guerras porque son generadoras masivas de deudas libres de riesgo. Esto se debe a que están garantizadas por el gobierno de un país y, por lo tanto, por los esfuerzos de la población de ese país; no importa si ese país pierde la guerra porque los préstamos se otorgaban sobre la garantía que el ganador honraría las deudas de los vencidos.

Mientras que los Rothschild financian ambos lados de esta guerra, utilizan los bancos que han esparcido a lo largo de Europa para darles la oportunidad de establecer una red de servicio postal de mensajeros rápidos y rutas secretas. Los mensajeros abrían los mensajes que llevaban y les transmitían sus contenidos a los Rothschild, de manera que siempre estaban un paso por delante de los acontecimientos en curso. [La NSA, Google y Facebook, de verdad. ¡Bajo la misma dirección!]

Además, los mensajeros de los Rothschild eran los únicos comerciantes a quienes se les permitía pasar por los bloqueos ingleses y franceses. Fueron estos mensajeros los que mantenían al día a Nathan Mayer Rothschild sobre el estado de la guerra, para que pudiera utilizar esa información para comprar y vender en la bolsa de valores.

Uno de los mensajeros de Rothschild era un hombre llamado Rothworth. Cuando los británicos ganaron la batalla de Waterloo, Rothworth partió al canal y pudo informar esta noticia a Nathan Mayer Rothschild 24 horas antes que el mensajero de Wellington.

En ese momento los bonos británicos se llamaban *cónsules* y se comerciaban en el piso de la bolsa de valores. Nathan Mayer Rothschild ordenó a todos sus trabajadores en el piso empezar a vender *cónsules*. Esto hizo que todos los otros comerciantes creyeran que los británicos habían perdido la guerra, así que empezaron a vender frenéticamente. Por lo tanto los *cónsules* se desplomaron en valor, en ese momento Nathan Mayer Rothschild le ordenó, discretamente, a sus trabajadores comprar todos los *cónsules* que pudieran encontrar.

Cuando llegó la noticia de que los británicos en realidad habían ganado la guerra, los *cónsules* aumentaron a un nivel mayor que antes, dejándole a Nathan Mayer Rothschild un retorno de aproximadamente 20 a 1 sobre su inversión.

Esto le dio a la familia Rothschild el control completo de la economía británica, el centro financiero del mundo después de la derrota de Napoleón. Inglaterra estableció un nuevo Banco de Inglaterra, controlado por Nathan Mayer Rothschild.

Curiosamente, 100 años más tarde el *New York Times* publicaría un artículo que decía que el nieto de Nathan Mayer Rothschild había intentado obtener una orden judicial para suprimir la publicación de un libro que contenía este tráfico de información privilegiada. La familia Rothschild sostenía que la historia era falsa y difamatoria, pero el tribunal les negó la solicitud a los Rothschild y le ordenó a la familia pagar todos los gastos judiciales.

Volviendo a 1815; este año Nathan Mayer Rothschild hizo su famosa declaración:

"No me importa qué títere pongan en el trono de Inglaterra para gobernar el Imperio donde nunca se pone el sol. El hombre que controla la oferta de dinero de Gran Bretaña controla al Imperio Británico y yo controlo la oferta de dinero británica."

Luego presumiría que en los 17 años que había estado en Inglaterra había aumentado el monto de £20.000 que le había dado su padre en 2500 veces, es decir, a 50 millones de libras.

Los Rothschild también utilizaron su control del Banco de Inglaterra para reemplazar el método de transportar oro de país en país y utilizar sus cinco bancos repartidos por Europa *para establecer un sistema de débitos y créditos de papel, el sistema bancario de hoy en día.*

Ya a fines de este siglo, un periodo de tiempo que se conoció como "la Era de los Rothschild," se estimó que la familia Rothschild controlaba la mitad de la riqueza del mundo.

Sin embargo, algo le salió mal a los Rothschild este año: el Congreso de Viena, que empezó en septiembre de 1814 y terminó en junio de 1815. El propósito del Congreso de Viena fue que los Rothschild crearan una forma de gobierno mundial que les daría control político sobre gran parte del mundo civilizado.

Muchos de los gobiernos europeos estaban endeudados con los Rothschild, así que pensaron que podrían utilizar eso como herramienta de negociación. Sin embargo, el Zar de Rusia, Alejandro I, quien no había sucumbido a un banco central de los Rothschild, se negó a seguir el plan, con lo que el plan de gobierno mundial de los Rothschild falló.

Enfurecido por esto, Nathan Mayer Rothschild juró que algún día él o sus descendientes destruirían toda la familia y descendientes del Zar Alejandro I. Desgraciadamente, le fue fiel a su palabra: 102 años más tarde [Rothschild financió a los bolcheviques, organizados por Jacob Schiff en Nueva York] cumpliría esa promesa [asesinando a todos en la familia del Zar, incluyendo a los niños. Este es el Nuevo Orden Mundial.]

Curiosamente, el fanático del gobierno mundial y judío askenazi, **Henry Kissinger** [criminal de guerra en la portada de este libro] hizo su tesis doctoral acerca del Congreso de Viena. [Kissinger es un jefe del Grupo Bilderberg y consultor para "Logo" Obama.]

1816:   El Congreso estadounidense aprueba una ley que permite otro banco central dominado por los Rothschild, lo que nuevamente les da a los Rothschild control de la oferta de dinero estadounidense. Es llamado el Segundo Banco de Estados Unidos, y se le otorga un acta constitutiva por veinte años. Por lo tanto, la guerra británica [de 1812] contra EE. UU. terminó con la muerte de miles de soldados estadounidenses y británicos, pero los Rothschild consiguieron su banco. [Esta guerra no se trataba específicamente del banco.]

1816:   *Creo sinceramente, junto a ustedes, que **los establecimientos bancarios son más peligrosos que los ejércitos permanentes.***

– Thomas Jefferson, 3er Presidente de los Estados Unidos (1801 - 1909)
y autor principal de la Declaración de Independencia de los Estados Unidos (1776),
en una carta escrita a John Taylor el 28 de mayo de 1816.

El banco central es una institución de la más mortífera hostilidad existente en contra de los principios y forma de nuestra constitución. Yo soy Enemigo de todos los bancos que descuentan billetes o notas por cualquier cosa que no sea una moneda. Si el pueblo estadounidense permite que los bancos privados controlen la emisión de su moneda, primero por inflación y luego por deflación, los bancos y corporaciones crecerán a su alrededor y privarán al Pueblo de toda su Propiedad, hasta que sus Hijos despierten sin hogar en el continente que sus Padres conquistaron.

– Thomas Jefferson

[¡El continente robado a las poblaciones indígenas! Jefferson autorizaría la compra de Luisiana de 1803, donde decenas de antiguas culturas fueron "compradas" a Francia por 15 millones de dólares estadounidenses. Algunos sintieron que no había razón para pagar a Francia, porque no ejercieron más voluntad militar en Estados Unidos, por lo que la integridad de Jefferson es cuestionada. Lo que EE. UU. compró a Francia fue el derecho a saqueo. Esto fue respaldado por la idea del "destino manifiesto", donde la *cultura dominante* sentía que la dominación se justifica a sí misma y no había un propósito más elevado. Más adelante, los mormones utilizaron el mismo razonamiento para destruir las antiguas culturas en Utah. Lo mismo en Nueva Zelanda, Australia, África, etc. Los presuntos cristianos usaron el genocidio de los cananeos en la Biblia como precedente. Jefferson no creía en la Biblia y tenía fósiles en su vestíbulo, pero no cuestionó la *cultura dominante* privilegiada y autotitulada, que es de lo que se trata el Antiguo Testamento y de lo que se trata nuestra actual crisis ambiental.

Si Jefferson invoca el legado de conquista exitosa de la cita anterior, entonces el mundo en que vive es de conquista y sólo se puede esperar más de lo mismo. ¿Que había antes de la conquista? No lo sabía. Era un propietario de esclavos que estaba profundamente endeudado para seguir adelante con su estilo de vida autotitulado. No podía darse el lujo de liberar a sus amigos y amantes que eran "sus" esclavos. No interactuó con los *antiguos pueblos indígenas* que durante decenas de miles de años jamás talaron los bosques. Jefferson no atendió a una visión de la Naturaleza que está basada en el equilibrio. Escribió acerca de la "búsqueda de la felicidad" sin definirla, lo que hace que la Declaración de la Independencia esté profundamente errada. Los indígenas eran independientes... ¿Qué pasa con su declaración de independencia? Me gustaría ver a los Patriotas tratar de comprender esto. Necesitamos dar un paso más allá de la conquista. Culturalmente somos ya caníbales comiéndonos otras culturas y a nosotros mismos.]

1818: Los franceses se valieron de enormes préstamos en 1817 para *ayudar en la reconstrucción* después de su desastrosa derrota en Waterloo [también habían pedido préstamos para la guerra]. Los agentes de los Rothschild compraron grandes cantidades de bonos del gobierno francés, haciendo aumentar su valor. El 5 de noviembre inundaron el mercado abierto con ellos, haciendo que su valor cayera en picada y que Francia entrara en un pánico financiero. Luego los Rothschild entraron a tomar el control de la oferta de dinero francesa.

[Así que hemos visto tres ejemplos, la estafa de Waterloo (ver referencia [24]), esta estafa de 1818 y la caída del mercado de valores de 1929 como resultado de las manipulaciones de desestabilización/consolidación de los Rothschild. Sin embargo, la devaluación de la moneda de una nación hace lo mismo y ha aplastado a muchas personas en Argentina, México, Tailandia y muchos países más. La globalización deja a las naciones abiertas a la manipulación, donde sus desastres son una "oportunidad" para los parásitos. Así que espérenlo, todos, sin importar dónde vivan. Si las cosas van bien, tengan cuidado. Si tienen equidad, será desarmada y robada. Su economía será una "oportunidad". Ya que EE. UU. está en la quiebra, se puede requisar cualquier fondo, como el superfondo para la limpieza de tóxicos o los fondos de pensiones. Tener ahorros en acciones o en papel en este momento es algo muy ciego. Las deudas de las corporaciones o del gobierno son borradas de la misma manera, así que si AIG Insurance le debe un plan basado en años de primas a millones de personas, simplemente lo borran y dicen que no pueden pagar. Luego rescatan a AIG, pero ¿volvieron a instaurar las pólizas canceladas? No. El desastre es su "oportunidad". Y porque los parásitos son los que controlan tu gobierno, no puedes confiar en que tu gobierno vaya a cuidar de ti. Despierten, todos. Puse las palabras "ayudar en la reconstrucción" en negritas arriba, porque esto también es parte del programa, destruir las tradiciones y luego "reconstruirlas" en las mentes de nuestros hijos... por el mismo grupo de planificadores.]

Este fue el mismo año que los Rothschild pudieron prestarle £5.000.000 al gobierno de Prusia.

1821: Kalmann (Carl) Mayer Rothschild es enviado a Nápoles, Italia. Terminaría haciendo muchos negocios con el Vaticano y el Papa Gregorio XVI posteriormente le confirió la Orden de San Jorge. Además, cada vez que el Papa recibía a Kalmann, le daría su mano para besar en vez del habitual dedo del pie, lo que demuestra el grado de poder de Kalmann sobre el Vaticano.

(Esta versión es cuestionada por Karen Hudes, que dice que el Vaticano controla a los Rothschild. Esto necesita más investigación. Sabemos que los Jesuitas fueron una fuerza militar y el fundador Illuminati Adam Weishaupt, a través de Rothschild, inició un sistema de competencia con los Jesuitas. [27]

1822: El emperador de Austria nombró barones a los cinco hermanos Rothschild. Nathan Mayer Rothschild eligió no tomar el título.

1823: Los Rothschild toman el control de las operaciones financieras de la Iglesia Católica en todo el mundo. (Hitchcock no hace referencia a esto, así que debe ser investigado. Sabemos que los Rothschild y el Vaticano están juntos en la cama, pero no sabemos quién "está arriba".)

1827: Sir Walter Scott publica su conjunto de nueve volúmenes, *La Vida de Napoleón*, y en el volumen dos declara que la Revolución Francesa fue planificada por los Illuminati (Adam Weishaupt) y que fue financiada por los cambistas de Europa (los Rothschild).

1832: El Presidente Andrew Jackson (el 7º Presidente de los Estados Unidos, desde 1829 a 1837) llevó a cabo la campaña para su segundo mandato con el lema "¡Jackson y ningún banco!" Esto es una referencia a su plan para tomar el control del sistema monetario estadounidense para beneficiar al pueblo estadounidense y no para la especulación de los Rothschild.

1833: El Presidente Andrew Jackson empieza a retirar los depósitos del gobierno del Segundo Banco de Estados Unidos, controlado por los Rothschild y en su lugar los deposita en bancos dirigidos por banqueros democráticos.

Esto hace que los Rothschild entren en pánico, así que hicieron lo que mejor saben hacer, contraer la oferta de dinero causando una depresión. El Presidente Jackson sabía lo que estaban haciendo y posteriormente declaró "Son un nido de ladrones y víboras y pretendo sacarlos de raíz y, por el Dios Eterno, los sacaré de raíz.

1834: El líder revolucionario Giuseppe Mazzini es seleccionado por los Illuminati para redirigir su programa revolucionario en todo el mundo; desempeñaría ese cargo hasta su muerte en 1872.

1835: El 30 de enero, un asesino intenta disparar contra el Presidente Jackson, pero milagrosamente ambas armas del asesino fallaron el tiro. [Otros dicen que sólo hubo una pistola.] El Presidente Jackson diría después que sabía que los Rothschild eran responsables del intento de asesinato. [El agresor] Richard Lawrence, que fue declarado no culpable por razón de demencia, se jactaba más tarde de que lo había contratado gente poderosa en Europa, y que habían prometido protegerlo si era capturado.

[Jack Ruby, que asesinó a Lee Harvey Oswald, el inocente agente encubierto incriminado por la muerte de JFK, hace un reclamo similar en este video de YouTube. [28] El mismo grupo ha estado haciendo lo mismo durante siglos.]

Los Rothschild adquirieron los derechos a las minas de azogue (mercurio) en España. En el momento, fue la concesión más grande del mundo. El mercurio era un componente vital para refinar oro y plata; esto otorgó a los Rothschild un verdadero monopolio mundial.

1836: *"Ha surgido un poder en el gobierno, mayor que el mismo pueblo, que consiste de muchos y variados intereses combinados en una sola masa, que se mantiene junta por el poder cohesivo del gran superávit en los bancos."*

- John C. Calhoun, Vice Presidente del Presidente Henry Jackson (1825 - 1832) y Senador de los EE. UU., extracto de un discurso pronunciado el 27 de mayo de 1836.

Después de sus años luchando en contra de los Rothschild y su banco central en EE. UU., el Presidente Andrew Jackson finalmente tiene éxito en expulsar a los Rothschild de Estados Unidos, cuando el acta constitutiva no es renovada. No sería sino hasta 1913 que los Rothschild podrían establecer su tercer banco central en EE. UU., la Reserva Federal, y para cerciorarse de que no se cometieran errores, esta vez pusieron a uno de su sangre, **Jacob Schiff**, a cargo del proyecto.

Nathan Mayer Rothschild muere y el control de su banco, N.M. Rothschild e Hijos, pasa a su hermano menor, James Mayer Rothschild.

1840: Los Rothschild se convierten en corredores de lingotes para el Banco de Inglaterra. Establecen agencias en California y Australia. [Para fiebres del oro]

1841: El Presidente John Tyler (el 10º Presidente de los Estados Unidos, de 1841 a 1845) veta la ley para renovar el acta de constitución del Banco de los Estados Unidos. Posteriormente recibe cientos de cartas amenazándolo con asesinato.

1844: Salomón Mayer Rothschild compra las Minas de Cobre Unidas de Vítkovice y la Compañía Austro-Húngara de Alto Horno que se volvería una de las diez principales empresas industriales en el mundo.

Benjamín Disraeli, un judío askenazi, (que llegaría dos veces a ser Primer Ministro británico - el único judío declarado askenazi en hacerlo) - publica *Coningsby*, en el que caracteriza a Nathan Mayer Rothschild como "El Señor y Maestro de los mercados de capitales del mundo, y por supuesto prácticamente Señor y Maestro de todo lo demás.

Literalmente mantuvo los ingresos de Italia del Sur en prenda y los Monarcas y Ministros de todos los países buscaban su consejo y fueron guiados por sus sugerencias. (Besaban su tra**.)"

[Según su biógrafo Disraeli, Robert Blake, el personaje de Sidonia es una combinación entre Lionel de Rothschild y el mismo Disraeli.]

El mundo está gobernado por dos personajes muy distintos a los que la gente que no está tras bambalinas imagina.

– de la novela *Coningsby*, o *La Nueva Generación*

1845:   Muere Andrew Jackson (7º Presidente de los Estados Unidos). Antes de su muerte le preguntaron qué consideraba su mayor logro. Sin titubear, respondió, "Yo maté al Banco." [Colocó esto en su lápida.]

[Jackson resistió a los bancos de los Rothschild, pero fue responsable de la extracción de los estados del sudeste de 125.000 nativos americanos por la *cultura dominante*, incluyendo a los Creeks y Cherokee. Las familias con ancianos y niños fueron obligadas a punta de pistola a marchar durante miles de millas a una desolada Oklahoma, una ecología que no conocían, en el Camino de las Lágrimas. Esta marcha fue peor que las marchas de la Muerte en las Filipinas que victimizaron a los soldados estadounidenses capturados por los japoneses en la Segunda Guerra Mundial. Los patriotas pueden considerar a Andrew Jackson como un héroe, mientras que los nativos americanos quieren que se diga la verdad y que el rostro de este monstruo se retire de los billetes de veinte dólares de EE. UU. El lector debe sopesar cuidadosamente su respuesta a esto. ¿Jackson representó la valentía o la virtud sectaria? ¿Cómo te sentirías si fueras nativo americano? Este libro indicará constantemente que nuestra relación con los *pueblos indígenas* y la Madre Tierra debe ser sanada o seremos culpables de los mismos abusos de los que han sido culpables los banqueros. Robar. Incluso más, hasta que vivamos como los *pueblos indígenas*, estaremos tratando de ser más listos que la Naturaleza y seguiremos destruyéndola. Sí, es radical, pero el tiempo y el *agotamiento de recursos* están de mi lado. Y si vas rumbo a las estrellas, envejecerán, y ¿qué le harás a la próxima Madre Tierra que encuentres? La solución está en nosotros, no en la nueva tecnología.]

Jacob (James) Mayer Rothschild (que para ese entonces se había casado con su sobrina, Betty, la hija de Salomón Mayer Rothschild), ahora conocido como Barón James de Rothschild, se adjudicó el contrato para construir la primera línea ferroviaria principal a través del país. [Francia]

Fue llamada la Chemin De Fer Du Nord e inicialmente recorría desde París hasta Valencianas y luego se juntaba con la red ferroviaria austriaca construida por su hermano (y el padre de su esposa... un poco sórdido, ¿no creen?) Salomón Mayer Rothschild.

[El transporte aceleraría la explotación de recursos y la homogeneización de las culturas. El objetivo era la mayor cantidad de extracción e influencia posible para demostrar el "poder" de los individuos involucrados que estaban desconectados de las consecuencias en terreno. A esto le llamo *vanidad desconectadora*.]

1847: Lionel de Rothschild, ahora casado con la hija de su tío Kalmann (Carl) Mayer Rothschild, es elegido para un cargo en el Parlamento por la Ciudad de Londres. Un requisito para entrar al Parlamento fue jurar en la verdadera fe de un cristiano. Lionel de Rothschild se rehusó a hacerlo, ya que era judío, y su asiento en el Parlamento se mantuvo vacío durante 11 años hasta que se permitieron nuevos juramentos.

1848: Karl Marx, un judío askenazi, publicó "El Manifiesto Comunista". Curiosamente, al mismo tiempo que trabajaba en esto, Karl Ritter de la Universidad de Frankfurt escribía la antítesis que formaría la base del "nietzcheanismo" de Friedrich Wilhelm Nietzsche. Este nietzcheanismo después se desarrolló en fascismo y luego nazismo y fue utilizado para fomentar la primera y segunda guerras mundiales.

[nie·tzsche·anismo: la filosofía de Nietzsche 1844-1900, que enfatizaba la voluntad al poder *(agarrar el deseo y vanidad)* como la fuerza motivante principal tanto del individuo como de la sociedad. Nietzsche fue un filósofo alemán conocido por su *concepto del superhombre* [¡oh hermano!] y su rechazo de los valores cristianos tradicionales. Ya que los Illuminati satánicos Rothschild apoyaban tanto al comunismo como al fascismo, no es de extrañar que ambos rechazaban a Jesús Cristo y ambos persiguieron a los cristianos. Stalin asesinó a millones y Hitler asesinó a Testigos de Jehová. Ahora los cristianos están siendo socavados y acosados en EE. UU., y son llamados "grupos de odio" por apoyar a la familia biológica tradicional.]

Marx, Ritter, y Nietzsche fueron todos financiados y bajo las órdenes de los Rothschild. La idea de los dirigentes de la conspiración general era *utilizar las diferencias* de esas dos llamadas ideologías para permitirles dividir facciones más y más grandes de la raza humana en campos opuestos, para armarlos y lavarles el cerebro para que pelearan y se destruyeran los unos a los otros, y, particularmente, para destruir todas las instituciones políticas y religiosas - el mismo plan establecido por Weishaupt en 1776.

1849: Muere Gutle Schnaper, la esposa de Mayer Amschel Rothschild. Antes de su muerte diría sin estridencias, "Si mis hijos no quisieran guerras, no habría ninguna."

1852: N.M. Rothschild & Sons comenzó a refinar oro y plata para la Casa de la Moneda y el Banco de Inglaterra y otros clientes internacionales.

1856: *Hay un... poder que rara vez mencionamos en esta Casa... me refiero a las sociedades secretas... una gran parte de Europa - toda Italia y Francia y una gran parte de Alemania, además de otros países - está cubierta con una red de sociedades secretas [Masones]... No quieren gobiernos constitucionales; no quieren instituciones mejoradas... quieren cambiar la tenencia de tierras, sacar a los dueños actuales de sus tierras y poner un fin a los establecimientos eclesiásticos...*

– Benjamín Disraeli, Primer Ministro británico, discurso del 14 de julio de 1856 en la Cámara de los Comunes. [Esto no está en su novela, esto está afuera.]

1861: El Presidente Abraham Lincoln (16º Presidente de los Estados Unidos desde 1860 hasta su asesinato en 1865) se acercó a los grandes bancos de Nueva York para tratar de obtener préstamos para apoyar la continua Guerra Civil estadounidense. Ya que estos grandes bancos estaban fuertemente bajo la influencia de los Rothschild, le ofrecieron un trato que sabían que no podría aceptar, un 24 % a 36 % de interés sobre todo el dinero prestado. Lincoln estaba muy enojado por este alto nivel de interés, por lo que imprimió su propia moneda libre de deuda [los Greenbacks] e informó al público que ahora era moneda de curso legal para deudas públicas y privadas.

1862:   Para abril, ya se había imprimido un valor de 449.338.902 de dólares de los Greenbacks libres de deuda de Lincoln. Declaró:

Le dimos a la gente de esta república la bendición más grande que ha tenido, su propio papel moneda para pagar sus propias deudas.

También,

El gobierno debe crear, emitir y circular toda la moneda y el crédito necesario para satisfacer la capacidad de gasto del gobierno y la capacidad de compra de los consumidores.

El privilegio de crear y emitir dinero no es sólo la prerrogativa suprema del gobierno, sino que es la mayor oportunidad creativa del gobierno. El financiamiento de todas las empresas públicas y la realización de la tesorería se convertirán en asuntos de administración práctica.

El dinero dejará de ser el maestro y se convertirá en el siervo de la humanidad.

– Abraham Lincoln

Ese mismo año, *The Times* de Londres publicó una historia con la siguiente declaración:

"Si esa traviesa política financiera que tuvo su origen en la república de EE. UU. se endurece y vuelve fija, entonces ese gobierno proporcionará su propio dinero sin costo. Pagará sus deudas y estará libre de deudas. Tendrá todo el dinero necesario para llevar a cabo su comercio. Se volverá próspero más allá de cualquier precedente en la historia de los gobiernos civilizados de este mundo. Los cerebros y la riqueza de todos los países se irán a EE. UU. Ese gobierno debe ser destruido o destruirá a todas las monarquías del planeta.

[Es por esto que yo, el autor, llamo a la realeza por un nombre más preciso.... parásitos].

1863:   El Presidente Abraham Lincoln descubrió que el Zar de Rusia, Alejandro II (1855 - 1881) también tenía problemas con los Rothschild y que rechazaba sus constantes intentos por establecer un banco central en Rusia. Entonces el Zar le da una ayuda inesperada al Presidente Lincoln. El Zar ordenó que si Inglaterra o Francia intervenían activamente en la Guerra Civil estadounidense, y ayudaba al Sur, Rusia consideraría esa acción una declaración de guerra y estaría del lado del Presidente Lincoln. Para mostrar que hablaba en serio, envió parte de su flota del Pacífico al puerto de San Francisco y otra parte a Nueva York.

La casa bancaria de los Rothschild en Nápoles, Italia, C.M. de Rothschild e figli, cerró después de la unificación de Italia. Los Rothschild utilizan a uno de los suyos en EE. UU., John D. Rockefeller, para formar una empresa petrolera llamada Standard Oil que eventualmente arrasaría con toda la competencia.

[Esto no es exactamente lo que he encontrado en mi investigación. John D. Rockefeller se hizo amigo de James Stillman, el Presidente del banco Rothschild First National City Bank. Se puede entender que tenían lazos comerciales. Las dos hijas de Stillman se casaron con los sobrinos de John D. Rockefeller. A partir de aquí es obvio que los Rockefeller y los Rothschild están juntos en la cama, sin ánimo de bromas. Los Roth-efeller.]

1864: Un hombre de los Rothschild, Augusto Belmont, que ya era el Presidente Nacional del Partido Democrático, apoya al General George McClellan como candidato demócrata para enfrentarse al Presidente Abraham Lincoln en las elecciones. El Presidente Lincoln gana, muy a pesar de la furia de Belmont.

[El lector entendió que... la política de partidos de EE. UU. estaba y está controlada por los Rothschild.]

1864 Europa: Esta entrada es de *Advertencia Final: Una Historia del Nuevo Orden Mundial, el Iluminismo y el Plan Maestro para la Dominación Mundial* por David Allen Rivera, 1994.

"El 28 de Septiembre de 1864, Marx y Engels fundaron la Asociación Internacional de Trabajadores en St. Martin's Hall en Londres, que consistía de socialistas ingleses, franceses, alemanes, italianos, suizos y polacos que estaban dedicados a destruir el "sistema económico imperante." Luego se conoció como First Socialist International, que ocho años más tarde se esparció hasta Nueva York y se fusionó con el Partido Socialista.

"Marx le escribió a Engels: 'Yo estuve presente, solo como un personaje mudo en la plataforma.'

"James Guillame, un miembro suizo, escribió: 'No es cierto que el Internacional fue creación de Karl Marx. Él permaneció completamente alejado del trabajo preparatorio que tuvo lugar entre 1862 y 1864...'

[Nuevamente, encontramos evidencias de que los Illuminati efectivamente controlaban al creciente movimiento comunista, pero no para hacer frente a los problemas de los trabajadores y la industria; más bien era para instigar motines y revoluciones, como en la Revolución Bolchevique, Irán en 1953, Libia, Ucrania, Venezuela y muchos otros programas de desestabilización/consolidación.]

"La doctrina marxista producida por la Asociación fue aceptada y defendida por el incipiente movimiento obrero y pronto la organización creció a 800.000 miembros afiliados que pagaban cuotas.

"A pesar de que Marx instó públicamente a la clase trabajadora para derrocar a los capitalistas, en junio de 1864, en una carta a su tío, León Phillips, Marx anunció que había ganado 400 libras en la Bolsa de Valores. Es obvio que Marx no practicaba lo que predicaba, y por lo tanto no creía realmente en el movimiento al que daba luz. Era un empleado, haciendo un trabajo para sus jefes Illuminati.

"Nathan Rothschild le había dado dos cheques por un valor de varios miles de libras a Marx para financiar la causa del Socialismo. Los cheques están en vitrina en el Museo Británico, después Lord Lionel Walter Rothschild, un fideicomisario, les legó su museo y biblioteca a ellos."

– David Allen Rivera

[Marx fue colocado por los Rothschild. Todos los socialistas y comunistas, por favor despierten. Están siendo engañados y utilizados. Que todos los que odian al comunismo despierten también. El capitalismo también es dirigido por los banqueros Illuminati.]

Volviendo a EE. UU. y la historia de Hitchcock...

1865: En una declaración al Congreso, el Presidente Abraham Lincoln dijo, "Tengo dos grandes enemigos, el ejército sureño frente a mí y las instituciones financieras detrás. De los dos, el que está detrás de mí es mi mayor enemigo."

Más tarde ese año, el 14 de abril, el Presidente Lincoln fue asesinado, a menos de dos meses del final de la Guerra Civil estadounidense.

Después de un breve periodo de formación en el Banco de Londres de los Rothschild, Jacob Schiff, un Rothschild nacido en su hogar en Frankfurt, llega a EE. UU. a los 18 años con instrucciones y el financiamiento necesario para comprar una casa de banca. El propósito de esto fue llevar a cabo las siguientes tareas: [Hitchcock detalla cuatro tareas, pero no entrega una fuente para esta información, por lo que no la incluiré aquí.]

Nathaniel de Rothschild se convierte en Miembro del Parlamento para Aylesbury en Buckinghamshire.

1875: El 1 de Enero, Jacob Schiff, ahora el yerno de Solomon Loeb, toma control de la casa de banca Kuhn, Loeb & Co. [Los miembros de esta misma empresa manejaron los negocios de la Familia Rockefeller a lo largo del siglo XX]. Luego, usando el dinero de los Rothschild, financia a la compañía Standard Oil Company de John D. Rockefeller, el imperio ferroviario de Edward R. Harriman y el imperio de acero de Andrew Carnegie.

2002: "El poder de la familia Rothschild quedó demostrado el 24 de septiembre de 2002 cuando un helicóptero aterrizó en el césped de Waddesdon Manor, su hogar ancestral en Buckinghamshire, Inglaterra. Del helicóptero salió **Warren Buffet** - promocionado como el segundo hombre más rico del mundo, pero en realidad un jugador de nivel no muy alto - y Arnold Schwarzenegger, en ese momento candidato a la Gobernación de California. También asistieron a esta reunión de dos días organizada por Jacob Rothschild los hombres de negocio y financistas más poderosos del mundo, James Wolfensohn, presidente del Banco Mundial, y Nicky Oppenhimer, presidente de De Beers. Arnold logró la gobernación de una de las economías más grandes del planeta un año más tarde. El hecho de que fuera iniciado a la clase dominante en la casa de campo de los Rothschild en Inglaterra sugiere que el centro de gravedad del cartel de trescientos trillones de dólares de los Rothschild está en el Reino Unido y Europa, no en EE. UU. [29]"

(Por favor, mira en línea este análisis sorprendente del apoyo de los Rothschild en la creación del Movimiento de Separatista para la Guerra Civil Estadounidense, los lazos francmasones, el asesinato de Lincoln, el tráfico de drogas para remplazar el lucrativo comercio de esclavos, la creación del KKK, apoyo a la revolución bolchevique, vínculos con la mafia y actividades de la Liga Antidifamación Rothschild racista. ¡Esta es la globalización que no aprenderías en la escuela! [30])

*   *   *

Los Rothschild han tenido un poco de influencia sobre la historia moderna y la relación de la sociedad con la naturaleza - ¿está de acuerdo el lector? Las empresas Rockefeller, Harriman y Carnegie crearían las "fundaciones" mencionadas en la cita de Dodd de arriba (página 24), que actuaron juntos bajo la **dirección de los Illuminati** para hacer una *ingeniería social* exitosa de la cultura estadounidense.

Ahora por favor recuerden lo que dijeron Einstein y Nader. Esto es real, amigos.

Ahora referiré al lector a la Internet para que lea el resto de la versión de Andrew Hitchcock de la historia de los Rothschild y la compare con otras versiones, particularmente con *La Gran Aventura Estadounidense*, una historia de la ley, que es bastante sorprendente, escrita por Judge Dale, [31]. Como ya he dicho, si un artículo no hace preguntas duras, sino que sólo "explica", entonces no confíen en él, porque es programación mental, no investigación.

Jacob Schiff (ver año 1865 de arriba) crearía la Reserva Federal (FED) en 1913, después de chantajear al Presidente Woodrow Wilson. 1913 sería también el año de la creación del Servicio de Rentas Internas (IRS), el FBI y la Liga Antidifamación (ADL). Schiff también crearía el NAACP (Asociación Nacional para el Progreso de la Gente de Color) en 1909, que estuvo controlada por los judíos Rothschild durante sus primeros 13 años. Esta gente no es altruista y estuvo involucrada en la trata de esclavos durante los tres siglos anteriores. El propósito de la NAACP era utilizar el tema racial para derrocar las instituciones existentes en el proceso de alcanzar la "síntesis" o "singularidad".

Ahora que el lector está familiarizado con el *doble lenguaje* globalista, traduzcamos esta declaración de la misión de la NAACP....

> *"asegurar la igualdad de derechos políticos, educativos, sociales, y económicos de todas las personas y eliminar el odio racial y la discriminación racial."*

Cuando entendemos el carácter de los Roth-efeller, vemos que esto, al igual que otros tópicos, no puede ser sincero. Entonces, ¿qué significa realmente? Se puede traducir fácilmente como "Homogenización bajo el Nuevo Orden Mundial." Cuando consideramos que en ese momento la Liga de Naciones tenía las mismas "aspiraciones universales" que la NAACP, y que un criminal de guerra como Bush padre promocionó estas "aspiraciones universales" en 1991 (página 26), nos damos cuenta de que la NAACP no se trata de poner a los negros en igualdad con los blancos, sino de poner a todas las personas, en todo el mundo, bajo control igual en una monocultura.

> La monocultura está construida sobre el odio, mientras que el amor está basado en la tolerancia, que tolera la diversidad. La monocultura es intolerante con la diversidad y trata de destruirla. Amor es igual a diversidad. Odio igual a monocultura. Por lo tanto, "la equidad" construida por la monocultura, significa realmente odio intolerante, enmascarado como "ser justo".

> Una *cultura dominante* odia a otras culturas y trata de homogenizarlas, incorporarlas y absorberlas.

> La verdadera justicia amorosamente apoyará la tolerancia hacia los estándares de diversidad, no impondrá la "igualdad" a través del odio.

> Sé que en un comienzo esto puede ser difícil de aceptar por el lector. Estimado lector, no te quieres convertir en un robot. Quieres ser único y diferente a otros que han vivido y, si tienes tus propios estándares, entonces estos necesitan una manera de expresarse, ya que si no tuvieras tus propios estándares, entonces serías un programa de computadora respondiendo a un teclado tocado por alguien más. De hecho, tú eres único, no igual. Yo aprendo de ti porque no eres un clon. No somos iguales, somos diversos.

La NAACP es un frente más entre cientos. Es gestionada por los Illuminati y es por esto que la NAACP y Jessie Jackson y "Logo" Obama nunca han mencionado el Juicio Shelby de Tennessee de 1999 que exoneró a James Earl Ray e implicó al gobierno en la muerte del héroe Martin Luther King. [32]

Oh, ¡nunca te enteraste de este juicio! ¿Estabas confundido por los especiales de PBS que siguen nombrando a James Earl Ray como el asesino, cuando fue exonerado en un tribunal de los EE. UU.? ¿Crees que PBS dijo la verdad? ¿Crees que "Logo" Obama es sincero todos los años en el día de Martin Luther King? ¿Por qué "Logo" no ha hecho denuncias, ni Colin Powell, ni Condoleezza Rice, ni Oprah Winfrey, ni Jessie Jackson o Eddie Murphy acerca de este juicio en 1999?

¿Por qué James Earl Ray después de exonerado continúa siendo vilipendiado en todas las historias oficiales? Es para esconder a los verdaderos asesinos. Todas estas personas "de color", como se mencionó, tienen dueño. Son "negras" por fuera e Illuminati por dentro. ¡A diferencia de la heroína, Cynthia McKinney!

> *Desde que llegué al Congreso en 1992, han habido aquellos que intentan silenciar mi voz. Me han dicho que me siente y me calle una y otra vez. Bueno, no me sentaré ni me callaré hasta que la plena y pura verdad sea entregada al pueblo estadounidense.*
>
> – Heroína Cynthia McKinney

La NAACP también guarda silencio cuando se trata de protestar en contra del racismo que vemos en la proporción de prisioneros negros en las cárceles de EE. UU. o de protestar por el tráfico de drogas de la CIA en las comunidades negras.

Las personas sinceras en la NAACP son como las personas sinceras en muchas ONG (organizaciones no gubernamentales) e incluso en el gobierno, que simplemente no entienden que el juego está manipulado. Los que están en la cima de estas organizaciones seguramente saben que algo pasa, pero no han leído un libro como éste. La NAACP y el Centro Martin Luther King no han producido denunciantes. Lamento herir los sentimientos de la gente, pero los únicos héroes negros en mi limitado conocimiento, en tiempos recientes, fueron Bob Marley, el artista de rap Túpac, Michael Jackson, la representante de EE. UU. Cynthia McKinney y Lauryn Hill. Los primeros tres fueron asesinados, a McKinney le pusieron a otra mujer negra como candidato financiado para sacarla de su cargo y Hill ha sido desprestigiada como una "loca", lo que según ella le ha dado más tiempo, porque ahora la prensa la deja tranquila. (No leas las biografías de cualquier denunciante en Wikipedia, dado que los difama y dice mentiras. Wikipedia nunca explicará quién está acosando al denunciante, porque es un tentáculo de aquel hostigamiento.)

La inmensa influencia de la mafia de los Rothschild continúa hasta el día de hoy. En la reciente película *Los Hombres Monumento* (2014), dirigida por George Clooney, el guion se toma el tiempo de mencionar a Rothschild como un "coleccionista de arte" para desinformar al público acerca de lo que realmente es esta familia de banqueros. Por lo tanto, Clooney está controlado. Punto.

* * *

El Nuevo Orden Mundial es un plan antiguo. Jesús nos advirtió muy claramente al respecto. El Imperio Romano fue un presagio de lo que estaba por venir...esclavitud... donde la naturaleza fue capturada y exhibida en los coliseos para su sacrificio. Estoy enfatizando la mirada de la cultura dominante hacia la naturaleza.

Ellos existen ante sus propios ojos para controlar nuestro mundo controlando las tasas de interés, que controlan la deuda, que controla el capital, que controla el "desarrollo", que controla los empleos, que controla tu poder para consumir un pedacito del pastel. La Madre Naturaleza es el pastel que está siendo cortado y distribuido. Tus ingresos, sean los que sean, son tu ración por participar en su sistema. Cortar el pastel, para que tantos miles de millones de personas tengan más velocidad y más cosas, provoca el sobrepastoreo en todos los sentidos y la contaminación, moral y medioambiental.

Lo que hace andar a toda la máquina es el mantra de que "más es mejor." Esto nos vuelve insaciables, asegurando que sigamos empujando su rueda.

La Tierra es el "daño colateral" en el esfuerzo de los Globalistas para controlar a todas las personas, porque no respetan nada. Hasta que comprendamos que los bancos controlan a toda la industria, esto no tiene sentido. No es la industrialización lo que daña la Tierra, son los que controlan el lanzamiento de nuevas tecnologías y nuevas fábricas. Y no son los "capitalistas" los que dañan el planeta, son los que controlan el capital, que significa, controlar los préstamos. Las corporaciones no están en la cima. En la cima están las tasas de interés controladas por un grupo muy pequeño. Recuerda el ejemplo de la Gran Depresión y la caída del mercado de valores y las caídas recién detalladas en la Historia de los Rothschild de Hitchcock.

Un grupo muy pequeño hizo que sucedieran. En la mayoría de los casos, una sola persona. Con ese poder de vida o muerte sobre las corporaciones, el Nuevo Orden Mundial puede poner y efectivamente pone a sus propias personas en las juntas directivas de la mayoría de las empresas y en la administración de la mayoría de los gobiernos. Controlando la política y los impuestos, nosotros los esclavos pagamos el salario de toda la estructura.

"Ellos esperan ser los jefes financieros del mundo y, en muchas formas, ya lo son. No hay ningún lugar que no esté afectado, como lo demuestran Microsoft y Apple en todas las ciudades del mundo, o los elementos plásticos en los pueblos más remotos. Bill Gates fue colocado, ya que su padre era un jefe de Paternidad Planificada patrocinada por los Roth-efeller. [33] Steve Jobs fue asesinado con un arma de cáncer para sacarlo del camino antes de que el conocimiento de los peligros inalámbricos (ver Bioinitiative.org) llegara a su corazón budista. (Yo creo que mi amigo Kobun Chino Roshi (página 2) también fue asesinado junto con su joven hija en un "accidente" en Suiza para eliminar cualquier influencia que pudiera haber ejercido sobre Steve Jobs, de Apple Computers.)

Apple Inc. ahora es una operación completamente globalista y la razón por la cual tu computador Macintosh tiene un teclado inalámbrico o tu iPad no tiene un puerto ethernet es para aumentar la contaminación FEM (frecuencia electromagnética) y acelerar la tasa de "matanza lenta" de la FEM. Como cantó Michael Jackson "Nosotros no les importamos." Los iPhone tienen una advertencia en la configuración de mantener el teléfono a 15 mm de distancia de tu cuerpo. ¿Por qué nunca has oído hablar de esto? Se viene una avalancha de cáncer. "Apple ha emitido una advertencia de seguridad en todos los manuales del usuario de los iPhone - pero, de manera engañosa, la han impreso en letra muy pequeña y la han puesto en una sección donde nadie la verá." [34]

Un budista nunca haría eso. Steve Jobs fue "eliminado".

*   *   *

Otro ejemplo de globalización exitosa es Coca Cola o Disney Inc. Como espero que el lector sepa, la Coca Cola causa caries y, como veremos en este thriller de no ficción en el que el lector juega el rol más importante, Disney causa decaimiento moral, ambas logrando que la gente sea más débil y más maleable.

Si, muchos países aún tienen algo de soberanía, pero a medida que la globalización avanza, especialmente por medio de acuerdos comerciales y películas y juegos infantiles, la música pop, la moda y el turismo, las diferencias culturales del mundo se están borrando, haciendo que todos seamos un "mercado" común para más ingeniería social y aún más control.

El 29 de agosto de 2014, el *Wall Street Journal* publicó un artículo de Henry Kissinger, un pedófilo [35], criminal de guerra, amigo de Roth-efeller y Bilderberger (capítulo siguiente), quien aparece en la portada de este libro...

> *El orden internacional se enfrenta a una paradoja: su prosperidad depende del éxito de la globalización, pero el proceso produce reacciones políticas que trabajan en contra de sus aspiraciones."*
>
> - Criminal de guerra, Henry Kissinger, 29 de agosto de 2014

La prosperidad del "orden internacional" (significa Nuevo Orden Mundial – no hay otro) está en desacuerdo con la moralidad y la diversidad. Por esa razón, por supuesto, hay una reacción "política" a las "aspiraciones", es decir, maquinaciones de la elite de banqueros.

Primero, "prosperidad" es consumismo insostenible que estará disponible sólo para pocos y, apoyado por la estructura globalista, mientras desaparece el poder adquisitivo de las masas. Estamos viendo la limitación de la "prosperidad" en todos lados, excepto por lugares como China, que está destruyendo su propio medioambiente en un furor negligente, globalista, de la *cultura dominante,* de odio a la tierra. (Ver realidad medioambiental en China, capítulo 22)

Segundo, el "orden internacional" está basado en el terrorismo de estado.

Tercero, "la reacción política" es la respuesta de cualquiera con soberanía personal y un sentido de la dignidad hacia el abuso y la monopolización.

Cuarto, no hay aspiraciones de globalización, excepto por el control total.

Quinto, ¿por qué está el *Wall Street Journal* dando esta cobertura a este monstruo decrépito? Oh, es el *Wall Street Journal.*

"El orden internacional (el Nuevo Orden Mundial Roth-efeller) está enfrentando una paradoja: su prosperidad (de la elite superior) depende del éxito de la globalización (control de los mercados, control de todo), pero el proceso (destrucción de las naciones, de las comunidades, de las culturas locales, del control local, de los océanos, ríos y cielos) produce reacciones políticas (el grito de las víctimas creciendo enfurecido) que con frecuencia trabajan en contra de sus (de la elite) aspiraciones (intrigas secretas)."

La máscara cae

El lector se podría preguntar: "Si en realidad existe una conspiración global para controlar todo, ¿cómo es posible que permanezca oculta?". De acuerdo a la historia anterior de la familia Rothschild que acabamos de leer, era una conspiración global que no estaba oculta para nadie de importancia en el gobierno. Sin embargo, los *medios de comunicación controlados* y los currículos escolares han estado transmitiendo mentiras sobre la libertad de prensa, la democracia y los derechos humanos, cuando en realidad la historia se ha tratado de una consolidación del poder hasta nuestros días.

Es muy difícil de creer que un secreto tan grande pueda permanecer oculto, pero nuestro conocimiento del mundo se limita a lo que vemos, escuchamos y leemos. No ha existido la libertad de prensa durante cien años (ver el glosario – medios de comunicación controlados) Si un informante no se hace público, entonces nunca se escucha sobre él. Usualmente no son conocidos, son calumniados, despedidos o asesinados.

Para poner un rostro sobre esto, miremos un ejemplo de las muchas personas influyentes en nuestro mundo, quienes demuestran la realidad de una conspiración bancaria de ingeniería social.

1991:   **Paul A. Volker**, antiguo presidente de la Reserva Federal entre 1979 y 1987, se convirtió en presidente del banco europeo J. Rothschild, Wolfensohn and Co.

Wikipedia quitó el nombre de Rothschild y sólo llamó a la firma «Wolfensohn and Co.». Esto debido a que Wikipedia, que casi siempre aparece en la parte superior de las búsquedas de Google globalista, es información censurada globalista poco confiable.

Me resulta grato que los Rothschild quieran su nombre oculto, enjaulándose en su propio secreto. Me resulta grato que estén huyendo. Entre más se escondan, mayor será la posibilidad de que algún día comprendan la aberración de sus vidas. Es posible que vean que están cometiendo errores con sus decisiones. Se darán cuenta de que se están escondiendo de la verdad y han perdido la cordura.

Aquí hay algo de historia que Wikipedia controlada comparte sobre Paul Volker…

> "Desde octubre de 2006, Paul Volker es el presidente de la junta directiva del influyente cuerpo consultivo financiero de Washington, el Grupo de los Treinta. (¿El lector nunca había escuchado sobre este grupo? ¿Por qué no? ¿Quién ha censurado esto de tu cosmovisión?). Él tiene una larga sociedad con la familia Rockefeller, no sólo con sus posiciones en el Chase Bank y en la Comisión Trilateral, sino además a través de la membresía en el Comité Fiduciario del Grupo Rockefeller, Inc., al que se unió en 1987.

> "Esa entidad administraba, al mismo tiempo, el centro Rockefeller en nombre de numerosos miembros de la familia Rockefeller. Él es expresidente y conseje-

ro honorario de International House, la residencia de intercambio cultural y el centro de programa en la ciudad de Nueva York. Es miembro fundador de la Comisión Trilateral y miembro desde mucho tiempo atrás del Grupo Bilderberg."

Cada grupo Roth-effeller nombrado antes tiene reuniones secretas para planificar los ciclos económicos, las guerras, lanzamientos tecnocráticos (red eléctrica inteligente), políticas interiores y exteriores y algunos otros pequeños detalles acerca de tu futuro..

2009: Paul Volkner, subordinado de Roth-efeller, se convierte en Presidente del Consejo Asesor para la Recuperación Económica de "Logo" Obama.

En otras palabras, Volkner es un agente de Roth-efeller, dentro y fuera, está todavía en el poder y en realidad ayuda a controlar al títere "Logo" Obama. ¿Es este un cambio en el que puedes creer? (el eslogan de campaña de Logo)

Documentos filtrados de la conferencia del Grupo Bilderberg, en 1955, analizan el plan secreto para crear una Unión Europea y una sola moneda en dicha Unión, décadas antes de que esto se hiciera realidad, refutando una vez más a los difamadores que aseguraban que Bilderberg no tenía influencia sobre los eventos mundiales. Documentos filtrados de las reuniones que tuvieron lugar entre el 23 y el 25 de septiembre de 1955 en el Grand Hotel Sonnenbichl en Garmisch-Partenkirchen, Alemania Oriental, fueron expuestos en el sitio de Wikileaks en el día de ayer…"

-Inforwars.com, 8 de Mayo de 2009

"El Grupo Bilderberg (Volker es "un miembro a largo plazo") está compuesto por una elite de la realeza, ricos empresarios y jefes de seguridad militar. Se reúnen secretamente cada año para discutir tu futuro sin decirte acerca de qué están discutiendo. La razón por la que se encuentran en persona, créase o no, es para ser mentalmente programados para lograr un nivel mayor de "vanidad desconectadora" (ver glosario) y así dejar de lado otra porción de su conciencia y soberanía personal. Se podría definir a este compromiso en grupo con la "vanidad desconectadora" y sus derechos, como una especie de "vinculación". El Grupo Bilderberg podría llamarse el Grupo Cucaracha debido a que, como a las cucarachas, les gusta esconderse en la oscuridad. La Reina Isabel es uno de sus miembros.

"Entre los fundadores europeos del **Grupo Bilderberg** estaban incluidos Joseph Retinger y el Príncipe Bernhardt de los Países Bajos. El Príncipe Bernhard había sido, casualmente, miembro del Partido Nazi hasta 1934, tres años antes de su casamiento con la Reina Juliana de Holanda y había trabajado para el gigante industrial alemán, I.G. Farben, el productor del gas Zyklon B, utilizado en los campos de concentración".

"Del lado estadounidense, los personajes más prominentes en la conformación del Grupo Bilderberg fueron David Rockefeller, Dean Rusk (un alto oficial del **Consejo de Relaciones Exteriores –CRE-** que también fue después presidente de la Fundación Rockefeller), Joseph Johnson (otro líder del CRE que también estuvo a cargo del **Carnegie** Endowment que controla la educación en Estados Unidos) y John J. McCloy (un alto líder del CRE y presidente del Chase Manhattan Bank en 1953 y también presidente del Directorio de la Fundación **Ford**)".

"El hecho de que las principales fundaciones estadounidenses, **Rockefeller, Carnegie y Ford**, tuvieran un papel tan destacado en los orígenes del Grupo Bilderberg, no es una mera coincidencia. Estas fundaciones, desde su creación a principios del siglo 20, fueron las instituciones principales encargadas de construir consenso entre las elites y de consentir el poder. Son, en resumen, los motores de la *ingeniería social*, tanto para los grupos de elite específicamente, como para todo el resto de la sociedad. Tal como el Profesor en Educación, Robert F. Arnove escribió en su libro *Filantropía e Imperialismo Cultural*:

"Las fundaciones tales como Carnegie, Rockefeller y Ford tienen una influencia corrosiva en la sociedad democrática; simbolizan inexplicables concentraciones de poder y riqueza sin regulación, que compran talento, promueven causas y, en efecto, establecen una agenda de lo que merece la atención de la sociedad. Sirven como un medio "refrigerante" para retrasar e impedir cambios estructurales más radicales. Ayudan a mantener el orden político y económico, de espectro internacional, que beneficia a los intereses de las clases dominantes de (supuestos) filántropos y filantropoides –un sistema que ha funcionado contra los intereses de las minorías, de las clases trabajadoras y de los pueblos del Tercer Mundo."

"Los nombres mencionados más arriba fueron los fundadores del Grupo Bilderberg; lo que sigue es un resumen actual del control de Roth-feller sobre el Grupo Bilderberg…"

"Por supuesto, mientras los intereses de Rothschild permanecían en el Grupo Bilderberg, evidenciado por el hecho de que Edmond Rothschild había sido miembro del Consejo Directivo y Franco Bernabe, Vicepresidente de Rothschild Europa, siendo actualmente miembro del Comité Directivo, los intereses de Rockefeller parecen ser los dominantes."

"No solamente David Rockefeller sentado como miembro único del Grupo de Miembros Consejeros del Comité Directivo, sino que confidentes cercanos de Rockefeller sirvieron durante mucho tiempo en el Comité Directivo y han estado asociados a la organización Bilderberg, como por ejemplo:

- Sharon Percy **Rockefeller**;
- George Ball, líder durante mucho tiempo del **Consejo de Relaciones Exteriores**, que fue Subsecretario de Estado de Asuntos Económicos de las administraciones de Kennedy y Johnson;
- Henry Kissinger, durante mucho tiempo asistente de **Rockefeller** (trabajó para Nelson **Rockefeller** durante diez años) y es un estratega imperial estadounidense.
- Zbigniew Brzezinski, co-fundador de la Comisión Trilateral con David **Rockefeller** (y quien fue tutor de Obama, cuando Obama estaba supuestamente asistiendo a Columbia);
- Joseph E. Johnson, ex oficial del Departamento de Estado de Estados Unidos y Presidente del Legado Carnegie para la Paz Internacional;
- John J. McCloy, ex Presidente del Consejo de Relaciones Exteriores (reemplazado por David **Rockefeller**), ex Secretario Adjunto de Guerra, Presidente del Chase Manhattan Bank (donde fue reemplazado por David **Rockefeller**), ex Administrador de la Fundación **Rockefeller**, Presidente de la Fundación Ford y Presidente del Banco Mundial;

- James Wolfensohn, ex Presidente del Banco Mundial y Administrador de la Fundación **Rockefeller**.

- Jessica T. Matthews, actual miembro del Comité Directivo Bilderberg, quien es no solamente representante de la continuidad de los intereses de **Rockefeller**, sino también de la continuidad de la influencia y del rol de las principales fundaciones. Es Presidente del Legado Carnegie para la Paz Internacional, sirvió en el Consejo de Seguridad Nacional bajo el mando de Zbigniew Brzezinski, fue socia mayor del Consejo de Relaciones Exteriores (del cual David **Rockefeller** sigue siendo Presidente Honorario), es miembro de la Comisión Trilateral, es administradora de la Fundación **Rockefeller** y ha servido en los directorios de la Institución Brookings, Fondo de los Hermanos **Rockefeller** y la Fundación Joyce.

-Andrew Gavin Marshal, 16 de Junio de 2011[36]

Se le pide al lector que recuerde estas profundas y amplias influencias de Rockefeller cuando se repasen las increíblemente esquizofrénicas memorias de David Rockefeller en el próximo libro de la serie. Ya mencionada, la Reina Isabel, la mujer más rica del mundo, es una Bilderberg. Exploraremos sus cultos y antecedentes pedófilos en breve.

Los Directores Generales de Facebook, Google y Amazon participan de las reuniones Bilderberg, pero esto no es una sorpresa si consideramos que los tres fueron posicionados y vuelto famosos, exactamente de la misma manera que son las divas de la industria de la música, los presidentes y primeros ministros que veremos en breve. El lema de Facebook de 2010 fue "Expandiendo y conectando el mundo". Imponer la "apertura" para destruir las fronteras y la soberanía y "conectar" a todos a través de una monocultura centralizada (ver glosario) es exactamente lo que el Nuevo Orden Mundial quiere. Esto es lo que está planeado… ¡en reuniones secretas!

Los peones de un juego

Los ricos Globalistas, quienes ahora utilizan Google, Facebook, Amazon, Bill Gates, la CIA, PES, Oprah y cualquier persona influyente (a quien se le permite influir), colocaron a Vladimir Lenin, un agente de cambio financiado. Esta misma red Rothschild/Rockefeller ubicó a Hitler. Posicionó a Churchill. Ubicó a Ghandi. Colocó a Woodrow Wilson, Franklin Roosevelt y a Mao. Colocó a Stalin, a Bush padre, a Clinton, a Bush hijo y a Logo Obama. Probablemente también ubicaron a los políticos en tu país. Y si tus ciudadanos forzaron una iniciativa democrática real, la CIA vino y gestó un golpe de estado para instalar políticos comprados. Si tu país tuvo una revolución en el último siglo, ésta fue probablemente pagada por los banqueros corruptos. Esto efectivamente incluye a las revoluciones "de color" y la "Primavera árabe" en el año 2011. [37] (Además en el capítulo 29)

Te aseguro, lector, que los líderes de tu país están comprados o saben que están bajo amenaza. En América Central, los siniestros escuadrones de la muerte y los ataques a los sacerdotes y monjas de la Teología de la Liberación fueron pagados por la CIA. Salvador Allende en Chile cayó en 1973 por los planes de uno de los principales personajes de este libro, una vez más, Henry Kissinger. [38]

Bajo la CIA y Henry Kissinger, la Operación Cóndor fue una campaña de asesinato e inteligencia, considerada como contraterrorismo, llevada a cabo de manera conjunta por los servicios de seguridad de Argentina, Bolivia, Brasil, Chile, Paraguay y Uruguay a mediados de 1970. Ellos además intercambiaron crueles técnicas de tortura, como casi asfixiar a las víctimas o reproducir sonidos de torturas a las familias de las víctimas. Por lo menos 80.000 personas fueron desaparecidas y asesinadas sin un juicio. Los objetivos fueron declarados terroristas, pero en realidad las víctimas fueron oponentes políticos y sus familias. La campaña organizada por EE. UU. fue un programa de consolidación y desestabilización globalista.

> **Marzo de 2013**: "Un juicio abierto el martes en Buenos Aires es el primero para considerar la totalidad de crímenes llevados a cabo bajo la Operación Cóndor, una campaña coordinada (por EE. UU.) por varios dictadores latinoamericanos apoyados por EE. UU. en 1970 y 1980 para perseguir, torturar y asesinar a decenas de miles de oponentes de aquellos regímenes.

> "Cóndor fue procesado en nombre de una cruzada contra el "terrorismo". Sus métodos en muchas maneras presagiaron los crímenes continuos y sistemáticos llevados a cabo por el gobierno de EE. UU. (Obama) décadas más tarde con el uso de su "redención extraordinaria", tortura y "asesinatos selectivos".

> "El caso se ocupará de la desaparición y asesinato de 106 personas, la mayoría de ellas uruguayas, pero además chilenas, paraguayas, bolivianas, argentinas y una peruana.

> "Aunque en otros casos, en España e Italia se han encontrado crímenes llevados a cabo bajo la Operación Cóndor, el juicio argentino es el de mayor peso histórico. Este es el país en el que se cree que un estimado de 30.000 trabajadores, estudiantes, activistas de izquierda, intelectuales y otras personas seleccionadas por el régimen, fueron secuestradas y ejecutadas y donde se llevó a cabo el número mayor de asesinatos de extranjeros.

> "Aquellos que organizaron la Operación Cóndor incluyeron regímenes militares en Argentina, Chile, Uruguay, Brasil, Bolivia y Paraguay. Perú y Ecuador también participaron en algunos de los crímenes de la operación. El gobierno de Estados Unidos y en particular, el antiguo Secretario de Estado Henry Kissinger (ahora consejero de Obama, que aparece en la portada de este libro), proporcionó apoyo crucial para la represión sangrienta llevada a cabo bajo el manto del Cóndor".

> -Bill Van Auken, Investigación global, marzo 7 de 2013 [39]
http://www.globalresearch.ca/category/espanol

(Es interesante que no vi noticias publicadas en Internet en inglés en relación a este juicio el año pasado, cuando comenzó).

Sólo unos pocos líderes mundiales son de alguna manera independientes y pueden ser apuntados con armamento muy sofisticado. El cáncer y el Alzheimer y otras enfermedades pueden ser causados por armas de energía dirigida. Las armas de energía dirigida son utilizadas para derribar aviones. Muchos líderes, habiendo registros de congresistas estadounidenses y celebridades como el joven John Kennedy Jr. (página 84), han sido asesinados de esa manera. [40] Estas armas de energía dirigida pueden disolver edificios, como veremos cuando analicemos el 9/11.

*   *   *

Como una prueba contundente de que una conspiración criminal internacional realmente impacta sobre nuestras vidas, la Guerra de Yom Kippur entre Israel y los Países Árabes, en 1973, fue planeada en las reuniones Bilderberg para crear una crisis petrolera internacional. La guerra sería una excusa para que la OPEC elevara los precios.

"La reunión de 1973 del Grupo Bilderberg tuvo lugar cinco meses antes de los grandes incrementos de los precios del petróleo causados por la Guerra de Yom Kippur. Sin embargo, de acuerdo a minutas que se filtraron, un incremento del 400 % en el precio del petróleo fue discutido en esa reunión y sus participantes crearon un plan de cómo administrar el flujo de dólares provenientes del petróleo que se iba a crear. [41]

La guerra árabe-israelí planeada y la reacción violenta planeada de la OPEC causarían que el mundo sufriera una escasez de petróleo y que, en consecuencia, los precios se incrementaran. El dinero obtenido por las naciones de la OPEC por los precios inflados sería "reciclado" como inversiones en bancos estadounidenses. Henry Kissinger fue la clave para instrumentar este plan y es por eso que se convirtió en un hombre con tanto poder. Cuando uno sabe de antemano qué fichas son las que saldrán, puede hacer sus apuestas. En el gráfico presentado más abajo se muestra como luego de 25 años de estabilidad, el precio del petróleo (rojo) se disparó luego de la Guerra de Yom Kippur.

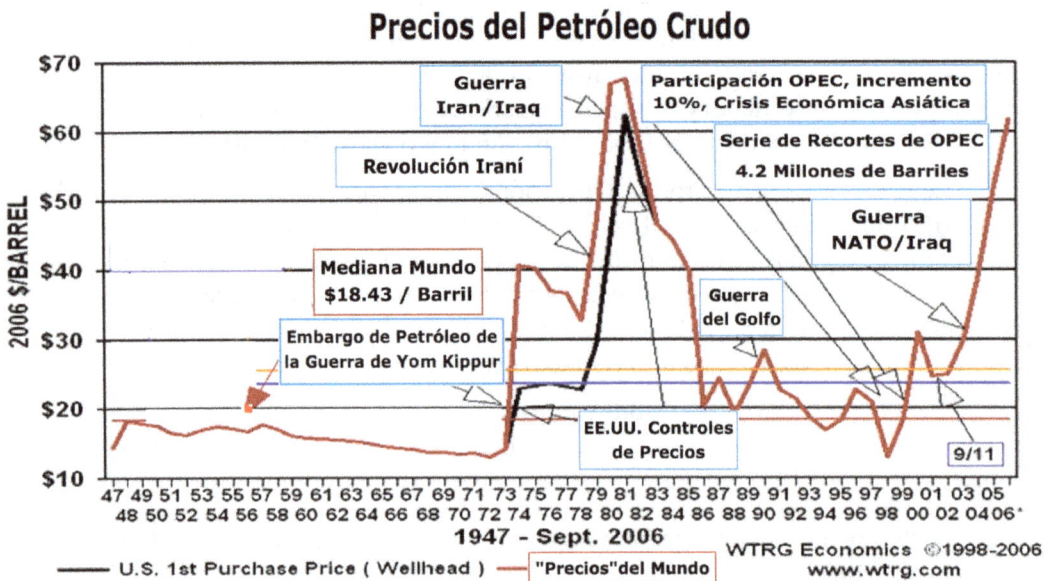

Precios del Petróleo Crudo

WTRG Economics ©1998-2006
www.wtrg.com

"En 1979, la revolución iraní incentivó otro incremento masivo en el precio del petróleo. Las naciones occidentales, particularmente Estados Unidos, tuvieron que congelar los activos iraníes, restringiendo, de manera efectiva, el acceso de Irán al mercado global de petróleo. El congelamiento de los activos se convirtió en un factor primordial causante de los grandes incrementos en el precio del petróleo entre 1979 y 1981." Sumado a esto, en 1979 la compañía British Petroleum canceló los principales contratos de provisión de petróleo que, junto con las cancelaciones realizadas por la Royal Dutch Shell, elevaron aún más el precio del petróleo.

… Sin embargo, en 1979, la Reserva Federal, ahora el eje central del sistema monetario interna-cional, que estaba inundada de petro-dólares (las ganancias del petróleo invertidas en dólares) como resultado de las crisis del petróleo de 1973, decidió accionar de modo diferente a la vez anterior."…

> **Volcker** [a quien ya hemos conocido] se convirtió en el nuevo presidente del Sistema de Reserva Federal e inmediatamente tomó acciones drásticas para combatir la inflación incrementando de forma radical las tasas de interés. El mundo fue tomado por sorpresa. Esta política no solamente se sentiría en los Estados Unidos con una recesión, sino que envió olas de choque alrededor de todo el mundo, devastando a las naciones deudoras del Tercer Mundo.

> Este fue probablemente el objetivo definitivo de las conmociones del petróleo de 1970 y la terapia de choque aplicada por la Reserva Federal en 1979. Con el incremento de las tasas de interés, el costo internacional del dinero también se incrementó. Por lo tanto, las tasas de interés sobre los préstamos internaciona-les realizados a través de toda la década de 1970 se incrementaron de un 2 % en los 70 a un 18 % en los 80…" (Se culpó erróneamente al Presidente Carter por todo.)

> "El FMI" negoció préstamos de contingencia con los deudores ofreciendo asis-tencia temporaria a los estados [naciones] necesitados. A cambio de los crédi-tos, [las naciones] aceptaron realizar programas de ajuste estructurales (PAS)…

> "La naturaleza de esos PAS es tal que las condiciones impuestas sobre los países para que firmen estos acuerdos incluyen: disminuir el déficit presupuestario, devaluar la moneda, limitar los préstamos que el gobierno puede solicitar al banco central, liberalizar el comercio exterior, reducir los salarios del sector público, liberalización de los precios, desregulación y alteración de las tasas de interés. Para reducir los déficits presupuestarios, se establecen "topes precisos" para los gastos de todas las categorías; al estado (la nación que no es más sobe-rana) no se le permite movilizar sus propios recursos para la construcción de infraestructura pública, carreteras, hospitales, etc."

> "Joseph Stiglitz escribió que, '… En algunos casos, los acuerdos estipulaban qué leyes parlamentarias del país debían sancionarse para satisfacer los re-querimientos o metas del FMI – y para cuándo.' Más aún, 'Las condiciones sobrepasaban el campo económico e invadían áreas que pertenecían al domi-nio de la política,' y que 'la forma era condicionadamente impuesta y hacía las condiciones políticamente insostenibles; cuando un nuevo gobierno asumiera el poder, podrían ser abandonadas. Tales condiciones eran vistas como una intrusión por el nuevo poder colonial [los Globalistas] sobre la soberanía del propio país.' "

> -Andrew Gavin Marshal [42]

A través de la manipulación de los precios, la estructura completa de la mayoría de los gobiernos, sus economías, las condiciones de vida del pueblo y su cultura se volvían dependientes de los dictados de los Globalistas. La colonización nunca ha terminado.

La desestabilización financiera lleva a la consolidación del control. El control total del mundo es el objetivo, no hacer dinero per se, sino ganar cada vez más poder, debilitando la fortaleza local.

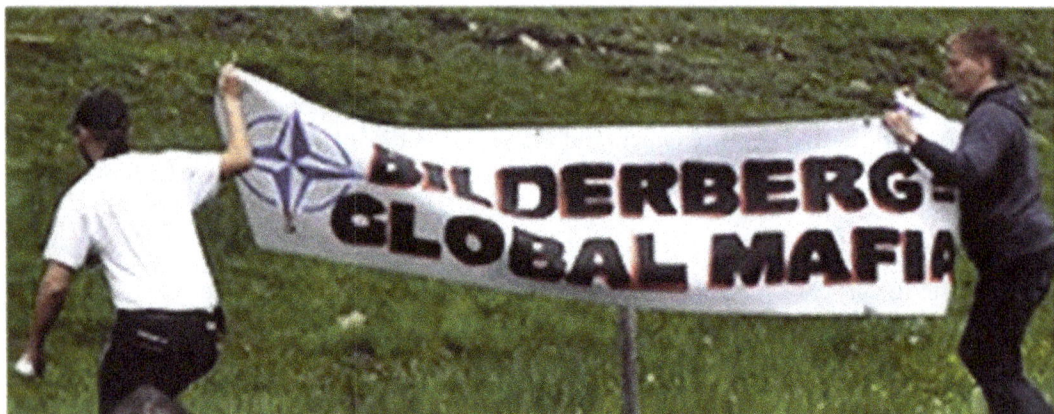

*   *   *

En el pasado, los Globalistas no nos controlaban porque vivíamos como pueblos *indígenas* libres en relación directa con la Madre Tierra, sin dueños ni bancos. Por ejemplo, antes de 1954, no había en realidad un Vietnam del Sur, eran simplemente pueblos que vivían en antiguos territorios tribales cultivando su comida. Lo mismo se puede decir de Libia y Afganistán. En realidad, hace 50 años, esto pasaba en la mayoría de las áreas rurales de los países "subdesarrollados". Aún hoy en día hay lugares demasiado "pobres" = auto-suficientes para participar de la globalización, pero esos pueblos hoy son considerados objetivos. Son la "BDLP", la base de la pirámide.

Sin embargo, la antigua forma de no tener gobiernos no era el paraíso. Los "buenos, viejos tiempos" estaban más libres de burocracia y de toxinas, pero no libres de infortunios. Nunca estaremos libres de las adversidades debido a que el multiverso (formalmente llamado universo) está siempre cambiando y cualquier tentativa de superar a la adversidad, y no ir con la naturaleza, destruye a esta última. La gente espiritual no pelea en contra de la naturaleza, vive en un equilibrio con ella.

Esta forma de hablar de la naturaleza fue también asignada (ver glosario) por las poco sinceras Naciones Unidas a través de la utilización del concepto de "sostenibilidad verde" en su Agenda 21 de 1992. (Este es un tema del tercer libro de la serie, sobre la asignación del movimiento medioambiental). Invitaron a muchos de los pueblos indígenas a las Naciones Unidas como representantes y luego ignoraron todo lo que ellos tenían para decir. Las Naciones Unidas todavía hacen esto. La política de llevar a los jefes nativos americanos para encontrarse con el gran padre blanco continua hoy en día, con líderes indígenas invitados a las Naciones Unidas para recibir prostitutas, drogas y todas las tentaciones, todo filmado y luego recibir grandes sumas de dinero de fundaciones no gubernamentales. Los participantes más viejos, salidos de la nada, son sobornados y completamente corrompidos en el proceso. Vi esto en Bolivia. No les dan mil dólares, se les entregan 200.000 dólares para mantenerlos en silencio. En vez de proteger sus culturas milenarias, contaminan sus comunidades con inequidades, materialismo, envidia y *deseo ávido* que los induce a ser parte de "los mercados emergentes y las economías formales".

La Madre Tierra es aquello de los que nuestros cuerpos están hechos. Todo lo que somos capaces de ver, excepto el sol, la luna y las estrellas es la Madre Tierra. Esta clase de discurso en la Agenda 21 de las Naciones Unidas es utilizado para engañar a la gente para que piense en nuevas leyes concernientes a la Naturaleza. Nada más lejos de la realidad. Tratando de "proteger" a la naturaleza, se quiere en realidad forzar un orden monocultural en cada continente. La diversidad tiene que ser destrozada y eso no es natural.

(Una persona que es ampliamente utilizada por los Globalistas como ícono es el aparentemente cándido Dalai Lama del Tíbet, a quien conocí en 1974.)

La telaraña de la ecología y la pirámide económica están yendo hacia el colapso. *Y los Globalistas lo saben.* Es por eso que tienen una gran bóveda con semillas en una isla remota en Noruega. Es por eso que producen películas como El Día Después, vista por cien millones de personas en 1983 para subliminalmente (programación predictiva) prepararnos para la destrucción, el miedo y la dependencia del Gran Hermano, en vez de prepararte, como yo lo estoy haciendo, para el rejuvenecimiento de la cultura en sí misma.

El "progreso" globalista es un *doble lenguaje* que en realidad significa desastre, que es lo que el futuro nos depara bajo su liderazgo. Cuando nos demos cuenta de esto, podremos sabotear sus planes y tratar de hacer algo sensato como trabajar con nuestros vecinos en vez de sólo para nuestra jubilación. Una jubilación cómoda no está en el futuro de la mayoría de las personas, sin importar lo mucho que creas tener en tus cuentas personales de retiro (IRA). El futuro es magro, no graso.

> *Algunos viven por la fortuna.*
> *Algunos viven sólo por la fama.*
> *Algunas personas viven por el poder, sí*
> *Algunas personas viven sólo para jugar el juego.*
>
> *Algunas personas creen que las cosas tangibles*
> *Definen lo que está adentro*
> *Y antes yo he estado allí.*
> *Pero la vida es aburrida*
>
> *Tan llena de lo superficial*
> *Algunas personas quieren todo eso.*
> *Pero yo no quiero nada de eso.*
> *Si no te tengo, nene*
>
> *Algunas personas quieren anillos de diamantes.*
> *Algunos simplemente quieren todo.*
> *Pero todo, significa nada.*
> *Si no te tengo a ti*

Del tema "Si No Te Tengo" de Alicia Keys.

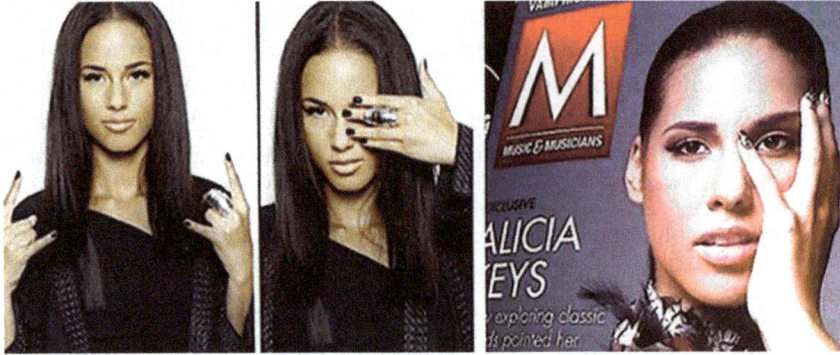

Alicia Keys es una brillante artista, pero para hacerse famosa, tuvo que jugar el juego de los Illuminati, el cual exploraremos en próximos capítulos.

* * *

Los términos "Un Gobiernos Mundial" y "Nuevo Orden Mundial" significan en realidad monopolio o monocultura, en el que ninguna cultura puede tener su identidad propia. Si los Globalistas se salen con la suya, todo estará concentrado bajo una autoridad, una ley, un código.

La globalización tiene que ver con el control, no con las "economías". La gente que no ha estudiado el *doble lenguaje* se confunde con términos como "libre comercio". El libre comercio tiene sus castigos por no participar. En realidad es escasamente libre. Los países son obligados a firmar tratados de "libre" comercio por miedo a ser dejados afuera, lo que equivale a tener sanciones económicas. Esa obligación es lo que se denomina control. Al igual que los íconos indígenas, todos los líderes, diplomáticos y generales reciben cenas, vinos, prostitutas y niños (lo lamento, es verdad) y son sobornados para que se hagan parte del "progreso". "Libre comercio" significa "comercio controlado" con severas y estrictas regulaciones.

La Globalización es la continuidad de la colonización. En África algunos la llaman "Re-colonización". En América del Sur se la llama "concentración de la tierra". En Australia se llama minería. En Europa y Norte América se llama "subcontratación". En India y China, cada uno con más de mil millones de personas, hay gente muy ruralizada y gente ultra urbanizada. Entiendo a la globalización del mismo modo que lo hace la activista Vandana Shiva quien lucha contra los organismos genéticamente modificados en Delhi. La Globalización es un crimen.

La naturaleza se encoge a medida que el capital crece.

–Vandana Shiva

- **Activista ambiental chino enfrenta una sentencia de prisión por**…
  www.washingtonpost.com/world/chinese-environmental-activist-faces
  BEIJING – Un oficial forestal retirado chino, quien se convirtió en un activista ambiental, luchando en contra de la deforestación y el superdesarrollo del sur de China…

- **Activista chino acusa a Foxconn, proveedor de Apple de…**
  online.wsj.com/article/SB10001424127887323681904578643790739425074 …
  2 de agosto de 2013, un importante activista chino tiene en la mira a Foxconn, proveedor de Apple Inc. y a un fabricante menos conocido en un reporte reciente que acusa la…

- **Activistas ambientales de China - FT.com** www.ft.com.
  Activistas ambientales señalan el surgimiento de medios de comunicación sociales como Weibo, como un punto de inflexión para su causa. "la gente parecía un cristal hecho añicos…" [Recuerda esta cita cuando veamos la letra de la canción "Rascacielos" (capítulo 15)]

- **Activistas ambientales de China – Consumidores orgánicos….**
  www.organicconsumers.org/articles/article_2853.cfm

- **Continúa la incesante represión de activistas en China…**
  www.washingtonpost.com/opinions/chinas-represion-of-activists...
  23 de enero, 2014. Los líderes comunistas chinos deben considerar a activistas como Xu Zhioyong como aliados en su esfuerzo de reformar los males ambientales y sociales.

El Washington Post, que publicó algunos de esos artículos, es un títere globalista. Incluí estos artículos, debido a que es Occidente el que importó industrias a China en los 90 con enormes inversiones. El "libre comercio" de Clinton causó que la mayoría de los países perdiese su industria primaria, que es ahora ejecutada por esclavos asalariados en China y con la Madre Tierra siendo severamente contaminada en esos lugares. Todo esto para mantenernos atontados con las porquerías baratas de Walmart, las cuales según declaró el fundador de Walmart "elevan el estándar de vida". Walmart es un estudio en sí mismo.

¿Qué es el progreso? ¿Qué significa un estándar de vida alto?

* * *

El aspecto corporativo de la globalización está organizado a través de tratados comerciales hechos mediante la Organización Mundial de Comercio (OMC), el Banco Mundial y el FMI, todas creaciones de Roth-efeller. Los tratados de comercio se anteponen a la soberanía de las naciones, haciendo que varios gobiernos se amolden a un modelo externo. Los gobiernos modifican las leyes de sus ciudadanos para mantener el modelo. El mayor impacto está en que las naciones no pueden protegerse a ellas mismas de los productos más baratos provenientes del extranjero, lo que destruye los mercados locales y por consecuencia las comunidades locales. Misión cumplida para los Globalistas que quieren una monocultura convenientemente manejable.

El aspecto gubernamental de la globalización es organizado por las Naciones Unidas, que fue un segundo intento después del fracaso de la Liga de las Naciones. En 1919 el Tratado de Versalles y la Liga de las Naciones eran dirigidas por los banqueros delincuentes de la familia Rothschild. Como se vio, los Rothschild, fanáticos del control, eran dueños de la mitad de las riquezas del mundo en el siglo XVIII y fundaron una amplia y profunda red de inteligencia. Se casaron con la realeza británica. El Imperio Británico era su proyecto. Nunca abandonaron India o Sudáfrica, por lo tanto si idolatras a Ghandi o a Mandela, es porque fuiste engañado por la prensa controlada y por las películas biográficas falsas. El mismo sistema monetario que creó a los gobiernos que estos hombres derrocaron, está todavía presente en esos lugares y es el que crea las leyes de esos países en este momento.

Fui a Pretoria para ser parte de la vigilia que se llevó a cabo en el hospital, por la recuperación de Mandela. Medité en la acera y me hice amigo de equipos de periodistas internacionales. Descubrí más tarde que él ya había muerto y que nos habían engañado. Es imposible pensar que Mandela fue influenciado por algún protocolo de control mental mientras estaba en prisión. Ingresó como un comunista y cuando fue liberado estaba a favor de la "privatización". Sudáfrica es una tierra cercada con alambre de púas… para impedir la entrada de los nativos. No es mi intención herir tus sentimientos cuando escuches que el mito que tú pusiste en un pedestal era un títere, pero este libro es acerca del despertar. Nos han vendido nuestros valores, a la gente que odiamos o amamos.

¿Mandela fue una completa mentira? En mi opinión, no. En 1990 se enfrentó contra Clinton, quien no quería que él visitara a Gaddafi, quien había financiado a Mandela en su lucha contra el apartheid. Sin la ayuda de Gaddafi, todavía el apartheid existiría en Sudáfrica. En noticias recientes, 24 años después, Mandela estaba bajo vigilancia del FBI cuando vino a Estados Unidos en 1990, porque no confiaban en él. Eso significa que los Globalistas tenían miedo de un héroe con ideas propias.

"Los documentos del FBI, que fueron parcialmente clasificados, fueron liberados al candidato de doctorado del Instituto Tecnológico de Massachusetts, Ryan Shapiro, quien había instaurado una demanda basada en la Ley de Libertad de Información. 'Lo que falta en estos documentos es con frecuencia tan iluminador como lo que es revelado', dijo Shapiro." [43]

Ningún país puede declararse ser el policía del mundo y ningún estado puede decir a otro qué es lo que se debería hacer. Aquellos que en el pasado fueron amigos o nuestros enemigos tienen la desfachatez hoy de decirme que no visite a mi hermano Gaddafi. Nos aconsejan que seamos desagradecidos y que olvidemos a nuestros amigos del pasado.

- Nelson Mandela, Tripoli, 18 de mayo, 1990

Cuando seamos liberados de nuestros miedos, nuestra presencia automáticamente liberará a otros.

- Nelson Mandela

A continuación otras citas que demuestran que Mandela no pertenecía a los Globalistas:

"He invitado al líder hermano Gaddafi a este país. Y lo hago porque nuestra autoridad moral (la soberanía personal de la conciencia) dicta que no debemos abandonar a aquellos que nos ayudaron en las horas más oscuras, en la historia de este país. Los libios no sólo nos apoyaron, ellos nos dieron los recursos para llevar a cabo nuestra lucha y ganar. Y aquellos surafricanos que me han amonestado por ser leal a nuestros amigos, pueden literalmente ir y saltar en una piscina."

En una charla en 1999: "Israel debe retirarse de todas las áreas que ganaron a los árabes en 1967 y, en particular, deben retirarse completamente de los Altos de Golán, del sur de Líbano y de Cisjordania."

"Las Naciones Unidas lucharon fuertemente contra el apartheid; con el paso de los años se construyó un consenso internacional, que ayudó a poner fin a este sistema desigual. **Pero sabemos bien que nuestra libertad está incompleta sin la libertad de los palestinos.**"

Cuando Estados Unidos preparaba su guerra contra Irak en 2002: "Si miras estos temas llegarás a la conclusión de que la actitud de Estados Unidos de América es una amenaza para la paz mundial. **Si hay un país que ha cometido atrocidades indecibles en el mundo, este es Estados Unidos. A ellos no les importan los seres humanos.**" (Él tenía razón. Estados Unidos ha asesinado 1,5 millones de personas hasta ahora en Irak y envenenado la tierra con munición de uranio, causando defectos de nacimiento.)

En cuanto a Ghandi, conozco íntimamente la historia de esa encarnación desde adentro y es la energía que impulsa este texto, pero la relataré en el último libro de esta serie. Ghandi fue utilizado. Rothschild le entregó tierras a través de Hermann Kallenbach, el operador de Rothschild para su Granja Tolstoi en Sudáfrica y luego fue llevado a India por Gopal Krishna Gokhale, de la Compañía de las Indias Orientales. Ghandi fue posicionado, en todo el sentido de la palabra y la película acerca de su vida miente. No fue hallado en India. Fue apropiado en Sudáfrica. La grandeza de Ghandi fue manejada y utilizada. Su grandeza fue trivializada en una biografía reciente escrita por un globalista llamado Joseph Lelyveld, ex editor ejecutivo del New York Times. La biografía no cita a Ghandi, simplemente lo minimiza. El legado de Gandhi es una espina en lo poco que les queda de conciencia a los Globalistas, ya que, a pesar de estar confundido, surgió desde el lugar de la soberanía personal. Los hechos acerca de Gokhale no son comunicados de manera suficiente en la autobiografía de Ghandi. Pareciera que los recuerdos son siempre simplificados. Ghandi tuvo apendisectomía sin anestésicos. [44] Fue más que un hombre amable o un idealista o un político y ha servido en diversas y numerosas vidas sobre la tierra, pero fue utilizado. India nunca obtuvo su independencia, prueba de esto es como la compañía Monsanto Inc. de OMG (de la cual el eugenésico Bill Gates es un gran inversor) está protegida en India, aun cuando desestabiliza/consolida grandes porciones de la base agrícola.

Cualquier nueva influencia, talento, personalidad, invento es rápidamente incorporado o apropiado por los Globalistas que todo lo ven. Cuando tienes recursos ilimitados y vives para controlar, esto es lo que tú haces. Cubres todas las bases para poder ganar TODO.

Los Globalistas crean las guerras para de ese modo poder prestar dinero a ambas partes del conflicto, cuyos gobiernos lo pagarán utilizando nuestros impuestos. Su máquina de guerra sigue de ese modo funcionando. La guerra es el negocio más importante de los delincuentes banqueros ya que siempre tiene las ganancias garantizadas. Con una pequeña inversión realizada comprando o chantajeando a los líderes de los gobiernos (marionetas remplazables) (ver glosario), cosechan así los beneficios del sistema de impuestos mundial. Otras pequeñas inversiones son la creación de protestas, movimientos, células encubiertas, la provisión de armas o de cualquier otra cosa que sea necesaria. Esta es, en realidad, la verdadera historia que nunca nos cuentan.

Hasta que todas las operaciones encubiertas sean expuestas, no sabremos cuál es la verdadera historia del mundo.

El proceso de globalización o el Nuevo Orden ha ido mucho más allá de la simple infiltración. Los Globalistas, en realidad, han participado en la creación de movimientos desde cero y han creado oposición a esos mismos movimientos para forzar algunos asuntos. Algunos ejemplos de eso son los Tories (colonialistas conservadores), los Secesionistas, los Confederados, el Ku Klux Klan, el Comunismo, el Fascismo, el Sionismo, el Islamismo Fundamentalista, el movimiento New Age, el Feminismo, el Movimiento Gay, el Movimiento Zeitgeist, el Movimiento Ocupa y los grupos desestabilizadores en Ucrania y Venezuela.

Todos estos movimientos fueron financiados desde el primer día y son manejados por los medios de comunicación controlados en la forma en la que los Globalistas quieren que sean manejados. Admitamos, por favor, que a partir de lo que nos dicen los medios corporativistas creamos nuestra visión del mundo.

Los ejemplos más famosos de oponentes en ese juego arreglado son los partidos Republicano y Democrático. Si estudias quien los financió, verás que las contribuciones que reciben provienen de las mismas fuentes. Cada una de esas contribuciones ayuda a comprar una propuesta en las plataforma del candidato y así el político queda atado de por vida.

"Los movimientos" son financiados a través de "fundaciones sin fines de lucro", que en realidad son medios publicitarios utilizados para ahorrar impuestos, por los grupos como Ford, Carnegie, Rockefeller y Gates. El multimillonario George Soros, citado antes, financia personalmente 1500 grupos activistas. Esto no es filantropía, es hegemonía.

Cuando en 1919, la Liga de las Naciones fracasó debido a que los estadounidenses tenían ideas independientes y en realidad no querían un tratado que se antepusiese al congreso, los Rothschild iniciaron varios programas para cambiar la cultura y la política de los estadounidenses. El **Consejo de Relaciones Exteriores** (CRE) fue fundado por los Roth-efeller para modificar el sentido de identidad nacional de los estadounidenses y para ubicar a sus candidatos. El banquero Rothschild J.P. Morgan había comprado 25 periódicos destacados en 1915. (Ver en el glosario *Medios controlados*). La conspiración en la educación descubierta por Dodd (página 24), y a las que se refirieron Einstein y Nader, fue otra amenaza para este plan.

La globalización es el programa de ingeniería social mejor financiado y organizado que este planeta haya visto jamás.

* * *

El pensamiento globalista es ahora parte de nuestro vocabulario. Cada vez que hablamos de justicia global o ecuanimidad global o cualquier cosa global, estamos hablando como los Globalistas. Cada vez que preguntamos "¿cuál debería ser la dirección de la sociedad?", estamos diciendo que sólo hay una sociedad. Cada vez que utilizamos la palabra "humanidad" del mismo modo que Bush Padre decía "el mundo", como si fuese una sola cultura, nos convertimos en amigotes de los Illuminati. No somos los superricos, pero hablamos como ellos.

A menos que vivas en Leningrado o San Pablo, estos no son los vecindarios para hacer planes. Pero todos estamos preocupados por "el mundo". Esta es una distracción. Si los Globalistas no estuvieran tan ocupados interviniendo en todos lados, las noticias internacionales las encontraríamos en la sección de turismo. Los asuntos locales, como nos advirtió Nader, son ignorados. Esto nos desconecta de nuestra auténtica responsabilidad, que está cerca de nuestros hogares y fallamos al olvidarnos de ser los guardianes y vigilantes de nuestro propio vecindario.

Tu vecindario… ¿está 100 % libre de contaminación, crimen o corrupción?

Es aquí donde deberíamos estar focalizados. Pero los medios controlados nos distraen en masa. Una noticia puede ser forzada ante millones de personas para distraerlas de lo que está pasando en sus patios. Tenemos tantos minutos en el día. ¿Cuántos minutos pasas prestando atención a cosas sobre las que no tienes ningún tipo de influencia? Primero deberíamos limpiarnos, luego limpiar nuestras casas, luego nuestros vecindarios, luego nuestras comunidades. Esta fortaleza es la única realidad que podemos experimentar. El resto, si lo piensas, no es más que rumores sensacionalistas.

Mi trabajo es convencerte de que te distancies de los Globalistas y sus valores y que te fortalezcas a ti mismo y a tu comunidad.

El Globalismo es un viaje dirigido, no un estilo de vida. Entregando nuestra energía a ese viaje dirigido, tenemos menos fuerza para tomar decisiones que realmente nos importen. Conservar la fuerza para tomar nuestras propias decisiones y para seguir nuestro propio estilo de vida es lo que se denomina *soberanía personal*.

Para practicar la *soberanía personal,* conserva tu energía. Verás que el lápiz labial es algo que consume. Quizás deba aclarar qué quiero decir con lápiz labial. *El lápiz labial representa a la indulgente vanidad que nos distrae de lo que es realmente importante.* Cuando dejes de ocuparte del lápiz labial, dejarás de desperdiciar tu atención. Elegirás la calidad sobre la cantidad. Tendrás más cabeza para aquella parte de nosotros que "no vive sólo del pan."

Emancípate de la esclavitud mental,
Nadie más va a liberar tu mente...

de "Canción de Redención" de Bob Marley

Derecho, el chico malo

El globalismo y *la soberanía personal* están en conflicto, no solamente en las políticas del Fondo Monetario Internacional (FMI), sino que también lo están en nuestras propias lealtades psicológicas..

Tanto el FMI como tu actitud psicológica han sido organizadas para ti, por las mismas personas. ¿Increíble? ¿Teoría de conspiración? Examinaremos el "lápiz labial" y verás que no todo es teoría.

La *soberanía personal* significa integridad y la integridad depende del carácter interior que puede plantarse sobre sus propios pies. La *soberanía personal* es donde siempre puedes ganar.

Los Globalistas no tienen *soberanía personal* porque sienten que son una elite por derecho y pueden contar con todo el mundo y usar a todo el mundo porque ellos son la realeza. Esto suena criminal… sin embargo… ¡los emulamos! ¡Queremos ser también de la realeza!

El derecho (ver glosario), como el consumismo, está siendo exportado e inyectado en todos los estratos sociales. "Yo me merezco consumir mucho". Esto es lo que nos decimos que significa el "éxito" o el "progreso." "El estilo de vida estadounidense no es negociable."

"Nuestro futuro es el crecimiento infinito," dice la mitología globalista. Veneramos la "prosperidad" sin cuestionamientos. El rebaño que nunca cuestiona esta tontería es llamado "*Sheeple*", combinando las palabras inglesas "*Sheep*" y "*People*" ("Oveja" y "Persona").

Además del consumismo (quiero, quiero, quiero), la actitud de ser vanidoso y con derecho a serlo (lo merezco, lo merezco, lo merezco) está también siendo propagada entre nuestros valores y creencias. Se supone que la manada espera cada vez más y más y más. Nos comparamos con los ricos y nos juzgamos como pobres. A nuestros hijos se les enseña a decir que están "aburridos" si no tienen más y más y más. Desearíamos también poder caminar sobre una alfombra roja. Los valores de nuestra civilización están basados en la envidia. ¡Sé rey por un día! Sólo entonces habremos llegado a la fama (vanidad) y a la fortuna (exceso). Entonces, tendremos derecho a acceder al máximo nivel… babeamos.

Llegaremos a la insolencia muy rápido, pero quiero enfatizar que cuando analizamos la conexión entre *el lápiz labial y los crímenes de guerra, el derecho a todo autoproclamado es el niño malo.*

El derecho autoproclamado mata nuestra virtud, nuestro sentido de decencia, nuestro sentido de responsabilidad hacia los otros. Nos convierte en aduladores codiciosos. Es por eso que la elite, quienes en realidad son asesinos seriales, son calificados como psicópatas por muchos analistas. El derecho autoproclamado es otra forma, quizás, de decir *"vanidad desconectadora"*. (Glosario)

El derecho autoproclamado es la expectativa de un alto grado de consumo y que el resto no importe nada. (Yo, Yo, Yo). Un psicópata no está conectado con un todo mayor. Para él o ella sólo se trata del número uno, mi vida, mis necesidades, mi "éxito". El derecho autoproclamado funciona con el consumismo para extraer tanto como sea posible, chupando todo hasta la última gota.

*   *   *

La palabra "realeza" es un *doble lenguaje* para parásitos. Sí, en mi opinión, la realeza de cualquier lugar no es otra cosa que parásitos elitistas, chupando a otros, generalmente con la ayuda de terroristas. "¡Inclínate o te cortaré la cabeza!" Estoy hablando del emperador de China y el noble de Hawái, del Rey Enrique VIII y el Shogun, fulano de tal, del Faraón cualquiera sea su nombre y los jefes Maoríes, y de los Señores Incas y de cualquier otra realeza de cualquier otra parte. Todos fueron parásitos, matones, que se arrogaban derechos autoproclamados a expensas de otros.

(Si hay algo bueno para destacar entre la tecnología, es Internet, porque las historias de "éxito" a costa de otros seguirán siendo reveladas cada vez más y *nuestros corazones y nuestra compasión dejarán de justificar la desigualdad*.)

Las personas con soberanía personal no aterrorizan a otras ni las descuartizan. Pero somos cómplices. Nosotros "la gente pequeña" también carecemos de *soberanía personal* cuando acatamos los planes de los Globalistas. Cometemos un gran error cuando los dejamos hacer elecciones por nosotros. No practicamos la soberanía personal, sino que actuamos como borregos. Por ejemplo, aceptando beneficios "gratuitos" del gobierno.

("Personas pequeñas" es como el Presidente de la British Petroleum, Carl Hernic Svanberg, describió a la población en general en el 2010, quienes se estaban enfermando y muriendo por su derrame en el golfo, las operaciones de rociado del químico Corexit y algunas cosas peores. La gente verdadera, no pequeña, se sigue enfermando. Busca "Blue Plague" (Plaga Azul) en Internet.)

La elite globalista quiere más poder. Nunca tiene el suficiente. Son insaciables y están controlados por el *deseo ávido*. (Ver glosario). Debido a que no utilizan su influencia para lograr el balance y el dar y recibir con otros, todo lo que tienen en su corazón cae en un pozo negro y necesitan más y más y más.

Es en el dar y en el cuidado recibido que somos rejuvenecidos, pero ellos no saben de esto porque están atascados en el lugar donde lo que solamente importa es "poseer". El ego no existe, pero ellos creen que sí. Nadie es dueño de nada, pero la *vanidad desconectadora* cree que sí. El intelecto dirigido (dentro de los tipos humanos) ha sido inflado y ha obstruido el flujo de sus corazones. Este intelecto dirigido está tan orgulloso de "ir adelante". Y la elite trata de alimentar su vanidad, pero la vanidad no da nada, se queda con todo y lo retiene para sí misma. Allí están, en el purgatorio de la codicia.

Al tener más dinero del que pueden gastar, los superricos convierten la manipulación de la sociedad en su juego. No solamente codician cosas, sino que codician el poder por encima de los demás.

Detengámonos aquí por un momento…

No *necesitan* a otros para demostrar su poder.

Por lo tanto, el poder sobre otros no es su propio poder.

Es poder dependiente (oxímoron)

Esto no es *soberanía personal*

O conexión con el espíritu interno.

Es un viaje de poder que toma

la dirección opuesta,

lejos de la apertura y la comunión

y hacia una posición relativa,

Yo por encima de ti.

Esto es dualidad

y estar perdido,

no es unidad ni saber verdadero

que no necesita nada

y ama a los otros.

En su juego quieren mostrar sus trofeos para poder regodearse de un legado imaginario. Si son superricos, construyen cosas como el Taj Mahal o la Torre Rockefeller o la Biblioteca Clinton o éste monumento o aquel. Estos monumentos no representan a la virtud, son monumentos a la vanidad. Desde la antigüedad, cada "maravilla" hecha por el hombre representa lo mismo.

Si una persona controlada por el *deseo ávido* no es suficientemente rica como para construir un monumento, quizás vaya a comprar un auto nuevo o un vestido nuevo. Es la misma vanidad. La mayoría de nosotros somos parte de este escenario mental de deseo ávido. Si quieres jactarte de algo, es vanidad. Punto.

Es por esto que los pobres se conmueven con mayor frecuencia que los ricos. Un tacaño tiene dinero, pero siempre encontrará una forma de jactarse en vez de compartirlo. Para ser un súper rico tienes que saber cómo acumular.

¿Los indígenas tienen vanidad y *deseo ávido*? ¡Por supuesto que sí! La vanidad moderna es una moda que nos han vendido. Hoy en día, sentirse con derechos autoproclamados es cultural. Esto es nuevo. Todos pensamos que somos reyes o reinas. De hecho a nuestras niñas se les enseña a ser "princesas". No hay otro modelo para las chicas jóvenes que el de princesas, guerreras o putas trastornadas orgullosas de ser "geniales". El objetivo de la mayoría de las chicas ahora es estar siempre en el escenario. No es suficiente con cantar, tienen que tener un micrófono, pavonearse, tener arrogancia y actitud.

La élite compite entre sí y entrega premios y ofrece grandes fiestas. Cuando "Logo" Obama visitó el Reino Unido en mayo de 2011, trasladó 500 personas como su séquito. Nosotros pagamos por eso. Así es como la realeza trata de impresionarse entre sí. Si observas cómo se viste su esposa, notarás que no hay nada humilde en ella. A ella le gusta ser de la realeza. Ella es diferente a otras primeras damas anteriores. Ella es de la realeza.

A aquellos que se rigen por la vanidad les encanta asignar medallas y títulos. "Señor" esto y "Señor" lo otro, "Emperador del Sol", "El Gran esto y aquello", "El Rey Sol". Esto es algo significativo para ellos. Su "amor" está apuntando hacia el ego y está absorto en sí mismo, es egocéntrico, es autoindulgente. Su "amor" es el lápiz labial.

Las personas que se rigen por una *vanidad desconectadora* viven de la apariencia de la importancia, la cual, como dijimos, depende de los subordinados para apoyar esta imagen. Incluso aunque tengan que pagar una audiencia para que les aplauda, ellos se exaltan en el orgullo del "éxito". Yo, yo, yo, soy tan magnífico, magnífico, magnífico. Incluso si tienen que mentir en sus memorias, lo harán. Cuando pienso en esto, me parece bastante perturbador. ¿Cómo pueden enorgullecerse de una mentira? ¿No se dan cuenta de que la historia desenmascarará la mentira y ellos serán recordados como mentirosos? Bill Clinton es increíble. Me pregunto si se miente a sí mismo mientras duerme.

Ellos necesitan la adulación de los demás para su autoestima. Esto significa que en realidad no tienen autoestima, ¿no es así? Exactamente.

La vanidad crea este "ego" hinchado mientras que la verdadera autoestima es altruista. ¿Por qué digo esto? Verás, la soberanía personal se funde en el servicio altruista a medida que crecemos espiritualmente. En la medida en que nuestro corazón sea más honesto, menos yo-yo-yo, permanece en nosotros. Es como si el silencio tuviera poder. Pero no es poder para molestar a otros, es el poder de ser responsable. Este silencio interior se manifiesta como compasión. Podemos decir, entonces, que es altruista.

Las personas que se rigen por la vanidad viven para señalar a los demás, mientras viven bajo el pulgar de su propia vanidad. Todos hemos conocido megalómanos. El lector se habrá encontrado bravucones engreídos y conoce a esos que maltratan a sus esposas y sabemos lo negativo que puede ser. Y cada uno de nosotros tiene que protegerse contra esto. Este síndrome no es nuevo.

Se trata de un antiguo fallo de carácter, tratado en la mayoría de los mitos e historias épicas que forman las coordenadas morales de las civilizaciones pasadas.

Sin embargo, esta vanidad está ahora organizada como nunca antes, para convertirnos a todos en valores de egoísmo y persecución. Toda la publicidad se basa en hacernos sentir que nos falta algo y se supone que debemos responder a esto siendo superficiales y deseando un estatus.

Las historias épicas tradicionales enseñan acerca de la virtud. En el mundo moderno, nos esforzamos por alcanzar el "éxito" y nuestros héroes carecen de virtud. Nuestros "héroes" e "ídolos" son las mujeres pintadas para parecerse a objetos sexuales y criminales de guerra que bombardean civiles. Idealizamos el lápiz labial y los crímenes de guerra.

El hecho de que estemos orgullosos de esto es una especie de testimonio de nuestra vulnerabilidad a la oscuridad.

Yo llamo a esta enfermedad *"vanidad desconectadora"* ya que nos desconecta de la virtud, que es lo que sabiamente buscaríamos viviendo una vida de *soberanía personal interna*. La virtud nutre la salud. La falta de virtud lleva a la enfermedad.

*   *   *

Los mismos líderes que exigen la paz y las leyes internacionales "ecológicas" son los que financian las guerras y construyen fábricas contaminantes. Lo que sale de la boca de los Globalistas en forma de tópicos es opuesto a lo que después hacen. Los Globalistas son hombres y actores estafadores. Son buenos chicos en público y se cuelan detrás de puertas cerradas.

Teniendo fondos casi ilimitados, pueden, como se mencionó, manipular a cualquier oposición para salirse con la suya. Cuando digo fondos ilimitados, ten en cuenta que los 10 bancos afiliados Rothschild, que son la FED, han recolectado los intereses de cada dólar que se ha impreso durante cien años.

Para controlar ambos lados del problema, los Globalistas mega ricos compran y colocan portavoces, llamados "recortes". Un recorte es como un dibujo de papel con un mensaje inteligente que los banqueros criminales cortan de un periódico y cuelgan en un tablón de anuncios. Luego, al día siguiente cortan otro personaje de dibujos animados y reemplazan el primero. La mayoría de los políticos son recortes reemplazables financiados o comodines. Nueva cara, mismo tablón de anuncios. En otras palabras, los banqueros corruptos globalistas de los Illuminati fijan el juego de modo que una administración tras otra tiene las mismas políticas. Esto les permite enmarcar todo el debate y el resultado.

Un medio de comunicación controlado, (llamado formalmente la prensa amarilla) dirige la reacción del público a las políticas leídas en voz alta por los recortes de la secuencia de comandos globalistas. Obama, Bush hijo, Clinton, Bush padre, Reagan, Carter, Ford, Nixon, Johnson. Ninguna de estas *marionetas remplazables* escribió sus propios discursos o elaboró la política.

¿Crees que el demócrata Carter era muy diferente de republicano Nixon? Henry Kissinger, quien manejaba la política exterior del republicano Nixon, trabajó para Nelson **Rockefeller** durante diez años. Zbigniew Brzezinski, quien manejaba la política exterior del demócrata Jimmy Carter también creó la Comisión Trilateral con David **Rockefeller**. Los Rockefeller son la rama americana de la red mundial de banqueros corruptos Rothschild.

Así que los Roth-efellers controlan la política exterior primero de la administración "republicana" y luego de la administración "demócrata". Nixon o Carter, republicano o demócrata, Tararí y Tarará.

¿Más *marionetas remplazables*? David Cameron, Gordon Brown, Tony Blair, John Major, Margaret Thatcher, James Callaghan, Harold Wilson, Edward Heath.

¿Aún más? Anthony Abbott, Kevin Rudd, Julia Gillard, John Howard, Paul Keating, Robert Lee...

Estas personas no tienen voz en la política. Son portavoces. Elegirlos es sólo un gran juego para engañar a las masas y hacernos creer que tenemos algo de poder. No lo tenemos. Todos estos presidentes y primeros ministros fueron y están controlados por los Globalistas.

El primer ministro australiano Paul Keating se disculpó por el horrible trato de los pueblos aborígenes en 1992, el mismo año de la Cumbre de Río y la Agenda 21. No es casualidad. Tanto el discurso de Keating y Río eran trucos deshonestos. La "intervención" grotesca en contra de las comunidades nativas en los Territorios del Norte por falsos motivos de la administración de Howard en 2007 [45] es una prueba de que Keating era sólo una *marioneta remplazable* y no estableció la política. Australia quiere destruir a los últimos pueblos indígenas de los Territorios del Norte para obtener minerales. El discurso de Keating en 1992 fue sólo un evento acolchado para sentirse bien que no cambió nada. Su discurso sólo aplacó personas. Ese es el trabajo de los políticos.

No se puede confiar en ninguna de estas *marionetas remplazables*. Realmente no les elegimos. Si hicieras ahora mismo una búsqueda en la web sobre "fraude del sistema electoral", encontrarías preguntas sin respuesta. Mi teoría, y esto es sólo mi teoría, es que las campañas son financiadas para lograr la mayor cantidad de una división de 50/50 votos, como sea posible y luego el sistema electoral sólo puede ajustar un porcentaje mínimo de votos para lograr el ganador deseado. El ganador será el que más abarque el pensamiento globalista. El oponente está allí solamente para dar voz a lo que parece un debate justo. Comparto esto para que otros lo sopesen. A lo mejor tiene algo de mérito.

Nuestros funcionarios "electos" fueron anunciados en nuestras vidas, financiados para ganar y seguir con su papel una vez en el cargo o serán sustituidos por un oponente financiado, de la manera que la heroína Cynthia McKinney fue derrotada o, si es muy popular, se acabará con ellos de forma extrema. Ejecutado. En serio, no es broma. Cuatro presidentes estadounidenses han sido asesinados y todos ellos por los banqueros corruptos.

El héroe, senador Paul Wellstone de Minnesota, murió en un accidente aéreo en 2002, como lo hizo John Kennedy hijo en 1999 (mencionado anteriormente). Estos fueron asesinatos. Wellstone fue uno de los pocos senadores que se levantaron contra las mentiras reiteradas del gobierno de Bush y su apoyo de los votantes aumentó cuando votó contra la guerra en Irak. [46] John Kennedy Jr. había publicado unas divulgaciones acerca de Israel en su revista George.

Para aquellos que piensan que es imposible que un senador de Estados Unidos sea asesinado por los Globalistas, sólo sigue leyendo. El patrón es indignante y de hecho espero que estés indignado. Este libro no es sólo sobre el lápiz labial, espero que te enojes. (Pero si has sido programado por la Operación de la Nueva Era, no lo harás, porque te han castrado.)

Como se mencionó, si el control a través de sobornos no funciona, los banqueros corruptos tienen matones a sueldo. Entre los matones se incluye el FBI, la CIA, el MI6 (Reino Unido), el Mossad (Israel), TSA, NSA, etc., etc. Las operaciones encubiertas del gobierno no son independientes de los banqueros corruptos. Por favor, entiende que sólo hay una pirámide de poder en el mundo y que se basa en la deuda.

Rusia, China, India y muchos otros países están empezando a romper con la "esfera anglosajona", en la medida en la que la brutalidad y la corrupción bancaria de Estados Unidos se hace cada vez más evidente. Esto está desesperando a los Globalistas, por cierto.

Habían esperado una pandemia real en 2009, pero se terminó y ahora la OMS está deshonrada por llamar a una gripe de nada una "pandemia", a pesar de que ellos y el Centro de Control de Enfermedades (CDC) habían organizado el temor falso de la gripe porcina. Yo seguí el recuento de casos del Centro de Control de Enfermedades en Estados Unidos todos los días; se elevaba una potencia de 10 cada ocho días, 40, 400, 4000, 40000 y, de repente, dejaron de contar. Esos números resultaron ser una mentira, como fue expuesto por la periodista heroína de la CBS, Sharon Attkisson, quien fue muy valiente al pedir información al CDC. Y esto acaba con que nunca hubo 800 muertes en la ciudad de México por la gripe porcina.

Todo era una invención de los medios en tiempo real. [47]

By **SHARYL ATTKISSON**   **CBS NEWS**   *October 27, 2009, 6:05 PM*

Freedom of Information: Stalled at CDC and D.C. Government

⚑ Shares / ⋙ Tweets / ⊙ Stumble / @ Email   More +

(CBS)

In August 2009, CBS News made a simple request of the Centers for Disease Control and Prevention for public documents, e-mails and other materials CDC used to communicate to states the decision to stop testing individual cases of Novel H1N1, or "swine flu." When the public affairs folks at CDC refused to produce the documents and quit responding to my queries altogether, I filed a formal Freedom of Information (FOI) request for the materials. Members of the news media are entitled to expedited access, which I requested, since this was for a pending news report and on an issue of public health and interest.

The Obama administration made a commitment to a "new era of open government," as stated in a presidential memorandum on the Freedom of Information Act (FOIA). On March 19, 2009, Attorney General Eric Holder issued new FOIA guidelines to "restore the public's ability to access information in a timely manner."

Two months after my FOI request, the CDC has yet to produce any of these easily retrievable materials. Sadly, this is of little surprise. This has become standard operating procedure in Washington.

Libertad de información: estancada en Centro de Control y Prevención de Enfermedades (CDC) y el gobierno de D.C

En agosto del año 2009, CBS News hizo una simple solicitud a los Centros de Control y Prevención de Enfermedades sobre documentos públicos, correos electrónicos y otro material del CDC que se usó para comunicar la decisión de dejar de examinar los casos individuales de la nueva gripe H1N1, o "gripe porcina". Cuando la gente de relaciones públicas de los CDC se negó a presentar los documentos y dejó de responder a mis preguntas, presenté formalmente una solicitud de Libertad de Información (FOI) sobre ese material. Los miembros de los medios de comunicación tienen derecho a tener acceso rápido, lo cual yo pedí, ya que esto era para un informe de noticias pendientes y sobre un tema de salud e interés público...

El gobierno de Obama se comprometió a una "nueva era de gobierno abierto", como se dijo en un memorando presidencial sobre la Libertad de Información (FOIA). El 19 de marzo de 2009, el fiscal general Eric Holder emitió nuevas directrices de la FOIA para "restaurar la capacidad del público para acceder a la información de manera oportuna".

Dos meses después de mi solicitud de Libertad de Información, el CDC aún no ha enviado ninguno de estos materiales fácilmente recuperables. Lamentablemente, no me sorprende mucho. Esto se ha convertido en un procedimiento operativo estándar en Washington.

El CDC actúa como un frente, y cada departamento de salud en el mundo debe romper con ellos. No se puede confiar en la Organización Mundial de la Salud Roth-efeller. La OMS realmente cambió la definición de pandemia durante la crisis de la gripe porcina a fin de que cualquier gripe, en cualquier año podría ahora ser declarada una "pandemia". [48]

La gripe porcina no fue mortal como lo habían planeado, no produjo una emergencia en todo el mundo en la que la economía del mundo podría haber sido apagada, reiniciada, y consolidada bajo la ley marcial. Los Globalistas ya no están a tiempo y en control y están ejecutando ahora los planes de contingencia. Están descontrolados ya que las divulgaciones están saliendo a la luz mientras el mundo se despierta.

*　*　*

Los Illuminati se aprovechan de los deseos más altos de la gente. Ellos usan nuestra parte más blanda, la parte que se preocupa y espera y trabajan en su beneficio. Ese es el arte de un artista de la estafa: ganar confianza y sacar provecho de ello.

Tópicos como "paz" y "ecología" y "derechos humanos" y "democracia" y "libertad" sólo son utilizados para hacer que las *marionetas remplazables* suenen populares. Realmente no están diciendo nada. Las esperanzas sinceras de pueblos enteros se están utilizando como excusas para que haya más y más regulaciones y así dar a los Globalistas aún más control. Tenemos que estar "seguros" después de todo. ¿El lector se ha dado cuenta de que las normas de seguridad se vuelven cada vez más y más invasivas?

> "El esquema de vacunación infantil recomendado ha cambiado dramáticamente en los últimos años, los niños ahora reciben más de 30 vacunas, incluyendo múltiples combinaciones de vacunas, antes de la edad de seis años. Y en muchos casos, los médicos y las enfermeras administran media docena o más de vacunas a la vez durante una sola visita para asegurar que los niños reciban todas estas vacunas y para ahorrar tiempo. Pero de acuerdo con los datos recopilados del Sistema de Información de Efectos Adversos de Vacunas del

gobierno (VAERS), 145.000 o más niños han muerto a lo largo de los últimos 20 años en Estados Unidos como resultado de este enfoque múltiple de dosis de vacunas; pocos padres son conscientes de este hecho escandaloso".

— Naturalnews.com [49]

El ejército de Estados Unidos tiene una larga tradición en el uso de sus soldados como conejillos de indias para experimentos clínicos.

"En los últimos años, con la participación de ejecutivos de farmacéuticas como Donald Rumsfeld con el Departamento de Defensa, la tendencia se ha acelerado. Ahora, cientos de miles de hombres y mujeres militares de Estados Unidos reciben vacunas que no han sido probadas y con carácter experimental.

"El 16 de octubre de 2006, el Departamento de Defensa anunció que reanudará su programa de vacunación contra el ántrax previamente detenido por el tribunal y que las tropas que no estén de acuerdo en recibir la serie de seis inyecciones voluntariamente se enfrentarán a una acción disciplinaria."

- Los Orígenes de la Enfermedad de la Guerra del Golfo (Iraq, 1990)… Video [50]

La cada vez más acuciante necesidad de "salud" ahora requiere nuevas leyes que hacen que el programa estatal de salud sea obligatorio. Estas leyes les darán más beneficios a las industrias relacionadas. Las leyes establecen una penalidad por no participar. El público se convierte en un mercado cautivo. Estamos enjaulados.

¡Espera! Este es mi cuerpo ¿no? Ya ves, esto se está volviendo demasiado personal, muy rápidamente.

Ahora, según la ley en Estados Unidos, los ciudadanos no tienen derechos sobre sus propios cuerpos. La legislación "Obama-Care" aprobada en octubre de 2013 ordena la implantación en todos los estadounidenses de chips de "Identificación por radiofrecuencia" (RFID) [51], sin embargo, esto no se menciona en la corriente principal de noticias.

Obama-Care permite la implantación de chips en toda la población… "El proyecto de ley HR 3962 es una copia exacta del proyecto de ley HR 3200, excepto por unas pocas palabras removidas concernientes a los microchip RFID, pero la capacidad de insertar chips en cada ciudadano de Estados Unidos está todavía en el proyecto de ley. Lee las páginas 1501 a 1510 housedocs. house.gov. Luego lee la Guía de Controles Especiales Clase II para el personal de la FDA www. fda.gov" [52] A los niños en el estado de Wyoming se les ha implantado chips RFID sin el consentimiento de sus padres. [53]

Una empresa que fabrica los implantes mamarios para las mujeres incluye chips RFID en el implante.

"El aumento de senos es uno de los procedimientos de cirugía cosmética más populares, con una asombrosa cifra de 300.000 mujeres solamente en Estados Unidos que reciben implantes de mama cada año.

"Establishment Labs, una de las mayores compañías estéticas de senos, cuerpo y rostro que cuenta con oficinas en Europa y América, recientemente anunció que se ha asociado con VeriteQ para producir implantes de mama, con una etiqueta de identificación por radiofrecuencia

(RFID) incorporada, con el objetivo de proporcionar información sobre el implante a un paciente mucho después de que el dispositivo haya sido insertado en su cuerpo ... El CEO previamente trató de comercializar el microchip implantable como un reemplazo para la tarjeta de crédito ". [54]

En enero de 2014 Motorola Mobility, propiedad de Google globalista anunció que había patentado su "e-tatoo" que puede leer impulsos sub-audibles o pensamientos, para que el usuario pudiera controlar dispositivos de forma remota a través de sus pensamientos.

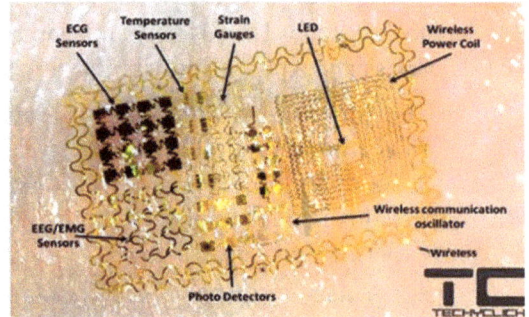

Los fanáticos de la tecnología se entusiasman con cualquier tecnología nueva y muchos jóvenes que no tienen *soberanía personal*, van a lanzarse a estar conectados y ser "cool". Así la sociedad luego se moverá un paso más hacia el "trans-humanismo", la fusión de la tecnología y la biología, todos con software patentado que la mayoría de la gente no cuestiona.

El "progreso" guarda secretos. El "progreso" supone más control *sobre ti*.

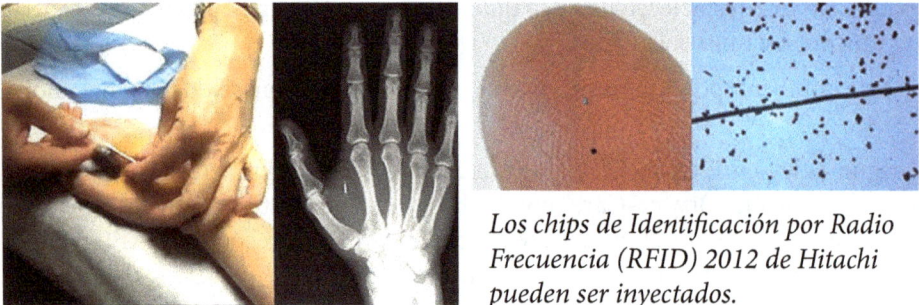

Los chips de Identificación por Radio Frecuencia (RFID) 2012 de Hitachi pueden ser inyectados.

Están ejerciendo algo sobre nosotros. Si el Gran Hermano está cuidando de mí, ¿puedo llegar a ser un adulto o voy a ser siempre un subordinado? ¿Las decisiones en cuanto a mi propio cuerpo se van a tomar sin mí? Al parecer, esto ya está sucediendo. ¿Qué pasa con el cuerpo de mi hijo o el cuerpo de mi nieto? ¿Tengo que perder la soberanía personal y convertirme en un padre irresponsable con el fin de ser un buen ciudadano a los ojos del Estado? (Los Globalistas no lo dirán en voz alta, pero su respuesta es: "¡Exacto!")

Al igual que las ranas que son hervidas lentamente, vemos que hay algo mal, pero lo aceptamos con resignación. "No se puede detener el progreso". "Tengo que trabajar." "Sí, es terrible."

¿Qué obtenemos de estar en este sistema? Aquí es donde el consumismo se acerca a darnos de comer dulces, juguetes y lápiz labial para acallar la pregunta.

"El mundo está revuelto, pero por lo menos estoy contento." Admítelo, así es como tú y casi todo el mundo que conoces piensa. El derecho es el chico malo.

De acuerdo con nuestros valores corporativos, el propósito de la vida es consumir tanto como sea posible. Siempre y cuando tengamos "pan y circo", podremos tener ocasión de ir junto con el Emperador. Es por eso que se llama pan y circo.

Pero ¿por qué deberíamos hacerlo? A diferencia del Emperador, podemos estar alineados con el espíritu. No estamos atrapados en desconexión como la élite. El truco para nosotros ahora es sorprender a los Globalistas y dejar de ser adictos a su pan y circo y hacer algo por nuestra cuenta. Es fácil. Vamos a elegir la virtud y el servicio a la próxima generación en vez de más cosas y más velocidad.

MÁS LÁPIZ LABIAL POR FAVOR

El consumismo es el pegamento que nos une a nosotros, los peones, dentro del sistema de "un mundo único". El consumismo es Dios para la mayoría de la gente. Es decir, los valores espiri-tuales que teníamos cuando vivíamos de forma más natural y cercana a la Tierra y sabíamos lo que era la simplicidad, han sido sustituidos por el *deseo ávido* de más cosas.

Mientras que el sueño americano permanece en su lugar tentándonos a perseguir la zanahoria y a crear más emisiones de carbono, los mismos Globalistas son los que sostienen la zanahoria delante de nosotros, queriendo que las naciones impongan un impuesto a las emisiones de carbono.

Esto no tiene sentido hasta que uno entiende que los Globalistas no tienen prácticamente ninguna fibra altruista o sinceridad en su carácter. No les importa el bienestar de nadie, excepto el de ellos mismos. Ellos son los asesinos en serie, no lo olvides. Y pensar que quieren hacer algo por el medio ambiente mientras viven vidas de lujo y mantienen ejércitos de matones, no es muy perspicaz. Estas personas son serpientes venenosas y así es cómo llegaron a donde están.

El *doble lenguaje* es el idioma de la lengua viperina. La esperanza de vivir de la mano de obra de otras personas es el valor dominante de nuestro tiempo y esto viene desde arriba donde están aquellos que hacen precisamente eso. Y lo aceptamos como normal, ya que no podemos recor-dar cómo vivíamos cuando teníamos un estilo de vida indígena.

Los pueblos indígenas no pueden siquiera formar parte de una esclavitud de nueve a cinco du-rante cuarenta horas semanales. En la mayor parte del mundo, es de 60-70 horas de trabajo. En China (Jungua), los trabajadores no tienen ningún día libre. Ellos trabajan 7 días a la semana. No hay sabbath.

Los pueblos indígenas no son buenos "trabajadores" o buenos soldados porque vivir bajo la hora de un reloj va en contra de su *soberanía personal*. La existencia marcial niega al corazón. Es-tamos hechos de la lluvia, el viento, la tierra, el fuego, no de engranajes y cables. Los pueblos indígenas no están habituados a la regimentación. Ellos no están mentalmente controlados y falsificados. No son parte de la máquina que corta todo bajo el mismo patrón. Vivir para el fin de semana significa morir para la semana y ellos no siguen este estilo. El ahorro de dinero para ser distintos del resto de sus congéneres no tiene para ellos ninguna emoción. No pierden el tiempo pensando en el futuro, cuando el tiempo no existe, entonces se vive en el ahora.

Dudo que ningún pueblo indígena tenga que leer este libro, ya que no necesitan hacerlo.

La mayoría de nosotros tenemos que responder a un capataz que trabaja para un administrador que responde a un director ejecutivo que se reúne en un cuarto trasero con un Consejo de Administración, que engaña y miente a los accionistas sin rostro, que son estafados por los banqueros corruptos. La meta de la persona promedio es ser rico como nuestros banqueros.

Este es la ambición de "algo por nada". "¡Yo también puedo ser un barón! No voy a tener que trabajar más. De alguna manera voy a vivir del trabajo de otras personas. Me sentaré en el porche de la mansión de plantación y tomaré sorbos de limonada".

Este es el objetivo general de la cultura jerárquica en la que vivimos. Ganar la lotería significa que no tenemos que trabajar más y podemos consumir tanto como queramos. El objetivo de los atletas y artistas es hacerse rico y "vivir como un rey".

El hecho de que cada rey era un avaro codicioso que subyugó a los demás es algo de lo que no hablamos. Así que el engaño está realmente en nosotros. Nosotros imitamos y alabamos a personas que realmente han hecho poco para que nos enorgullezcamos de ellas. Cuando se enseñe en las escuelas cómo llegaron a ser tan poderosos, y los crímenes que cometieron se amontonen en una pila en forma de pirámide gigante de la tristeza, ¿quién va a querer imitarlos? Ese día se acerca.

Así como "Logo" Obama mintió acerca de poner fin a las escuchas telefónicas en su discurso de campaña de 2008, la mujer de la calle cierra los ojos a los problemas que nuestro estilo de vida aporta a otros países y al medio ambiente. La forma en la que el engaño a goteo funciona es a base de mentir acerca de los crímenes de nuestros jefes, a fin de vivir con el hecho de que trabajamos para ellos.

> *"En una época de engaño universal, decir la verdad es un acto revolucionario."*
>
> -George Orwell

Este sueño americano de algo por un lujo banal se está extendiendo en todo el mundo. Pero es un sueño en bancarrota. Mientras que el mundo piensa que Estados Unidos es rico, 46 millones de estadounidenses viven de cupones de alimentos.

Si dejamos de perseguir el sueño americano y exigimos algunas soluciones a largo plazo, no continuaríamos siendo cultivados. Nuestros amos quieren animales de granja domesticados y obedientes, no personas que se centran en su propio poder y se oponen a la corrupción. Es por esto que se está socavando la *soberanía personal.*

Las prestaciones sociales son una forma de pago para que la gente permanezca callada. Y este dinero no viene de los impuestos de nadie, por lo que no tiene sentido quejarse de eso. Toda esa ira es un buen mito de divide y vencerás que debemos derrotar. Los fondos para el bienestar sólo son registrados en las cuentas por la FED. Si no lo crees, busca acerca de "flexibilización cuantitativa". Un fondo ilícito gigante sin ninguna rendición de cuentas (los Rothschild FED se niegan a ser auditados) chapotea de un lado a otro, ya que los Globalistas, en su barco elitista, tratan de mantenerse a flote encima de esto.

Mientras tanto, la Tierra está a punto de decirnos, alto y claro, que ella se está quedando sin todo lo que nuestra civilización afirma que necesita. Mencioné el Cenit del Petróleo en la introducción, pero es realmente el Cenit de Todo. Muchos ciudadanos de naciones ricas están chillando sorprendidos. La clase media se está reduciendo y nada en la Tierra va a cambiar esto. "El sueño americano es ahora una farsa, ¡pero shhhh, no digas nada!"

A Transforming World

Identifying the main drivers of long-term change is key to investment success in the 21st century. We believe we are at the beginning of a secular growth phase for the U.S. economy driven largely by the rebalancing of global growth from the developed to the developing world. We focus on the long-term drivers, the macro forces and investment themes at play across industries that are taking us into the next growth cycle.

Earth

Un Mundo en Transformación

Identificar los ejes principales de un cambio a largo plazo es la clave para el éxito de inversión en el siglo 21. Creemos que estamos en el comienzo de una fase de crecimiento secular para la economía de Estados Unidos, lograda por el re-equilibrio del crecimiento mundial desde los países desarrollados a los países en desarrollo. Nos enfocamos en ejes a largo plazo, los temas de inversión y las macro fuerzas en juego en las industrias que nos están llevando al próximo ciclo de crecimiento.

Earth

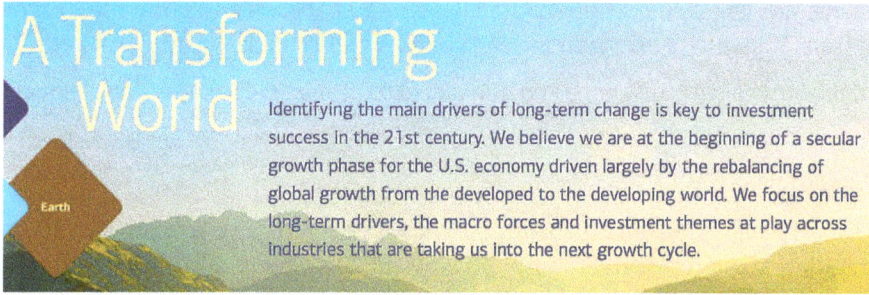

Las empresas que tratan de organizar la inversión en el "cambio a largo plazo" quieren atraer a las personas que están persiguiendo la zanahoria para el beneficio de obtener algo por nada. Estas personas tienen la esperanza de que los inversores vayan a invertir en ellos a medida que la gente se queda sin hogar. Es todo una estafa estúpida. ¿Transformación a qué? ¿Algo saludable para todo el mundo o algo rentable para unos pocos? ¿Algo más o menos contaminado? "Crecimiento" no significa nada bueno para alguien en la tierra, significa la posición relativa de una empresa en un mercado bursátil.

"Cuatro mil millones de consumidores de bajos ingresos, la mayoría de la población mundial, constituyen la base de la pirámide económica (BOP). Nuevas medidas empíricas de su poder adquisitivo total y su *comportamiento como consumidores* sugieren importantes oportunidades para que los enfoques basados en el mercado satisfagan mejor [crear a través de la publicidad] sus necesidades, aumenten su productividad [haciendo cosas para las ciudades] y de ingresos y empoderen su ingreso en la economía formal". [... y debilitar así su independencia de la economía globalista.] [55]

Para los analistas que escribieron esto, los seres humanos y las culturas que tienen miles de años de edad son simplemente oportunidades de mercado. Imagina que 4 mil millones de personas son ahora simplemente parte de la "BOP".

El término psicópata podría ser apropiado aquí.

El mercado ya no sólo abastece la demanda del público; los líderes del mercado ahora crean la demanda. Para controlar el mercado hay que controlar los deseos y el "comportamiento como consumidores." Para controlar los deseos, hay que controlar los valores.

Para mí, estos analistas están locos y me gustaría darlos por perdidos y olvidarme de ellos, sólo que sus jefes controlan el Cuerpo de Paz y el ejército de Estados Unidos. (Ver el glosario)

Así que... nuestro lenguaje económico incluye ahora la "base de la pirámide". Entonces, para estos analistas, ¿quién está exactamente en la parte superior de la pirámide?

Por favor, recuerda la cita anterior a medida que exploramos el carácter de los Globalistas.

La plaga urbana

Casi parece como si las personas urbanas estuviesen en guerra con las personas que habitan las áreas rurales y quieren convertir el campo en una fábrica para suplir las necesidades de la ciudad.

Pero, a pesar de su antipatía por la vida en el campo, el habitante de la ciudad es una especie en peligro de extinción. Su estilo de vida constituye una razón estructural para un sobreconsumo que no puede ser sostenible.

El consumismo no se encuentra donde la gente vive cerca de la naturaleza y donde es autosuficiente. El 70 % de los africanos que viven como agricultores subsistentes no son la fuente del consumismo y lo consideran un engaño y, sin embargo, su mundo autosuficiente es juzgado como "subdesarrollado". Los introducen dentro del "BOP." ¡Pero bueno! Ellos no necesitan "desarrollo". ¡Ellos ya son autosuficientes!

> "Las operaciones mineras canadienses están destruyendo grandes partes del mundo". Noam Chomsky dijo que "Canadá está tratando de tomar la iniciativa en la destrucción de la posibilidad de supervivencia decente: eso es lo que significa explotar las arenas bituminosas y también la extracción de oro en Colombia, la minería del carbón y así sucesivamente.... Eso significa la destrucción del mundo en el que sus nietos podrían ser capaces de sobrevivir: eso es la idea de Canadá ahora".
>
> Chomsky agregó que "Hay resistencia: en Canadá viene de las Primeras Naciones. Pero vale la pena recordar que eso es un fenómeno mundial. En todo el mundo, las poblaciones indígenas están a la cabeza. Ellos realmente están tomando la iniciativa para tratar de proteger a la Tierra. Eso es muy importante".
>
> - tworowtimes.com Nov. 9, 2013

Podríamos preguntarnos, ¿qué sistema de valores nombraría a algo que ya está funcionando como "subdesarrollado?" Recuerda, muchos países "desarrollados" (ver glosario) no son del todo autosuficientes. *Son países dependientes.* Las "naciones desarrolladas" van y "colonizan" los países independientes, *destruyen su independencia*, dictan los cultivos comerciales y luego se regodean en sus porches bebiendo limonada.

Inglaterra produce muy poco. Inglaterra no puede alimentarse a sí misma. Si bien se afirma, el 78 % de la economía del Reino Unido pertenece al sector "servicios", la mayor parte de esto es "servicios financieros y servicios de bienes raíces." La afirmación orgullosa de que Londres es uno de los mayores centros financieros del mundo es un *doble lenguaje* para decir que Londres controla la deuda y, por lo tanto, la economía de gran parte del mundo.

¿Qué sacan los banqueros corruptos de esto? Bueno, no producen nada, pero como guardianes de las transacciones, viven un estilo de vida de alto consumo. El mundo está hecho para que consideremos a Londres o Nueva York como grandes ciudades, pero éstas son economías dependientes basadas en la usura. Ellos no producen nada. Los banqueros sólo organizan la extracción de todos los demás. Así que ¿qué obtienen? Consiguen un viaje gratis y una aureola de gloria para ocultar el robo.

*   *   *

Así pues, el objetivo del "desarrollo" en el "mundo desarrollado" significa el mantenimiento de un estilo de vida basado en el "algo por nada", en la que personas "desarrolladas" viven gracias a trabajadores desesperados al otro lado del mundo y luego los juzgan como "subdesarrollados".

Nosotros además importamos trabajadores inmigrantes para hacer el trabajo que nuestros adolescentes desdeñan. Pero está bien que desprecien el trabajo manual porque somos superiores, ¿no? "El trabajo manual es demasiado bajo para nosotros los que tenemos derechos. Somos de un país desarrollado después de todo". Aquí es donde la palabra vanidad y el derecho empiezan a tener relevancia. Por favor, comprende que esta actitud es la que autoriza el abuso en todas partes.

¿Deberían entonces las naciones que son dependientes de todas las demás, considerarse superiores? ¿En qué sentido? ¿Más tortuoso? ¿Más decadente? ¿Más indulgente? ¿Más desconectado?

Hay un problema de población en todos los países, no es un problema de desarrollo. Los jóvenes están abandonando el campo para buscar trabajos no existentes en las ciudades. Pronto tendrán que regresar al campo en la medida en que las ciudades se tornen insostenibles. ¿Qué sistema de valores querría cambiar la relación de cada uno con la Tierra y llevarnos a las ciudades sin sentido? Bueno, no hace falta buscar mucho para ver de dónde viene esta guía confusa...

Ramona, acércate, limpia suavemente tus ojos llorosos,

Tu tristeza pasará a medida que tus sentidos despierten

Por las flores de la ciudad,

aunque respiren, algunas veces están muertas.

Y no está acostumbrado a intentarlo, a lidiar con la muerte,

aunque no puedo explicar eso en rimas...

– de la canción "Ramona" de Bob Dylan

Nuestros *valores de consumo* se basan en la vanidad y la embriaguez de la vida de la ciudad del "mundo desarrollado". Estas ciudades borrachas importan "cosas" desde cualquier lugar para permanecer borrachas. El lector podría preguntar, "¿De qué está hablando, quién está borracho?"

Cuando no sabemos de dónde viene nuestra comida, cuando no sabemos a dónde va nuestra basura, cuando no sabemos por qué nuestra familia tiene cáncer, cuando nos damos cuenta de que el gobierno nos miente constantemente, pero seguimos viendo las noticias de todos modos, lo hacemos porque estamos ingiriendo algo para mantenernos en un estado de estupor agradable.

Incluso permanecemos en un estado de estupor frente a lo que afecta a nuestros hijos. ¿Cómo se explica que las personas no se preocupen por el futuro de sus hijos? Nos embriagan con las distracciones. Queremos estar siempre ocupados y distraídos.

Tal vez no estemos borrachos, tal vez somos avestruces con la cabeza en la arena, pero echa un vistazo a todas las tiendas de comestibles. Mira cuán grande es la sección de vinos. Aunque todo el mundo sabe que el futuro se ve sombrío, no nos estamos escondiendo, estamos de fiesta tanto como sea posible. "Vivimos para el fin de semana." Hay cientos de millones de personas que beben cerveza la mayoría de las noches. ¡Hay una fábrica de cerveza en Llasa! Este sistema de valores basado en la celebración manda sobre la publicidad que impacta negativamente en el mundo entero.

Es la actitud de estar aquí en la Tierra de fiesta lo que permite la irresponsabilidad.

*   *   *

Cuando visité a los antiguos habitantes de la Tierra de Arnhem, Territorio del Noroeste (NT), leí un libro escrito por Sir Baldwin Spencer quien visitó esa zona cuando las comunidades aborígenes seguían viviendo su estilo de vida igual que hace 40.000 años. Eso fue hace sólo 90 años. Él comentó, lo que me pareció un poco de esnobismo, que la vida de los pueblos era devota a comer tanto como fuese posible, día tras día tras día. Él parecía estar diciendo que "la gente civilizada desarrollada", como era él, no tenía el mismo tipo de devoción.

Nos dedicamos no sólo a comer tanta comida como sea posible (el 35 % de los australianos son obesos), también a *consumir todo lo demás*. El estilo de vida de Baldwin Spencer era de consumir más metales y combustibles fósiles y productos químicos que la gente que tenía la riqueza de visitar. Increíblemente, no se dio cuenta de esto. Su sentido de superioridad y auto- derecho y la ceguera fue el resultado final de su estilo de vida superior "moderno". ¡Él era un "Señor" después de todo!

La riqueza nos enceguece.

Esa sensación de superioridad, que le mantuvo ciego, es como una borrachera, ya que se basa en la indulgencia y el consumo excesivo. Para llegar a su supuesta superioridad, la naturaleza fue aplastada. Pero eso estaba bien, porque "eso es progreso" y la prueba de progreso es que lleguemos a sentirnos superiores. ¿El lector empieza así, quizás, a comprender este círculo de locura?

Estoy borracho, así que compro un coche grande que no me puedo permitir, eso me permite ir a la tienda de licores y comprar más licor que comparto con mis amigos cuando muestro mi gran coche. Es un círculo de irresponsabilidad. Sin embargo, en los tiempos que corren esto es muy peligroso…

Ahora, puedo comprar un buque de guerra y traer a la caballería y así matar y aplastar a los *pueblos indígenas* y cercarlos, lo que destruye su ecología, para alimentar a mis ciudades. Entonces yo les digo a mis hijos que porque yo les he matado, violado y robado, ¡deben ser inferiores! Puesto que son supuestamente inferiores, continuaré aplastándolos a base de ayudar a su "desarrollo" y de introducirlos en la economía "formal" a la fuerza. Esto beneficiará a las empresas de mi país, cuyos militares puedo pagar con mis impuestos. Mi país no produce casi nada.

"Pero eso es progreso". ¿Lo es?

Si un país no está contribuyendo al consumo excesivo, entonces tenemos que ir a "salvarlos".

Lo creas o no, miles de ONG internacionales (organizaciones no gubernamentales), que tienen a su disposición grandes presupuestos de muchos países, están ocupadas tratando de "ayudar" a otros países, cambiándolos para siempre. En realidad están sirviendo como agentes de compañías de transición y a los intereses occidentales. Ellos están "ayudando" a traer culturas autosuficientes en el "mercado emergente", como si no hubieran estado muy bien desde hace miles de años. Algunas ONG han promovido "movimientos de liberación" o guerras civiles, como en Albania, Afganistán, el norte de Irak y Sudán. Amnistía Internacional es un ejemplo de una ONG que actúa para justificar guerras de Estados Unidos en el extranjero, alegando falsamente abusos en el extranjero. Ver video. [56] Detrás de la ONG está el Ejército de Estados Unidos. (Glosario) con 55.000 operaciones especiales en el extranjero. Con amigos así, ¿quién necesita enemigos?

*   *   *

Solían ser recursos cuando los colonos eran enviados de vuelta a los ladrones a la cabeza de Europa. Ahora los recursos son llamados "materias primas" y los banqueros desnatan la crema de cada comercio por vía electrónica.

Para "capturar los mercados", como en la toma de control de la OTAN en Irak y Libia, los criminales de guerra (soldados) se envían por razones mentirosas, como "armas de destrucción masiva en Irak", que, vaya, no existían. Voy a decir esto muchas veces, si se nos dijera la verdad, no habría más guerra. Las guerras se basan en mentiras.

En un doble lenguaje, los criminales de guerra se denominan "guerreros" o "héroes". Unirse al ejército es hacer voluntariado para convertirse en un criminal de guerra. ¿Por qué digo esto? El noventa por ciento de las bajas en la guerra moderna son civiles. Voy a ir más lejos... saludar a la bandera de los Estados Unidos ahora es asentir a crímenes de guerra.

PALESTINIAN CHILDREN KILLED BY ISRAELI FORCES SINCE 2000
1,397

AGE 0-8: 262   AGE 9-12: 231   AGE 13-15: 447   AGE 16-17: 457

PICTURED: Twelve-year-old Muhammad Al Durra and his father seek cover in a gun battle. Muhammad was killed by Israeli gunfire shortly after this image was captured. These numbers represent children killed as a result of Israeli military and settler presence in the Occupied Palestinian Territory. SOURCE: DEFENCE FOR CHILDREN INTERNATIONAL PALESTINE

IMEU

Niños palestinos asesinados por fuerzas israelís desde el 2000: 1397.

262 con edades entre 0-8 años

231 con edades entre 9-12 años

447 tenían entre 13-15 años

457 con edades entre 16-17 años

Un informe de la ONU documenta 1.319 civiles muertos y 2.533 heridos en Afganistán en los primeros seis meses del año 2013, un aumento del 23 % con respecto al mismo período en 2012. El estudio encontró "un 14 por ciento de incremento en muertes, un 28 por ciento de incremento en daños y un 23 por ciento de incremento en el total de bajas civiles."

La conquista exterior cosecha el botín de guerra, pero hay un sacrificio interior que recoge pobreza espiritual. Una psique desconectada es una de las desventajas de ganar una guerra. Este es un punto que no estamos examinando lo suficiente. La pena de ganar es una vergüenza diferida. La culpa de lo que ha hecho se aplaza a una fecha posterior cuando la conciencia se filtra a la superficie. La vanidad y el patriotismo de mentira construyen un cortafuego alrededor del corazón para que esto no ocurra.

Es por esto que utilizamos las palabras *vanidad desconectadora*, porque tenemos que negar nuestros delitos y llegamos a volvernos esquizofrénicos. Los soldados que encontraremos en este libro se quedaron como personajes Jekyl y Hyde, tratando, pero sin éxito, de olvidar lo que vieron e hicieron a hombres, mujeres y niños inocentes.

"Ganar" en un mundo de conquista es perder espiritualmente.

Sin embargo, debido a que la *cultura dominante* se rige por la *vanidad desconectadora*, no puede ver la desconexión y comprender el sacrificio espiritual que implica convertirse en un perdedor.

Los *pueblos indígenas* de todo el mundo experimentaron lo mismo. Una avalancha de buscadores de minerales invadió sus tierras, respaldados por soldados a caballo. Estos buscadores esperaban hacerse ricos para que pudieran tener su estilo de vida de "algo por nada" y beber limonada. Este ataque continúa hoy. Cuando estaba en la Tierra de Arnhem, NT en 2012, las empresas mineras estaban tratando de presionar a la comunidad para permitir minería a cielo abierto para sacar aluminio. El ataque no ha parado. Todavía estamos tratando de comer tanto como sea posible. Después de todo, necesitamos aluminio para todas esas latas de cerveza y refrescos.

Casi todo el mundo quiere ser como nuestros jefes ricos y la realeza y tener el lujo y el tiempo libre para "comer tanto como sea posible día tras día". El estilo de vida aborigen consistió en la recolección de alimentos y la relajación y tener tiempo para el arte y la danza y la narración de historias. Nosotros sólo tenemos tiempo para sentarnos delante de un televisor y ser diseñados mediante ingeniería social. Así que, ¿de qué manera es superior nuestro estilo de vida?

Es esta actitud de superioridad, el lado vanidoso de la *"vanidad desconectadora"* el que nos ayuda a estar tan desconectados.

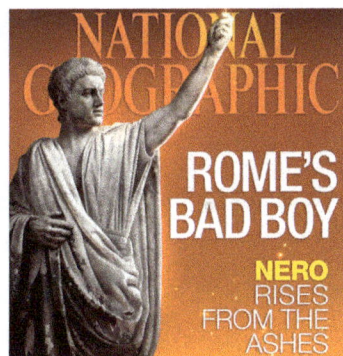

Emperador Nerón, el chico malo de Roma: Orgulloso de ser disfuncional

* * *

Son las ciudades (donde el 50 % de los 7 mil millones de habitantes del mundo vive ahora) las que están acabando con la naturaleza y tratando de "desarrollarse" en cualquier otro lugar. La población urbana no ve la Naturaleza a la que están afectando. Ellos no entienden que están secando la naturaleza y dejando toxinas para las generaciones futuras. La desconexión física del mundo natural que suple nuestras necesidades diarias hace el abuso urbano de la naturaleza no sólo posible, sino cierto.

La población rural natural come comida que viene de la mano de alguien que probablemente conoce. Un vecino pescó y negoció con alguien para cambiar la mercancía. Pero la gente de la ciudad no tiene idea de lo que se necesita para poner un plato de sushi. La gente de la ciudad come alimentos envasados con plástico e impregnados con productos químicos y transportados con los combustibles fósiles y cultivados por las máquinas destruyendo la tierra. La comida rápida, por ejemplo, utiliza un montón de envases. No estamos viendo el progreso, estamos viendo la destrucción. La agricultura corporativa no está "alimentando el mundo." La agricultura corporativa está alimentando gente de la ciudad a expensas de todo lo demás.

El estilo de vida rural tradicional no es el problema. Se trata de las ciudades. Las ciudades son parásitos del campo, y, como resultado, los *hábitos autoadjudicados de consumo de las ciudades son también parásitos de nuestro ser espiritual interior.*

Sin embargo, lo que es aún más increíble.

Más allá del impacto de muchas personas que quieren demasiado, hay algo peor para la Naturaleza que se oculta a la vista. Este es uno de los mayores escándalos de los tiempos... los proyectos de geoingeniería... el control del tiempo y el oscurecimiento de la luz solar...

Estas son vallas en Estados Unidos que alertan de que los cielos están siendo contaminados con químicos.

Atlanta at I-75 &
N. Marietta Parkway
Atlanta GA

1852 Higdon Ferry Rd.
Hot Springs, AR

Various locations
Lansing, Michigan

CAPÍTULO 5

Libertad para el rico

Me gustaría que el lector pensara sobre esto.

Han aniquilado el océano

"Lo que faltaba eran los gritos de las gaviotas, las cuales en viajes previos habían rodeado el barco. No había aves porque no había peces."

Exactamente hace diez años, cuando el regatista de Newcastle, Ivan Macfadyen, había hecho el mismo recorrido desde Melbourne a Osaka, todo lo que había necesitado para atrapar un pez del océano entre Brisbane y Japón era arrojar al mar una carnada.

"No hubo un sólo día de los 28 en esa porción del viaje en donde no atrapáramos un pez de tamaño generoso para cocinar y comer con algo de arroz," recordó Macfadyen.

"Pero en esa ocasión, en todo aquel extenso viaje por alta mar, sólo capturamos dos. No había peces. No había aves. Apenas una señal de vida.

"Durante mi vida, me había acostumbrado a todos aquellos pájaros y sus ruidos", dijo.

"Solían seguir al barco, a veces descansando en el mástil antes de lanzarse a volar nuevamente. Era usual ver bandadas de ellos arremolinándose sobre la superficie del mar en la distancia y alimentándose de sardinas."

Pero en marzo y abril de este año (2013), el silencio y la desolación era lo único que rodeaba su bote, mientras aceleraba sobre la superficie de ese océano embrujado. Hacia el norte del Ecuador, hacia el norte de Nueva Guinea, los regatistas oceánicos divisaron un barco pesquero muy grande cerca de un arrecife.

"Estuvo todo el día allí, pescando con red barredera de aquí para allá. Era un navío de grandes dimensiones, como un barco madre", dijo él. Trabajaba de noche también, bajo potentes reflectores. Y en la mañana Macfadyen se despertaba porque sus tripulantes lo llamaban, urgentemente, diciéndole que el barco había lanzado una lancha.

"Obviamente estaba preocupado. No estábamos armados y los piratas son una amenaza real en esas aguas. Pensaba que si esos tipos tenían armas, entonces estábamos en graves problemas." Pero no eran piratas, no en el sentido convencional, al menos. La lancha se acercaba y estos hombres melanesios ofrecían frutos y jarras de mermelada y conservas como regalos.

"Y nos dieron cinco bolsas grandes de azúcar llenas de pescado", dijo. *"Eran peces grandes, de todo tipo. Algunos estaban frescos, pero otros evidentemente habían estado al sol por un largo tiempo."*

"Les dijimos que no había modo de que pudiéramos utilizar toda esa cantidad de pescado. Éramos sólo dos personas, con ningún lugar concreto para almacenarlo. La respuesta de aquellos hombres fue encogerse de hombros y decirnos que los lanzáramos por la borda. Eso era lo que ellos hubieran hecho de todos modos", dijeron.

"Ellos nos decían que aquella cantidad era sólo una fracción de lo que capturaban por día. Solo les interesaba el atún y todo lo demás era basura. Descartaban todo lo que no les servía. Los demás pescados eran descartados. Usaban la red barredera en el arrecife todo el día y lo despojaban de todo ser vivo.

A Macfadyen se le partió el corazón. Aquel era sólo un barco pesquero de innumerables otros trabajando solapados en los confines del mar, muchos de ellos haciendo lo mismo. Con razón el mar había muerto. Con razón su carnada no sacaba pescado alguno. No había nada para atrapar...

"He recorrido un montón de millas en el océano en mi vida y estoy acostumbrado a divisar tortugas, delfines, tiburones, y el frenesí de las aves buscando comida. Pero esta vez, en 3000 millas náuticas, no había nada vivo para ver...

De vuelta en Newcastle, Ivan Macfadyen está aún tratando de lidiar con el impacto y el horror que le produjo el viaje.

"Han aniquilado el océano" dijo sacudiendo la cabeza en asombro.

– Greg Ray [57]

¿Por qué no escuchamos esta historia como la más importante de nuestras vidas? ¿Por qué, de hecho, se nos oculta esto? Con sólo buscar "disminución del plancton" rápidamente en Internet, podemos ver que los científicos están intentando advertirnos sobre problemas aún más graves relacionados con el océano. Sin embargo, estas noticias pasan desapercibidas frente a chismes sobre celebridades, riñas sectoriales y el estilo de vida festivo que anhelamos cada fin de semana.

- **Gran disminución de plancton, fundación de...**
  www.huffingtonpost.com/2010/07/29/climate-change-plankton...
  28 de julio de 2010: WASHINGTON- A pesar de su pequeño tamaño, el plancton existente en los océanos del mundo es crucial para gran parte de la vida en la tierra. Es la base de...

- **Ciencia al grano: fitoplancton en declive: adiós, adiós...**
  www.newscientist.com/ ... /2010/07/phytoplankton-in-decline-bye-b.html
  29 de Julio de 2010: la vida oceánica ha sido barrida de abajo hacia arriba. La población global de plantas microscópicas que flotan en el agua del océano y soportan la mayor parte de la vida marina ha...

- **Declive en zooplancton reportado en el Atlántico Norte**
  news.msn.com/science-technology/zooplankton-decline-reported-in …
  Criaturas microscópicas que establecen vínculos fundamentales en la cadena alimenticia oceánica han disminuido en número en forma dramática durante la primera parte de este año en el Norte.

- **Disminución de fitoplancton en la mayoría de los océanos del mundo**
  www.naturalnews.com/031925_phytoplankton_oceans.html

Soñamos con algo que nosotros mismos estamos destruyendo. ¿Es saludable? Sin embargo, los Globalistas tienen una respuesta para nosotros… "Ciudades Inteligentes" (Eufemismo que alude a campos de trabajo donde todo el mundo será feliz.)

Le recomiendo al lector buscar palabras como "ingeniería climática." A continuación, se verá lo poco que se ha hablado sobre esta ciencia. También, por favor vea "la geo-ingeniería." Encontrará mucha información errónea en artículos que parecen profesionales que son entre un 80 % y un 90 % verdaderos, pero el 10% restante lleva a conclusiones falsas, y omiten enteramente cualquier tipo de controversia. (A menos que un reporte incluya riesgos colaterales, no lo crea.)

"La **geoingeniería** es la modificación deliberada del medioambiente del planeta a través del agregado o sustracción de un recurso o energía en gran escala."

"[Revelado] Los proyectos de geoingeniería que se realizan en la Tierra, a menudo introducidos [felizmente] como una manera de combatir el cambio climático, han incluido espejos espaciales, la contaminación por sulfuro en la estratósfera por el uso de rociadores, el sembrado de nubes y la expropiación del carbono oceánico intencional."

Un término más específico para la geoingeniería es "combate climático." La coartada para el uso de rociadores es reflejar el sol para detener el calentamiento global, lo cual puede explicar la extinción del plancton en los mares y océanos.

"Desde que las mediciones comenzaron en la década de 1950, la comunidad científica ha descubierto que ha habido una baja en la cantidad de luz solar que llega a la Tierra; lo llaman oscurecimiento global." (Busca oscurecimiento global en YouTube.)

Las verdaderas razones por las cuales se realiza un rociamiento de espray indiscriminado en la atmósfera, incluyendo a los transbordadores espaciales, no son altruistas, o hubiéramos sabido de ellas. Todo está siendo llevado a cabo en secreto, lo cual nos dice bastante. Muchos lectores nunca han oído hablar sobre esto. Los Globalistas nunca hacen nada por la "gente pequeña." Hay que recordarlo. Nunca son altruistas. La bondad es una porción tan pequeña de su carácter que la podemos ignorar por ahora. Quizás mediante la lectura de libros como éste se podrá filtrar un poco de consciencia en ellos.

El resultado de 70 años de geoingeniería está devastando la biosfera. Las lluvias de continentes enteros están ahora programadas. El clima más extremo se ha vuelto intencional, ocasionando más desestabilización/ consolidación. El lector puede encontrar esto confuso. ¿Por qué los Globalistas quieren ocasionar tal caos?

Los Globalistas manejan más información que nadie. ¡Son los dueños de la NASA! Saben exactamente qué está sucediendo con el agotamiento de los recursos. Saben sobre la sobrepoblación. Planifican a futuro.

Recuerda que los Globalistas banqueros financiaron ambos bandos durante la Segunda Guerra Mundial. Incluyendo a Hitler y el Japón imperial. Entre 50 y 80 millones de personas murieron en esa guerra financiada por los banqueros. Los psicópatas simplemente no se preocupan por el caos y la despoblación.

Mientras nuestros cielos están siendo rociados, la industria del entretenimiento controlada por los Globalistas está condicionando a la gente para que piense que todo esto es normal.

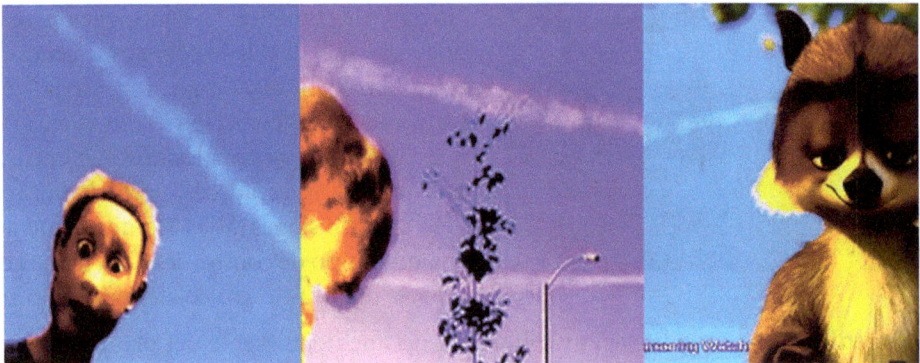

Los dibujos animados y las películas están condicionando a esta generación para que crea que los rastros de químicos cargados de nanopartículas conductoras de metal son normales y para nada inusuales en el aire. Estamos respirando e ingiriendo nanopartículas de aluminio, bario, estroncio, polímero, y fibras. (Revisa el libro *Chemtrails, HAARP, and the Full Spectrum Dominance of Planet Earth* de Elana Freeland) No sólo estas partículas le quitan a la atmósfera y al suelo su humedad, sino que también debilitan nuestro sistema inmunológico. Otro propósito al ionizar la atmósfera es la propagación de ondas electromagnéticas para fines poco claros… Si estos proyectos fueran positivos, se sabría de ellos.

A continuación, podemos ver cómo luce el interior de un avión de geo-ingeniería. El avión de la derecha posee ventanas como cualquier otro avión comercial; a la derecha, los Globalistas ni siquiera removieron los compartimentos de equipaje. Desde la tierra, lucen como cualquier avión comercial. ¡Tramposo, no? Éstas son acciones encubiertas cuyo fin es engañarnos.

Incluyo los siguientes vínculos para que el lector pueda acceder fácilmente y tener una idea de la cantidad de información que existe sobre estos temas, que no es discutida por la cultura popular. Si el lector quiere encontrar estos artículos en la web, escribiendo el título puede hallarlos fácilmente.

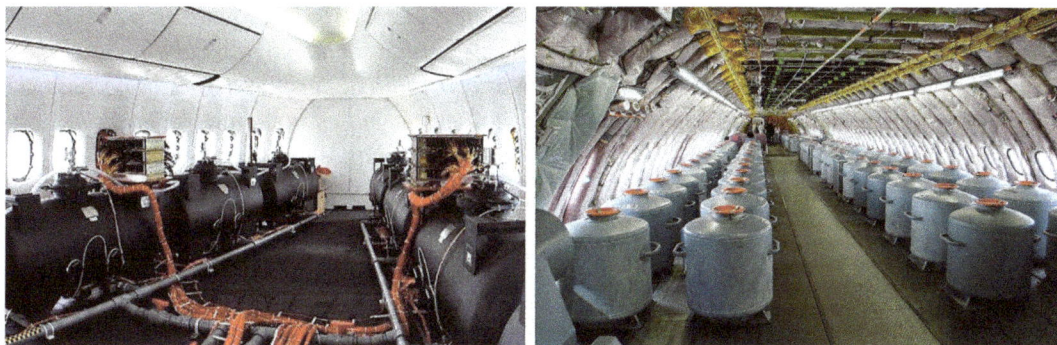

Así como la muerte del plancton no se discute cabalmente, tampoco se habla de la extinción de muchos animales…

Extinción misteriosa de animales alrededor del mundo…

beforeitsnews.com › Muerte de animales en masa. Julio de 2013, abejas, ballenas, peces… Los mamíferos y los peces se extinguen alrededor del mundo… Isla Fraser…

Continúan llegando noticias provenientes de diversas partes del mundo sobre la muerte de aves y peces…

www.newsnet5.com/ … news/ … fish-still-coming-in-from-around-the-world

Muestras tomadas de las vacas han sido despachadas por mar a un… Cientos de peces han muerto en el…

Decenas de miles de peces muertos yacen en la costa de Carolina del Norte.

usnews.nbcnews.com/_news/2013/ …

Alcanzaron la playa en Carolina del Sur el martes, dijeron fuentes oficiales. Es la segunda vez que esto ocurre en la región…

"Aquella gente, nuestros hermanos y hermanas en el ejército, quienes realizan acciones cuyas ramificaciones no comprenden, dejarían de actuar si entendieran cabalmente la situación, creo yo. Considero que ésta es nuestra oportunidad para revertir estos hechos. Porque los necesitamos de nuestro lado. Necesitamos que entiendan lo que les están haciendo a sus compatriotas. Por lo tanto, debemos trabajar juntos para sacar esto a la luz."

– Héroe denunciante, Dane Wigington

Recomiendo este excelente video de YouTube, que analiza la sequía en California: catastrófica sequía diseñada mediante geoingeniería, objetivo California. Para el momento en que leas esto, habrá más investigaciones disponibles. Esta geo-ingeniería afectará, a menos que veamos una lluvia significativa, mucho más que California. [58]

Algunos otros videos recomendados que el lector puede encontrar en Internet...

Mira

¿Qué están rociando en el mundo?

¿Por qué están rociándolo?

El clima ya no es un factor natural sobre el planeta Tierra. ¡¿Qué?! Esto, al igual que muchas otras realidades ocultas, parece inverosímil hasta que se analiza la evidencia. La antigua vida natural del planeta está ahora en peligro.

La minería general del planeta cuyo objetivo es alimentar a unas pocas generaciones de consumidores urbanos es devastadora. No obstante, los experimentos de geoingeniería, que operan sobre nuestro planeta desde ya hace 70 años y cuyos fines son meramente políticos, producen efectos catastróficos. Sugiero que el lector comience a mirar el cielo asiduamente, cada vez que tenga oportunidad. Es su cielo, su aire, el aire de sus hijos.

Cuando algo se oculta y no se discute en los medios, es porque los Globalistas no quieren que sepamos algo. El encubrimiento de información es parte de la evidencia. Como me dijo un colega de mi padre: "Si se encubre, es porque es verdad...". Una de las cosas más sabias que he escuchado.

Me gustaría compartir algunos hechos que pueden resultar duros antes de analizar la industria de la música en este libro. A veces, se necesita evaluar la realidad.

Ni siquiera el incremento de las enfermedades en nuestros tiempos de "progreso" nos resulta lo suficientemente alarmante como para estar en la primera plana de nuestra consciencia.

El autismo ha incrementado un 600 % en los últimos veinte años. ¡¿Qué?! Como puede observarse en el gráfico, no es genético. Hay algo en nuestra forma de vida "superior," "desarrollada" que está muy mal. El autismo no parece nivelarse con el paso del tiempo tampoco. Esta es otra catástrofe indiscutida. Para el momento en que leas esto, el 1 % de los niños en algún "país desarrollado" será discapacitado mental de por vida y la mayoría de la sociedad no está diciendo nada al respecto. *Como muestra el gráfico, empeorará.*

Todo esto está siendo encubierto, lo cual me indica que esta es una operación de "desestabilización/consolidación" intencional. Para replantearlo, es posible que el incremento del autismo sea un ataque globalista porque se lleva a cabo en secreto. El encubrimiento necesita ser explicado y expuesto. Necesitamos responsabilidad ya.

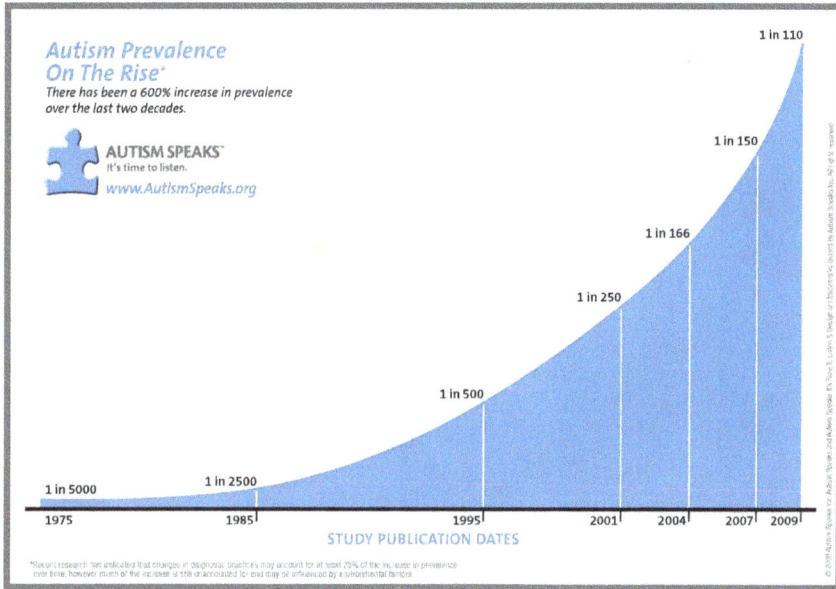

¿Qué ha llevado a que aumente el Alzheimer en el gráfico a continuación? Parece que esta situación no despierta la preocupación de los gobiernos.

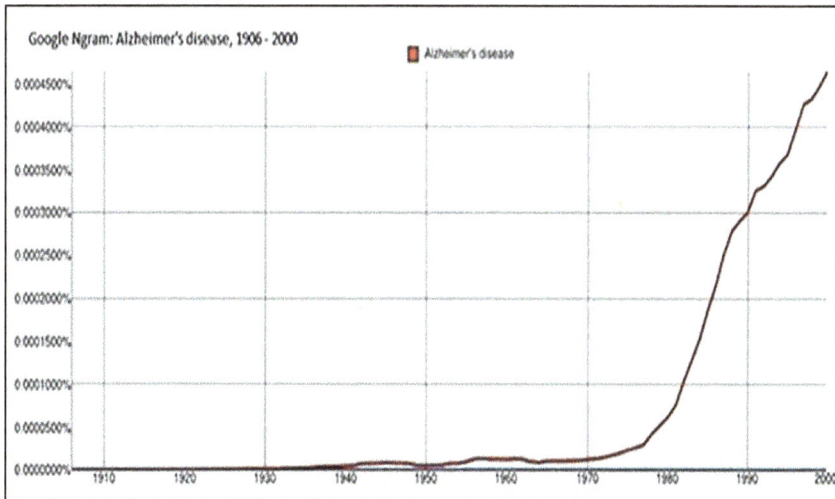

El Alzheimer ha experimentado un crecimiento exponencial desde el año 1980 hasta el presente, lo cual es alarmante.

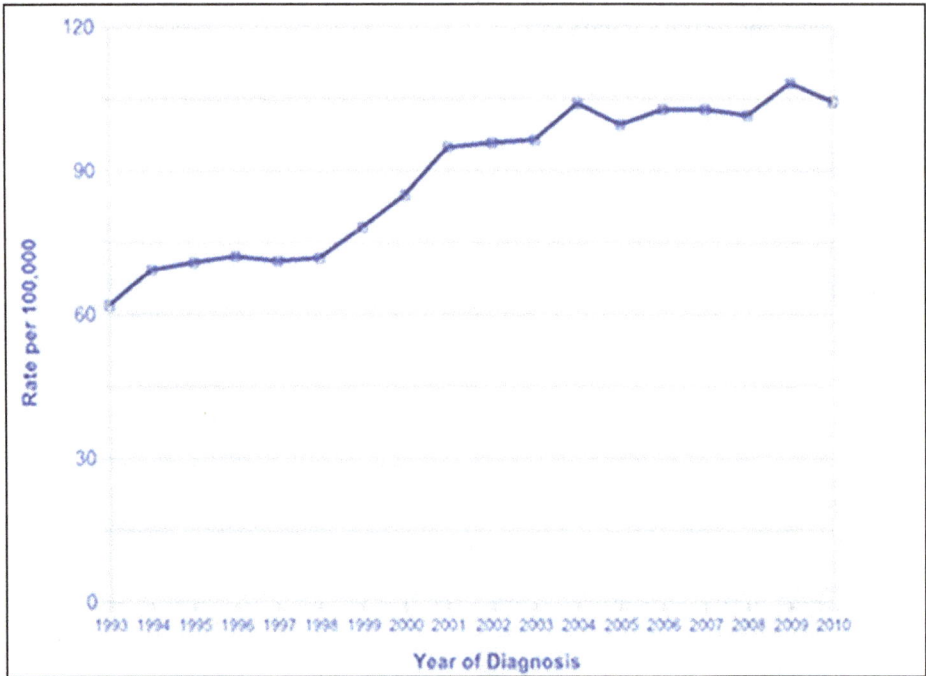

La incidencia del cáncer de próstata en el Reino Unido en los últimos 10 años.

Figure 1: Cumulative laboratory reports of hepatitis C infection from England: 1992–2010

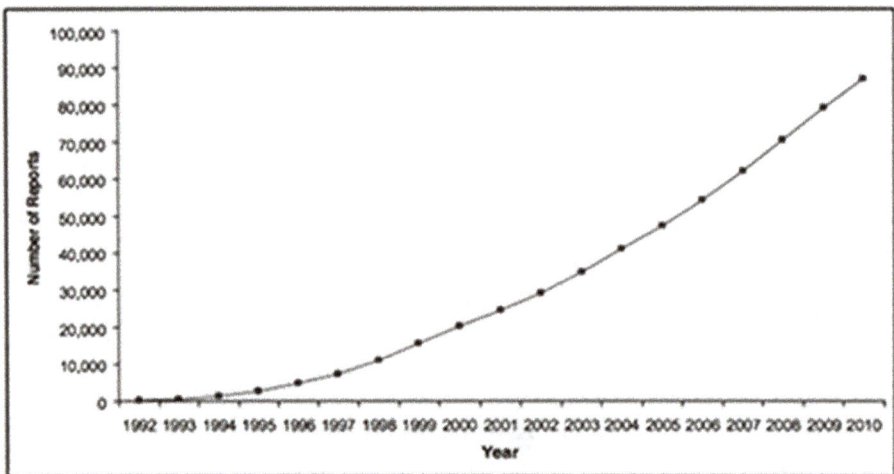

Informes progresivos de laboratorio sobre la infección por hepatitis C en Inglaterra (1992-2010)

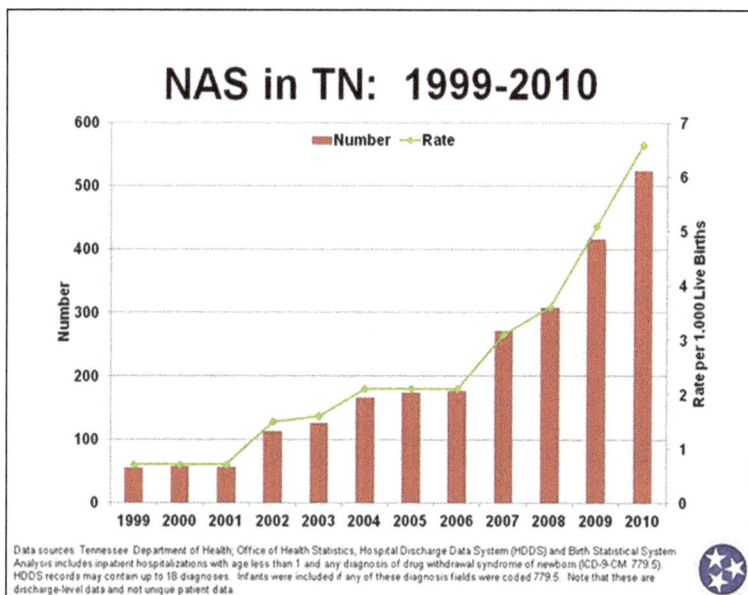

El Síndrome de Abstinencia Neonatal (SAN) en Tennessee entre 1999 y 2010: En 1999, aproximadamente 600 niños nacían con este trastorno por año. En 2010, cerca de 7000 recién nacidos padecían esta enfermedad. Estos datos fueron extraídos del Departamento de Salud de Tennessee, la Oficina de Estadísticas de la Salud, del Sistema de Estadísticas de Nacimientos y del Sistema de Recolección Hospitalaria de Pacientes Dados de Alta. Este estudio fue llevado a cabo con niños menores al año de vida, quienes fueron sometidos a un máximo de 18 controles de abstinencia.

El Síndrome de Abstinencia Neonatal (SAN) lo padecen aquellos recién nacidos que experimentan el síndrome de abstinencia cuando ya no reciben fármacos o drogas adictivas ilegales a través del cordón umbilical de la madre. La tasa de consumo de psicofármacos entre mujeres embarazadas en Tennessee ha aumentado un 100 % en los últimos 15 años. "¿Progreso?" ¿Los Estados Unidos es el "mejor país del mundo", ¿verdad? ¿Vale la pena viajar al extranjero para conocer este país? ¿Vale la pena matar por dicho país? ¿No sería mejor luchar para mejorar la salud de nuestras propias comunidades?

Luego de ver estos gráficos, pregúntate: ¿Está mi gobierno cuidando de mí y de mis vecinos? ¿Qué tan maravilloso es Estados Unidos o el Reino Unido cuando vemos estadísticas como esta? ¿Deberíamos estar orgullosos de nuestras banderas, o debemos pedir algo de honestidad a los medios de comunicación y algo de acción de parte de nuestros representantes para saber cómo nos estamos envenenando a nosotros mismos?

O quizá deberíamos preguntar: "¿Quién nos está envenenando?" Ya expliqué el por qué… sólo buena planeación de parte de nuestros amos para reducir la población.

Detrás de la lógica de muchas personas y de la diminución de recursos están los organizadores quienes toman decisiones en secreto y codician su propio poder e influencia sobre todo lo demás. Estas personas están criminalmente dementes. Como dije previamente, informar a las masas con información confiable es el anatema de su programa.

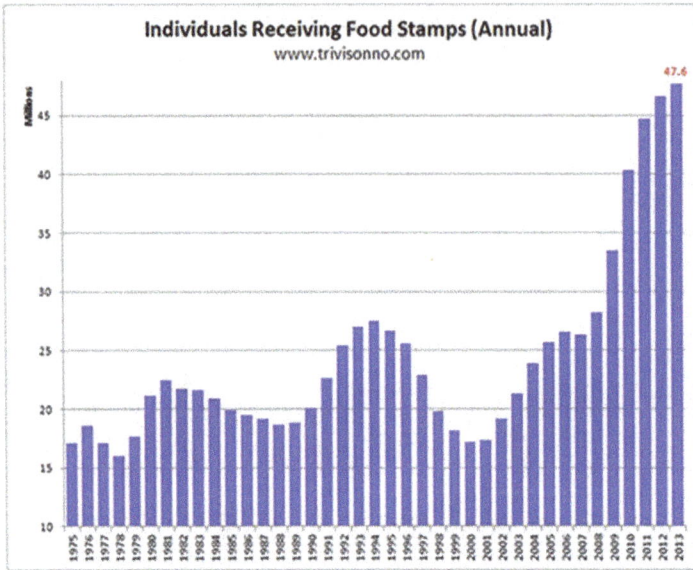

El incremento en cupones alimenticios apunta a ser permanente, dado que la población está condicionada a recibir raciones. Hablo en serio. Se está apretando el nudo. La población será asfixiada.

Individuos que reciben cupones para alimentos:

Desde 1975 a la actualidad, el número de personas que obtenían beneficios alimenticios fue fluctuando. En 1975, fue de 17 millones de personas aproximadamente. En 2013, el número creció vertiginosamente hasta alcanzar la cifra de 47,6 millones de personas.

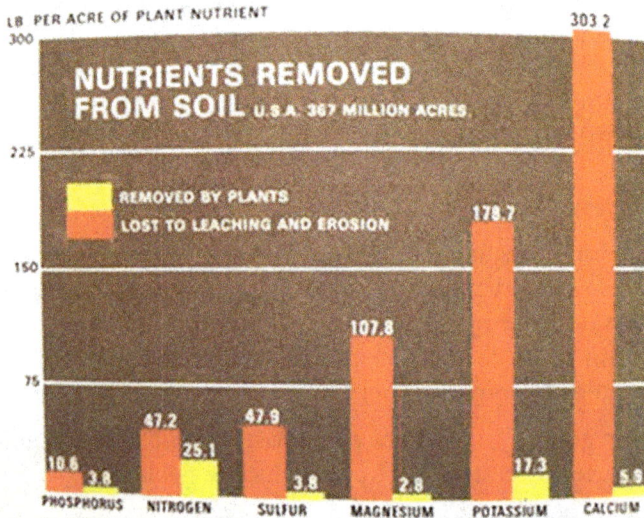

El uso ilimitado de un planeta limitado no es sostenible, sin importar lo que pienses. La realidad va más allá de la filosofía. Es la realidad, y no, no creamos nuestra propia realidad. ¡Despierta!

Nutrientes que han sido removidos del suelo: En el gráfico se aprecia claramente un incremento en la pérdida de magnesio, potasio y calcio debido al uso de drenajes, filtrados y al efecto de la erosión.

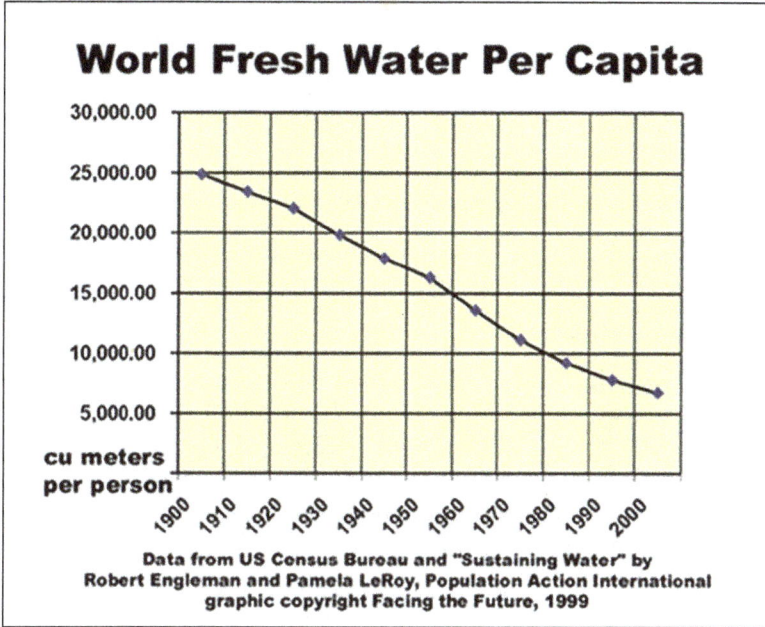

World Fresh Water Per Capita

Data from US Census Bureau and "Sustaining Water" by
Robert Engleman and Pamela LeRoy, Population Action International
graphic copyright Facing the Future, 1999

El agua dulce en el mundo por cabeza:

En el año 1900, se contaba con 25.000 centímetros cúbicos por persona. En el año 2000, esta cifra decreció abismalmente: se disponía de un poco más de 5.000 centímetros cúbicos por persona. Estos índices fueron extraídos por el Departamento de Censos de los Estados Unidos y el programa "Agua Sustentable" de Robert Engleman y Pamela LeRoy.

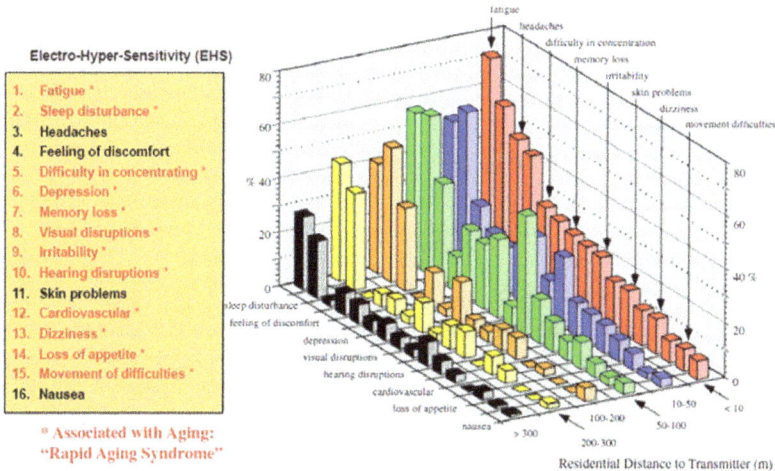

Frequency of Electro-Hypersensitivity Symptoms Based On Distance to Cell Phone Base Station

Electro-Hyper-Sensitivity (EHS)

1. Fatigue *
2. Sleep disturbance *
3. Headaches
4. Feeling of discomfort
5. Difficulty in concentrating *
6. Depression *
7. Memory loss *
8. Visual disruptions *
9. Irritability *
10. Hearing disruptions *
11. Skin problems
12. Cardiovascular *
13. Dizziness *
14. Loss of appetite *
15. Movement of difficulties *
16. Nausea

* Associated with Aging:
"Rapid Aging Syndrome"

Residential Distance to Transmitter (m)

Frecuencia de síntomas de electro-hipersensibilidad en relación con el posicionamiento de estaciones de base de telefonía celular:

Se mide la distancia de un transmisor de telefonía celular con respecto a la residencia de la persona en metros. Si el transmisor se encuentra a más de 300 metros, los efectos secundarios en la población involucran dolores de cabeza, sensación de malestar, náuseas y problemas en la piel. En los casos más críticos, cuando el transformador se encuentra a menos de 10 metros de una residencia, puede producir trastornos asociados con el síndrome de rápido envejecimiento: fatiga, problemas para dormir, depresión, dificultad para la concentración, pérdida de la memoria, problemas en la vista, irritabilidad, trastornos auditivos, enfermedades cardiovasculares, mareos, pérdida del apetito y de la movilidad.

ENFERMEDADES AUTORIZADAS

El tópico de enfermedades ignoradas, o como yo lo llamo, legitimadas (ver glosario) es demasiado amplio para la percepción general que estoy ofreciendo y podría ser un libro en sí mismo, pero me gustaría mencionar tres venenos como ejemplos... fluoruro, mercurio y frecuencias electromagnéticas, (FEM). Una lista completa de 20 tópicos en un artículo bien investigado puede ser encontrada aquí. [60] Creo que la insensible legitimación de estos contaminantes medioambientales es parte del plan secreto demente de las Naciones Unidas de Roth-efeller.

"Quizá por medio de inyecciones, drogas y químicos, la población pueda ser inducida a aceptar cualquier cosa que los amos científicos puedan decidir por su bien" (en los ojos del tecnócrata, prevalece su beneficio, no el de la sociedad.)

- Bertrand Russell, *La perspectiva científica*, 1931

Quizá ahora el lector comprenda por qué nombré esta serie de libros, como *El fin de la tecnocracia*.

FLUORURO

"El primer caso (en realidad el segundo después de la Rusia de Stalin) de agua de consumo fluorada en el mundo fue encontrado en los campos de concentración de los nazis de Alemania. La Gestapo tenía poca preocupación sobre los supuestos efectos del fluoruro sobre los dientes de los niños; su supuesto motivo para el uso de agua con fluoruro de sodio fue para esterilizar a los humanos y forzar a las personas en sus campos de concentración a una sumisión tranquila."

- Joseph Borkin, *El crimen y el castigo de I. G. Farben* (Corp.)

"El mayor de la Fuerza Aérea de Estados Unidos, George R. Jordan, testificó ante el Comité de actividades antiestadounidenses del congreso en 1950 que en su cargo como oficial de enlace entre Estados Unidos y los Soviéticos, estos últimos abiertamente admitieron... "el uso de fluoruro en los suministros de agua de sus campos de concentración, con el fin de volver los prisioneros estúpidos, dóciles y serviles." El fluoruro o ácido hexafluorosilícico ($H_2 SiF_6$) no es un elemento natural, sino un residuo derivado de la fabricación industrial de aluminio, zinc, uranio, aerosoles, insecticidas, fertilizantes, plástico, lubricantes y productos farmacéuticos. Es además un Veneno Tipo II según el rango de toxicidad de la Ley de venenos del Reino Unido de 1972, por encima del plomo y por debajo del arsénico. El fluoruro es uno de los ingredientes en el Prozac (FLUOxetina Hydrochloride) y el gas nervioso Sarin (Isopropil- metil- fosforilo fluoruro). La crema dental estadounidense que contiene fluoruro por ley está obligada a decir: "ADVERTENCIA: mantenga alejado de niños menores de seis años de edad. Si por accidente traga más de lo necesario para cepillar los dientes, busque ayuda profesional o contacte el centro de control de tóxicos inmediatamente. [61]

A continuación hay algunos vínculos que encontré buscando en el sitio NaturalNews.com, el cual recomiendo. Gracias al "Ranger de la salud" de las noticias naturales, el héroe informante Mike Adams. NaturalNews tiene suscripción gratuita para que las actualizaciones lleguen a tu correo electrónico.

37 MENTIRAS QUE LOS ESTADOUNIDENSES SE DICEN A ELLOS MISMOS PARA EVITAR CONFRONTAR LA REALIDAD

September 7 - Mike Adams, NaturalNews Editor

37 lies Americans tell themselves to avoid confronting reality

Have you noticed the incredible detachment from reality exhibited by the masses these days? The continued operation of modern society, it seems, depends on people making sure they don't acknowledge reality (or try to deal with it). "Denial" is what keeps every sector...

8,688 SHARES

¿Has notado la increíble indiferencia hacia la realidad exhibida por las masas en la actualidad? La operación continua de una sociedad moderna parece depender de que las personas no sean conscientes de la realidad (o no intenten lidiar con ella). "La negación" es lo que mantiene a cada sector…

La investigación de Harvard vincula el agua fluorada con ADHD, desórdenes mentales…

25 de febrero de 2014… Investigación en desarrollo publicada en 2006 que apodaba el fluoruro como un "neurotóxico del desarrollo", el nuevo análisis incluyó un…

www.naturalnews.com/044057_fluoridated_water_adhd_mental_disorders.html

Noticas, artículos e información sobre fluoración de agua:

6/24/2012 – El año pasado comenzó la fluoración de agua en Estados Unidos, toda la profesión dental reconoció que el fluoruro era perjudicial para la salud dental…

www.naturalnews.com/water_fluoridation.html

Noticia de último momento: las "armas químicas" de Siria se convirtieron en fluoruro de sodio

3 de septiembre de 2013… Si los nombres de estos químicos te suenan familiares, es porque el fluoruro de sodio es el mismo químico que de manera rutinaria se vierte en el agua municipal…

naturalnews.com/041883_syria_chemical_weapons_sodium_fluoride. Html

EVIDENCIA: Los proveedores de fluoruro industrial chino abiertamente incluyeron el sodio

31 de agosto de 2012: Los doctores y dentistas quienes intentan contaminar tu suministro de agua con fluoruro están promocionando su plan mortal…

naturalnews.com/037024_sodium_fluoride_insecticide_proof.html

Noticias, artículos e información sobre el sodio:

9/18/2012 Acabamos de publicar un mini-documental nuevo y contundente sobre el fluoruro de sodio. Este es un vídeo que debe ser visto por cualquiera que desee saber…

naturalnews.com/sodium_fluoride.html

Israel se compromete a terminar con la fluoración de agua en el 2014, citando…

16 de septiembre de 2013: el Ministro de Salud de Israel ha emitido una reglamentación en contra de la fluoración de agua artificial, revertiendo más de 15 años de…

naturalnews.com/042079_water_fluoridation_israel_health_concerns.html

Ocho razones de por qué la fluoración de agua ha fallado en la civilización moderna

4 de febrero de 2013: Resulta que los presuntos niveles óptimos del fluoruro no protegen la salud de los niños o adultos, y la exposición regular a fluoruro en el agua…

naturalnews.com/038949_water_fluoridation_failure_toxic_chemicals.Html

Siete maneras para protegerse a sí mismo contra la toxicidad del fluoruro…

23 de febrero de 2013: más de 200 millones de estadounidenses están forzosamente expuestos al fluoruro tóxico hoy en día a través de los suministros de agua pública, y mucho más…

www.naturalnews.com/039221_fluoride_toxicity_protection.html

MERCURIO

Evaluación de la concentración de mercurio en diversas marcas de atún enlatado comercializadas en la ciudad de Cartagena de Indias

Juan Manuel Sánchez Londoño

Código: 598924

Universidad Nacional de Colombia, Facultad de Medicina, Departamento de Toxicología, Convenio Universidad de Cartagena, Colombia

2011

En un estudio realizado por un estudiante de maestría del Departamento de Toxicología de la Facultad de Medicina de la Universidad Nacional de Colombia se concluyó que el consumo de diferentes marcas de atún comercializadas en Cartagena de Indias implicaba un riesgo para sus consumidores. El peligro tiene que ver con el consumo de atún.

El estudio comparó 41 muestras de atún en agua que se venden en la ciudad de Cartagena y analiza el porcentaje de mercurio total (T-Hg) para concluir que la población en general y en especial los niños, las mujeres embarazadas y las personas con problemas cardiacos se encuentra en riesgo elevado de contaminación.

A pesar de la reacción de negación de parte del gobierno y las empresas involucradas en la producción de este atún, el estudio es concluyente, mostrando análisis estadísticos de los niveles de mercurio. Muchas de estas marcas no sólo se venden en Cartagena, aunque el nicho poblacional estudiado sea este, sino que se distribuyen en toda Colombia y países vecinos.

Para propósitos del análisis, las marcas fueron catalogadas como A, B, C y D y... "La concentración media de T-HG en las muestras de atún enlatado de cuatro marcas disponibles en comercialización en la ciudad de Cartagena de Indias fue de (0,86±0,09). La marca C puede considerarse como riesgo moderado con valores (0,31±0,13 ppm). La marca B se puede considerar como riesgo moderado-alto, mientras que las marcas A y D conllevan un riesgo muy alto (incluso más de lo recomendado por la OMS) por lo que se consideran inaceptables".

Los resultados evidencian que en TODOS los casos existe un riesgo presente. El autor además acompaña el documento con recomendaciones, en las que figuran poner esta información en conocimiento de los consumidores, para de este modo evitar cualquier tragedia asociada con la contaminación por mercurio.

Sin embargo, como se puede ver en los recortes de prensa, "Invima" (El Instituto Nacional de Vigilancia de Medicamentos y Alimentos) desmerita este estudio serio, realizado en la universidad más importante de Colombia, y una de las más destacadas del continente, y argumenta que los niveles de mercurio en el atún son seguros. [Lo mismo pasa en Hawái. Esto, entonces, es un riesgo permitido o una enfermedad permitida. Además, lo que no se mencionó es que el mercurio se acumula en el cuerpo y, del mismo modo que las FEM, que estamos a punto de analizar, la exposición a largo plazo crónica no está regulada en NINGUNA PARTE.]

Salvar el medioambiente y salvar a nuestros hijos es la misma historia. No hay separación. Los peligros medioambientales provenientes de la contaminación permitida de manera intencional pueden ser el tema que le impulse a convertirse en un participante civil activo, como Ralph Nader habló en el primer capítulo.

Tengo un vecino que vive muy cerca de mí y el cual fue al hospital por problemas nerviosos. Él se ha envenenado y no puede comer más atún (ahí) diariamente. El atún es un pez predador que está cerca de la parte más alta de la cadena alimenticia del océano y contiene concentraciones muy altas de metales pesados, como el mercurio, el cual envenenó a mi vecino, quien, como un humano industrial, está en la cima de la cadena alimenticia. Sin embargo en 2005, NOAA produjo un documento en PDF llamado: "Protegiendo la comida de mar de Hawái que se consume", el cual afirma: "No hay casos de envenenamiento reportados de peces de mar abierto". ¿Y mi vecino fue la primera persona? El engaño en el siguiente reporte me dice que los reporteros estaban evadiendo la evidencia de peligro.

What about *ahi*, is it safe?

Yes. There are no reported cases of mercury poisoning associated with Hawaii's open ocean fish, including tuna, marlin and swordfish.

No adverse health effects were found in children born to mothers that ate 12 meals of fish (like Hawaii's fish) in the Seychelle Islands.

The known health benefits of fish in the diet appear to outweigh any potential adverse health effects of low-level mercury exposure from a diet of open ocean fish.

Is mercury poisoning a problem in Hawaii?

No single case of mercury poisoning from the consumption of Hawaii fish has been reported. Also, no cases have ever been reported that specifically implicated open ocean fish like swordfish, tuna or marlin anywhere in the world.

What fish cause mercury poisoning in Hawaii?

No Hawaii fish species are known to have caused mercury poisoning.

¿Y el atún "ahí" es seguro?

Sí. No hay casos reportados de intoxicación por mercurio asociados con peces de mar abierto en Hawái, incluyendo atún, marlín y pez espada.

No se encontraron efectos de salud adversos en niños nacidos de madres que comieron 12 comidas que incluían peces (como el pez hawaiano) en las islas Seychelles.

Los beneficios de salud conocidos del pez en la dieta parecen sobrepasar cualquier efecto de salud adverso de la exposición a niveles bajos de mercurio de una dieta de pez de mar abierto.

¿Es la intoxicación por mercurio un problema en Hawái?

Ningún caso de intoxicación por mercurio debido al consumo de peces hawaianos ha sido reportado. Adicionalmente, ningún caso ha sido reportado que involucre específicamente peces de mar abierto como pez espada, atún o marlín en cualquier parte del mundo.

¿Qué pez causa intoxicación por mercurio en Hawái?

Ninguna especie de pez de Hawái ha sido conocida por causar intoxicación por mercurio.

Es una letra muy sutil, pero en la parte superior derecha de la imagen anterior dice en letras azules: "Estado de Hawái, Comité de promoción de comida de mar de Hawái". ¿Ahora cree el lector que este reporte patrocinado del NOAA está influenciado? La afirmación de la imagen dice dos cosas: No hay problema y hay un problema potencial pero es sobrepasado por los "beneficios de salud conocidos". Si no hay problema, ¿qué está siendo sopesado?

Esta propaganda de la industria/gobierno del NOAA es un buen ejemplo de por qué no podemos confiar en los estudios gubernamentales. El reportero dice: "Un estudio más apropiado de los efectos en la salud del consumo de pescado involucró una población de madres en las islas Seychelles que comieron un promedio de 12 porciones de pescado por semana… La dieta de la isla Seychelle de pescado incluye atún, listado, bonito, sierra golfina, carángidos y otros peces similares que se encuentran en Hawái.

Guidance for pregnant women for safe fish (ex. yellowfin tuna steaks) consumption aimed at reducing prenatal mercury exposure of their children.

AGENCY OR SOURCE	GUIDANCE*
EPA-FDA Joint Advisory 2004	1 meal/week
World Health Organization (WHO)	2.3 meals/week
Agency for Toxic Substance and Disease Registry (ATSDR)	3 meals/week
Seychelle Island Child Development Study (Univ. Rochester)	12 meals/week*

*A "meal" is a 6 oz. portion of fish.   **Average fish consumption without any adverse health effects.*

Guía para el consumo seguro de pescado de la mujer embarazada con el objetivo de reducir a exposición al mercurio de nuestros niños en etapa prenatal. (ejemplo, filete de atún de aleta amarilla)

Agencia o fuente	Guía*
EPA-FDA asesoría conjunta 2004	1comida/semana
OMS	2.3 comidas/semana
Agencia para el registro de enfermedades y sustancias tóxicas	3 comidas/semana
Estudio de desarrollo infantil de la Isla Seychelle (Uni. Rochester)	12 comidas/semana*
*Una comida es una porción de pescado de 6 onzas. **Promedio de consumo sin efectos adversos de salud	

NOAA incluye esta imagen de "guía" a continuación, la cual hace creer que la dieta de Seychelle consiste de 126 onzas de filete de atún de aleta amarilla por semana. Mira lo que está escrito a la izquierda. Todas las agencias nombradas son frentes de los Roth-efeller, particularmente EPA y FDA. Investiga en línea: "Tráfico de influencias de la FDA, EPA, USDA o FCC" y encuentra cuáles corporaciones, como Monsato, controlan estas agencias llamadas regulatorias.

En Hawái, muchas personas comen atún "ahí" varias veces a la semana, más allá de la guía de la EPA, y recuerda que el mercurio es acumulativo, de modo que esta guía además de criminal es negligente.

La industria de pesca insostenible está diezmando las poblaciones de peces grandes y la vida animal en general, como vemos con la historia "Han aniquilado el océano" con la que comienza este capítulo. La globalización depende de que las personas se vuelvan egoístas. Entonces, nadie luchará por el auto-sacrificio, el equilibrio, la verdad o la salud. Estas cualidades humanas serán ignoradas para permitir la desconexión consumista con la naturaleza. Dios se ha vuelto rentable moldeando el espíritu derrochador en la conciencia.

La frase "Problemas de salud no documentados" del mismo PDF de la NOAA, que es mencionada arriba, simplemente significa "síntomas verdaderos que las universidades financiadas por la industria y los gobiernos del Nuevo Orden Mundial se rehúsan a investigar". Recuerda, las universidades son controladas por donaciones empresariales grandes. La ciencia, que cubriré en otro libro de la serie, está a la venta al mejor postor, y los científicos honestos son aterrorizados, página 39-40. ¿Quién sufrirá por esto? Todo el mundo.

NOAA evita la responsabilidad con textos de descargo de responsabilidad, como, "aunque se han realizado estudios posteriores, las mujeres deben seguir el consejo de su doctor." Ellos nos advir-

"Necesario para reducir la exposición de mercurio de la dieta. Pero los beneficios de salud conocidos de comer pescado deben ser cuidadosamente sopesados contra loa problemas de salud no documentados de los bajos niveles de mercurio en peces de mar abierto. Mujeres en edad reproductiva y con niños pequeños deben seguir el consejo de su doctor."

Necessary to reduce mercury exposure from the diet. But the known health benefits of eating fish should be carefully weighed against the undocumented health affects of low-levels of mercury in open ocean fish. Women of child bearing age and young children should follow their doctors' advice.

tieron que actualmente, ahora mismo, el envenenamiento de mercurio en los fetos es un problema de salud, pero después de engañarte con propaganda, el peligro es problema de tu doctor. Después de leer que NO HAY PROBLEMA, ¿cuántas personas separarán una costosa cita con un doctor para recibir recomendaciones sobre cuánto atún comer? ¿Cuántos doctores han investigado a la corrupta EPA?

¿Sabe tu doctor que la respuesta de la EPA a la radiación aérea de Fukashima fue detener el rastreo de radiación? ¿Tu doctor usa las recomendaciones de la EPA? Sí, porque se libra de la culpa. La EPA dirá "consulta tu doctor" y tu doctor en la corte citará la EPA. De modo que nadie es responsable.

Soberanía personal (ver glosario) significa tomar la responsabilidad de cada una de nuestras decisiones. No eres una oveja bajo algún pastor celestial o una manada bajo el ojo que todo lo ve de los Illuminati (a ser cubierto en breve). Para tomar decisiones buenas necesitamos información honesta y debemos insistir en la soberanía personal (integridad) de todos los voceros. Ellos, por su lado, deben exigir responsabilidad de todas las agencias.

*   *   *

Los siguientes son resultados de una búsqueda rápida en la web… El lector puede leer rápidamente (puedes pretender que estás en Twitter :)) para ver lo que los medios de comunicación y el departamento de salud globalista no le dice a ti y a tu familia. Esto no es teoría de la conspiración. Esto es ciencia.

100 por ciento de los peces de las corrientes estadunidenses encontrados contaminados con Mercurio

3 de marzo de 2010 "Este estudio muestra cómo la contaminación de mercurio ha entrado en nuestro aire, en nuestras cuencas hidrográficas y muchos de nuestros peces en las corrientes de los ríos."

www.naturalnews.com/028284_fish_mercury.html

Exposición de mercurio y salud infantil. Septiembre de 2010.

Peligros de salud críticos para los niños. Este artículo ofrece un análisis extenso de la exposición al mercurio y la salud infantil.

ncbi.nlm.nih.gov/pubmed/20816346

Mucho atún significa mucho mercurio para los niños

19 de septiembre de 2012. Una coalición de grupos de consumidores dice que los niños deben consumir menos atún enlatado para evitar la intoxicación con mercurio. En un reporte nuevo emitido hoy…

www.webmd.com

Mucho atún puede causar envenenamiento de mercurio en los niños

Los niños deben consumir menos atún enlatado, de lo contrario el riesgo de intoxicación por mercurio puede volverse un tema de salud pública en los años siguientes…

medicalnewstoday.com/articles/250554

Alerta de mercurio: ¿el atún enlatado es seguro?

El atún contiene mercurio, así que los padres deben elegir sabiamente a la hora de alimentar a sus hijos y *deben tener en cuenta que los almuerzos escolares pueden tener niveles inseguros.* (El plan secreto de despoblación está vivo en nuestras escuelas públicas)

edf.org/oceans/mercury-alert-canned-tuna-safe-eat

NRDC: Contaminación de mercurio en peces – protégete a ti mismo y…

Comer peces contaminados con mercurio, un veneno que interfiere con el cerebro y el sistema nervioso, puede causar serios problemas de salud, específicamente en los niños…

www.nrdc.org/health/effects/mercury/protect.asp

Niños que gustan del atún en riesgo de intoxicación por mercurio

20 de septiembre de 2012 · MONTPELIER, Vermont, ENS) – Los niños que aman comer atún pueden estar en un enorme riesgo de intoxicación por mercurio…

ens-newswire.com/2012/09/20/tuna-loving-kids-at-risk-of-mercury …

Reportes del consumidor – Mercurio en atún enlatado: una preocupación

Enero de 2011, el atún enlatado, el pez favorito de los estadunidenses, es la fuente más común de mercurio en nuestra dieta. Nuevas pruebas de 42 muestras de latas y bolsas de…

consumerreports.org/cro/magazine-archive/2011/january/food/mercury-in-tuna/overview/index.htm

Mientras tanto las mentiras de la industria y el gobierno continúan sin cesar…

FDA contradice a los científicos, y declara que el mercurio en peces es seguro para los niños…

17 de diciembre de 2008… Esta decisión de la FDA sobre el mercurio en los peces ha alarmado a los científicos de la EPA, quienes dijeron que era "científicamente débil e inadecuada."

www.naturalnews.com/news_000622_mercury_fda_fish.html

Verdades sobre los peces y el mercurio

Comer pescado es seguro. El pescado comercial no es una preocupación.

www.aboutseafood.com/

Contaminación por FEM – Smog electrónico

"Ninguna preocupación." ¿Viste las últimas palabras de aboutseafood.com? Este es un mantra tonto para las masas. "No hagas preguntas".

Esta es exactamente la manera en que las compañías de servicio de energía compradas fueron instruidas para hablar sobre medidores inteligentes, que son los nuevos (en algunos lugares mandados por el gobierno) medidores eléctricos en tu casa o negocio. Los medidores inteligentes miden cuánta energía consume tu casa. Los mismos puntos de discusión en Hawái fueron usados en Sudáfrica y en Corea del Sur para mentir a las masas. Ninguna compañía de servicios públicos ha demostrado que los Medidores Inteligentes y la Red Eléctrica Inteligente son económicos. Fue el programa de globalización del Nuevo Orden Mundial Roth-efeller. La mentira es que los Medidores Inteligentes ahorran electricidad. No lo hacen. Requieren de electricidad para funcionar y están para hacer racionamiento, no para ahorrar. Racionamiento selectivo. Y registran mucho más de lo que nos dicen con un software patentado. El "ojo que todo lo ve" está planeando estar en casa con un componente de despoblación.

*"La era tecnocrática está diseñando cada día una sociedad más controlada. La sociedad será dominada por una elite de personas libre de valores tradicionales, quienes no dudarán en cumplir sus objetivos mediante técnicas de eliminación, con las cuales influenciarán el comportamiento de las personas, controlarán y vigilarán la sociedad en todos los detalles. **Será posible ejercer una vigilancia casi permanente (el ojo que todo lo ve) sobre cada ciudadano del mundo.**"*

- Zbigniew Brzezinski, mentor de Obama en la Universidad de Columbia

Los medidores inalámbricos, llamados "inteligentes", son además usados para medir el consumo de gas natural y agua. El antiguo medidor analógico tiene un disco que gira y no produce FEM (frecuencia electromagnética). Los nuevos "medidores inteligentes" digitales (un nombre elegido para vender el sueño húmedo de despoblación y vigilancia, tecnocrática a las masas entorpeciéndoles con una semántica de doble lenguaje. El nombre además incita nuestra vanidad. ¡Oh, qué inteligente es el progreso! Y qué inteligente, tengo que ser parte de eso. ¡Cuán inteligente soy al ser dependiente de una máquina!) producen contaminación por frecuencia electromagnética e inalámbrica debido a la electricidad sucia proveniente de la fuente conmutada.

Las controversias de privacidad y salud concernientes al lanzamiento del Medidor Inteligente globalista en todo el mundo en 2011 han sido marginadas por las noticias controladas por los Globalistas… las leyes están atadas en los tribunales.

Reporte actualizado de cómo los medidores inteligentes invaden la privacidad

El reporte ha sido actualizado…

smartgridawareness.org/2014/08/ … on-how-smart-meters-invade-privacy

No más privacidad: los medidores inteligentes son dispositivos de vigilancia

¿Has escuchado sobre los nuevos medidores inteligentes que están siendo instalados en las casas de Estados Unidos? Bajo el aspecto de "reducción de emisión de gases de invernadero" y…

endoftheamericandream.com/archives/no-more-privacy-smart-meters-are …

Comparando la radiación de los medidores inteligentes y celulares

¿Puedes confiar en tu empresa de servicios públicos para cuidar tu salud y tu seguridad? Los medidores inteligentes de PG&E emiten niveles de radiación RF más altos que un celular.

Stopsmartmeters.org/ … /comparing-cell-phone-and-smart-meter-radiation

Comparando la emisión de RF de los medidores inteligentes a los celulares

www.youtube.com/watch?v=aOabFJlenz4

Exposición de radiación de medidores inteligentes hasta 160 veces más que los celulares

Daniel Hirsch, … comparando con celular por un momento.

www.electrosmogprevention.org/public-health-alert/smart-meters…

Potente documental en Takebackyourpower.net

Los estándares de seguridad de la Comisión Federal de Comunicaciones de Estados Unidos (FCC) están basados literalmente en el grado en que las frecuencias electromagnéticas (FEM) o las radiofrecuencias (RF) pueden calentar los tejidos corporales.

Si su celular no calienta su oído, la FCC dice que es seguro. Pero muchas personas están teniendo dolores de cabeza y cáncer. Recientemente escribí este editorial invitado para un periódico local…

Los estándares de seguridad para las señales RF (radiofrecuencia) y FEM (frecuencia electromagnética) están basados en si la frecuencia calienta tu cuerpo. Sin embargo, los investigadores en www.bioinitiative.org han recolectado más de 1800 estudios que muestran que las señales más débiles pueden causar enfermedades durante el transcurso del tiempo. Esta información ha sido ignorada por las agencias gubernamentales controladas por la industria en Estados Unidos y, hasta años recientes, en Europa también.

Los efectos de las ondas electromagnéticas

Los teléfonos móviles han alertado a la comunidad científica sobre los efectos colaterales peligrosos implicados en el uso de dispositivos móviles.

Universidad de Barcelona: http://www.ub.edu/geocrit/arac-64.htm

El peligro de las radiaciones electromagnéticas

Las radiaciones electromagnéticas pueden interferir en el ADN y producir enfermedades.

D Salud Televisión: https://www.youtube.com/watch?v=wYZxcX-TIQw

Tecnología inalámbrica y la intoxicación de la humanidad

La radiación emitida por la tecnología inalámbrica puede afectar la comunicación entre las células e interrumpir la reparación del ADN

The Real Agenda News: http://real-agenda.com/2013/05/21/inminente-crisis-de-salud-tecnologia-inalambrica-y-la-intoxicacion-de-la-humanidad/

Doctors warn of breast-cancer link to keeping cell phone in bra

Email 721   Share 6759   Tweet 136   ShareThis 19.2K

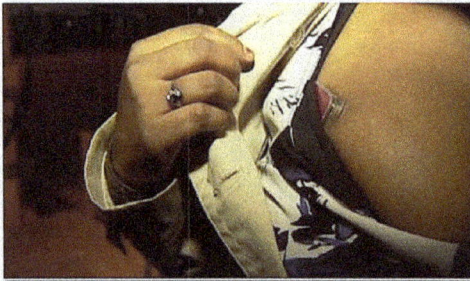

Cell phone bra breast cancer link special report

Related

SPECIAL REPORT: Keeping cell phone in bra may lead to breast cancer

---

Sponsored Links

Diamond Certified: Companies Rated Highest in Quality

View Larger   KTVU.com

OAKLAND, Calif. — Could where you carry your cell phone make you sick? Some doctors say they're seeing evidence of breast cancer that could be linked to where some women keep their mobile phones.

Tiffany Frantz and other young women tell KTVU it's convenient way to hold on to their cell phone. "I put my cellphone right in my bra," said Frantz.

However, her mother Traci Frantz expressed misgivings. "We never took it seriously until after she was diagnosed," said Traci Frantz.

At the age of 21 years old, Tiffany got breast cancer.

"Her tumors were exactly where her cellphone had been against her skin her bare skin for about six years," said Traci Frantz. Their family has no genetic or other risk factors. Surgeons ended up removing Tiffany's left breast.

"It's kinda coincidental that it's right where I kept my cellphone," said Tiffany.

Coincidence? Donna Jaynes got breast cancer at 39. Her family also no had risk factors for cancer. Her doctor showed KTVU the dots where her tumors developed just a half an inch beneath her skin.

"All in this area right here, which is where I tucked my cellphone," said Jaynes. She said she did just that for ten years. She had a mastectomy.

"I thought cellphones were safe. I was under the impression that they were," said Jaynes.

Los doctores advierten el vínculo entre el cáncer de mama y el hecho de llevar el celular en el sostén.

Oakland, Calif

¿Podría enfermarte el lugar en donde eliges transportar tu celular? Algunos doctores han detectado cierta evidencia que puede llegar a asociar el cáncer de mama con el lugar en donde las mujeres llevan sus teléfonos móviles.

Tiffany Frantz, al igual que otras mujeres jóvenes, le cuentan a KTVU lo conveniente que es aferrarse al celular. "Coloco mi celular directamente en mi sostén."

Sin embargo, su madre Tracy Frantz expresó sus reservas. "Nunca lo tomamos en serio hasta que fue diagnosticada," dijo Tracy Frantz.

A los 21 años, Tiffany contrajo cáncer de mama.

"Sus tumores se localizaron exactamente donde su celular se había apoyado en su piel desnuda, por aproximadamente seis años," dijo Traci Frantz. Su familia no posee ningún factor de riesgo, ni siquiera genético. Los cirujanos terminaron removiendo el seno izquierdo de Tiffany.

"Es como una coincidencia que esté justo donde me apoyaba el celular," dijo Tiffany.

¿Coincidencia? Donna Jaynes contrajo cáncer de mama a los 39 años. Tampoco contaba con factores de riesgo de cáncer en su familia. El doctor de Donna le mostró a KTVU dónde se habían desarrollado sus tumores, exactamente a media pulgada debajo de la piel de la mujer.

"Todo se produjo en esta zona justo aquí, que es el lugar en donde guardaba mi celular," dijo Jaynes, quien expresó haber hecho esto por diez años. El resultado fue una mastectomía.

"Pensaba que los celulares eran seguros. Tenía la impresión de que lo eran," dijo Jaynes.

Recientemente escribí este editorial invitado para un periódico local...

¿LA TECNOLOGÍA INALÁMBRICA ES PELIGROSA EN LAS ESCUELAS?

La tecnología inalámbrica es nueva y del mismo modo que se ha demostrado que ser fumador pasivo es dañino, las frecuencias inalámbricas son peligrosas.

- **Blackberry Torch:** "Usa el manos libres si está disponible y mantenlo a 25 mm de tu cuerpo cuando esté encendido y conectado a una red inalámbrica. Reduce el tiempo de llamada."

- **iPhone de Apple:** "Cuando lo uses cerca de tu cuerpo para llamadas o datos de la red inalámbrica, mantén el iPhone por lo menos a 15 mm de tu cuerpo y sólo usa accesorios que no tengan partes de metal. De nuevo, no olvides mantenerlo a 15 mm de tu cuerpo."

- **Nokia C6:** "Mantenlo en una posición normal de uso en el oído a por lo menos 15 mm de tu cuerpo. Ningún accesorio debe contener metal y debe ubicar el dispositivo lejos del cuerpo en la distancia mencionada."

Estas instrucciones protegen a las compañías en caso de una demanda, pero de hecho, los dispositivos inalámbricos son peligrosos, incluso cuando están ubicados mucho más lejos del cuerpo, ya que la señal más pequeña imita las señales eléctricas que gobiernan nuestro metabolismo y esto produce un entorno de contaminación electrónica y alteración biológica.

Los medidores inteligentes para el hogar son por lo menos 160 veces más poderosos que los celulares (busca en Internet "medidores inteligentes Hirsch").

Lo más importante que se debe saber en relación con la tecnología inalámbrica es que los estándares de exposición de la Comisión Federal de Comunicaciones (FCC) son obsoletos. La FCC usa una Tasa de absorción específica (SAR) para medir si la frecuencia calienta tu cuerpo. En 1993 se hicieron los siguientes comentarios en relación a los estándares de (calentamiento) de la SAR...

- Instituto Nacional para la Seguridad y la Salud Ocupacional (NIOSH): los estándares de la FCC no son adecuados porque están basados únicamente en un mecanismo de dominación – esos efectos adversos son causados por el calentamiento del cuerpo.

- Administración de Alimentos y Medicamentos (FDA): "Las normas de la FCC no manejan el problema de la exposición crónica y a largo plazo de los campos de RF".

- Agencia de Protección Medioambiental (EPA): Las directrices de exposición de la FCC tienen serias imperfecciones.

En los pasados 10 años los investigadores médicos han recolectado casi 2000 estudios que muestran que la exposición a largo plazo a las frecuencias inalámbricas puede causar cáncer, alteración genética en el metabolismo celular del cuerpo y otras enfermedades y reacciones. (Ver Bioinitiative.org) Su investigación demuestra que la FCC debería enfocarse más en la respuesta biológica a las frecuencias electromagnéticas y no preocuparse por si se calientan los tejidos.

Pero la FCC ha ignorado las críticas, porque la FCC está en realidad controlada por industrias que supuestamente no deben ser reguladas. Haz una búsqueda de "Tráfico de influencias de la FCC" en Internet para conocer la relación entre la FCC y la industria.

El 29 de agosto de 2013, un año antes, la Asociación Estadunidense de Pediatría envió una carta a la FCC (http://bit.ly/17tQclg)…

"Como los estándares de radiación han sido reanalizados, la AAP pide de manera urgente a la FCC adoptar estándares de radiación que: **protejan el bienestar y la salud de los niños**. Los niños no son adultos pequeños y están siendo impactados por toda la exposición medioambiental, incluyendo la radiación de los celulares.

Los estándares actuales de la FCC no tienen en cuenta una vulnerabilidad única, ni usan patrones específicos para mujeres embarazadas y niños. Es esencial que cualquier estándar para celulares u otros dispositivos inalámbricos esté basado en proteger a los más jóvenes y a la población más vulnerable **para asegurar que están salvaguardados durante toda su existencia**."

Hay preguntas críticas sobre la seguridad inalámbrica. Por lo tanto, es irresponsable que nuestras escuelas gasten dinero en routers costosos, módems, iPads y otros dispositivos inalámbricos. Es además prudente que la Cooperativa de Servicios Públicos de la isla Kauai emita una alerta sobre los Medidores Inteligentes y no penalice a las personas por la decisión de no usarlos.

Los residentes de Kauai deben convertirse en consumidores informados. Los padres de Kauai deben ayudar a educar a nuestros profesores, directores y superintendentes. El estado resistirá una reforma desde abajo, sin embargo, debemos convencer a las autoridades de que la preocupación por la nueva tecnología es justificada.

Muchas personas se están mareando, perdiendo el sueño y empeorando debido, no a su medidor, sino a la docena de "medidores inteligentes" ubicados en las casas de sus vecinos. Sin embargo, las noticias de la Red Eléctrica Inteligente siguen enviando mentiras según las cuales las emisiones de RF de los Medidores Inteligentes son seguras, usando los estándares obsoletos y corruptos de mier** de la FCC. Querido lector, por favor perdóname, pero el Nuevo Orden Mundial "nos está matando suavemente" y esto me enfurece.

Otra vez, uno de los mejores sitios web para la investigación médica sobre los peligros inalámbricos es Bioinitiative.org.

O puedes ser un borrego…

Experimento científico estudiantil encuentra que las plantas no crecen cerca de routers para Wifi

Estudiantes de primero de secundaria diseñaron un experimento científico para probar el efecto de la radiación de los teléfonos móviles en las plantas. Los resultados te pueden sorprender.

Cinco jóvenes de primero de secundaria en Dinamarca crearon hace poco un experimento científico que está causando revuelo en la comunidad científica.

Comenzó con una observación y una pregunta. Las niñas notaron que si dormían con sus teléfonos móviles cerca de sus cabezas por la noche, a menudo tenían dificultades para concentrarse en la escuela al día siguiente. Querían probar los efectos de la radiación de los teléfonos celulares en seres humanos, pero su colegio, Hjallerup Skole en Dinamarca, no contaba con el equipamiento necesario para manejar un experimento así. Entonces las niñas diseñaron un experimento que probaría los efectos de la radiación de los teléfonos celulares en una planta.

Student Science Experiment Finds Plants won't Grow near Wi-Fi Router

By Global Research News
Global Research, June 08, 2014
mnn.com and Global Research 30 May 2013

Region: Europe
Theme: Science and Medicine

Ninth-graders design science experiment to test the effect of cellphone radiation on plants. The results may surprise you.

Five ninth-grade young women from Denmark recently created a science experiment that is causing a stir in the scientific community.

It started with an observation and a question. The girls noticed that if they slept with their mobile phones near their heads at night, they often had difficulty concentrating at school the next day. They wanted to test the effect of a cellphone's radiation on humans, but their school, Hjallerup School in Denmark, did not have the equipment to handle such an experiment. So the girls designed an experiment that would test the effect of cellphone radiation on a plant instead.

Photo courtesy of Kim Horsevad, teacher at Hjallerup Skole in Denmark.

The students placed six trays filled with *Lepidium sativum*, a type of garden cress into a room without radiation, and six trays of the seeds into another room next to two routers that according to the girls calculations, emitted about the same type of radiation as an ordinary cellphone.

Over the next 12 days, the girls observed, measured, weighed and photographed their results. Although by the end of the experiment the results were blatantly obvious — the cress seeds placed near the router had not grown. Many of them were completely dead. While the cress seeds planted in the other room, away from the routers, thrived.

The experiment earned the girls (pictured below) top honors in a regional science competition and the interest of scientists around the world.

Miles de documentos científicos eliminados que revelan los peligros del Wi-Fi están disponibles en www.bioinitiative.org. El Wi-Fi está siendo usado para disminuir la expectativa de vida y es parte del plan secreto de despoblación. El cáncer que proviene del Wi-Fi es una enfermedad legitimada. El autor considera que Steve Jobs, así como Kobun Chino Roshi (página 2) fueron asesinados para despojar a Apple Inc. de conciencia.

Fotografía por gentileza de Kim Horsevad, profesora del Hjallerup Skole en Dinamarca.

Las estudiantes colocaron seis bandejas llenas de Lepidium sativum, una especie de berro de jardín, en una pieza sin radiación y seis bandejas de las semillas en otra habitación al lado de dos routers que, según los cálculos de las niñas, emitían aproximadamente el mismo tipo de radiación que un teléfono móvil normal.

Durante los siguientes 12 días las niñas observaron, midieron, pesaron y fotografiaron sus resultados. Aunque al final del experimento los resultados eran absolutamente evidentes - las semillas de berros colocadas cerca del router no habían crecido. Muchas estaban completamente muertas, mientras que las semillas de berros plantadas en la otra habitación, lejos de los routers, habían crecido abundantemente.

El experimento le ganó a las niñas (en la fotografía de abajo) los más altos honores en una competencia regional de ciencia, además del interés de los científicos en todo el mundo.

Es casi seguro que la industria que financió a los científicos desacreditará este experimento y la idea será publicada ampliamente diciendo que no hay nada de qué preocuparse. Sin embargo, no he encontrado noticias sobre este experimento en inglés, por lo que parece que está siendo ignorado. ¿Ignorado? Mientras tanto sugiero que el lector haga lo mismo que yo... que conecte todo en su casa y hable con sus vecinos sobre la contaminación de la FEM.

Estas chicas merecen nuestros respeto. Ellas notaron que dormir cerca de un dispositivo inalámbrico tiene un efecto biológico e investigaron.

LA CRISIS DEL ÉBOLA ES FALSA

Los datos de la Organización Mundial de la Salud a partir del 8 de octubre de 2014 muestran que el ébola ha desaparecido en Liberia, mientras los medios occidentales asustaban el mundo. Violaciones intencionales en el protocolo y posibles asesinatos crean "víctimas", ninguna de las cuales muestra hemorragia o sangrado, como fue escrito a mediados de octubre de 2014.

Figure 2: Ebola virus disease cases reported each week from Liberia and Monrovia

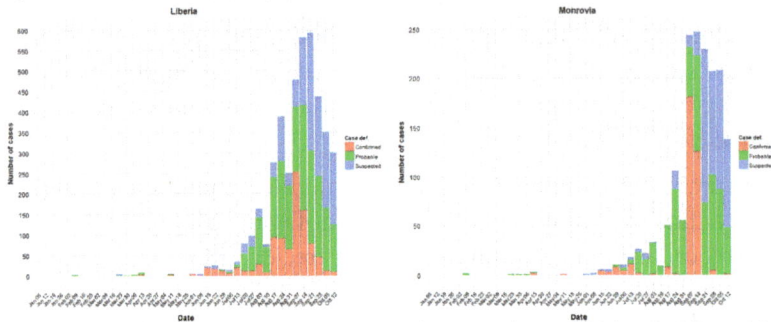

Data are based on official information reported by Ministries of Health up to the end of 12 October for Guinea and Sierra Leone, and 11 October Liberia. These numbers are subject to change due to ongoing reclassification, retrospective investigation and availability of laboratory results.

Los datos están basados en información oficial reportada por los ministerios de salud, hasta última hora del 12 de octubre, para Guinea y Sierra Leona y 11 de octubre para Liberia. Estos números están sujetos a cambio debido a investigaciones retrospectivas en desarrollo, reclasificación y disponibilidad de resultados de laboratorio.

El Bill Gates que deberías conocer

15 de octubre de 2014 – Carta a mi lista de correos electrónicos –

En este correo electrónico hay cuatro artículos sobre Bill Gates en temas de alimentación, geo-ingeniería (estelas químicas), esterilización y el último sobre Gates llevado a los tribunales en India en este momento. Sus crímenes contra la humanidad los están alcanzando. Bill y Melinda Gates han asesinado miles de personas para "mantenerles seguros". Ellos son "filántropos". De acuerdo a Bill Gates, en conversaciones con Bill Moyer en 2003, su padre fue el antiguo presidente de la eugenésica Paternidad Planificada de Rockefeller y es todavía vicepresidente de la Fundación Gates.

En otras palabras, organicemos esto apropiadamente... Bill Gates recibió un sistema operativo informático que ya había sido desarrollado por contratistas militares como IBM y Honeywell, porque era el hijo de un miembro racista Rockefeller de confianza...

No había manera de que él inventara o promocionara algo sin las conexiones del Nuevo Orden Mundial de su padre. Bill Gates fue colocado para desarrollar Microsoft con su padre siempre como telón de fondo y ahora está manejando una de las "fundaciones" más ricas y poderosas, promulgando el "cambio" o "globalización". La palabra "cambio" es un doble lenguaje para Nuevo Orden Mundial.

Los Bilderbergers multimillonarios, Bill Gates y Warren Buffet, canalizaron su (nuestro) dinero en programas ejecutados por los Globalistas eugenésicos Rockefeller.

Se ha postulado que Bill Gates y su esposa Melina, creen que un estándar de vida más alto (consumo) lleva a menos niños. Preguntemos, ¿de dónde vendrá ese nivel más alto de consumo, en un mundo hambriento de recursos? Si el rico estuviese pensando en un estándar de vida más alto, la riqueza no estaría concentrada, sería compartida. Esto no es lo que quieren.

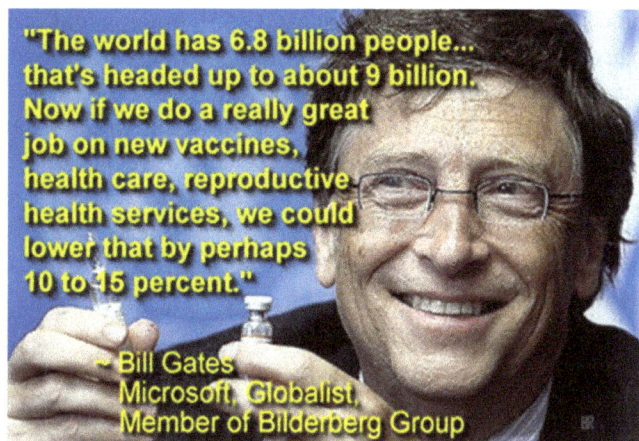

A la derecha, febrero de 2010

Charla sobre tecnología, entretenimiento y diseño TED (Tecnología, Entretenimiento y Diseño).

"El mundo tiene 6.800 millones de personas que están alcanzando los 9.000 millones. Ahora, si hacemos un buen trabajo con nuestras vacunas, cuidados de la salud, servicios de salud reproductiva, podremos reducir esto quizá 10 a 15 %."

Bill Gates
Globalista de Microsoft
Miembro del Grupo Bilderberg (Page 64-65)

El Nuevo Orden Mundial quiere control de población sin empoderar las masas porque un público empoderado e informado vería la corrupción que mantiene la desigualdad en una pirámide social.

Podemos preguntarle a Bill Gates, ¿quién le dijo que la población estaba alcanzando los 9.000 millones y por qué les creyó? ¿Por qué no otro número? ¿Por qué él no está compartiendo? "Cuidado de la salud" usualmente significa mantener los niños vivos, incrementar la población. "Servicios de salud reproductiva" podría ser un doble lenguaje para contracepción o esterilización quirúrgica.

Pero, ¿qué tal las "vacunas nuevas" para disminuir la población? Hay algo oculto en las vacunas nuevas que esterilizará o matará a las personas y, como muestra la evidencia a continuación, estas vacunas están siendo probadas sobre indígenas, no en los familiares de Bill y Melinda Gates. La Fundación Gates apoyó la vacuna contra la polio en India que condujo a 47.000 casos de parálisis. Esto no tiene nada de sorprendente, dado que la vacuna contra la polio causa polio. Lo único sorprendente es que no estén en la cárcel de por vida. Bill y Melinda Gates son asesinos en masa y deberían estar en prisión.

"En 1976, el Dr. Jonas Salk, creador de la vacuna del virus asesino usada en 1950, testificó que la vacuna del virus vivo (usado en casi exclusivamente en Estados Unidos desde 1960 a 2000) fue "la causa principal, sino la única" de todos los casos de polio reportados en Estados Unidos desde 1961. (El virus permanece en la garganta por una o dos semanas y en las heces por hasta dos meses. Por lo tanto, los que han consumido la vacuna están en riesgo y pueden, potencialmente, esparcir la enfermedad, siempre que la excreción fecal del virus continúe.)

"En 1992, los Centros Federales para la Prevención y Control de Enfermedades (CDC) publicó una confesión según la cual la vacuna del virus vivo se había convertido en la causa principal del polio en Estados Unidos. De hecho, de acuerdo a las cifras de la CDC, cada caso de polio en Estados Unidos desde 1979 fue causado por la vacuna oral contra la polio. [Las vacunas contra la gripa cada año aseguran más casos de gripa que justifican más vacunas.] Las autoridades reclaman que la vacuna fue la responsable de alrededor ocho casos de polio cada año. [Mentiras, mentiras, mentiras.] Sin embargo, un estudio independiente que analizó las bases de datos de la vacuna del gobierno durante un periodo reciente de menos de cinco años, descubrió 13.461 reportes de efectos adversos después del uso de la vacuna oral contra la polio. Estos reportes incluyeron 6.364 visitas a emergencia y 540 muertes. La divulgación pública de estas tragedias se convirtió en el impulso para eliminar la vacuna oral contra la polio de los programas de inmunización." [64]

"… la tecnología de investigación de vacunas de orientación genética comprada por Microsoft fue desarrollada por la compañía conocida como Rosetta Biosciences, antiguamente propiedad de Merck. Su software es descrito como una manera para "entender como los genes interactúan entre ellos, analizar péptidos y metabolitos, y determinar cómo se relacionan con la expresión de los genes." [65]

Melinda Gates:

Lo que las organizaciones no lucrativas pueden aprender de Coca-Cola

TED x Change
Filmado Sep 2010
Subtítulos disponibles
en 31 idiomas

Share this idea

949,657 Total views

Share this talk and track your influence!

En su charla, Melinda Gates hace una provocación para las organizaciones no lucrativas que toman el ejemplo de empresas como Coca-Cola, cuya red conectada y global de vendedores y distribuidores asegura que cada pueblo remoto quiera - y puede conseguir - una Coca-Cola. ¿Por qué no debería funcionar ésto también para los condones, sanidad, las vacunas? (Filmado en TEDxChange.)

Melinda Gates
Filántropa

Melinda French Gates es co-presidente de la Fundación Bill & Melinda Gates, donde se práctica la idea de que todas las vidas tienen igual valor.

A la izquierda vemos a otra globalista, Melinda Gates, la esposa de Bill, cooptando la palabra CAMBIO (detrás de ella), como si el rico inmoral pudiera conducir al mundo a un cambio positivo. ¿Decidirán los ricos lo que es bueno para aquellos que mantienen pobres?

"Es probable que la Fundación de Bill y Melinda Gates continúe su compromiso con el control de población global, y ahora, la creación de un currículo en las escuelas de la nación porque ellos en realidad creen que saben mejor que cualquiera como todos debemos vivir."

– Anne Hendershott [66]

Con Melinda Gates, vemos la vanidad monocultural y arrogante del control del rico, que se llama a sí mismo filántropo. Sí, ahora hay dientes en descomposición por Coca Cola en cada pueblo. Eso no es progreso, es enriquecimiento a través de productos adictivos y dañinos para la salud. Melinda Gates quiere asegurarse que las vacunas con genes específicos, que contienen nanotecnología oculta, estén en cada pueblo remoto. Nota lo que dice el resumen de su charla… Coca Cola "asegura que cada pueblo remoto quiera" una Coca Cola. Ingeniería social.

Melinda Gates no puso en práctica "cada vida tiene el mismo valor". ¡Qué ridiculez! ¿Es su estilo de vida compartido de manera igualitaria por el 99 % de los que ella quiere "salvar" lavándoles el cerebro?

¿Por qué no se deberían comercializar estos valores como una Coca Cola? Respuesta… porque Coca Cola esparce adicción y erosión de la salud y no está relacionada con nada positivo. Tenemos que ver a través del doble lenguaje del rico. Ellos no quieren independencia en este mundo. Ellos quieren que todos sean dependientes de un mundo bajo su visión.

De modo que puedan continuar siendo ricos y poderosos.

*   *   *

La foto de Melinda Gates arriba fue en otra charla TED, Tecnología, Entretenimiento y Diseño. Estas palabras resumen el punto de vista mundial de los globalistas que piensan que la nueva Tecnología significa control, Entretenimiento significa estupidizar las masas y Diseño significa diseñadores financiados elaborando una sociedad en la que todos tendrán que adaptarse. Las charlas TED son sólo bajo invitación, una silla tiene un costo de 6.000 dólares. Esto son ricos dándose premios entre ellos. La vanidad de la compañía a la que pertenece TED (Tecnología, Entretenimiento y Diseño) es evidente.

La Fundación Sapling, una "fundación privada sin ánimo de lucro, una organización 501(c)3 bajo código fiscal de Estados Unidos. Fue establecida en 1996 por Chris Anderson, quien en esa época era un empresario de una revista. [Él era y es sólo un hombre dedicado a las relaciones públicas.] "El objetivo de la fundación es fomentar las difusión de grandes ideas. Tiene como objetivo proporcionar una plataforma para los pensadores más inteligentes del mundo, grandes visionarios y profesores más inspiradores, de modo que millones de personas puedan comprender los temas más importantes encarados por el mundo y deseen ayudar a crear un futuro mejor. [Aceptando estructuras e ideas retorcidas.]

"El núcleo de este objetivo es la creencia de que no hay fuerza mayor para cambiar el mundo que una idea poderosa…

[Aquí está el punto de vista de la cultura dominante sobre la naturaleza, como un "caos" que necesita ser organizado (por personas perdidas en sus cabezas) para servir a los humanos para la exclusión de otras especies. "Cambio" significa desestabilización de la ecología y las tradiciones antiguas, porque no son "modernas" y deben ser rediseñadas, de modo que podamos "progresar". Un "mundo mejor" significa mejor para la elite y cada persona puede ser usada para lo que fue diseñada.] "Muchos factores pueden amplificar el poder de las ideas: medios de comunicación, tecnología y fuerzas de mercado, para nombrar tres. [Pero no la conciencia, no el espíritu, no el sentido innato de justicia o la inocencia de la simplicidad.]

En el pasado Sapling ha apoyado proyectos que usaban herramientas para hacer uso de cada dólar gastado y crear un cambio sostenible [Mentiroso. "Cambio sostenible" es un oxímoron. Lo que significa es un planeta como una prisión en la que todo es controlado y todo debe cambiar para cumplir con un modelo.]

En áreas como salud pública global, reducción de la pobreza y biodiversidad. Más de 10 millones de dólares han sido otorgados a organizaciones como Acumen Fund, Environmental Defense, One World Health, y PATH (siglas en inglés de Programa por la Tecnología Adecuada en Salud)."

Todas estas organizaciones son tentáculos globalistas. One World Health es obviamente un ataque mono-cultural globalista del Nuevo Orden Mundial de UN MUNDO.

El siguiente artículo es largo, pero importante. Este artículo describe con precisión quienes son en realidad esas personas. Bill y Melinda Gates son criminales. Este artículo demuestra, de manera especial, que TED es un órgano de ingeniería social y nada más.

En el artículo a continuación, mira con atención el nombre PATH, el cual la Fundación Sapling apoya orgullosamente con millones de dólares. Sapling y TED (Tecnología, Entretenimiento y Diseño) deberían ser enjuiciados como cómplices en ingeniería social de la opinión popular para cometer crímenes y debido a la financiación de organizaciones criminales como PATH. Busca el nombre de PATH a continuación.

Estudios controvertidos sobre vacunas: ¿Por qué los críticos en India apuntan a la Fundación de Bill y Melinda Gates?

Por KP Narayana Kumar, Economic Times Bureau, 31 de agosto de 2014

En el año 2009, varias escuelas para niños tribales del distrito Khamman de Telangana, que en aquel entonces formaba parte del indiviso Andhra Pradesh, se convirtieron en centro de estudios de observación para la vacuna contra el cáncer cervical que se administró a miles de niñas de entre 9 y 15 años. Ese año, se les administró a las niñas la vacuna contra el virus del papiloma humano (VPH) en tres rondas bajo la supervisión de funcionarios del departamento de salud estatal. La vacuna que se utilizó fue Gardasil, producida por Merck.

Se administró a aproximadamente 16.000 niñas en el distrito, la mayoría de las cuales se alojaba en hostales para niñas tribales propiedad del gobierno.

Meses más tarde, muchas niñas comenzaron a enfermarse y, para 2010, cinco de ellas habían fallecido. Se informaron dos muertes adicionales en Vadodara, Gujarat, donde se vacunó a aproximadamente 14.000 niñas, que estudiaban en escuelas para niños tribales, con otra marca de la vacuna contra VPH, Cervarix, producida por GSK. A comienzos de la semana, Associated Press informó que decenas de niñas adolescentes fueron hospitalizadas en una pequeña ciudad al norte de Colombia con síntomas que, según los padres, podrían deberse a una reacción adversa a Gardasil.

Una comisión permanente sobre salud y bienestar familiar que investigó las irregularidades sobre los estudios de observación en India presentó su informe hace un año, el 30 de agosto.

La comisión descubrió que, en muchos casos, el consentimiento para estos estudios se obtuvo de los funcionarios a cargo de los hostales, en flagrante violación de las normas. En muchos otros casos, se adjuntó al formulario de consentimiento la impresión dactilar de los padres pobres y analfabetos. Tampoco los niños tenían información acerca de la naturaleza de la enfermedad o la vacuna. En una gran cantidad de casos, las autoridades pertinentes no pudieron presentar los formularios de consentimiento correspondientes a los niñas vacunadas.

La comisión declaró que "estaba profundamente consternada por descubrir que en Andhra Pradesh, de 9.543 formularios [de consentimiento], 1.948 tenían impresiones dactilares mientras 2.763 estaban firmados por los funcionarios a cargo de los hostales.

En Gujarat, de 6.217 formularios, 3.944 tenían impresiones dactilares y 5.454 estaban firmados o tenían las impresiones dactilares de los tutores. Los datos revelaron que una gran cantidad de padres o tutores era analfabeta y ni siquiera podía escribir es su idioma local, Telugu o Gujarati."

A principios de este mes, en vista de la grave situación por la muerte de siete niñas tribales que participaron de los estudios de observación, la Corte Suprema ordenó a la Oficina de Control de Medicamentos de India (DCGI) y al Consejo Indio de Investigación Médica (ICMR) que explicaran cómo se obtuvieron los permisos.

Los Jueces de la Corte Suprema Dipak Misra y V Gopala Gowda solicitaron al Centro que presentara los archivos correspondientes al otorgamiento de la licencia para el ensayo de la vacuna contra el VPH en India. El tribunal también solicitó al Centro que informara sobre los pasos realizados en el informe de la comisión parlamentaria.

Investigaciones lamentables

Cuando un grupo de activistas en salud de una ONG, denominada Sama que se especializa en la salud femenina, visitó Khammam en marzo de 2010 en búsqueda de datos, la información que obtuvo fue que 120 niñas habían experimentado reacciones adversas, tales como ataques de epilepsia, dolor de estómago agudo, jaquecas y cambios de humor. [¿Cómo te sentirías, lector, si esto le ocurriera a tu hija, sobrina, hermana o nieta? En los últimos 20 años, 145.000 niños han muerto por reacciones adversas a las vacunas en EE. UU.] Además, el informe de Sama establecía que, entre las estudiantes, también hubo casos de menarca temprana, hemorragias profusas y dolores menstruales agudos.

La comisión permanente amonestó a los gobiernos estatales correspondientes por la lamentable investigación de estas muertes. Declaró que fue perturbador descubrir que "estas siete muertes se habían desestimado sumariamente como no relacionadas con la vacunación sin una investigación más a fondo... se especuló que las causas fueron suicidios, muerte accidental por asfixia en un pozo (¿por qué no suicidio?), malaria, infección viral, hemorragia subaracnoidea (sin autopsia), etc."

La comisión declaró que, en relación con las muertes de las niñas clasificadas como suicidios, "no se puede descartar el papel de la vacuna contra VPH como causa posible, incluso probable, de las ideas suicidas."

Explicó que una ONG estadounidense, Program for Appropriate Technology in Health (PATH, por las siglas en inglés de Programa por la Tecnología Adecuada en Salud), había realizado los estudios. (PATH, que está financiado por Saplin que dirige las charlas TED, donde Bill Gates miente al mundo.)

La comisión descubrió que el objetivo de los estudios de observación en India era, principalmente, recopilar y registrar datos sobre los efectos de las vacunas en menores [niñas]. Otro de los objetivos era ayudar a las autoridades pertinentes de India a formarse una opinión informada sobre la inclusión de la vacuna en el programa de inmunización del país. Como antecedente, el informe indica que el 1 de junio de 2006, el ente regulador de medicamentos estadounidense, la Administración de Alimentos y Medicamentos de Estados Unidos (USFDA) aprobó la primera vacuna, Gardasil, para prevenir el VPH. Según la Organización Mundial de la Salud (OMS), dos tipos de VPH son la causa del 70 % de los cánceres cervicales. Ese mismo mes, la organización PATH comenzó un proyecto a gran escala de 5 años de duración que incluía estudios de observación en Perú, Vietnam y Uganda, además de India. [Pero no en Estados Unidos. Según la cultura elitista dominante, está bien tratar a personas indígenas pobres y analfabetas como conejillos de india.]

La comisión observó que el 16 de noviembre de 2006, el ICMR hizo circular el borrador de un memorando de entendimiento entre este organismo y PATH. El memorando establece que es el deseo de las dos partes "... explorar la colaboración para ayudar en la decisión del sector público sobre la introducción de la vacuna contra VPH en India y generar la evidencia necesaria para la posible inclusión de dicha vacuna en el Programa de Inmunización Universal de este país". Parece que la idea ha alcanzado un punto muerto como consecuencia de la muerte de las niñas durante el estudio de observación. [¡Me pregunto por qué!] El informe de la comisión permanente causó conmoción, pero el tema adquirió más importancia cuando se mencionó que el estudio estaba auspiciado por la Fundación Bill y Melinda Gates (BMGF). En la última década, Bill Gates se ha transformado de un hombre de negocios relacionado con TI a un filántropo global.

La fundación que dirige con su esposa está involucrada con cientos de proyectos relacionados con el cuidado de la salud de los pobres. La vacunación es parte importante del trabajo de la fundación; la BMGF tiene proyectos en casi todos los países que se consideran pobres. La fundación está asociada con PATH en una serie de estudios, como los que corresponden a las vacunas contra el rotavirus y el neumococo en varios países, principalmente en África y Asia.

El ministerio de salud tampoco ha evitado que PATH forme parte de tales estudios en India. La ONG está involucrada en otros estudios de observación de vacunas en India, donde se ha asociado con el departamento de biotecnología y otras dependencias gubernamentales.

Lov Verma, Secretario de Salud, se ha negado a responder cuando la revista ET Magazine preguntó por qué se seguía autorizando a PATH a realizar estudios de observación en India después de que los estudios se volvieron supuestamente letales.

Según la fundación BMGF, la OMS, la Federación Internacional de Ginecología y Obstetricia y la Federación de Sociedades de Obstetricia y Ginecología de India han recomendado la vacunación "como una medida probada y sumamente eficaz para prevenir el cáncer cervical.

"El proyecto utilizó vacunas autorizadas en India y que se han inoculado con seguridad millones de veces en todo el mundo, evitando así innumerables casos de padecimiento de cáncer cervical y muerte", declaró un portavoz de la fundación BMGF en una respuesta por correo electrónico (ver GAVI y PHFI crean incentivos…)

El camino equivocado

Sin embargo, el papel de la fundación de Bill y Melinda Gates en la financiación de los controvertidos estudios ha ocasionado que muchos activistas en salud de India expresen sus preocupaciones. "La fundación BMGF tiene que asumir la responsabilidad ya que ellos financian a la organización PATH. Además, no es ético que las personas que bregan por la causa de las vacunas sean las mismas que invierten en su desarrollo", declaró V Rukmini Rao, uno de los activistas que presentó una petición ante la Corte Suprema en relación con los estudios sobre las vacunas contra VPH.

La fundación BMGF ha financiado a dos organizaciones que en los últimos cinco años han tenido un papel importante en el programa de inmunización del país y están en la mira por conflicto de intereses. Estas organizaciones son GAVI (anteriormente conocida como Alianza Global para las Vacunas y la Inmunización), una organización de asistencia a nivel mundial que se especializa en vacunación, y la Fundación de Salud Pública de India (PHFI), una sociedad mixta que la fundación BMGF cofundó con el gobierno de la APU (Alianza Progresista Unida) en 2006.

Los activistas sostienen que estas dos instituciones trabajan en conjunto con las empresas farmacéuticas. La principal acusación contra GAVI es que representantes de empresas farmacéuticas forman parte de su junta directiva mientras que PHFI acepta subsidios de dichas empresas. "La fundación BMGF y GAVI están presionando a favor de las vacunas a los gobiernos de todo el mundo, incluida India", expresó Ritu Priya Mehrotra, profesora de Medicina Social y Salud Comunitaria de la Escuela de Ciencias Sociales de la Universidad Jawaharlal Nehru, en Nueva Deli. La activista en salud comunitaria afirma que la industria de la biotecnología está forzando el ingreso de más y más vacunas en India y que el Ministerio de Salud no garantiza que se realicen los ensayos adecuados antes de recomendar su utilización en los programas gubernamentales.

"En relación con las vacunas, debemos seguir el principio de precaución. Necesitamos más vacunas… pero debemos garantizar que se conceda tiempo suficiente a la investigación para probar la eficacia y seguridad de las nuevas vacunas. Las vacunas que se introduzcan en el país deben adaptarse a nuestro perfil epidemiológico", añadió Protract. Mehrotra afirma que una red de personas en las agencias de asistencia y la burocracia sanitaria están presionando a favor de esta agenda.

"Cuentan con la ventaja de una mentalidad adoctrinada por la medicina que cree que las vacunas son la solución perfecta, segura, eficaz y de bajo costo para la prevención de enfermedades infecciosas. Existe mucha evidencia de que no siempre es así". La tendencia actual es reducir los criterios de seguridad de los ensayos y el tiempo necesario para realizar estudios de observación adecuados.

"El mejor ejemplo es la vacuna pentavalente, sobre la cual existe evidencia preocupante y, aún así, se sigue utilizando [está incluida en el programa de inmunización]," destaca Mehrotra. En los últimos años, la muerte de muchos bebés supuestamente después de haber recibido la vacuna pentavalente, cinco vacunas en una única inyección, ha contribuido a crear preocupación sobre las vacunas en general.

También ha habido controversias sobre la vacuna en Sri Lanka, Bután y Vietnam, donde se suspendió temporalmente debido a que se informó la muerte de algunos bebés después de haber sido vacunados.

Introducida en India en 2011, la vacuna pentavalente es la combinación de cinco vacunas en una: difteria, tétanos, tos ferina (coqueluche), hepatitis B y hemófilus tipo B (la bacteria que ocasiona meningitis y neumonía).

La vacuna fue el centro de un escándalo después de que se informara que muchos bebés en todo el país habían muerto después de ser vacunados. La respuesta del Ministerio de Salud a una solicitud de RTI establece que la causa de la muerte de tres bebés en Tamil Nadu está "asociada a la vacunación", lo que equivale a una confirmación por parte del ministerio de que existe una relación entre la vacunación y las muertes. En total, 54 casos de muerte en bebés a quienes se inoculó la vacuna pentavalente han sido clasificados como "eventos adversos posteriores a la vacunación" (EAPV), nomenclatura que confirma que las muertes ocurrieron en un breve lapso después de la vacunación.

Las preguntas de la revista ET Magazine al Secretario de Salud no obtuvieron respuesta. BMGF, GAVI y PHFI están a favor de la vacuna pentavalente a pesar de que una cantidad de pediatras y expertos en salud han solicitado al gobierno que revise la inclusión de la vacuna en vista de la muerte de los bebés.

En un artículo de opinión publicado en Deccan Herald, titulado "Nuevas vacunas: ¿filantropía o negocio de la Fundación Gates?, el Dr. Gopal Dabade, de la Red de Acción sobre Medicamentos de India, declaró que GAVI había prometido un subsidio de 165 millones de dólares estadounidenses para la introducción escalonada de la vacuna pentavalente en India y subsidia 145 rupias por inyección durante cinco años; transcurrido este plazo, el gobierno tendrá que pagar el costo total de las vacunas. "La fundación de Bill y Melinda Gates es socia fundadora de GAVI. El subsidio inicial ayudó a establecer GAVI y continúa apoyando su trabajo. Algunas empresas farmacéuticas están asociadas con la fundación BMGF en la producción de la vacuna," dijo Dr. Dabade.

El informe controvertido

Un reciente documento estratégico sobre inmunización publicado este año por el Ministerio de Salud sugiere duplicar el gasto en la compra de vacunas pentavalentes. El plan estratégico para el Programa de Inmunización Universal (PIU), que cubre varios años, argumenta que el ministerio necesita duplicar su gasto en vacunas pentavalentes de 3.127 millones de rupias en 2013 a 7.738 millones en 2017. El informe también solicita que se septuplique el gasto total en vacunas, de 5.106 millones de rupias a 35.871 millones para el mismo año.

El informe fue redactado por un grupo de investigadores sobre inmunización que trabajan para PHFI, fundado por la fundación BMGF y el gobierno de la APU como sociedad mixta. Algunos expertos de UNICEF y la OMS también formaron parte del grupo. De manera interesante, es en base a dichos planes estratégicos que GAVI, también financiada por la fundación BMGF, desembolsa subsidios a los países.

Fundada en 2000, GAVI es una agencia de financiación, primera en su tipo, que reúne a países pobres, agencias mundiales, fundaciones, países e individuos aportantes y empresas farmacéuticas para mejorar la vacunación en países pobres. La financiación se divide entre los gobiernos de los países en desarrollo (74 %) y corporaciones, fundaciones e individuos (26 %). La fundación BMGF aporta aproximadamente un quinto del total de las contribuciones. La vacuna contra el VPH, que se utilizó en los estudios de observación supuestamente letales en Andhra Pradesh y Gujarat, y la vacuna pentavalente forman parte de una serie de vacunas para las cuales los países pueden solicitar financiación según el esquema de GAVI de vacunas nuevas y poco utilizadas.

La junta directiva de GAVI incluye un representante de la industria farmacéutica de cada país industrializado y desarrollado, un punto de controversia con algunos expertos del mundo de la asistencia. En un artículo publicado en The Guardian hace tres años, los líderes de agencias de asistencia internacionales, como Oxfam y MSF, indicaron que los representantes de las empresas debían renunciar a la junta de GAVI. "La representación de empresas farmacéuticas en la junta directa de GAVI crea un conflicto de intereses.

La estructura actual es demasiado cómoda", decía el artículo citando a Mohga Kamal-Yanni, un asesor de políticas experimentado de Oxfam.

En una declaración a la revista ET Magazine, GAVI defendió su modelo: "Como asociación mixta, GAVI aúna la capacidad pública y privada de maximizar su influencia en la salud y el desarrollo. Aunque creemos que este modelo es de suma importancia para nuestra misión, también reconocemos que debemos administrar los posibles conflictos de intereses. Por lo tanto, las relaciones con el sector privado se manejan mediante políticas estrictas. Por ejemplo, cuando se trata algún tema donde se identifique un potencial conflicto de intereses, se solicita al miembro que representa a los fabricantes que se retire de las discusiones y se excluya de la votación.

Recientemente, una secretaria adicional del Ministerio de Salud, Anuradha Gupta, fue designada como CEO suplente de GAVI. Anteriormente, Gupta había estado a cargo de la Misión de Salud Nacional. Los activistas en cuidado de la salud pusieron el grito en el cielo ya que la junta directiva de la agencia internacional también incluye representantes de las empresas farmacéuticas. La Alianza contra Conflictos de Intereses, una organización que brega por una legislación sobre el tema, resaltó como ejemplo el traspaso de Gupta del gobierno a GAVI.

La defensa de GAVI es "la Sra. Gupta ha aportado a GAVI su gran pasión y compromiso por la protección de la salud materno infantil, que incluye el acceso a vacunas que pueden salvar vidas. Ella apoya fervientemente la visión y misión de GAVI: aumentar el acceso de los países pobres a la inmunización para salvar la vida de los niños y proteger la salud de las personas.

Conflicto de intereses

La misma controversia sobre la proximidad de las empresas farmacéuticas y los conflictos de intereses se ha presentado con PHFI. Aunque PHFI está comprometida con la salud pública y también asociada con el gobierno en el Plan de Inmunización Universal, ha aceptado subsidios de una serie de empresas farmacéuticas, incluidas las que producen vacunas. En total, PHFI ha aceptado subsidios por aproximadamente 576,5 millones de rupias de empresas farmacéuticas, incluidas Merck, Sharp & Dohme, Pfizer y Sanofi, que producen vacunas. Sanofi es una de las empresas que produce la controvertida vacuna pentavalente en todo el mundo.

El Presidente de PHFI, K Srinath Reddy, afirma que "los subsidios que ha recibido PHFI de las empresas farmacéuticas están destinados a actividades educativas y no implican ningún beneficio para PHFI, ninguna empresa farmacéutica ni ninguna otra organización específica."

Otro tema que alimenta las críticas es la relación de PHFI con McKinsey. Un ejecutivo de la empresa consultora, Gautam Kumra, forma parte del consejo de dirección de PHFI. El perfil de Kumra del sitio web de McKinsey declara que el cuidado de la salud es una de sus áreas de especialización. Entre sus logros, se encuentra ayudar a "una de las empresas farmacéuticas líderes de India a definir su misión a 10 años, rediseñar su organización y mejorar su capacidad para ejecutar dicha misión".

En 2012, McKinsey publicó un informe titulado "Transformación del mercado de la inmunización de India" junto con la Organización de Productores Farmacéuticos de India.

El informe sugiere que el mercado de la inmunización de India es mucho más pequeño y de menor penetración que sus semejantes a nivel mundial y trata sobre los impedimentos que han obstaculizado el crecimiento de dicho mercado. El informe también presenta un escenario según el cual el caso más optimista sería que el mercado alcance un valor de alrededor de 3.200 millones de dólares estadounidenses para 2020, con un crecimiento anual del 30 al 35 % a partir de 2012.

"Es muy probable que existan cinco "mega" vacunas de más de 250 millones de dólares cada una que constituyan el 60 % del mercado, a saber: anti-influenza, anti-tifoidea, VPH, anti-neumococo y hepatitis A", reza el informe.

Un portavoz de McKinsey declaró que "la consultora no tiene una relación laboral con PHFI. Gautam Kumra, un socio senior en McKinsey & Co, es miembro de la junta directiva de PHFI pero solo a título personal como experto en sistemas de cuidado de la salud y no como representante de McKinsey". También afirmó que la consultora tiene un largo historial de trabajo pro bono y voluntario para organizaciones de los sectores privado, público y social.

El Dr. Arun Gupta, activista en salud pública y pediatra, afirma que los vínculos de PHFI con las empresas farmacéuticas y McKinsey son inaceptables. "El conflicto de intereses es claro. Ni el gobierno ni PHFI han sido claros al referirse a su relación entre sí… parece que existe un club privado que ayuda a las empresas farmacéuticas a abrirse camino en las políticas públicas."

"PHFI es una sociedad privada inteligentemente camuflada como asociación mixta, ya que algunas de las personas que forman parte del consejo directivo son o han sido empleados públicos", añade el abogado de la Corte Suprema y activista Prashant Bhushan. Bhushan señala que parece que el PHFI tiene varias conexiones con las grandes empresas farmacéuticas y sus consultoras. "El PHFI parece tener un conflicto de intereses al asesorar al gobierno de India y dirigir el programa de inmunización".

"Srinath Reddy, de PHFI, enfatiza que han recibido subsidios educativos irrestrictos de las empresas farmacéuticas para capacitar a los profesionales de la salud para que proporcionen cuidado de la salud de calidad adecuada en instalaciones de atención primaria de la salud. No obstante, estos no estaban relacionados con el trabajo de PHFI en inmunización, añadió. "Como organización sin fines de lucro, PHFI recibe subsidios de distintos aportantes para financiar programas de capacitación dirigidos a las necesidades más amplias de la salud pública y el sistema de salud, incluyendo la calidad de los cuidados de salud. Estos subsidios no están de ninguna forma vinculados a ningún producto farmacéutico y se destinan exclusivamente a actividades educativas". Pero, una vez más, la línea que separa la transferencia del conocimiento médico de los intereses comerciales resultantes es muy delgada.

KP Narayana Kumar, ET Bureau 31 de agosto de 2014, *The Economic Times*, India

Un programa de vacunación masiva en Brasil levanta sospechas de un proyecto de esterilización encubierto

Por Matthew Cullinan Hoffman- LifeSiteNews.com -14 de agosto, 2008

14 de agosto, 2008 (LifeSiteNews.com)- El comienzo de un programa masivo de vacunación obligatoria en Brasil ha levantado sospechas entre los activistas internacionales pro-vida, quienes notan que el programa es similar a otros que se han llevado a cabo recientemente y han incluido agentes esterilizadores ocultos en las vacunas.

La campaña, que fue impulsada la semana pasada en Brasil por el Ministro de Salud pro-aborto Jose Gomes Temporao, expresa que el objetivo es aniquilar la rubéola en dicha nación sudamericana.

Temporao, que ha invertido una gran cantidad de energía en pos de la legalización del aborto, expresa preocupación por el hecho de que cada año 17 niños brasileños presentan defectos de nacimiento producto de esta enfermedad, en una nación de más de 180 millones de habitantes. La rubéola le genera a quienes la contraen sólo ciertas molestias menores, con síntomas que desaparecen en una cuestión de días o semanas.

Aunque el número de niños afectados por el Síndrome de la Rubéola Congénita es menor por cabeza que los índices arrojados en el Reino Unido y Australia tomados en su conjunto en 1990, Temporao está desarrollando un programa de vacunación obligatoria destinado a 70 millones de brasileños, lo cual sería el programa de vacunación más grande de la historia.

Adolfo Castañeda de Human Life International indica que hace sólo dos años, ciertas investigaciones encontraron que la vacuna de la rubéola usada en una campaña similar en la Argentina estaba envenenada con Gonadotropina Coriónica Humana (HCG), la hormona del embarazo que es necesaria para que el cigoto se implante en la pared del útero luego de la concepción.

Cuando el cuerpo recibe la hormona HCG a través de una vacuna, la percibe como intrusa y crea anticuerpos que intentan eliminar su presencia en el cuerpo. La respuesta inmunológica del cuerpo es anticonceptiva, ocasionando abortos cuando ocurre la concepción.

"En el 2006, hubo una campaña similar a la brasileña en Argentina," Castañeda redacta en un boletín reciente de HLI. "Se ha descubierto la presencia de HCG en varias muestras de la vacuna utilizada contra la rubéola. Existían pocos casos de rubéola en la Argentina que justificaran esta campaña a gran escala, lo cual levantó sospechas y fomentó la investigación.

Castañeda también establece que el grupo etario de mujeres seleccionadas en la campaña es el mismo o se asemeja a otros programas que contienen agentes esterilizadores en las vacunas.

"Las mujeres que recibirán las vacunas tienen entre 12 a 49 años de edad (edad reproductiva), y los hombres entre 12 y 39," explica. "La edad para las mujeres es la misma que se utilizó en

Nicaragua, donde se incluyó una hormona que esteriliza a la mujer que la recibe, y similar a la edad que se eligió para administrar esta hormona en las Filipinas."

De hecho, el gobierno australiano indica en su jornal, La Inteligencia de las Enfermedades Comunicables, que los niños en edad escolar son el principal conducto de la enfermedad, y programas altamente efectivos en los Estados Unidos y Australia se han focalizado en dicho sector etario.(http://www.health.gov.au/internet/main/publishing.nsf/content/cda-pubs-cdi-1999-cdi2308-cdi2308a.htm). Sin embargo, el gobierno brasileño está ignorando a los niños y hace foco en las mujeres en edad de procrear.

El activista pro-vida brasileño Julio Savero, el cual está escondiéndose del gobierno brasileño por su rechazo en la participación en los programas de vacunación forzosa, declara que, extrañamente, el gobierno requerirá que participen en el programa incluso aquellos que ya han recibido la vacuna, o quienes ya han tenido rubéola (lo cual asegura la inmunidad).

"Si el objetivo de la campaña es eliminar la rubéola, ¿entonces por qué aplicarle la vacuna a aquellos que ya la han recibido?", se pregunta en su Last Days Watchman. "¿Por qué forzar la vacuna en aquellos que ya han padecido la enfermedad anteriormente? Es un hecho sumamente probado que un individuo que ha tenido rubéola en el pasado no puede contraerla nuevamente."

Severo dice que la campaña apunta a encontrar personas donde sea que se congreguen o viajen, para luego obligarlas a vacunarse. De hecho, también comenta que el gobierno ha llevado a cabo una campaña de repercusión pública en contra de una mujer que no hizo que sus hijos reciban algunas de las vacunas obligatorias. Ésta no sólo perdió la custodia de sus hijos, sino que los trabajadores sociales que tenían que supervisar esta situación y no la reportaron fueron procesados. La historia ha aparecido en los medios como un ejemplo para aquellos que buscan resistirse a los esfuerzos del gobierno en llevar a cabo este proyecto.

También señala que las mismas agencias internacionales están apoyando la campaña de vacunación en Brasil han estado involucradas en investigaciones de vacunas de esterilización por décadas. También expresa que estos mismos grupos, dedicados al control de la población y a campañas a favor del aborto, no son de confianza.

"En las campañas de vacunación masiva de la Argentina, Nigeria, las Filipinas y otros países, UNICEF sabe cómo aunar las peores intenciones bajo un manto angelical, " escribe Severo. "En Brasil, tenemos la seguridad (mentira) de Temporao que la campaña de vacunación masiva es sólo para proteger a los bebes y ayudar a las familias." (¿Entonces por qué se encontró una hormona de esterilización en las vacunas?)

*   *   *

"Un Ejercicio de Esterilización de Masas"

Doctores kenianos encuentran un agente anti-fertilidad en la vacuna contra el tétanos de la ONU"

Lifesitenews.com. 6 de noviembre de 2014

Dos obispos católicos de Kenia están acusando a dos organizaciones de las Naciones Unidas de esterilizar a millones de chicas y mujeres en secreto a través del programa preventivo de vacunación contra el tétanos patrocinado por el gobierno keniano.

Según unas declaraciones lanzadas el martes por la Asociación Católica de Doctores de Kenia, la organización ha detectado un antígeno que ocasiona abortos en la vacuna que está siendo administrada a 2,3 millones de chicas y mujeres por la Organización Mundial de la Salud y Unicef. Los sacerdotes kenianos le están aconsejando a sus congregaciones que rechacen la vacuna.

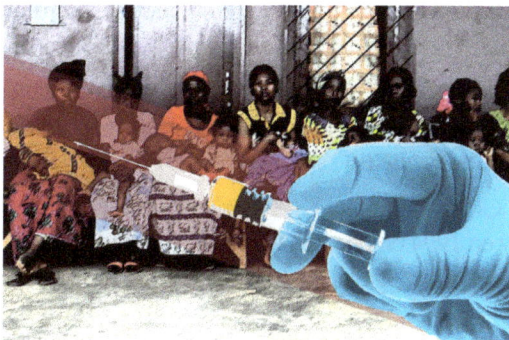

"Hemos enviado seis muestras provenientes de toda Kenia a laboratorios en el sur de África. Todos los estudios arrojaron que el antígeno HCG daba positivo," le dijo a LifeSiteNews el Dr. Muhame Ngare del Centro Médico Mercy en Nairobi. "Estaban todas envenenadas con HCG." Dr. Ngare, portavoz de la Asociación de Médicos Católicos de Kenia, expone en un boletín publicado el 4 de noviembre que: "Ésto confirmó nuestros peores miedos; que la campaña OMS no se trata sólo de erradicar el tétanos neonatal, sino un contundente ejercicio bien orquestado de control de masas en pos de la esterilización a través de una vacuna que claramente regula la fertilidad. Esta evidencia fue presentada al Ministerio de Salud antes de la tercera ronda de inmunización pero fue ignorada."

Natural News -

"HCG es un químico desarrollado por la Organización Mundial de la Salud para propósitos de esterilización. Cuando es inyectado en el cuerpo de una mujer joven, destruye la posibilidad de embarazo por los propios anticuerpos desarrollados por el organismo que actúan contra el HCG, lo cual genera abortos espontáneos. Su efectividad dura por años, causando abortos en las mujeres hasta tres años después de las inyecciones."

El Dr. Ngare explicó que "la campaña OMS no apunta a la erradicación del tétanos neonatal, pero constituye un forzoso ejercicio de control de masas sumamente organizado a través de una vacuna que se ha probado regula la fertilidad."

"El gobierno keniano, por supuesto, insiste en que dicha vacuna es perfectamente segura. El Dr. Tabu del Ministerio de Salud de Kenia incluso le dijo a los medios que algunas mujeres jóvenes siguen dando a luz, por lo tanto la vacuna no puede contener el gen de esterilización. No obstante, esta declaración contradice el hecho de que la hormona HCG no funciona el 100 % de las veces. Sólo esteriliza a la mayoría de los que han sido inyectados, no a todos."

"Lo que es más importante es que la Iglesia Católica de Kenia es una organización que apoya la campaña de vacunación. ¿Qué razones tienen los doctores católicos para mentir?," preguntó el Dr. Ngare cuando fue entrevistado por LifeSiteNews, en el artículo anteriormente mencionado. "La Iglesia Católica ha estado aquí en Kenia impartiendo cuidados para la salud y campañas de vacunación por 100 años, mucho más tiempo de lo que Kenia ha existido como país."

"En otras palabras, el mismo grupo que expone la agenda de esterilización de la campaña de vacunación contra el tétanos es de hecho un grupo que apoya dicha campaña. Sin embargo, incluso ellos ya se han dado cuenta de la horrible verdad. Este tipo de vacunas son el vector perfecto que tienen los gobiernos para insertar taimadamente agentes químicos o virales que nunca son revelados al público.

"Lo que realmente alarmó acerca de esta supuesta vacuna contra el tétanos fue el inusual programa de inoculación. La vacuna requiere de cinco dosis durante dos años, un programa de vacunación que no suele usarse para el tétanos."

"En el único momento en que la vacuna del tétanos es administrada en cinco dosis es cuando es empleada como portadora en vacunas reguladoras de la fertilidad envenenadas con la hormona del embarazo, la gonadotropina coriónica humana (HCG), desarrollada por la OMS en 1992," explicó el Dr. Ngare.

"Asimismo, la vacuna fue sólo administrada en mujeres en edad de procrear. Los hombres y mujeres que no estaban en una etapa fértil fueron excluidos del programa."

"Como detalla el Dr. Ngare, la misma campaña de vacunación fue utilizada en 1993 en México, y en 1994 en Nicaragua y las Filipinas. La OMS trató de traer el proyecto a Kenia en la década del 90'," dice Ngare, "pero dicho esfuerzo fue detenido por la Iglesia Católica."

*   *   *

Lifesitenews.com -

... Brian Clowes de Human Life International en Virginia le dijo a LifeSiteNews que la OMS no estaba involucrada públicamente en las campañas en Nicaragua, México y las Filipinas. "Tratan de mantener un récord inmaculado. Permiten que organizaciones tales como el Fondo de Población de las Naciones Unidas hagan el trabajo sucio."

En casos anteriores, expresó Clowes, los administradores de este tipo de campañas insistían en que su producto no estaba alterado hasta que se probaba lo contrario. Luego, ellos expresaban que los resultados positivos de HCG arrojados eran aislados, accidentales y provenientes de contaminaciones en el proceso de manufacturación. (¿Cómo aparece accidentalmente una hormona en dicho proceso?)

... ¿Por qué querría la ONU suprimir a la población de países en vías de desarrollo? "Debido al racismo," es la primera explicación de Brian Clowes. "También, los países en vías de desarrollo quieren aferrarse a sus recursos naturales. Y últimamente, se observa el fantasma del calentamiento global."

"Vacuna de despoblación" en Kenia y el resto del mundo

"Tienes que comprender que cada "pandemia" promocionada es una charla para vender vacunas. La despoblación tiene diferentes objetivos. Junto al portador, hay una estrategia de la elite diseñada para deshacerse de un gran número de personas en áreas claves del mundo, donde las revoluciones locales interfieren con las corporaciones externas que llevan a cabo una adquisición completa de la tierra y los recursos naturales. [Mira la estrella de rock de U2, Bono, en las páginas de la segunda parte de este libro]

"Tenemos esta reclamación:

"Los obispos católicos de Kenia están responsabilizando a dos organizaciones de las Naciones Unidas por la esterilización de millones de niñas y mujeres al amparo de un programa de vacunación contra el tétano, patrocinado por el gobierno de Kenia.

"De acuerdo con un comunicado publicado el martes por la Asociación de Médicos Católicos de Kenia, la organización ha encontrado un antígeno que causa abortos involuntarios en una vacuna que se administró a 2,3 millones de niñas y mujeres por la Organización Mundial de la Salud y UNICEF. Los sacerdotes en toda Kenia están advirtiendo a sus congregaciones a rechazar la vacuna.

"Enviamos seis muestras de todo Kenia a laboratorios de Sudáfrica. Estas dieron positivo para el antígeno HCG, "Dr. Muhame Ngare del Centro Médico de la Misericordia en Nairobi dijo a LifeSiteNews. "Todas estaban envenenadas con HCG."

"El Dr. Ngare, portavoz de la Asociación de Médicos Católicos de Kenia, afirmó en un comunicado publicado el 4 de noviembre: "Esto ha dado la razón a nuestros peores temores; que esta campaña de la OMS no se trata de erradicar el tétano neonatal, sino de un ejercicio coordinado de esterilización masiva para el control de población mediante el uso de una vacuna probada que regula la fertilidad. Esta evidencia fue presentada al Ministerio de Salud antes de la tercera ronda de vacunación, pero fue ignorada."("Esterilización en masa: los doctores kenianos encuentran un agente antifertilidad en las vacunas de tétanos de las Naciones Unidas", 8 de noviembre de 2014 por Steve Weatherbe, Earth-heal.com)

"Un artículo académico increíble: Noviembre, 1993. FASEB Journal, tomo 7, pp.1381-1385. Autores—Stephan Dirnhofer et al. Dirnhofer fue miembro del Instituto para la Investigación Biomédica del Envejecimiento de la Academia Austríaca de Ciencia.

"Nuestro estudio proporciona información detallada sobre los posibles mecanismos de acción de la vacuna anticonceptiva promovida por la Fuerza Especial de Vacunas de Control de Natalidad de la OMS (Organización Mundial de la Salud)" [Discurso de Bill Gates, página 129-139.]

"... Hay una Fuerza Especial de Vacunas de Control de la Natalidad de la OMS. Este artículo académico se centra en una hormona llamada gonadotropina coriónica humana B (hCG). Hay un título en el artículo FASEB (p.1382) titulado "Capacidad de los anticuerpos para neutralizar la actividad biológica de hCG." Los autores están tratando de descubrir si un estado de no-fertilidad se puede lograr mediante el bloqueo de la actividad normal de hCG.

"Otro artículo académico. El British Medical Bulletin, tomo 49, 1993. "Vacunas contraceptivas." Los autores—RJ Aitken et al. de la Unidad de Biología Reproductiva de MRC, Universidad de Edimburgo, Edimburgo, RU.

"Se están llevando a cabo tres enfoques principales para el desarrollo de vacunas anti-conceptivas en la actualidad. El enfoque más avanzado, que ya ha llegado a la etapa de la Fase 2 de ensayos clínicos, consiste en la inducción de inmunidad contra la gonado-tropina coriónica humana (hCG). Las vacunas están siendo diseñadas... incorporando el tétanos o la difteria toxoide a una variedad de péptidos basados en hCG... Los ensayos clínicos han revelado que estas preparaciones son capaces de estimular la producción de anticuerpos anti-hCG..."

"...En principio, la inducción de inmunidad contra hGC deberá conllevar a una secuencia de ciclos menstruales normales o ligeramente extendidos, durante los cuales cualquier embarazo sería terminado..."

"El aborto sería, entonces, el estado "normal" de las cosas. Estos autores no dejan duda de quién es el objetivo de esta vacuna:

> "Se prevé que durante la próxima década la población mundial crecerá alrededor de 500 millones. Además, debido a que **las tasas de crecimiento poblacional en los países en desarrollo de África, Sudamérica y Asia serán mucho mayores que en el resto del mundo, la distribución de este crecimiento poblacional dramático será desigual…**"
> [Eugenésico Racista - ¡Padre de Bill Gates!]

"… El Instituto de Investigación Poblacional, en un número de su revista de noviembre/diciembre de 1996, publicó un informe de David Morrison. 'Las mujeres en Filipinas pueden haber sido involuntariamente vacunadas contra sus propios hijos, un estudio reciente llevado a cabo por la Asociación Médica de Filipinas (PMA) lo ha indicado.'

"… a partir de 1995, hubieron varios grupos investigando estas vacunas [esterilización].

- OMS/HRP. HRP es el Programa especial de investigación, desarrollo y capacitación de investigación en reproducción humana, localizado en Suiza. Es financiado por "los gobiernos de Suecia, Reino Unido, Noruega, Dinamarca, Alemania y Canadá, así como por la UNFPA y el **Banco Mundial.**"

- El concejo de población. Es un grupo estadounidense financiado por la **Fundación Rockefeller**, los Institutos Nacionales de Salud [una agencia federal estadounidense], y la agencia estadounidense para el Desarrollo Internacional [infame por su colaboración con la CIA].

- Instituto Nacional de Inmunología. Localizado en India, "sus principales inversionistas son el gobierno de la India, el Centro de Investigación en Desarrollo Internacional canadiense y la [omnipresente] **Fundación Rockefeller.**"

"…el virus del Nilo Occidental, el SARS, la gripe aviar, la gripe porcina, el ébola - **el verdadero motivo de la promoción de estas "pandemias" es lo que sigue: las vacunas**. En un grado muy significativo, el CDC y la Organización Mundial de la Salud son agencias de relaciones públicas, cuyo trabajo consiste en convencer al público de que dar un paso adelante, subirse la manga de la camisa y someterse a inyecciones que contienen gérmenes y sustancias químicas tóxicas es la acción más natural y sabia posible…"

de Jon Rappoport, Nomorefakenews.com 10 de noviembre de 2014
http://jonrappoport.wordpress.com/2014/11/10/depopulation-vaccine-in-kenya-and-beyond/

"Dieta, inyecciones y mandatos se combinarán, desde una edad temprana, para producir un tipo de personaje y un tipo de creencia que las autoridades consideren deseable, y cualquier crítica seria del poder se volverá psicológicamente imposible."

- Bertrand Russell, *El impacto de la ciencia en la sociedad*, 1952

Mírate al espejo

He sido víctima del amor egoísta
Es hora de darme cuenta
Que hay gente sin hogar ni dinero
¿Seré realmente yo, que pretende que no están solos?

Comenzaré con el hombre del espejo
Voy a pedirle que cambie
No hay mensaje más claro

Si quieres que el mundo sea un mejor lugar
Mírate al espejo y cambia.

– de la canción "Man in the Mirror", de Michael Jackson

(Las acusaciones contra Jackson se retiraron, pero los medios controlados lograron ensuciar su nombre.) Vale la pena ver el video de esta canción [69] ya que incluye comentarios sociales que la industria de la música de hoy en día no autoriza.

El término vanidad desconectadora (ver Glosario) es un neologismo (nueva combinación de palabras) que utilizo para señalar las consecuencias de la vanidad. La vanidad desconecta, nos separa y aísla. La vanidad separa la naturaleza y lastima nuestra naturaleza interior. Pero, debido a que la cultura dominante coloca a la vanidad en un pedestal, no tenemos en cuenta sus efectos… los daños colaterales, los corazones rotos, los niños mutilados, los ecosistemas en peligro.

La vanidad desconectadora, que nos lastima y también lastima al prójimo, se disemina por las diversas cultural del mundo y no por accidente. Vivimos en un caldo de decepción y corrupción que nos "transforma" lentamente; pero todo esto se muestra como glorioso y "valiente". Vimos los gráficos arriba. Existe una desconexión. No estamos manteniendo nuestro hogar limpio y saludable

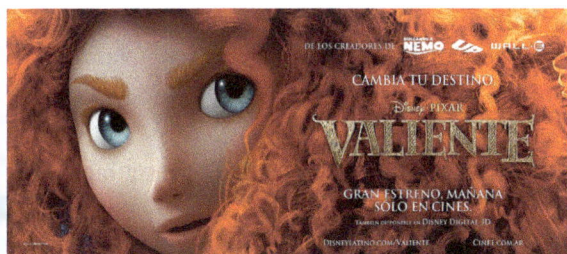

Película Brave en español. El globalismo no es simplemente un modelo económico.

El póster arriba dice "Cambia tu destino" que, en doble sentido, realmente significa "Nosotros, la élite, cambiaremos tu destino". Vimos cómo los Globalistas consideran a miles de millones de personas como la "base de la pirámide". Los Globalistas nos ven también como la "base cultural de la pirámide"; para incorporarnos a la "cultura emergente" deben desestabilizar las tradiciones ancestrales de la misma forma que desestabilizan las economías mediante acuerdos comerciales y desestabilizan gobiernos mediante operaciones encubiertas.

Al desintegrar las tradiciones queda terreno fértil para que los Globalistas impongan sus valores en los niños de todo el mundo. El personaje de la película "Valiente" representa la "ruptura con las tradiciones".

Puedes pensar "Siempre tuvimos vanidad y el abuso que ella conlleva. Siempre hubo tentación, vanidad y pecado".

De acuerdo, no obstante en este libro intentaré demostrar que la vanidad nunca estuvo tan organizada ni ha sido tan invasiva como en este momento.

El "progreso" ha sido invasivo, no positivo. Los descubrimientos médicos como las vacunas, por ejemplo, en lugar de fortalecer han debilitado el sistema inmune de las personas. Las soluciones invasivas no funcionan. Los valores que promueve Disney son invasivos y no funcionan de manera positiva porque no están pensados para ser positivos para nadie excepto los Globalitas. El objetivo de Disney es la desestabilización cultural mediante temas populares como la "liberación". Las sociedades naturales que nos sustentaron por miles de años están en riesgo.

La clave para no sucumbir al condicionamiento que has asimilado es buscar disparadores. ¿Qué te hace reaccionar? ¿Qué dispara tus motivaciones? Descubre tus disparadores, desinstala el botón y descubrirás tu verdadera naturaleza.

Cuando poseemos soberanía personal no reaccionamos por disparadores culturales; de esto se trata el condicionamiento globalista. Buscamos en nosotros algo más profundo conectado a nuestros objetivos a largo plazo. Nuestros objetivos a largo plazo son espirituales, no materiales.

Ya que la élite quiere controlarnos, no quiere que nos conectemos con nuestros objetivos espirituales ¿o sí?

Esta es la razón por la cual los obsesivos del control apuntan a las tradiciones ancestrales, que tienen en cuenta el espíritu.

*   *   *

De la forma más inteligente, las películas como Valiente parecen empoderar al individuo. No obstante, esto no es lo deseable. Lo deseable es empoderar a las pequeñas comunidades porque somos criaturas sociales. No somos islas, somos familias. Al promover "los derechos del individuo", todas las familias del mundo se fragmentan; las madres solteras reemplazan a los vínculos hombre-mujer y a la comunidad. ¿Por qué? Porque si el individuo está primero, el resto es secundario.

El "valor" para ser un individuo fuerte es un engaño. La verdadera intención de esta ingeniería social es fragmentar la comunidad.

Estoy seguro de que ya existen entre los lectores personas programadas para defender "los derechos individuales" que no están de acuerdo con lo que escribo; esto se debe a que, probablemente, ya están fragmentados. Posiblemente seas proclive a más fragmentación que a la tradición. ¿Tienes tradiciones? Creo que no. Con suerte tienes padres que te aman: esa es tu tradición. Si no es así, lo más probable es que ya estés globalizado y programado por Gran Hermano.

Escribo esto para ayudar a desprogramarte. Descubrirás que los lazos y tradiciones de la comunidad son la única manera de que sobrevivamos físicamente a lo que se viene. Si te suena pesimista, vuelve a leer la historia del ecosistema roto, los gráficos, las estelas químicas y los chips de seguimiento inyectables.

No creo que debamos quedarnos quietos. Es el momento de estar alertas, ordenar nuestros hogares y almacenar provisiones.

Este libro no es un tratado intelectual para tu información. Es tu vida y escribo esto para ayudarte a despertar.

*   *   *

En el himno nacional de EE. UU. encontramos la frase "hogar del valiente". ¿Qué significa "valiente" aquí? Valor no es proteger a un soldado que asesina civiles. Valor no es acatar órdenes durante la ocupación de otro país.

A continuación, la letra de la canción de Christina Perri habla de un tipo de valor más saludable.

> *Cómo ser valiente…*
> *Cómo puedo amar si temo caer…*
> *Tendré valor*
> *No dejaré que nada me quite*
> *Lo que tengo frente a mí*
> *Cada segundo, cada hora se reduce a esto*
> *He muerto diariamente esperándote*
> *Amor, no temas*
> *Te he amado durante mil años*
> *Y te amaré mil más…*

de la canción "A Thousand Years" de Christina Perri

La letra de la canción de Perri es la esencia del compromiso. "Te amaré mil más". El valor es una promesa en sí mismo, más allá del propio interés. Valor es no ser descarado. Valor es no ser un "individuo fuerte" o ser "independiente". Creo que la palabra clave es consagración. El valor se consagra a algo mayor, a alguien o algo, no al "individuo" ni a mi tribu. "La sangre llama" es lealtad tribal. El valor real defiende el agua, el agua pura. Valor es algo muy noble que implica algo virtuoso, algo mayor de lo se puede asir o ver. Por ejemplo:

> *"Libérame o mátame."*

Patrick Henry, 1775

Las industrias de la música y del entretenimiento nos alientan a ser "valientes" para ser "distintos" o "especiales". En realidad, están cooptando (Glosario) la palabra valor. Esto es lo que los

Globalistas hacen con todo lo noble, lo cooptan. En la forma que lo presenta, el "valor" equivale a "arriesgarse" para probar que uno es mejor que el resto. En la guerra, el "valor" globalista implica proteger a tus camaradas en la batalla, incluso si la batalla se libra contra los combatientes por la libertad que son los verdaderos héroes. En esta versión cooptada, el "valor" no es noble, implica solo ganar premios para el propio equipo, no para la virtud ni la belleza.

En nuestro mundo, las personas más valientes son los denunciantes. Ellos son los verdaderos héroes.

En el hogar, los Globalistas quieren que los niños sean valientes para desafiar la guía de los padres y están logrando resultados. Estos resultados pueden verse en el lenguaje y las actitudes irrespetuosas de la mayoría de los niños que miran TV o juegan videojuegos. Si se analizan las películas de Disney en términos de actitud frente a la tradición, el ataque a la familia y a los hombres es ininterrumpido. La familia es según su propio concepto, los hombres son solo apéndices.

Los Globalistas nos quieren fragmentados o atomizados, porque quieren separar a las comunidades para que todos vivamos en un mundo globalizado bajo una ley, un sistema de valores y una monocultura. La razón es que los Globalistas quieren una sola organización en el mundo, no muchas como debería ser.

Las tradiciones familiares son los bloques constitutivos de comunidades diversas y únicas; pero, debido a su diversidad, los Globalistas quieren "unirlas", es decir, homogeneizarlas.

A tal fin, se nos debe fragmentar hasta la unidad más básica y simple. Es muy similar a lo que ocurre en los campos de entrenamiento: quebrar las lealtades para que quede solo "el individuo" sin consciencia ni ética, quien acatará órdenes como un robot. Bienvenidos al mundo de la "transformación".

De la misma forma que los campos de entrenamiento le quitan a las personas jóvenes la consciencia y la reemplazan con el "deber" para convertirlas en robots, se quita a todos los ciudadanos la virtud y se la reemplaza por el consumismo y la obediencia al "pensamiento políticamente correcto", un término del nuevo orden mundial utilizado por los comunistas de Rothschild hace cien años. (Mi madre me lo contó).

Por otro lado, el buscador espiritual rompe con la tradición en su búsqueda de la visión, pero esta no se reemplaza por un nuevo orden; la búsqueda es para romper con la vieja consciencia rutinaria. El buscador retorna a la tradición original con visión. Pero en el Nuevo Orden Mundial, volver a la tradición original no es parte del currículo. Ser globalizado significa que no hay tradición y no hay nada de lo que seas responsable. (Bueno para revisar Educación 2000, página 30)

En la actualidad, las caricaturas y los medios están inculcando una ruptura de la tradición, no para lograr la visión, sino para abrir la puerta a la mentalidad consumidora de primero yo: mi boca, mis papilas gustativas, mis genitales, mi auto, mi éxito. Codicia. Por el contrario, las personas tradicionales no son, la mayoría del tiempo, codiciosas, están conectadas y son respetuosas.

La psicología de la calificación de pruebas crea adultos que son empleados competitivos en vez de miembros de una comunidad. El "trabajo en equipo" en las escuelas se trata de categorizar el comportamiento interactivo, el cual es registrado por el profesor y va al currículo de la NSA permanente de los estudiantes a través de un software patentado que las escuelas no controlan. [70] Evaluación de perfil. Aunque "empoderamiento del individuo" aparece para respetar la individualidad, los estudiantes globalizados tienen poco sentido de lugar ecológico, por lo que, la administración y el servicio comunitario local nunca se desarrolla. Nuestros niños están siendo "educados" para ser indígenamente retardados.

Muchas vidas atrás, solo existían los derechos de la comunidad. En la actualidad, en los sistemas legales de la mayor parte del mundo, se niega a los pueblos indígenas sus derechos comunitarios ancestrales. La realidad se ha invertido.

⁕ ⁕ ⁕

Permíteme explicarte, porque es necesario llegar al fondo de este asunto. ¿Cuál es la raíz del "pecado"? independientemente de cómo lo definas. Es egoísmo a expensas del prójimo.

El otro extremo (ver relaciones inversas en el Glosario) sería "servicio para beneficio del prójimo".

Podría decirse que la energía del alma (estoy tratando de explicarlo porque es difícil describirlo con palabras) está dirigida a ayudar al "yo" o al "prójimo". Pero, cuando tomamos consciencia, ya no hay separación, te lo aseguro. Cuanto más calmo estés, más difícil será encontrar la separación. Y tenderás hacia el servicio. A medida que nos purificamos, no existe el yo desconectado. Creo que lo expliqué bien. No existe ninguna persona con un yo perfectamente puro. Hay personas que han dejado de lado el yo y, por lo tanto, son más puras.

¿Cuál de estos extremos promueven los Globalistas en las películas y demás medios? Es engañoso, nos fragmentan para servir y ser "héroes", pero no para servir al círculo de la vida sino para servir a la pirámide de su orden. Por lo tanto, estamos al "servicio", pero no de lo que es noble, bueno, verdadero, refinado y virtuoso.

Es importante comprender el engaño. Los Globalistas no pueden deshacerse del altruismo pero pueden redirigirlo según sus fines.

Nuestras marionetas nos pedirán que dejemos todo para servir a la "paz mundial" y sacrificarnos por la "crisis medioambiental mundial", pero siempre obedeciendo sus planes.

Los Globalistas han estado haciendo esto durante mucho tiempo. Hace cien años, los comunistas originales como mi tío y mis padres, pensaron que lograrían un mundo justo y libre de guerra para todos los trabajadores. Los engañaron y se lamentaron cuando se dieron cuenta. En la actualidad existe una nueva generación; el movimiento Zeitgeist tiene exactamente la misma base engañosa.

> *"Esta oportunidad, durante la cual se podría construir un orden mundial verdaderamente pacífico e interdependiente, no durará mucho...*
>
> - David Rockefeller, discurso en la cena de embajadores de las Naciones Unidas, 23 de septiembre de 1994

¿Alguien duda de quién tomará el control según su visión?

Los Globalistas solo necesitan una crisis para que la manada entre en pánico y huya. Su plan es encontrar algún desastre para que la mayoría de las personas esté dispuesta a correr hacia la "seguridad".

En una nación, esta crisis terminará con las comunidades locales pero, a nivel internacional, forzará una mayor cooperación para lidiar con la emergencia internacional. Cuando la cooperación sea uniforme, las naciones soberanas ya no existirán. Misión cumplida para los Globalistas. Y, cual videntes, los Globalistas han construido por adelantado las estructuras necesarias para tal emergencia; esta nueva "cooperación" será el nuevo gobierno mundial, o Nuevo Orden Mundial. Paso a paso, esta es la forma en la cual se está utilizando la crisis fabricada.

Como ejemplo, piensa en el huracán Katrina en Nueva Orleans y los estadios repletos de personas desesperadas. Como tu comunidad estará destruida, deberás depender del Gran Hermano. Esta es la finalidad de los eventos de desestabilización y consolidación y, también, de la fragmentación familiar. Los Globalistas están desesperados por destrozarlo todo para que esté de acuerdo con su "orden", porque más y más personas se están dando cuenta de la verdad sobre el engaño. ¡Necesitan un gran desastre tan pronto como sea posible!

(Mira www.geoengineeringwatch.org... Ya está aquí) Es "verdad vs. engaño"; toda la Tierra pende de un hilo. Esta es la razón por la cual tu voz, tu elección, tu corazón y tus acciones son tan importantes en este momento.

La alternativa a seguir de los Globalistas es obvia. No lo hagas. Deshazte de la globalización, deshazte del comercio internacional, deshazte de las Naciones Unidas, deshazte de la centralización. En su lugar, puedes comenzar a ordenar tu casa, aprovisionar la alacena y conectarte nuevamente con tu comunidad y su base ecológica. *Tu comunidad debe sobrevivir y tú puedes ayudar siendo un miembro fuerte.*

Podemos dejar de enfocar nuestra energía en una construcción ideológica como "el Mundo" con su guión engañoso ya que es, en realidad, una forma de control mental. Podemos dejar de pertenecer a la manada crédula. Podemos ser hombres y mujeres naturales fuertes con calma y conexión interiores que saben cómo trabajar juntos. Los adolescentes que leen esto son las personas más importantes del mundo. Son la alternativa que cambiará el rumbo y salvará nuestros caminos espirituales. Para los que digan "No podemos hacer eso" la única alternativa es confiar en Gran Hermano.

Las personas tendrán que arremangarse y trabajar juntas; tú puedes ser uno de los líderes.

*   *   *

Tomó años construir el sistema legal occidental. Nuestras leyes protegen la "propiedad privada" por sobre la comunidad. Por lo tanto, *los que más propiedades poseen tienen mayor protección.*

Voy a repetirlo porque es importante.

Nuestras leyes protegen la propiedad privada; por lo tanto, las leyes protegen a los ricos porque son los que poseen la mayoría de las propiedades.

La Reina de Inglaterra no tiene que preocuparse por las leyes.

Los pueblos indígenas, que ni siquiera conciben la propiedad privada, son los menos protegidos.

En los tribunales no se reconoce a las comunidades. Si existiera el concepto de "comunidad legal", los pueblos indígenas podrían haberse opuesto legalmente al colonialismo. Pero, en la cultura dominante, las comunidades no existen porque nuestra cultura se basa en la propiedad privada, no en la comunitaria. La propiedad privada es una táctica de dividir y conquistar. Los barones de Inglaterra no reconocen a la comunidad. Son propietarios de la tierra, de los siervos; su sistema está intentando apoderarse del mundo. En Hawái, la pequeña isla de Nii'hau, cerca de Kauai, es propiedad de una familia que controla la vida de los nativos, quienes vivieron allí durante mil años. Nuestro sistema les otorga ese derecho, respaldado por la policía y las fuerzas armadas.

En este sistema, un representante puede mentir, ser reemplazado por otra figura que también miente, quien, a su vez, será reemplazado por otra que también miente… de forma que las comunidades indígenas no tengan a nadie responsable con quien hablar.

En los EE. UU., el gobierno federal le está quitando poder a los estados y estos a los condados. La autonomía local está desapareciendo. La *cultura dominante* acabó con el *pueblo indígena* y ahora está acabando con todos. Esta erosión agresiva de la vida natural puede verse como una vida urbana fragmentada que se esparce hacia el campo.

*   *   *

Supongamos que tienes una tarea escolar. Supón que eres un Globalista con fondos ilimitados. Tu objetivo es lograr el control total sobre el planeta. Deseas que los habitantes no puedan fortalecerse y dependan de tus caprichos para obtener alimento, energía, entretenimiento, drogas, transporte y seguridad. ¿Qué obstáculo encontrarás en tu camino?

Una respuesta es que cualquier ser humano que se respete se negará a consentir. Otra respuesta: cualquier padre. Otra respuesta: cualquier abuelo. Mmmm… para los Globalistas la familia es un problema porque es una fuente de fortaleza.

Tal vez recuerdes que en EE. UU., entre 1619 y 1865, se separaba a las familias de los esclavos negros para que se desorientaran, entristecieran y no pudieran organizarse. Esto los transformaba en esclavos más complacientes para los monstruos que los aterrorizaban. En EE. UU., Canadá y Australia, los niños eran separados de sus familias indígenas para crear una generación perdida con muy poca conexión con la tierra, el espíritu, las raíces y la familia. No es coincidencia que en EE. UU. y Australia existiera la misma política. Ambos países estaban controlados por los Rothschilds. Nosotros, como Globalistas, ni siquiera consideramos lo increíblemente desgarrador que fue para los soldados de nuestra cultura dominante llegar a los hogares de estas personas y robar a sus niños para "desarrollarlos" en nuestras escuelas-campos de concentración.

Alumnos en Carlisle Indian School, Pensilvania (c. 1900)

En palabras de Richard Henry Pratt, fundador de Carlisle Indian School e ideólogo de la política de asimilación forzosa.

Un gran [¡mentira!] general dijo que el único indio (nativo americano) bueno era el muerto y que la autorización de su destrucción fue un factor relevante en la promoción de las masacres indias. En principio, estoy de acuerdo pero solo en esto: **que todo lo "indio" que exista debe matarse. Se debe matar el "indio" en él pero salvar al hombre.**

(La frase real era "Los únicos indios buenos que he visto estaban muertos", del General del Ejército de la Unión Philip Sheridan, en 1868, al "tosawi" de los Comanches (Nuevo México/ Oklahoma)

"El asunto de los niños nativos americanos y de las naciones originarias de los Estados Unidos y Canadá como generaciones perdidas no se puede descartar sencillamente como historia "antigua". Muchos lectores conocen la historia de los internados para nativos americanos, como Carlisle, arriba, y el sistema escolar residencial para los indios canadienses, gracias a los continuos esfuerzos de los editores y escritores de Native American Netroots, fundado por los Navajo, tanto en su sitio web como aquí en Daily Kos. También han informado sobre el secuestro actual de niños nativos americanos en Dakota del Sur, quienes fueron colocados con padres sustitutos blancos, en artículos escritos por Meteor Blades y Aji.

"Desafortunadamente, muchos de nuestros conciudadanos permanecen en la más completa ignorancia. Lo sé porque me enfrento todos los días a la censura de la historia de nativos americanos y a la invisibilidad de los que viven entre nosotros. Muchos colegas y otros profesores con quienes me comunico en todo Estados Unidos están de acuerdo."

– Denise Oliver Velez, Daily Kos, 14 de abril de 2013.

Este enlace también incluye excelentes videos [71].

A la izquierda, niños aborígenes robados en Australia. Aunque no lo creas, en este momento se están robando a todos los niños del mundo al introducir un nuevo y foráneo sistema de valores en todos los hogares mediante el entretenimiento y la educación global "basada en resultados". En lugar de alejar a los niños de sus padres, se está criando a los niños directamente en su hogar.

Por lo tanto, la tarea escolar de crear una población complaciente es hacer una lista de formas para debilitar a la familia y lograr una población sin otras coordenadas morales que las que impone el Nuevo Orden Mundial.

1. Crear una generación descarada para eliminar el respeto a los padres.

2. Crear desconfianza entre hombres y mujeres. Burlarse de los hombres en los medios, patearlos y cachetearlos.

3. Centrarse en la lujuria, no el compromiso.

4. Ridiculizar la castidad y sexualizar a los niños para promover el sexo adolescente con la consecuencia de más embarazos adolescentes y más niños sin padres comprometidos.

5. Dar beneficios sociales a las madres solteras para fomentar la promiscuidad.

6. Cooptar el movimiento feminista original para confundir la identidad sexual. (Apoyar la "igualdad" en lugar de los polos complementarios respetuosos.)

7. Promocionar el mantra de la mujer "independiente" y el hombre pelele. Además, apoyar a los hombres centrados en sus cuerpos y no es sus habilidades.

8. Eliminar la cabeza de la familia.

9. Promocionar el alcohol y las drogas para que más hombres sean menos responsables y más abusivos con la consecuencia de más hogares rotos.

10. Confundir el significado de matrimonio y convertirlo en una "relación" que cualesquiera dos personas de cualquier sexo pueden tener. Mientras que el matrimonio real entre un hombre y una mujer jóvenes es un compromiso de servicio, es decir, hijos, el nuevo matrimonio no significa deberes sino se trata de "mi necesidad" de amar. "Tengo el derecho de amar a quien quiera" es egoísta. Tener hijos elimina este derecho. En un matrimonio real estamos al servicio del deber no de nuestros propios derechos. Al confundir este concepto, se corroe la mentalidad de compromiso al servicio; en consecuencia, existen más hogares rotos basados en el nuevo ideal egoísta.

11. Empoderar al "individuo fuerte" en lugar de la comunidad fuerte en caricaturas, películas y leyes.

Estas son solo algunas ideas, puedes agregar más. Esto está ocurriendo en este momento; nada de esto ocurre en las culturas indígenas. A diario, se nos administra el programa de la Carlisle Indian School. Cada vez más se está eliminando al humano natural de las personas.

EL ARMA DISNEY

Se está atacando las estructuras familiares tradicionales en todas las culturas. Las películas como Valiente son un arma para cambiar lo que las niñas consideran importante y su forma de ver su relación con los padres. Se está reemplazando algo muy antiguo. El personaje de la niña en Valiente es lo más antifemenino que he visto, pero no es la única en décadas de ingeniería social por parte de Disney.

No voy a referirme al feminismo aquí, eso lo haré en el cuarto libro, pero mencioné anteriormente la "cooptación del feminismo original". La agente de la CIA globalista Gloria Steinem, quien fundó la revista Ms., cambió el feminismo para alejarnos de los temas de derechos humanos. Deseábamos el fin de la injusticia y lo que obtuvimos fue igualdad egoísta en el orden de la ley del más fuerte de la pirámide. "Ya que me gano la vida tanto como los hombres machistas, las cosas deben ser iguales…" El orden de la ley del más fuerte se fortaleció con la incorporación de más trabajadores robot a la cultura dominante. Puedes investigarlo tú mismo y preguntarte por qué la CIA financia la revista Ms. Este es el motivo por el cual afirmo que la globalización es mucho más que económica.

Esta cooptación está definida elocuentemente en la siguiente canción de la "diva" fabricada por Disney, Christina Aguilera. Ella es un arma del ataque de ingeniería social globalista a América Latina ya que muchas de sus canciones son en español. Hablo de ella en el siguiente capítulo.

> *Si revisas la historia*
> *Hay un doble estándar común de la sociedad*
> *[Suena como protesta contra una injustica, pero...]*
> *El chico obtiene toda la gloria cuanto más sexo tiene*
> *[La cantante quiere gloria, no virtud.]*

> *Y si cuando la chica hace lo mismo, la llamas ramera*
> *No entiendo por qué está bien*
> *El chico puede salir impune mientras que la chica gana mala reputación*
> *Todas mis damas juntémonos y hagamos un cambio*
> *Y pongamos en marcha un nuevo comienzo para nosotras, canten*

[Designa un abuso; el feminismo original bregaría por el fin del abuso de la gloria vana, pero el feminismo cooptado llama "igualdad" a ser igual de vano, abusivo y disfuncional.]

> *Aquí hay algo que simplemente no puedo entender*
> *Si un chico tiene tres chicas, entonces él es un hombre*
> *Si la chica hace lo mismo, es una ramera*
> *Pero la tortilla está a punto de voltearse*
> *Apostaré mi fama a que sí*
> *Amigos míos copiaron mis ideas y lo firmaron*
> *Está bien sin embargo, no puedes dominarme*
> *Tengo que seguir para adelante*

> *Para todas mis chicas con un hombre que esté tratando de cortejar a otras*
> *Hazle exactamente lo mismo y permite que así sea*
> *Necesitas hacerle saber que su juego es desagradable*
> *Lil'Kim y Christina Aguilera te cubrirán las espaldas*

de la canción "Can´t Hold Us Down", de la creación de Disney Christina Aguilera

El mensaje explícito de la canción de Aguilera y Kim es: "Puedes actuar como una prostituta, pero no deben llamarte así. ¡Hermanas, debemos exigir igualdad de derecho para la gloria de la promiscuidad! ¡No nos pueden detener!" Este es el feminismo de Gloria Steinem. Esta es la forma en que el Nuevo Orden Mundial cooptó a las heroínas feministas originales.

El feminismo original luchaba para que el hombre y la mujer compartieran el mundo con respeto. Fue una reacción a la excesiva dominación de los hombres y su finalidad era que los hombres retrocedieran y fueran menos testarudos. El feminismo cooptado quiere un mundo de hombres testarudos en el que las mujeres actúen de la misma forma descarada, irrespetuosa y abusiva que los hombres dominantes, vanos y desconectados. "Igualdad". A esto me refiero con ataque a la feminidad natural, que se traslada a cómo tratamos a la Madre Tierra.

Ying-Yang. El complemento de los opuestos. "Labial" ya no se trata de ser el complemento opuesto de lo masculino. Nuestro ideal de feminidad está siendo separado de algo único, especial y femenino.

¿Qué significa mujer fuerte? ¿Qué significa mujer débil? Ser fuerte ¿es apoyar a alguien o abandonarlo?

Apoya a tu hombre
Dale tus brazos para sostenerse
Y algo tibio a donde llegar
En las noches frías y solitarias
Apoya a tu hombre
Y dile al mundo que lo amas
Sigue dándole todo el amor que puedas
Apoya a tu hombre

de la canción "Stand By Your Man" de Tammy Wynette y Billy Sherrill

The Secrets of Isis

From Wikipedia, the free encyclopedia
(Redirected from Isis (TV series))

The Secrets of Isis is the title of the syndicated version of a live-action CBS television series produced by Filmation in the 1970s (originally titled **Isis**) that appeared during the network's Saturday morning cartoon lineup.[1] The series also aired in various countries other than the United States. As indicated on commentary in the 2007 DVD release of the series, and supported by examining broadcast premiere dates, *The Secrets of Isis* was the first weekly, American, live-action television series with a *female* superhero lead character (debuting September 6, 1975, predating the *weekly* debuts of both *The Bionic Woman* (January 14, 1976), and, *Wonder Woman* (April 21, 1976). In the series, Isis starts out as a seemingly normal, explorer/teacher, who transforms into (a variation on) the Egyptian goddess, when presented with crises that a mere mortal cannot resolve.

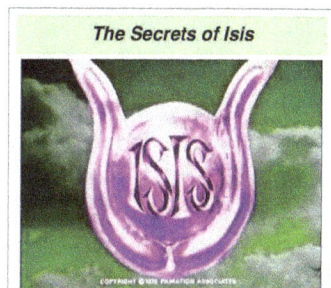

The Secrets of Isis

Title card

Los Secretos de Isis

De Wikipedia, la enciclopedia libre
(Redigirido de Isis [Serie de TV])

The Secrets of Isis (Los Secretos de Isis) es el título de la versión sindicada de la serie live-action de televisión de la cadena CBS producida por *Filmation* en la década de los 70 (su título original era **Isis**) que se emitía en el segmento de caricaturas matutinas de los sábados. Además de en Estados Unidos, la serie también se transmitió en otros países. Como se indica en los comentarios de la edición en DVD de 2007 de la serie, y sustentado por el análisis de las fechas de lanzamiento al aire, *The Secrets of Isis* fue la primera serie live-action semanal estadounidense cuyo personaje principal era una superheroína; debutó el 6 de septiembre de 1975, anticipándose a los debuts semanales de la Mujer Biónica (14 de enero de 1976) y La Mujer Maravilla (21 de abril de 1976). En la serie, Isis se presenta como una profesora/exploradora aparentemente normal que se transforma (en una variación) de la diosa egipcia, al enfrentarse a crisis que un mero mortal no puede resolver.

Photo caption: Logotipo del título

La letra de esta canción se atacó por mostrar debilidad sometida y anticuada, pero es fortaleza. ¿Anticuada? Seguro. Funcionó durante millones de años. En la actualidad, según el feminismo cooptado, se supone que las muchachas deben "rebelarse" y "encontrar su voz", ser descaradas y profanas como en la canción que cité anteriormente. Olvídate del ying y el yang, sé profana.

En la discusión de cómo la auto-identidad de las mujeres ha sido diseñada mediante *ingeniería social*, este personaje infantil de los 70 "Isis" revela algunas conexiones interesantes.

Acerca de las diosas

Muchas personas saben que la diosa antigua egipcia Hathor fue asociada con una vaca. Ella frecuentemente era retratada con una cabeza de vaca, por ejemplo en los mangos de los espejos y en las partes superiores de las columnas en los templos.

Hathor fue además retratada como una mujer usando un tocado que consistía de un par de cuernos rodeando un disco solar, como es mostrado en el dibujo a la derecha. Debido a los cuernos de vaca, muchas personas asumen que este tocado siempre indica que la diosa en la imagen es Hathor.

Sin embargo, otras diosas podrían usar cuernos y discos solares, incluyendo Sekhmet, Tefnut e Isis.

El dibujo a la derecha podría representar a Hathor o a Isis. No existe suficiente información para vincularla de manera específica a una u a otra.

"Hathor es a veces la madre, la hija y la esposa de Ra, como Isis es a veces descrita como la madre de Horus… el culto de Osiris prometió vida eterna a aquellos considerados moralmente dignos… la antiguos griegos identificaron a Hathor con la diosa Afrodita mientras en la mitología romana ella corresponde a Venus" – Wikipedia.

"Isis es una superheroína de historietas DC, del mismo modo que una diosa egipcia separada que vive en el universo DC. El personaje de superheroína es modelado después del personaje principal, Los secretos de Isis, un programa de televisión de acción transmitido los sábados en la mañana que se presentó como la segunda mitad de la hora Shazam/Isis. El personaje de televisión apareció en diferentes publicaciones de Comic DC a finales de 1970. El personaje de superheroína reciente fue introducido en 2006 como una contraparte femenina… El personaje de la diosa egipcia ha sido representado dentro de la historieta de la Mujer Maravilla" – Wikipedia.

Base de datos de películas de Internet (IMDb): Isis con JoAnna Cameron, Brian Cutler, Joanna Pang, Ronalda Douglas. Una arqueóloga consigue un amuleto que le permite convertirse en una diosa superheroína Isis y luchar contra el mal.

Película Isis (Concepto) - **Isis** no es un desarrollo activo. Una chica encuentra un brazalete de la antigua diosa Isis y hereda sus poderes y además despierta las fuerzas oscuras.

En la película de Disney *John Carter* (2012) los personajes juran a la diosa Isis de manera repetida. El nombre es está siendo sembrado en la audiencia una y otra vez. ¿Por qué el énfasis? En el guion la siguiente narración es dada a la audiencia. ¿Programación predictiva? La elite parasita se expone a ella misma aquí.

"Hemos estado jugando estos juegos desde antes de este planeta y continuaremos haciéndolo mucho tiempo después de la muerte de los suyos. Nosotros no causamos la destrucción de un mundo, Capitán Carter. Nosotros simplemente lo dirigimos. Los alimentamos, si quieren. Pero en cada planeta siempre pasa lo mismo. La población se levanta, las sociedades se dividen, la guerra se esparce y mientras tanto todo el planeta abandonado se desvanece lentamente."

- de la película *John Carter* (2012)

El nombre de Isis podría sonar, como aquellos chicos malos decapitando gente en el Medio Oriente. Conoces "I.S.I.S", el nombre que de algún modo viene de un grupo supuestamente árabe (que puede ser más astuto que todos y que sabe robar y usar las armas modernas más sofisticadas) y que es abreviado como "ISIS". Este nombre inglés fue fabricado por quién, ¿el Pentágono? ¿Y el nombre es una deidad Illuminati que es puesta con otros simbolismos? Vamos a conocer más sobre la conexión entre ISIS y el Medio Oriente hacia final del libro. Un thriller tiene que tener un poco de misterio, ¿no es así?

De Wikipedia controlada…

"Ella fue primero venerada en la religión del antiguo Egipto y luego su veneración se extendió a través del Imperio Romano y la mayoría del mundo grecorromano. Isis es todavía venerada por muchos paganos en diversos contextos religiosos…" Mmmm… ¿Cuáles religiones paganas?

Isis fue la madre del dios egipcio Horus (arriba artefactos o replicas vendidas en Ebay del "Ojo de Horus") a partir de la cual obtenemos el símbolo del ojo que todo lo ve, que está en la cima de la pirámide sobre el billete de un dólar estadounidense, el logo para las agencias de inteligencia y es promovido mediante series de televisión infantil, el Factor X y American Idol.

¿A qué religión pagana se está refiriendo Wikipedia? Los Illuminati se están convirtiendo en la religión anti-espiritual dominante de nuestros tiempos y están haciendo esto mediante mensajes subliminales y simbolismos, que están modificando nuestros valores.

Por ejemplo, ¿es sólo una coincidencia que el disfraz de Madona del medio tiempo del Super Bowl luzca un poco como el símbolo de la diosa Isis, en el logo cuidadosamente escogido para el show infantil, arriba, y ella está haciendo un movimiento egipcio con su mano? ¿Es posible que sea una simple coincidencia? Debemos comprender el poder de los símbolos… los símbolos crean adherencia y familiaridad sin ninguna exposición racional. La publicidad de logos y marcas se trata de crear esta adherencia. Por lo tanto, los símbolos tienen poder.

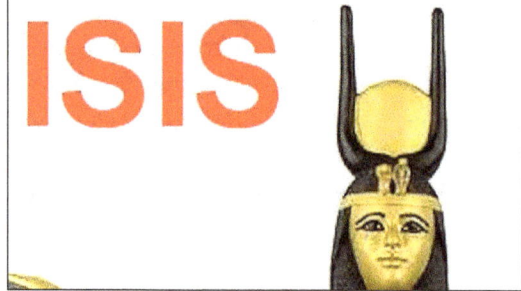

¿No estás convencido? ¿Cómo explicas el traje de Cher? ¿Coincidencia? Este libro es una exposición de la globalización y nuestro lugar para corregir eso. La globalización es un proyecto oscuro y vano, que en nuestro periodo histórico se puede rastrear su origen en la vanidad y desconexión de la elite parasitaria egipcia, e inclusive antes de eso. Cuando vemos a las estrellas del Pop como Cher arrodillada ante los simbolismos Illuminati y su conexión con el ojo que todo lo ve y la vigilancia en masa y la tecnocracia, tenemos que tirar un poco de agua fría sobre nuestros rostros. ¿En realidad quieres vivir en *su* cultura? (Ver *tema de la jaula* en el Glosario)

Enfoquémonos en las palabras de la imagen de Wikipedia en la parte superior sobre el programa infantil los *Secretos de Isis*.

En la serie, una mujer humana promedio se transforma en una súper heroína. Ten en cuenta que dentro de los 3-7 meses siguientes debutaron shows similares, *La mujer biónica* (programación predictiva llenándonos con transhumanismo) y la *Mujer maravilla*. Estos dos shows estaban siendo desarrollados antes de que los *Secretos de Isis* fuesen probados en el mercado. Los *Secretos de Isis* debutó un sábado en la mañana, dirigido directamente a los niños más pequeños. Entonces, vemos aquí que los desarrolladores estaban creando un mercado, no respondiendo a él. Ellos tenían un propósito más importante que hacer dinero. Además, nota que los *Secretos de Isis* se lanzó internacionalmente para homogenizar a todos los niños. Isis aparece en el show infantil de preescolar, Capitán Canguro. El tema fue introducido a los niños sin la opinión de sus padres. Este es el Nuevo Orden Mundial a la perfección. Además, ¿qué enseñaron estas supermujeres a los niños y las niñas?

Las niñas pequeñas recibieron modelos de conducta de mujeres que siempre están jóvenes y usan trajes sexis, es decir, listas para el sexo todo el tiempo. Ellas no tienen hijos y pelean como hombres. La feminidad natural fue remplazada. El gancho fue "igualdad" y la emoción del poder sobre otros, pero lo estándar ya no es más una vida normal. En la mente de las niñas se introdujo una supermujer "transformada" que era superior... ¡en términos masculinos! Esto fue lo que modeló la identidad de las mujeres "modernas", que están ahora en sus cincuenta o son más jóvenes.

Los programas de supermujeres fueron ataques del "feminismo" illuminati, el cual desvió el feminismo humanista. [72] El ataque fue orientado a las niñas de manera internacional y ha tenido mucho éxito. *Muy pocas mujeres creen que la supermujer es un enemigo de la feminidad y de la tierra misma.*

Isis es una metáfora Illuminati y una deidad. [73] Entendemos, de manera lógica, la desestabilización de las familias, el incremento de tasas de divorcio y el aumento de mamás solteras. Pero, ¿por qué el Nuevo Orden Mundial de los Illuminati introduce el nombre y los símbolos de una de sus deidades? La respuesta se encuentra en la red de conexiones simbólicas mismas, que forma la matriz de creencias de las que debemos despertar. Es como la preocupación Illuminati por la numerología... sus deidades son simplemente supersticiones que han impuesto sobre todos nosotros. Es otro sistema de creencias limitado. Ellos no conocen la claridad. Pero es posible que haya entidades reales detrás de la adoración de la deidad. Recuerda a Moisés, a Mahoma y a Joseph Smith, todos canalizados por entidades que nos dieron los Diez Mandamientos, el Corán y el Libro de los Mormones.

Lo que cada uno de nosotros llama "normal" es como una tela de múltiples capas que incluye emociones subconscientes, simbolismos de arquetipos, connotaciones, matices, prejuicios, lealtades y la gravedad de lo familiar repetitivo. El "volante" del hábito. Esta red ubicua, o tela, no es sólo creencias, es energía. Los simbolismos parecen superfluos, pero contienen las intenciones de otros. Las personas son poderosas y el poder puede ser dirigido a través de cualquier medio de comunicación, incluso correos electrónicos. Cuando dos seres están enfocados en el mismo punto, ese punto puede ser un puente y se puede transferir la intención.

El poder de la intención no es algo que nos hayan enseñado, pero aquellos que están en la cima de la pirámide usan todos los trucos. La matriz de mentiras de las que estamos aprendiendo tiene una lengua de señas y una intención detrás. La elite parasita está atrapada en creencias bizarras. Isis, madre de Horus, el ojo que todo lo ve, es uno de esos íconos. Ellos adoran la adicción del deseo de más y más poder. Ellos creen que sus símbolos son importantes. Es todo una gran vanidad que deja daños colaterales y nosotros somos peones en su juego.

La autoimagen de la mujer es quizá el ámbito más importante de nuestras elecciones de clientes nuevos y, por lo tanto, también de nuestra contaminación y deconstrucción espiritual. La deconstrucción de una polaridad sexual clara es la razón de por qué las niñas son el objetivo. Las niñas fueron profanadas para convertirlas en hombres agresivos.

¿Por qué la cultura europea es tan pervertida comparada con otras? Puedes verlo, estos países fueron los colonizadores, es decir, los violadores del mundo. Del mismo modo que Roma fue decadente, Occidente ha sido y es decadente. Los romanos estaban orgullosos de ser "penetradores". La sexualidad y la dominación se mezclaron en el imperio romano y cualquiera era una presa de violación. Por otro lado, la elite romana era "impenetrable". Las "naciones coloniales" sacaron beneficios de todo el mundo, y en su riqueza y poder, como es costumbre, la enfermedad crece. Pregúntate quién inventó los brasieres y por qué. Los senos son para la lactancia, no para ser considerados como objetos de fetiche. Esa es la globalización para ti; la difusión de lo antinatural. El centro de la decadencia y la perversión ahora parece ser Estados Unidos de vanguardia.

¿En qué estás malgastando tu vida y quién te lo dio?

Las mujeres ancianas en la foto son más fuertes y más libres y pueden probarlo, mientras las mujeres jóvenes detrás de ellas no pueden, porque sus coordenadas de auto-identidad les fueron vendidas por la cultura dominante. Ellas son débiles en comparación. ¿Son los pueblos tradicionales "anticuados" o todavía soberanos?

Las raíces de las actitudes sexuales perversas son muchas, pero, ¿quién mantiene estas actitudes perversas vivas generación tras generación? Si supones que es la elite, estás en lo cierto. En la cima de la pirámide, las personas más ricas y perversas, mantienen la distorsión como una moda. Los campesinos que están ocupados teniendo a sus familias no salen con fetiches de moda.

Templo Khajurado, Madhya Pradesh, India es un monumento a todas las maneras de tener sexo sin preocuparse por la familia. Y algunos occidentales aman esto porque afirma su propia obsesión. ¡Pero esta no es la religión de India! Es un hombre rico presumiendo de su dios falso. Esto no es un ejemplo de la cultura india clásica, esto es un ejemplo de la decadencia del 1 % de la elite imperial clásica. Siempre sigue el dinero. ¿Quién financió esto? ¿Cómo consiguió tanto dinero? ¿A quiénes se lo robó a punta de lanza?

No creo que las mujeres indígenas inocentes siquiera consideraran la imagen ante sus propios ojos. Les preocupaba cómo las veía la comunidad, no cómo se veían al espejo. Las mujeres que conocí en Arnhemland no tenían espejos.

En la actualidad, se supone que las mujeres deben ser agresivas y los hombre pasivos. Esta es la realidad que se ve en las calles.

Deberías ser más fuerte que yo
Has estado aquí 7 años más que yo
No sabes que se supone que eres un hombre,
No más pálido de lo que piensas que soy,
Siempre quieres solucionarlo con palabras – ¡no me importa!
Siempre debo consolarte cuando estoy allí
Eso es lo que necesito que hagas...
¡Acaricia mi cabello!
Deberías ser más fuerte que yo,
Pero eres más frío que un pavo congelado,
¿Porque siempre tengo que estar al mando?
Solo necesito que un hombre haga lo que debe,
Siempre quieres solucionarlo con palabras – está bien,
Tengo que consolarte a diario,
Pero eso es lo que necesito que hagas ¿eres gay?

- de la canción "Stronger Than Me" de Amy Winehouse

En la actualidad, el hombre deja las decisiones a su compañera autoritaria. Lo veo a menudo. La mujer maneja las cosas. Pero quien lleva los pantalones en la familia es más materialista que nunca, porque no solo está entrenada para ser materialista sino que carece de la feminidad natural. Está tan desconectada como los hombres desconectados.

El truco para cambiar el comportamiento de las personas ha sido controlarlas con la zanahoria "quiero, quiero, quiero". La persona con más deseos, la que tenga mayor ansia de posesión, será la más agresiva y "triunfará". Así es como la cultura materialista crece como una bola de nieve.

En la actualidad, las mujeres de los sitios más apartados usan prendas tontas de moda. A diferencia de hace cien años, las mujeres de todas las edades están centradas en mantener su imagen, creada a partir de valores urbanos. Las mujeres son empleadas sin paga y publicitan los intereses comerciales en el círculo vicioso de la falsedad. Presentan una fachada, están posando.

Las niñas pequeñas imitan a sus modelos de conducta, que son impostoras de labial. Las niñas quieren ser esta o aquella diva, quienes, al igual que los políticos, son marionetas controladas. Esto es importante. Durante cien años, los modelos de conducta han sido fabricados con un objetivo psicológico específico. Sigue el dinero. Fueron colocadas. Un ejemplo de un modelo de rol "feminista" colocado fue Katherine Hepburn, hija de un fundador de Paternidad Planificada, financiada por el magnate de los aviones Howard Hughes. [74]

Puedes ver en la tele a las mujeres posar, luego girar la cabeza y ver a tus vecinas posar. Las mujeres ya no tejen ni cosen su propia ropa. El estilo que usan no tiene inspiración creativa de la que enorgullecerse. La mayoría de las mujeres urbanas están vanamente orgullosas de vestirse como maniquís de fábrica. Los seres humanos lucen como algo creado por maniquís.

Los hombres no tienen que vestirse como maniquís. Mi teoría es que debido a que la lujuria es una característica más masculina (presión de la glándula prostática), existen "condiciones de mercado" para vender lujuria. El resultado de este énfasis es que los hombres lucen como personas mientras que las mujeres lucen como muñecas pintadas. Una vez que cambiamos el enfoque, esta realidad es alarmante. La mitad de las personas que se ven en casi todas las ciudades del mundo lucen como personas reales, la otra mitad luce como maniquís pintados. ¡La mitad de las personas usa máscaras!

Todas las mujeres que pierden el tiempo poniendo sustancias químicas tóxicas en su rostro están diciendo: "Como mujer, debo lucir como un maniquí, de lo contrario no soy una mujer." Supuestamente es para atraer la atención de los hombres, pero a los hombres realmente no les importa el maquillaje ni el peinado. Las mujeres hacen esto para sí mismas o, mejor dicho, para su vanidad.

> *Todas las mujeres van por ahí, vestidas para alguien.*
>
> - De la canción "Wild Nights" de Van Morrison

Jóvenes… ¿saben por qué las prostitutas usan mucho maquillaje? Lo hacen para ya no ser un individuo con personalidad única con el que un fulano tiene que interactuar. Se convierte en la máxima personalidad a la venta sin rostro real. Casi podrían ponerse una bolsa de papel en la cabeza o no tener cabeza, como promociona "Lady" Gaga. Es solo un orificio. Eso le facilita acercarse si todo lo que el hombre busca es aliviar la presión. Eso la hace "sexy" porque el hombre, entonces, también es solo un cuerpo sin necesidad de ser un ser humano responsable. Ni el cliente ni la trabajadora del sexo tiene que respetar o relacionarse con otro ser humano. Él paga y se va. Ella vuelve a ponerse el maquillaje/máscara. ¡El que sigue!

El párrafo anterior va dirigido a todas las mujeres jóvenes. ¿Qué eres?

Las mujeres han comprado la idea de competir unas contra otras por el más superficial de los objetivos… la apariencia. En contrapartida, las mujeres indígenas simplemente no hacen esto. ¡Durante decenas de miles de años no existieron los espejos!

Los cosméticos tóxicos son un ataque directo a la feminidad natural. ¿Por qué digo tóxicos? Señoras: ¿dejarían que un bebé coma su maquillaje, labial o cremas faciales? Por supuesto que no. Pero todo esto se absorbe a través de la piel. ¿Qué químicos están poniendo en sus rostros?

Del artículo: "El zorro vigila el gallinero" de SmartCosmetics.org

"La agencia que debe controlar los cosméticos, la Administración de Alimentos y Medicamentos de Estados Unidos (FDA) no tiene autoridad para solicitar una evaluación de seguridad antes de la salida al mercado como sí la tiene con los medicamentos; los cosméticos son los productos menos regulados del mercado. La FDA no revisa, ni tiene la autoridad para reglamentar, qué hay en los cosméticos antes de que salgan a la venta para uso en los salones o los hogares. De hecho, ninguna institución pública responsable ha evaluado la seguridad del 89 por ciento de los ingredientes de los cosméticos.

"Irónicamente, los consumidores creen que el gobierno de Estados Unidos reglamenta la industria de cosméticos de la misma forma que reglamenta los alimentos y medicamentos que se venden en el país para garantizar su seguridad. En realidad, nadie se ocupa de las tiendas que venden champú, humectantes para la piel, productos para bebés, labial y cualquier otro producto de cuidado personal.

"El sitio web de la FDA explica sus limitaciones: "La autoridad legal de la FDA en relación con los cosméticos es distinta de la de otros productos regulados por la agencia. Con excepción de los colorantes, la venta de productos cosméticos y sus ingredientes no está sujeta a la aprobación previa de la FDA."

"La evidencia emergente del daño corporal que producen estas sustancias químicas al pueblo estadounidense y los nuevos conocimientos sobre cómo una pequeña exposición a estas sustancias químicas puede causar daño, sugiere que no existe una lógica de salud para la diferencia en la autoridad de reglamentación entre las distintas divisiones de la FDA.

"Según la FDA, '[a] un cambio en la autoridad legal de la FDA sobre cosméticos requeriría que el Congreso cambie la ley.' Para desalentar una ley del Congreso, el grupo de industrias cosméticas (antes, la Asociación de Cosmética, Artículos de Tocador y Fragancias, ahora el Consejo de Productos de Cuidado Personal) creó en 1976 un sistema de autorregulación voluntaria mediante el Panel de Revisión de los Ingredientes de Cosméticos.

"La Revisión de Ingredientes de Cosméticos (CIR), el panel de autocontrol de seguridad de la industria, está muy lejos de compensar la falta de control de la FDA. Según su sitio web, la CIR "revisa integralmente y evalúa la seguridad de los ingredientes que se utilizan en los cosméticos de forma abierta, imparcial y experta y publica los resultados en publicaciones científicas revisadas por los pares."

"Pero, en sus más de 30 años de vida, la CIR ha revisado la seguridad de solo el 11 por ciento de los ingredientes que se utilizan en las fórmulas de los productos de cuidado personal y, a junio de 2008, ha evaluado que solo 9 ingredientes son inseguros para utilizarlos en cosmética.

"Este panel funciona sin guía de la FDA en relación con la seguridad de los productos de cuidado personal. Palabras tales como "natural", "seguro" y "puro" en las etiquetas no tienen definición legal ni relación con el riesgo dentro del paquete. Los niveles aceptables de riesgo están a la entera discreción de este panel.

"En detrimento de la salud pública, la CIR no analiza los efectos de la exposición a múltiples sustancias químicas vinculadas a impactos negativos en la salud; el efecto acumulado a la exposición en el tiempo y el tiempo de exposición pueden aumentar el peligro a la población muy joven y demás o la exposición de los trabajadores en salones de belleza y fábricas."

- Sitio web de denuncias safecosmetics.org

¿Qué quise decir con feminidad natural? La feminidad natural es lo que las mujeres tuvieron por miles de años antes de que las revistas les inculcaran cómo lucir según la "moda" de este año. No importa si todas las mujeres que conoces usan maquillaje. Esas son solo las mujeres que conoces en la burbuja de la cultura fabricada. No son las mujeres que han vivido de forma natural sobre la Tierra durante siglos. ¿Es posible que estés perdido en el culto corporativo de la apariencia?

Las mujeres que juegan el juego de la muñeca pintarrajeada son ciudadanas de segunda que no son suficientemente buenas para aparecer al natural pero deben prestarse al juego. Prestarse al juego socava la naturaleza espiritual interior, verdadera y simple, que no se involucra en juegos manipulativos y engañosos. Usar la máscara es engañar.

Caballeros ¿no están hartos de las mujeres que posan constantemente? ¿Cuál es su verdadera apariencia? ¿No quieren conocer a alguien real? ¿Les satisface sentir lujuria por un maniquí? (Sí, el maniquí no tiene personalidad y es genial para el sexo. Ya hablamos de eso, pero no eres un "cliente" todo el tiempo, ¿o sí?) ¿Quieres cortejar a alguien que se la pasa posando? De hecho, no se puede confiar en una mujer que usa maquillaje porque odia cómo luce naturalmente y siente horror de que la veas como realmente es. (Nieguen todo lo que quieran, señoras. Pierden tiempo a diario intentando ocultar su verdadero aspecto, lo contrario de las mujeres indígenas que ¡siempre lucen como verdaderamente son!)

Muchachos, la vida de sus novias o esposas se ha convertido en un juego de apariencias. No solamente su rostros no es real, tampoco su personalidad. Después de todo, ella eligió engañarte con su aspecto y presentar una fachada pintada. ¿Realmente deseas una esposa real? Un día te darás cuenta que quién tienes al lado no es la misma persona que cortejaste. Su personalidad, al igual que su "apariencia", era una ilusión. Ambas eran engaños. No se puede juzgar un libro por su tapa a menos que sea una tapa falsa. Con una tapa falsa, lo que ves es lo que obtienes… falsedad.

Mi consejo para los jóvenes: escuchen su voz, escuchen su tono. El tono durará por muchos años ya que es el corazón el que habla. Presten atención a su actitud. ¿Tiene algo que probar o está en paz? El posible que provenga de un hogar roto y carezca de seguridad. Tú también. Por lo tanto, además de amistad, debes ofrecer seguridad. Hay muchas personas que son como gatitos destetados demasiado pronto y pasan la vida inconscientemente masajeando a alguien con sus patas para obtener la leche que nunca recibieron. Entiende esto. No embaraces a nadie hasta no estar listo para el matrimonio real, un compromiso real a largo plazo. Evita el sexo hasta encontrar una mujer cuya voz quieras escuchar por el resto de tu vida. Ella no será atractiva durante mucho tiempo, eso es seguro. Enamórate de su voz y habrás encontrado algo.

Y puedes encontrarte en otra parte del mundo
Y puedes encontrarte al volante de un automóvil grande

Y puedes encontrarte en una hermosa casa, con una hermosa mujer
Y puedes preguntarte -Bueno... ¿Cómo llegué aquí?

Y puedes preguntarte ¿cómo trabajo esto?
Y puedes preguntarte ¿dónde está ese auto grande?

Y puedes decirte a ti mismo, ¡esta no es mi hermosa casa!
Y puedes decirte a ti mismo, ¡esta no es mi bella esposa!

- de la canción "Once in a Lifetime" de Talking Heads

PROSTITUYÉNDONOS

Las prostitutas usan la misma ropa que las mujeres que frecuentan clubes. No hay diferencia. ¿Cómo es que se considera aceptable a las "mujeres" jóvenes que salen con apariencia "atractiva" y se considera "sucias" a las prostitutas callejeras profesionales con la misma apariencia?

Tal vez, todas las que posan en los clubes nocturnos se mienten a sí mismas. Tal vez las prostitutas callejeras sean más honestas.

¡No soy una prostituta!

Tal vez lo seas y tal vez tus chulos sean los ingenieros sociales que te convencieron a venderte por falsedad. Piensa en lo siguiente: la mayoría de nosotros, y me incluyo, tiene la costumbre de juzgar el atractivo de los demás por la forma en que se viste. Esto no es natural. ¡Las personas tradicionales se visten igual!

Las mujeres indígenas tradicionales "subdesarrolladas" nunca se visten para "atraer".

El motivo es que, en la naturaleza, el sexo es lo mismo que la familia.

Las mujeres indígenas nunca intentan ser "sexys" porque un hombre natural supondría que es una genuina provocación. En realidad, un hombre indígena no confiaría. No es natural. Las mujeres jóvenes no deben intentar ser nada, ¡son flores frescas! Por este motivo, en las culturas indígenas no se intenta ser "atractiva" y así las mujeres permanecen inocentes y genuinas. (No me estoy refiriendo a culturas que han sido "cambiadas" por el hombre blanco durante cientos de años.) Las mujeres del interior son mil veces más sinceras que nuestras mujeres maniquí, enmascaradas, agresivas, falsas y "liberadas". Lamento decir que la mayoría de las mujeres "desarrolladas" no tienen idea de qué estoy hablando.

Se supone que los hombres de las "naciones desarrolladas" deben ser pasivos, callarse e ignorar el hecho de que se los está provocando/acosando sexualmente. Se supone que no es amable mirar fijamente.

"¡Qué miras!"

"Mmmm, tu escote, lo que estás mostrando para llamar la atención… de los hombres."

"No, muestro mi busto porque soy ASOMBROSA."

Cierto

Se supone que los hombres domesticados deben reprimir su fuerza vital, usar corbata (definitivamente un símbolo de esclavitud) y ser "civilizados", mientras su atención está por debajo de la cintura debido a la constante provocación. Después de todo, los hombres deben ser "profesionales" y servir como representantes robot de su cultura industrial.

Para los hombres indígenas es difícil relacionarse con los hombres blancos o los chinos Han (China, en mandarín Jungua, tiene 56 grupos étnicos, el Han incluye el 90 % de la población) institucionalizados. Las culturas indígenas están acostumbradas a relacionarse cara a cara y ser genuinas, no posar y caminar sobre cáscaras de huevos debido a una vida de "hacer su trabajo". En la naturaleza, vivir es el trabajo. No existe nada más que vida. No existe el reloj para ocupar la mayor parte del día. No hay jefe ni cámara de seguridad; tampoco hay uniformes.

Si usas uniforme, cualquier tipo de uniforme, incluso la túnica de un monje, estás permitiendo que te domestiquen. (Lo vi en Arnhemland, los aborígenes tenían que usar uniforme para tener trabajo.) No estás siendo genuino con el Gran Misterio. Estás interpretando un papel por un puesto, para lograr "respeto" por una reacción, jugando un juego, siendo falso. Sencillamente, la forma en que somos es la más honesta y, por lo tanto, la más auténtica posible. Siendo auténticos es como crecemos espiritualmente. Ser auténtico es difícil en una sociedad que juzga, clasifica y ordena. Esta es la razón por la cual millones de hombres en la India se alejan de la sociedad y viven como buscadores desnudos. Necesitamos encontrar un equilibrio, pero la balanza debe inclinarse hacia la pureza no la falsedad.

Estar orgulloso de un uniforme es como estar orgulloso de una lobotomía.

Acerca de los han (grupo étnico mayoritario en China) en el Tíbet y otras áreas, es cierto, existe más de una cultura dominante en el mundo que invade otras culturas. Por un lado, existen personas reales con tradiciones muy profundas; por otro están los robots de la cultura dominante a quienes se aplicó ingeniería social en el pasado. Te pregunto: ¿dónde existe más vitalidad, en las minorías étnicas o en lo políticamente correcto?

¿No vemos, acaso, que la vitalidad proviene de las fronteras? Por ejemplo, ¿podemos ignorar que los habitantes de Estados Unidos y el Caribe con raíces africanas han contribuido con una cantidad desproporcionada de la música mundial? En una cultura dominante, el centro se amortigua porque ya no somos naturales. Nos han deshumanizado porque nuestra soberanía personal fue reglamentada hasta el olvido. Por esto, las ciudades "desarrolladas" están repletas de maniquís y robots que usan corbata. Los Globalistas quieren aplastar a todo el mundo bajo el Nuevo Orden Mundial y nosotros, cómplices, los ayudamos. Incluso les ayudamos a aplastar a nuestras familias permitiendo el ingreso de basura subliminal en nuestros hogares.

* * *

La moda no se trata de belleza sino de vanidad; es una forma de ejercer poder y manipular las reacciones de otras personas. La moda se trata de mantener la atención de los hombres por debajo de la cintura y de que las mujeres compitan entre ellas como objetos sexuales.

Digamos que alguien quiere ser una zorra, eso es lo que desea pero ¿es lo que miles de millones de mujeres quieren? No estoy juzgando a las mujeres. Estoy diciendo que los ingenieros sociales y los magnates de la moda son psicópatas desconectados.

A su vez, las mujeres mayores están intentando parecer jóvenes aunque ya no sean flores frescas. Señoras: intentar parecer jóvenes realmente no funciona. Lucen como chicas de póster.

Es interesante el dato de que las tribus indígenas que viven en climas cálidos están básicamente desnudas todo el tiempo y ni siquiera se dan cuenta. Durante siglos, estas miles de millones de mujeres no fueron vanas; los hombres tampoco estaban condicionados para reaccionar ante la desnudez. Todos hemos sido condicionados por lo que llamo disparadores. Cierta apariencia, cierta parte del cuerpo, cualquier cosa. Esta es la existencia de la manada.

La cultura moderna (el "progreso") fabrica valores en las niñas desde temprana edad mediante estímulos corporativos como las películas de Disney y los modelos de conducta de las "divas" de la industria de la música. Estos han reemplazado los modelos de conducta de la comunidad. El problema es que ni las películas ni las divas son reales, son ilusiones. Nuestras elecciones guiadas nos han llevado a la falsedad y alejado de la simple integridad.

Esto nos hace más superficiales sin prestar atención a la dirección que estamos tomando. ¿Quién lleva el rumbo? ¿Quién? El estímulo continuo de lo superficial está incorporado en nuestra apariencia "normal" de forma que casi no lo reconocemos. Es decir, nos han moldeado en una manada superficial que no cuestiona ni se enfrenta a las marionetas. Presento al comienzo de esta serie de libros esta idea de apariencia superficial para demostrar la profundidad de nuestra desconexión con lo real y lo natural. No solo estamos despojando al planeta con nuestras prácticas de agricultura, pesca y minería no sustentables, también nos autodespojamos con elecciones no sustentables de autoimagen.

¿Quién soy? ¿Seré capaz de mirar hacia el interior y encontrarme o me pondré la máscara pintada y me prestaré al juego?

*　　*　　*

Buscar el estatus de cualquier forma por sobre "lo natural aburrido" no mejora nuestro carácter. Como explicaré más adelante, la "vanidad desconectadora" lleva al delito, no solo medioambiental y militar, sino al delito contra la moralidad misma. Como reveló el héroe Edward Snowden, hay agencias gubernamentales, financiadas con el dinero de los contribuyentes, que existen para faltar el respeto a los derechos de los mismos ciudadanos que las financian.

Acabo de definir la corrupción gubernamental.

La mente criminal piensa que está bien sacar ventaja del prójimo. Esa es la definición de delito y se opone a la Regla de Oro.

"Haz a los demás lo que quieras que ellos te hagan."

Cuando pensamos en delincuentes en la calle, también pensemos sobre los delitos de nuestros empleados del gobierno, quienes recopilan datos a nuestras espaldas o pelean guerras secretas sin darnos información. ¿Cuántos de los lectores saben que los Estados Unidos realizan ataques con drones en Etiopía o que tienen bases militares en la frontera de Venezuela en Colombia? ¿Cuántas personas conocen las pruebas militares de sonares de baja frecuencia que torturan y matan a las ballenas?

Se nos enseña que la falta de respeto es necesaria. Se nos dice que los "daños colaterales" son necesarios, que en el interés de la "seguridad nacional" ya no existe ningún tipo de pecado. De hecho, a cualquiera que trabaje para el gobierno se le enseña que el pecado no existe. Este es el resultado de la vanidad desconectadora.

La misma falta de respeto hacia la feminidad natural es la que le falta el respeto a los derechos humanos o a los derechos de la Tierra. Este es un gran círculo de comprensión. Creo que cuando albergamos respeto y aprecio es posible lograr un mundo hermoso. Si albergamos falta de respeto la consecuencia es la destrucción.

El cambio de nuestras elecciones debe comenzar por la forma en que comprendemos qué somos. No somos el rostro en el espejo, somos algo más profundo. Seguiríamos existiendo si se destruyeran todos los espejos. Cuando podamos respetarnos por lo que naturalmente somos no permitiremos que nos manipulen. Cuando aceptemos la mujer de cara lavada sin labial, es posible que aceptemos a la naturaleza sin fines de lucro.

Cuando esperemos respeto de nuestros gobiernos, esperaremos que nuestro gobierno honre también al resto de las personas. En ese momento podremos poner fin a guerras horrorosas como Iraq, donde los mercenarios (contratistas) estadounidenses han asesinado 1,5 millones de civiles y siguen haciéndolo a diario.

Cuando respetemos a todas las personas también respetaremos a los animales y las plantas.

No salvaremos al planeta del consumismo hasta que hagamos a un lado el consumismo. Este consumismo se basa en nuestra falta de respeto hacia nosotros mismos y la creencia de que necesitamos más cosas para ser valiosos. Desafortunadamente, jamás encontraremos satisfacción en el consumismo. El consumismo nos convierte en tontos apestosos y pisoteados que persiguen la zanahoria que jamás alcanzarán.

VENDER DESCONEXIÓN

Como hemos visto, para vender la ética de la pose se convence a las mujeres de dudar sobre quiénes naturalmente son. Se supone que las mujeres deben imitar una imagen. Cuanto más duden sobre sí mismas, más comprarán. Esta es la enfermedad de nuestro tiempo.

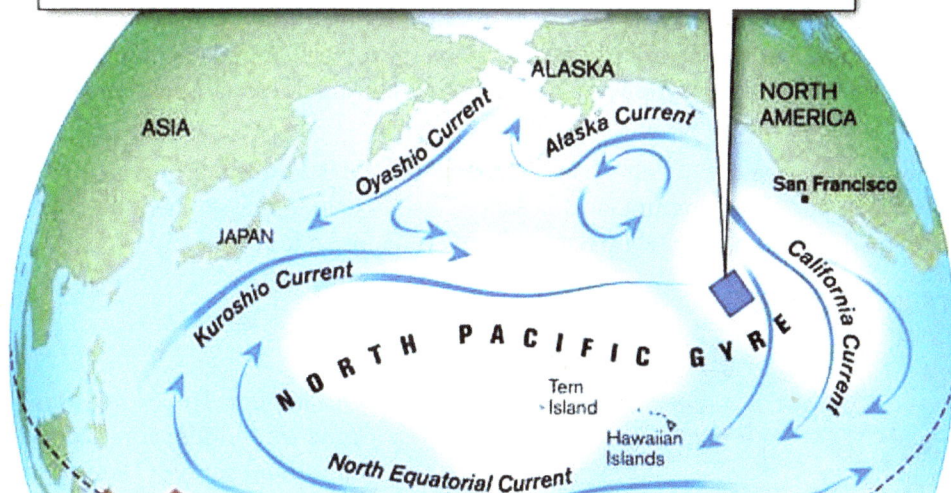

LA GIGANTESCA BOLSA DE BASURA DEL PACÍFICO

EL GRAN PARCHE DE BASURA DEL PACÍFICO SE DESPLAZA ALREDEDOR DE UN ÁREA DEL OCÉANO PACÍFICO APROXIMADAMENTE A 1600 KILÓMETROS AL OESTE DE CALIFORNIA Y A LA MISMA DISTANCIA AL NORTE DE LAS ISLAS DE HAWÁI, A UNA SEMANA EN BARCO DESDE EL PUERTO MÁS CERCANO. LOS CIENTÍFICOS NO ESTÁN DE ACUERDO EN CUANTO A SU TAMAÑO, PERO LOS INVESTIGADORES MARINOS EN LONG BEACH AFIRMAN QUE TIENE EL DOBLE DEL TAMAÑO DE TEXAS Y PESA 3 MILLONES DE TONELADAS. MUCHOS CONCUERDAN EN QUE LA MASA DE BASURA DAÑA A LOS ANIMALES MARINOS, COMO LOS PECES.

¿No hay relación? Seguro que sí, atemos cabos. Nuestras elecciones… nuestro futuro. Pero la solución no son las leyes globales redactadas por fanáticos del control con agendas secretas y egoístas. La solución es la soberanía personal. Pero habrá que sacrificarse, los Globalistas nos quieren tontos. ¿Qué tal luce tu labial?

Las mujeres de todo el mundo intentan parecerse a las modelos europeas que desfilan como robots en las pasarelas de la moda. En la actualidad, se anima a niñas pequeñas a caminar sobre pasarelas de imitación en concursos de moda en sus ciudades natales de todo el mundo. Sin embargo, a diferencia de los aviones, el destino de estas niñas es solo la vanidad. Las modelos europeas definen nuestras normas de la supuesta belleza. Incluso, por contraste se define la fealdad. Se ve como perdedores a los grupos étnicos que no están a la moda. Lo que las modelos venden es genial, lo que las personas tradicionales hacen no lo es.

Los Globalistas y todos los que creen en el globalismo ven a las personas tradicionales como un "mercado" inferior retrógrado, no como personas dignas de respeto. Respeto significa no inmiscuirse, sin proselitismo ni cosas encubiertas. Respeto significa no codiciar los hogares de otros.

Repasémoslo nuevamente…

La gran carrera es "desarrollar" al mercado "emergente". Los países "desarrollados" tienen que "salvar" a los "pobres" "países subdesarrollados". "Lo que esto realmente significa es que se debe asimilar a los pueblos indígenas genuinos y empoderados como "mercado" y convertirlos en consumidores falsos y desempoderados para que quienes están en la cima tengan más personas que esquilmar. Más personas implican más dinero, más sobornos, armas y medios. Más influencia implica más control.

Las personas urbanas (51 % del planeta) nunca emulan la apariencia de las mujeres indígenas porque no venderían productos. Se subestima a las mujeres indígenas y se las considera humildes y primitivas y que no forman parte de la marcha orgullosa de la civilización "moderna". Se las considera perdedoras porque no se prestan al juego falso cuando, realmente, aún tienen soberanía personal y son un mejor modelo de conducta para las jóvenes que la revista Vanity. ¡Ellas son las ganadoras!

Los intereses corporativos han creado una sociedad de compradores; la feminidad natural se interponía por lo tanto se la ha debilitado, calumniado, ridiculizado y relegado. La feminidad natural no solo es la forma en la que lucimos o nos vestimos. La feminidad natural representa lo que éramos antes de que nos vendieran "actitud" y la ambición de escalar la escalera corporativa para poder comprar más cosas, nuestra nueva religión.

Verás, nos resistimos a considerar el círculo completo… Más éxito en términos de posesiones equivale a la gran bolsa de basura en el océano. Y eso es solo lo que se puede ver. No se ve la acidificación de los océanos ni el mercurio y otros venenos en los peces.

¿Qué implica el progreso? ¿Más productos? ¿Más cosméticos? ¿Un vestido nuevo? ¿O despertar espiritual, salud comunitaria y que la naturaleza siga siendo natural?

Las mujeres jóvenes que quieren tener un hogar son apartadas. Las mujeres jóvenes que quieren cuidar su virginidad son avergonzadas. Las escuelas no están exentas de este asalto a la feminidad natural. Si un maestro le pregunta a una niña "¿Qué quieres ser cuando crezcas? y ella contesta "Ama de casa", el maestro intentará "desarrollarla".

Juro que estaré siempre
Daré todo y siempre me importará

En la debilidad y prosperidad, en la felicidad y la tristeza
Para bien o para mal,
Te amaré con cada latido de mi corazón
En este momento comienza mi vida
Desde este momento tú eres el único
A tu lado es donde pertenezco
A partir de ahora
He sido bendecida
Viviré solo para tu felicidad
Por tu amor daré mi último aliento
A partir de ahora…
Te doy mi mano con todo mi corazón
Ansío vivir contigo, no puedo esperar
Jamás nos separaremos
Has hecho realidad mis sueños
Tú eres la razón de que crea en el amor
Eres la respuesta a mis plegarias
Somos todo lo que necesitamos
Has hecho realidad mis sueños
Desde este momento y mientras viva
Prometo que te amaré
No existe nada que no dé
A partir de ahora
Te amaré mientras viva
A partir de ahora

- canción "From This Moment" de Shania Twain

La gente me sonríe y me llama afortunado
Y este es solo el comienzo
Creo que voy a tener un hijo
Será como ella y yo, libre como una paloma
Concebido en el amor, el sol brillará para siempre.

Parece como si, hace un mes, era Beta-Chi,
Nunca me drogué, lo siento.
Y ahora, una sonrisa, un rostro, una muchacha que comparte mi nombre
Se acabó el juego
Este muchacho nunca será el mismo.
Un arcoíris en el cielo matutino es buena señal,
Fuerte y amable, el pequeño niño es mío.
Ahora veo una familia donde no existía.
Acabamos de empezar, volaremos hasta el sol.
Y aunque no tenemos dinero,
Te amo tanto, corazón
Todo traerá una cadena de amor.
Y en la mañana, cuando me despierto
Provocas lágrimas de felicidad en mis ojos
Y me dices que todo estará bien.

- de "Danny´s Song" de Kenny Loggins

La esencia tradicional natural de un ser humano y el significado e importancia de la devoción han sido sustentables durante millones de años, pero en la actualidad se los considera "ignorancia" retrógrada que la sociedad debe erradicar.

"Todas esas canciones son tan felices. Está regalando su poder. ¡No puedes dedicarte a criar! ¡El cuidado de la casa no es una carrera! El matrimonio es una trampa. El amor es sexo no devoción. Ah, por cierto, aquí tienes un condón, mejor ¡toma dos!

Los cosméticos y los valores sexuales irresponsables que se enseñan a los jóvenes son el espejo de nuestra forma de asesinar el planeta. En lugar de vivir naturalmente dentro de los confines de un sistema de valores de calidad, vivimos de forma no natural como impostores que buscan estatus, en realidad adorando el ansia de posesión (ver Glosario). El "amor libre" y la "contaminación libre" van de la mano. Ninguno respeta límites.

*   *   *

Los maestros espirituales tradicionales siempre han alejado a las personas del ansia de posesión.

"Los pasteles pintados no sacian el hambre."

- Proverbio Zen

Pero el consumismo, el "mercado", el "desarrollo" y la "modernidad" demandan la consagración del ansia de posesión.

Por ese motivo, intentamos apurar nuestro paso por la pasarela de la moda hacia el "progreso". Pero, el resultado no es calidad sino más hambre porque perseguimos la zanahoria del consumo. La calidad es algo sustentable, ¿no te parece? La alcanzaríamos, ¿no? En cambio, perseguimos y perseguimos. Y, de la misma forma que nuestros rostros debajo de todo el maquillaje, nuestro idealismo ya no es suave y vibrante, pero lo ocultamos. "¡Más maquillaje! ¡Que nadie sepa! No soy una de las personas sobre las que escribió Henry Thoreau, alguien que vive en "tranquila desesperación", me veo bien al espejo ¿no es así?

Al describir nuestra economía jugamos el mismo juego de escondidillas. No hay recuperación económica a la vista, independientemente de cuantas veces nos mientan los políticos. El sistema está quebrado. No hay cantidad de labial que pueda cubrir dicha realidad. En la actualidad, el crecimiento económico se limita a exprimir a la clase media; se los vacía para concentrar la riqueza en una clase de inversionistas cada vez más pequeña. (Dato interesante: la concentración de riqueza por parte de 1 % más rico de la población es similar a la que existía en 1928 justo antes de la Gran Depresión, ¡atención!)

No hay más crecimiento, solo más concentración de la riqueza. No nos hacemos más jóvenes, independientemente de cuánto maquillaje usemos. En cambio, estamos frente al colapso económico y medioambiental. Cuanto más tiempo ignoremos este hecho y pasemos posando frente al espejo, más sufrirán nuestros hijos.

MIRA MUY BIEN MI ROSTRO

El consumismo se alimenta de adoptar como ética el ansia de posesión no espiritual. La vida en la ciudades hace que pueda venderse esta ética porque está tan vacía de conexión natural que ser falso es "divertido".

> *La gente dice que soy el alma de la fiesta,*
> *Porque cuento uno o dos chistes,*
> *Aunque esté riendo a carcajadas*
> *Dentro de mí hay tristeza*
>
> *Mira bien mi rostro*
> *Verás que la sonrisa está fuera de lugar*
> *Si mira bien es fácil encontrar*
> *Las huellas de mis lágrimas…*

> - Canción "Take a Look at My Face", Smokey Robinson

¿Cómo pueden los hombres y mujeres urbanos jóvenes volver a conectarse con lo natural?

Deseamos conectarnos porque la desconexión no es confortable. ¿Qué pueden tocar los citadinos que sea real? No hay naturaleza. Por eso, en las ciudades y las películas que transcurren en ciudades encontramos el sexo por deporte, una de las pocas formas en las que las personas pueden tocar la Tierra… es decir… unos a otros. En realidad, en la mayoría de las ciudades hay pocas plantas y casi ningún animal. Casi lo único vivo y natural es el cuerpo del otro.

El sexo por deporte es sexo de conquista, de vanidad. Básicamente, es utilizar el cuerpo de otra persona para masturbarse. No se trata de unión sino de "satisfacción", que solo satisface la vanidad y los genitales (momentáneamente), no el corazón. De hecho, el sexo sin devoción agota el corazón. La raíz del sexo como conquista es la necesidad de CUALQUIER tipo de conexión y lo impulsa la vanidad que gusta de "estar arriba" y "anotar". Este es el síndrome de la vanidad desconectadora.

Posiblemente estés pensando: qué pasa con la necesidad física…

Este es un tema tan profundo que solo puedo esbozarlo. Creo que este tema podría abordarse sin llegar nunca a una conclusión. Puedes buscar en Internet "sexo + epinefrina" y considerar lo que un veterano de Vietnam me contó, que tuvo una erección en combate. No obstante, considera también el primer párrafo de mi Introducción… nuestro ser es más profundo que nuestros cuerpos. Considera, también, que los europeos han estado desconectados durante mucho tiempo, como lo demuestran los cultos a Pan y Baco y palabras como libido, que supuestamente deriva del latín, pero no aparece en la mayoría de los idiomas.

Especialmente perversas (no estoy hablando de odio, sino de discernimiento) son las palabras francesas como ménage à trois, fellatio, douche y burlesque. Los franceses, como cultura, están intoxicados. ¡Bon appetit! (no significa "buen provecho", significa ¡A disfrutar!). ¿Existe otra cultura que tenga una expresión para dedicar alimento a las papilas gustativas? ¿Quién más bebe vino en lugar de agua? El ansia de posesión, el hedonismo y el alcohol se han incorporado a la cultura francesa hace tiempo (y están creciendo). "París" es casi un sinónimo de fiesta de indulgencia: "Gay Paree".

"Ya en el siglo XVIII, la palabra se utilizaba para describir a una persona o lugar de "moral floja". "Gay Paree" (Paris alegre) y "gay divorcee" (divorciado alegre) eran frases comunes en la época que describían la diversión sin inhibiciones que ofrecía la Ciudad Luz y de la que disfrutaban los recién separados. Para 1800, una "casa alegre" se convirtió en sinónimo de burdel."

- Artículo de Mental Floss que ya no puede encontrarse en línea

"Los franceses fueron los primeros en convertir a la moda, no solo la costura, en industria; han estado exportando su estilo desde el siglo XVII, realmente mucho antes de que el resto del mundo supiera lo que era la moda. [Ni les importaba saberlo, gracias a Dios.]

"En la actualidad, junto con Londres, Nueva York y Milán, se considera a París una de las capitales mundiales de la moda. La moda ha existido siempre en la intersección entre el arte y el consumismo pero nunca antes como en la sociedad actual. La forma en la cual percibimos nuestros deseos, cuerpos y eras dan forma a la moda de cada estación y esta nos moldea. La moda de París se encuentra en el epicentro.

"Todo comenzó en el siglo XVII, cuando la corte de Luis XIV inició la asociación de Francia con la moda y el estilo.

"El Rey Sol se propuso estar en el centro de todo lo que era hermoso en el mundo, por lo tanto, la industria de los bienes de lujo en Francia se convirtió en mercancía real. La creación de la prensa de la moda en 1670 catapultó la moda francesa al centro de la escena; las ideas de las distintas estaciones de la moda y el cambio de estilo llegaron a una audiencia más grande."

- De www.whatispari.com, un sitio web de guía turística
La anterior es la "historia oficial", aceptada por los valores mayoritarios.

Luis XIV era un déspota, según reza la famosa cita que se le atribuye "L'etat cc'est moi" (El estado soy yo). Se le atribuye, según un libro de reciente publicación, haber estado preocupado por ser un modelo de conducta de la buena moral a la vez que importaba artículos de lujo para su estilo de vida sensual. ¡Esto es vanidad desconectadora! Arrogancia desconectada de lo que es posible para las masas. Intento demostrar aquí que el consumismo, la moda y la decadencia están arraigados en la vanidad desconectadora de la élite. ¡Vanidad despótica! Es la misma vanidad de moda, o labial, que hace posible que nosotros nos abusemos. Llamo "labial" a la vanidad de la moda.

La preocupación europea por el sexo puede ser algún tipo de complejo psicológico. En otros lugares, las personas procrean, pero en ciertas partes de Europa la experimentación sexual se torna obsesión. Algunos creen que la Iglesia ayudó a mantener la sexualidad europea en la oscuridad. Según este concepto, el lado oscuro de la Iglesia (que incluía la pedofilia) se proyectó a la cultura masiva.

Otro motivo por el cual los europeos son más pervertidos que los habitantes de otras regiones es que sus países fueron los colonizadores, es decir, los violadores del mundo. Eran ricos y esto conlleva decadencia. ¿Está Europa pervertida todavía? Considera quién inventó los sostenes y por qué. Los senos son para amamantar, no fetiches. (Pero, en la actualidad, todo el mundo usa sostenes. Eso es globalización, la diseminación de lo no natural.) Parece ser que el centro de la decadencia y la perversión no son solo la vieja Europa, sino los Estados Unidos vanguardistas. En las próximas páginas conoceremos a las prostitutas estadounidenses de la perversión. Por lo tanto, las raíces de las actitudes sexuales pervertidas son muchas pero ¿quiénes mantienen vivas estas perversiones generación tras generación? Si pensaste que es la élite, acertaste. La cima de la pirámide, las personas más perversas de todas, mantienen viva esta enfermedad. Los campesinos que crían familias no tienen estas ideas.

¿Sabes por qué los reyes tienen tantas concubinas? La razón es que son adictos vanos que nunca se satisfacen y están gobernados por el ansia de posesión. ¿Se toman el tiempo de ser buenos padres para todos los niños que procrean? No. Ellos son los bastardos, no sus hijos. Lo mismo ocurre con las estrellas de rock y la mayoría de los políticos. Estas personas están perdidas en la tentación y son los líderes del mundo.

La virtud no lidera al mundo; por este motivo, debemos dar un paso adelante y tomar el liderazgo. Los pueblos indígenas ¿tienen "citas" y "se besuquean"? Es posible, pero lo más probable es que se casen porque no tienen tanta "libertad" ni deseos de ser irresponsables, porque están conectados con la tierra. En las culturas tradicionales la promiscuidad no es la norma, en nuestra cultura sí. En la naturaleza, las personas quieren vivir juntas; quieren trabajo en equipo porque es lo que les permite sobrevivir.

Los pueblos indígenas ¿se obsesionan como los ricos? Existen 6.000 idiomas en el mundo, no se puede ser muy preciso. Permíteme que pregunte, tú responde, "¿En general, vivir con la tierra, las estaciones, las mareas y las cosechas hace que una comunidad esté más conectada y sea más responsable?

(Esta es la razón por la cual, en general, la música country es menos satánica que lo que vamos a analizar de la industria de la música. Sé que los cristianos desean que se les reconozca más aquí, hablaré de ello más adelante. Como la artista del country Carrie Underwood demuestra en su video, ser cristiano en la actualidad no siempre significa un compromiso con lo sano.)

Cuando adoramos la libertad no comprendemos que la "libertad" tiene un doble sentido: "irresponsabilidad", porque la libertad para nosotros es más y más.

En su lugar ¿por qué no reverenciamos el "equilibrio"?

La explicación es que formamos parte de una cultura dominante irresponsable conducida por psicópatas que se alimentan de deformar lo que en algún momento estaba equilibrado para obtener ganancias del resultado. Los Globalistas practican la agricultura de quema y roza con todo, practican "quema y roza del universo".

En la "época colonial", dirigida por banqueros corruptos de élite y la realeza, se practicó la quema y roza con todas las culturas del planeta. Necesitamos un nuevo paradigma que podríamos llamar cultura de relocalización.

Los campesinos viven bajo la supervisión de sus pequeños pueblos; si alguien es lo suficientemente afortunado para vivir aún en su antiguo lugar de nacimiento y conoce el idioma antiguo que lo describe, probablemente sea lo suficientemente "subdesarrollado" para saber que el sexo equivale a hijos.

¿Te sientes superior en algún sentido a la joven mujer de la fotografía? ¿Eres más o menos libre que ella? ¿Quién vive en la jaula? ¿Quién está confundido acerca de quién es? Usa joyería y tiene un tatuaje en la barbilla. Estas son sus normas naturales. ¿Le interesa verse sexy o atractiva? ¿Para qué cree ella que es el sexo? ¿Para qué crees tú que es el sexo?

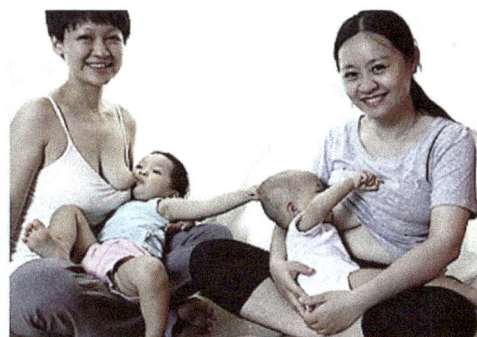

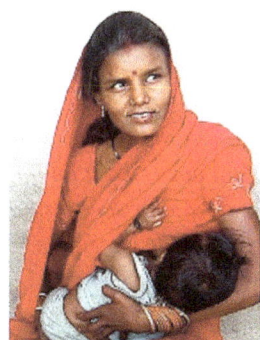

¿Feminidad natural
o ingeniería social?
¿Madre tierra
o la mentira desnuda?
¿Qué es sostenible?
¿Cuál queremos defender?
¿Has revisado
tu maquillaje interior?

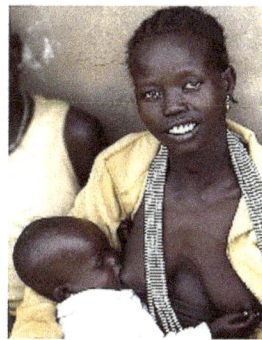

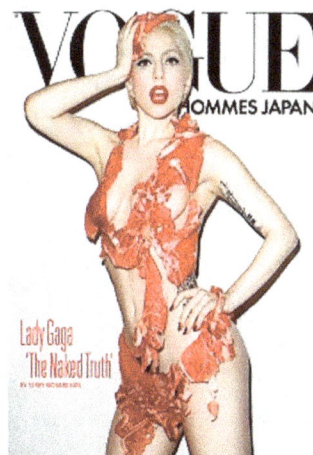

El remplazo de la feminidad natural con un deseo de dominación no deja protección para la madre naturaleza, ya que la civilización del Nuevo Orden Mundial cultiva la vida en la tierra en todo el paradigma masculino. Obsesión sexual por el lápiz labial / odio a la fragilidad remplaza el corazón femenino. La tendencia de querer ser hombres ("mujeres") no está nutriendo el mundo. Lápiz labial y crímenes de guerra.

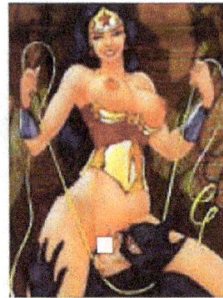

Las personas modernas están desconectadas y no piensan que sexo equivalga a hijos y a familia, con el matrimonio como requisito. Algunos lectores pueden pensar "¿Para qué se necesita el matrimonio? Porque el matrimonio implica dos padres comprometidos, se llama familia y los niños necesitan una familia.

Los citadinos creen que el sexo es diversión y el embarazo un "riesgo", no la finalidad del sexo. La mayoría de las personas que viven en la ciudad ni siquiera comprenden que los senos son glándulas mamarias para amamantar. Los hombres indígenas no se excitan con los senos, ven bebés colgando de ellos casi todos los días. Pero, como mencioné anteriormente, algunos europeos en algunas cortes reales convirtieron a los senos en fetiches. Y nosotros heredamos por derrame tal perversidad.

La finalidad de los nuevos métodos de anticoncepción es la de comprometer nuestra integridad. Los Globalistas controlan los inventos nuevos a través de patrocinios, comprando patentes o amenazando a los inventores. Si se lanza una tecnología nueva, no es sólo por dinero. Tiene que acomodarse a la visión globalista del futuro. Si algo no se acomoda, no se permite. El altruismo NUNCA forma parte de la ecuación de estos monstruos del control.

El lector puede hacer una búsqueda en Internet por "tecnología suprimida" o "invenciones suprimidas" o "puerta giratoria FDA" para ver qué tecnología nueva es lanzada o no, y que no es altruista. Si la contracepción fuese altruista, estaría sólo disponible para parejas casadas y reduciría los embarazos no deseados sin promover la promiscuidad.

En vez de salir con tipos nuevos de contracepción invasiva, se les puede enseñar a los niños *soberanía personal* y eso controlaría la población. Pero eso, además, empoderaría la población y la elite perdería a sus esclavos. De modo que esto no es lo que China u Occidente están buscando.

La cima de la pirámide económica está formada por parásitos que se alimentan de la base embrutecida y desempoderada. Aprende esto de memoria y comprenderás nuestra época.

Los modelos de rol agresivos de "quiero ser hombre" han remplazado la feminidad natural. La guerra sin fin puede ser desprogramada, pero sólo si las mujeres buscan la dulzura y la crianza. El útero de la vida no necesita un cambio de régimen. Para rejuvenecer lo sagrado, necesitamos cantar la antigua canción, no una nueva.

*   *   *

En general, los jóvenes del campo no pueden evitar las consecuencias tan fácilmente porque el pueblo vigila; sus acciones son más restringidas y planificadas. Además, crecen sabiendo que sexo equivale a hijos de la misma forma que crecen sabiendo que la carne proviene de una vida que se toma. Los campesinos conocen la verdad sobre las cosas porque están cerca de la naturaleza. De esta forma, su soberanía personal profunda está en consonancia en lugar de desconectada de su sexualidad.

La vida urbana desconectada crea obsesiones. La "libertad" del anonimato de la ciudad puede ser libertad para lo aberrante. Es en las ciudades donde la moralidad pierde atracción y la gana la perversidad. Es en las ciudades donde las librerías, clubes y tiendas para "adultos" encuentran su mercado. Esto se está diseminando por todo el mundo.

Observa que la muchacha muy poco tradicional en la pasarela china sostiene una jaula. Recuerda esta imagen cuando analicemos el tema subliminal de jaulas en el siguiente capítulo; recuerda la jaula.

Si tenemos un encuentro íntimo con alguien que aún no conocemos realmente es probable que nos quememos. En raras ocasiones dos personas "se enganchan" sin que una de ellas se sienta abandonada después, o peor. En la actual cultura pop, casi nada advierte a los jóvenes. De hecho, alentamos a nuestros niños a que desfilen por la pasarela del sensualismo y la tentación irresponsable.

Por esto, conozcamos a las reinas de la vanidad indulgente o "labial", como Madonna, "Lady" Gaga, Jennifer Lopez y muchas más, quienes están gobernadas por la misma máquina asociada a los banqueros corruptos Globalistas.

Conozcamos a los agentes del cambio de la antivirtud que nos inducen a una existencia enjaulada.

La desvergüenza y el ojo que todo lo ve

La vergüenza es muy saludable. La vergüenza indica que se tiene consciencia y que uno se siente mal por un error. Eso es la vergüenza verdadera. La falsa vergüenza es, en realidad, falso orgullo que siente vergüenza al quedar expuesto y perder el prestigio frente a otros. La verdadera vergüenza es humillante pero purificadora. De la verdadera vergüenza nace la transformación. De la falsa vergüenza nace la ira defensiva. Si lo que estás por leer te pone a la defensiva te recomiendo que vayas lentamente. No me interesa ofender a nadie. Mi interés es dejar al descubierto la ingeniería social que utilizan en nosotros y en nuestros hijos.

La desvergüenza es la idea de que somos incapaces de cometer errores, que podemos quebrantar cualquier código de amabilidad o modestia y sentirnos más allá de cualquier reproche. Una persona desvergonzada no vive según ninguna norma de moralidad. Sería un paria en cualquier sociedad tradicional pero, en la moderna vida urbana, puede ser irresponsable. La industria del entretenimiento controlada por los Rothschild sionistas es exactamente igual a los gobiernos controlados por los Rothschild sionistas. A esta cima de la pirámide le interesa desestabilizar a todas las culturas para imponer la propia. Es decir, Gran Hermano, incluida la CIA, controlan Hollywood en la actualidad. El Libro 2 incluye algunas pruebas de ello. Esta organización presenta una *marioneta reemplazable* tras otras que actúan como bolas en su demolición controlada de las normas morales.

En la actualidad, en los teatros y conciertos de música, los artistas y cantantes parecen tener una personalidad dividida de forma que la *vanidad que desconecta* reina sobre todo. Su comportamiento es desvergonzado; les parece imposible cometer errores porque la industria les paga para ser desvergonzados y la sociedad los premia con la popularidad ganada a través de las tapas de revistar y las grandes producciones de Hollywood. Pero pagan dicha fama con esclavitud. Están borrachos de fama y fortuna pero en realidad son esclavos. ¿O, tal vez no? ¿Son responsables o no?

Desafortunadamente, muchas de estas estrellas comenzaron siendo niños o preadolescentes y, si quieren seguir cabalgando sobre la fama, deben permanecer como niños inconscientes y abandonar cualquier sentimiento de vergüenza, aunque se los conozca básicamente por su pornografía. En la actualidad, no tenemos hombres como Elvis sacudiendo las caderas. Son exclusivamente mujeres las que actúan como alguna clase de prostituta, pero en realidad no son mujeres, como las verdaderas mujeres que conocimos en la página 160. Son actrices y "divas" poniendo en escena un guion escrito por la gran fortuna que controla cada uno de sus movimientos. Sus personalidades son como la del emperador desnudo, literalmente. Todos las ven como estrellas porno pero creen formar parte de la realeza y, de hecho, se las trata como si lo fueran. La mente de la mayoría de los fanáticos está controlada por la fama y los premios y aceptan el mensaje subliminal de la estrella, su comportamiento escandaloso que fue creado expresamente para contaminar nuestra virtud. Las prostitutas de la fama son *marionetas reemplazables* del espectáculo que las *marionetas reemplazables* políticas y de la realeza utilizan en el juego desvergonzado de la fama.

*   *   *

En capítulos anteriores leímos sobre la desestabilización económica para, a partir de ella, construir un nuevo orden. También vimos la desestabilización en los currículos escolares. Vimos caricaturas. Pero ¿qué pasa con los videos que miramos y los grandes eventos de medios como el medio tiempo del superbowl y los concursos de talento populares? Como la mayoría de las personas mayores no mira videos musicales, puede que te sorprenda a qué están expuestos los adolescentes. Ya que la mayoría de los adolescentes los miran, es posible que te asombres con el escándalo. MTV ha estado controlando los valores de la juventud mientras los padres no han sido conscientes de lo que ocurría. Esto tuvo el efecto esperado. Para los lectores jóvenes, el escándalo es que han estado manipulándote y deberías estar furioso. A mi generación se les dio aspirantes a hombres. A tu generación se le entregó "mujeres que actúan como callejeras", como en el primer párrafo de este libro.

En nuestra cultura, sencillamente no existe ningún modelo de celibato o, incluso, fidelidad. Muchos se reirían de estos conceptos. ¿Cómo llegamos a esto?

Hasta ahora, este libro ha sido bastante seguro, ya que el lector no estaba muy inmerso en la trama, pero ahora entraremos en un área tan cercana a nosotros que algunos podría sentirse incómodos. Examinaremos cómo las personalidades más destacadas del mundo del entretenimiento modelan quiénes creemos que somos sexualmente.

Debido a que ya nos lo han inculcado, es de suponer que el lector que ha sido convertido a pensar que el comportamiento no tradicional es normal, sienta ira ante cualquier crítica a la moralidad más baja. ¡Quién es usted para decir que algo es de baja moralidad!

La tradición tiene millones de años. Es muy normal. La no tradición, que el Nuevo Orden Mundial está imponiendo, no es normal. Voy a preguntarle al lector si existe *algo* que sea vergonzoso. Y voy a demostrar que la desvergüenza está organizada.

Añadí estos párrafos después de que algunos amigos comentaran que era demasiado duro con algunas de las divas. Los escuché. Me explicaron que las personalidades del mundo del entretenimiento están obligadas por contrato y que no tienen control sobre su vestimenta, puesta en escena, canciones, fotografías, etc. Mi pregunta fue: ¿hay algún responsable? "Solo acataba órdenes" era la excusa de los nazis en Núremberg. Las *marionetas reemplazables* del mundo del espectáculo son lo mismo que las *marionetas reemplazables* de la política en el sentido de que les pagan para hacer cualquier cosa que les ordenen. ¿No son *responsables* por diseminar mensajes amorales o inmorales?

Voy a intentar demostrar qué se le impone a la juventud. Vulgaridad. Si las imágenes te parecen repulsivas, estamos de acuerdo. Ese es el motivo por el que las muestro. Para mí no son normales ni deberían ser la nueva normalidad, por eso protesto y te aliento a que protestes. Trato de demostrar que el mismo poder detrás del Grupo Bilderberg y la ONU está detrás de Hollywood y la industria de la música. Una de las amenazas comunes, como se mencionó anteriormente, son los Rothschild sionistas que controlan a ambos. En conjunto, comprenden nuestro Nuevo Orden Mundial que es un plan maestro de ingeniería social (página xxx). Es decir, una vez que nos damos cuenta de que nos han manipulado, debemos des-programarnos. La experiencia puede ser similar a que te saquen una muela. Todos los que leemos esto pertenecemos al pueblo no indígena de la *cultura dominante*. Los *pueblos indígenas* no necesitan un libro como este.

Por lo tanto, estoy por desafiar tu concepto de lo que es aceptable. Voy a intentar mostrarte que lo que creemos ser una licencia artística es, realmente, promiscuidad guionada.

El entretenimiento es muy importante. Es la fórmula de pan y circo para controlar a las masas, el entretenimiento es el circo que distrae. Como muchos hemos comprobado, el sexo distrae mucho. Hemos escuchado "el sexo vende"; sin embargo, como espero demostrar, "el sexo es algo que se nos ha vendido".

Varios amigos me explicaron que las personalidades del mundo del entretenimiento buscan estar al límite y que las cosas son así. No estoy de acuerdo. Me dijeron que era una industria controlada, por lo tanto, quienes la controlan están imponiendo a las celebridades el límite que ellos desean. Si la industria de la música quisiera transmitir un mensaje sano, escogería celebridades que fueran de acuerdo con dicho mensaje. El mensaje ahora es…

> "Nada es vergonzoso". Todos los límites y las normas deben desdibujarse. No hay nada ilícito. Nada es decadente. Todo vale." O, como dijo Aleister Crowley, quien escribió la biblia de Hollywood sobre satanismo: "Haz lo que quieras.".

El lector podría decir que esta es mi opinión. Está bien, examina la evidencia y saca tus propias conclusiones. La siguiente es una cita de Madonna que demuestra que el mensaje anterior es parte de una agenda. Lo dijo es una entrevista para una revista para homosexuales, *The Advocate*. No es cualquier actriz/cantante que hace lo que otro le ordena, ella es una agente de destrucción consciente.

La digieren de distintas formas ["la" equivale a la agenda anti-familia]. Algunas personas las verán [escenas lésbicas] y se sentirán asqueados, pero, tal vez, inconscientemente se exciten.

[Y sus valores se subviertan.] Si las personas las ven una y otra y otra vez, ya no será algo tan extraño.

Maddonna, *The Advocate*, 7 de mayo de 1991, pág. 49

En este punto, algunas personas pueden sentirse insultadas porque utilicé la palabra homosexual. Ya expliqué de dónde proviene la palabra gay, del sexo ilícito que se practicaba en la "gay Paree" (París alegre). Gay implicaba algo alegre y sin preocupaciones, pero en un contexto sexual.

La comunidad homosexual apoya el comportamiento libertino, porque la "libertad" de las normas tradicionales apoya lo que hacen, que es contrario a la tradición. Por lo tanto, fundamentalmente están en contra de las tradiciones. Este es un dilema moral para los homosexuales que reconocen que existe la basura pero no pueden definir lo que no lo es. ¿Cuántos homosexuales has conocido que utilicen la palabra decadente?

Los lectores que han sido programados por el Nuevo Orden Mundial (todos nosotros) para desear un Gobierno Mundial con una Monocultura que trate a todos "con igualdad", para que todos podamos ser "libres" porque nadie tiene el derecho de tener una cultura única o normas únicas o ningún tipo de norma, están condicionados para enojarse porque me expreso de esta forma.

Los amigos que mencioné creen que la monocultura debería definir la edad de consentimiento a nivel mundial. También piensan que la pornografía orientada a los niños no es pedofilia; no estoy de acuerdo. Es pedofilia física y emocional y casi tan perturbadora como la real.

Volvamos a la pregunta formulada en el comienzo del libro. Si una mujer te preguntara "¿Por qué tantas mujeres actúan como prostitutas en la actualidad?" ¿Esconderías la cabeza en la arena o dirías algo? ¿La alentarías a que lo dejara pasar como en la canción del Libro 2 o le aconsejarías que esperara hasta encontrar una relación de calidad? ¿Y qué piensas de experimentar con el mismo sexo? ¿Qué aconsejarías? ¿Estarías de acuerdo con la letra de la canción "Let It Go" que dice que no existe lo correcto ni lo incorrecto? Madonna sí.

Casi todas las sociedades tiene una clara polaridad de sexos como piedra fundamental; afirmo esto ya que en todo el mundo los hombres y las mujeres usan el cabello en distintos estilos y vestimenta diferente. Esto es para mantener clara la polaridad. ¿Por qué crees que lo hacen? Ir en contra de lo que ha funcionado durante muchas generaciones es un poco presuntuoso e irrespetuoso.

Además, las tradiciones que han funcionado durante generaciones limitan el sexo al matrimonio, como ya explicamos; en la vida natural, sexo implica familia. El sexo no es libre. ¡El sexo equivale a niños!

El Nuevo Orden Mundial quiere desdibujar esto para que no existan normas. Esto se denomina des-moralización o promoción de la amoralidad. La amoralidad se convierte en inmoralidad muy rápidamente.

A medida que el lector contempla la evidencia de que la industria de la música está organizada para utilizar a las *marionetas reemplazables* para desdibujar las normas claras, tus propios valores creados por el Nuevo Orden Mundial podrían alterarse. Por ejemplo, para muchas personas, moral es una mala palabra. Se tilda a cualquiera que hable acerca de la moral, y me incluyo, como "moralista". Aquellos que me difaman fueron condicionados para hacerlo. Pregunto una y otra vez… ¿existe algo decadente? ¿No tenemos nada que decir sobre lo que los medios presentan en el medio tiempo de los eventos deportivos y que afecta a nuestros niños? ¿Y sobre los concursos de talento en la televisión familiar? ¿Vale todo?

Mis amigos me preguntaron por qué presenté solo *marionetas reemplazables* femeninas. En el Libro 2 presento *marionetas reemplazables* masculinas. Los hombres famosos no son tan conocidos como sus contrapartes femeninas. No cantan el himno nacional ni se presentan en la apertura de la entrega de los premios Grammy. El motivo por el cual los Illuminati utilizan mujeres (ver año 1798, pág. 46) es que el objetivo de sus ataques es lo natural femenino. Quieren mostrar un nuevo modelo de conducta normal de mujer que es, para el ojo tradicional, inmoral.

Es la modestia femenina circunspecta la que mantiene a raya la energía masculina. Si se baja la guardia, todo es locura, con madres solteras con hijos que deberá criar el Estado. De hecho, es exactamente lo que está ocurriendo. Piénsalo. Causa y efecto. ¿No estás de acuerdo?

Las imágenes de este capítulo serán explícitas y asquerosas. Estoy intentando señalar que la doctrina del shock cultural que utiliza a *mariones reemplazables* del espectáculo está organizada y su origen en satánico y francmasón. La prueba es que utilizan sus símbolos. Los masones que lean esto pueden negarlo pero, en tal caso, expliquen ¿cómo es que sus símbolos se utilizan en un sistema claramente controlado que está obviamente en contra de la polaridad sexual?

Ninguna de estas sumamente ricas mujeres necesitaba estas tomas fotográficas. Los Illuminati lo organizaron, para contaminar a todos sus fanáticos con el concepto de lo "nuevo normal".

Creía que el "satanismo" era una leyenda urbana hasta que comencé a investigar. Mis amigos dicen que no debería ser tan sesgado, pero la realidad es que creo que el satanismo y la pedofilia son realmente actividades delictivas horribles y enfermizas que realizan criminales pervertidos. ¡M…da que soy crítico sobre esto! Aún así, reescribí este capítulo para que fuera más calmo.

Les pido que consideren la evidencia que presento sin desalentarse. Examínenla, porque está por todos lados. La finalidad de este libro es despertar, no entretener. No es importante que les guste. Lo importante es que quieran ayudar a resolver el lío en el que nos encontramos. Y debemos comenzar por develar nuestra propia ingeniería social y quién la impone. Su finalidad ha sido distraernos de los crímenes que se describen en el Capítulo 6 y las guerras sobre las que hablaremos en breve. A menos que seamos lo suficientemente valientes para tomar una postura

moral, estamos acabados. Denme el gusto y vuelvan a leer la cita de Yuri Bezmenov en la segunda página del prólogo del libro.

Ayudaría si fueran a la primera entrada del Glosario (*tema de la jaula*) y releyeran eso. Estamos por leer acerca de la conexión entre los Illuminati (que equivalen a la industria de la música), la Reina Isabel y crímenes como el asesinato de Whitney Houston, que fue lo que realmente ocurrió. La Reina condecora tanto a celebridades como a criminales de guerra. Lápiz labial y crímenes de guerra. Esto es material emotivo y controvertido y, si no quieres analizar la programación mental explícita de manera científica, puedes seguir durmiendo pero, en mi opinión, es muy importante para ti y para los que amas que descubran la verdad acerca de la industria de la música.

27 de noviembre de 2013, la finalista del concurso de talentos Ella (nombre inventado), de 17 años, seducida por el "ansia de posesión", canta en vivo, de piernas abiertas, frente a la audiencia televisiva nacional estadounidense.[75] ¡Créelo! Esto ha ocurrido; ocurrirá cada vez más y no es aleatorio. Ella no creó la coreografía, la usaron. La vieron vulnerable, deseosa, comprometida y maleable y la utilizaron para atacar la sensibilidad moral de la juventud, especialmente la juventud de la comunidad asiática. Prueba de ello es el símbolo satánico que realiza más adelante en su presentación. Volveremos a hablar de él en breve, en los siguientes capítulos que analizan la industria de la música pop. Se le dijo a una niña de diecisiete años que imitara las excentricidades indecentes de estrellas multimillonarias y ella lo hizo. ¿Es este el futuro?

Con su influencia en la juventud, el Nuevo Orden Mundial utiliza e incluso crea programas como shows para niños, MTV, videojuegos y, en especial, los videos musicales como proyectos principales de ingeniería social. Para estudiar este fenómeno, pasé horas viendo videos en YouTube de episodios de American Idol, Factor X de Estados Unidos, Reino Unido y Australia, Britain's Got Talent y su versión estadounidense y la Voz. La temporada 2014 del concurso American Idol obtuvo más de 70 millones de votos por emisión.

La buena noticia es que el concurso de talentos Factor X estadounidense, que coronó a Ella en la fotografía de arriba, no es popular en EE. UU. y fue abandonado; este programa es solo una muestra del programa multifacético de los Globalistas para desestabilizar la cultura, la moralidad y los valores humanos y consolidar a todos en una zona sin virtud.

Creo que existen mujeres que miran la imagen anterior de Ella de diecisiete años y no se horrorizan. ¡Un momento! ¿Es correcto que una mujer separe las piernas en público? ¿No es acaso la fotografía anterior algo que encontraríamos en un club de striptease? Esto ocurre en televisión nacional con millones de telespectadores. ¿Existe algo de modestia en la presentación? ¿La vulgaridad ya no existe? Deberíamos horrorizarnos. De lo contrario, la transformación de nuestras mentes por parte de los Illuminati está funcionando, **estamos perdiendo las normas que diferencian la calidad de la basura.**

Los derechos internacionales de Factor X de EE. UU. pertenecen a Sony, Inc. El programa se emite en 29 países y sigue creciendo. Su coordinador es Simon Cowel, un masón (una de las sociedades secretas de los Illuminati en EE. UU. acerca de las cuales escribió George Washington en la época de Rothschild.) En Estados Unidos, la producción del programa Factor X la comparten Syco, la empresa de Cowell, y Freemantle Media, controlada por Bertelsmann en Alemania que, a su vez, está controlada por algunas fundaciones, entre ellas Bertelsmann Stiftung. En el sitio web de Bertelsmann, se describe a la fundación de la siguiente forma...

Bertelsmann Stiftung es una fundación independiente y sin fines de lucro cuyo objetivo es identificar áreas con problemas sociales para las cuales desarrolla e implementa soluciones. Sus proyectos se centran en la educación, cuestiones económicas y sociales, salud y comprensión internacional. Fue fundada en 1977 por Reinhard Mohn, antiguo CEO y propietario de la mayoría accionaria de Bertelsmann, para continuar con el compromiso sociopolítico, cultural y social de la familia fundadora, Bertwelsmann / Mohn, y para garantizar la continuidad de Bertelsmann. Para alcanzar este objetivo, Reinhard Mohn transfirió gran parte de su participación de capital en Bertelsmann AG (en la actualidad Bertelsmann SE & Co. KGaA) a Bertelsmann Stiftung en 1993."

Según la edición de *The Economist* del 15 de octubre de 2009, la empresa del fallecido padre de Reinhard Mohn publicó "cantidades de novelas y propaganda Nazi". La intención de Reinhard Mohn es monopolizar lo más posible… "En Estados Unidos, compró las discográficas Arista y RCA Victor y editoriales como Bantam, Doubleday y, eventualmente, Random House (medios de comunicación controlados, ver Glosario); en Europa, adquirió el 90 % del paquete accionario de RTL Group, un coloso de la radio y televisión."

"Con el transcurrir del tiempo, el Sr. Mohn construyó una imagen de patriarca bondadoso, que personificaba la forma colaboradora y popular de hacer negocios de los alemanes. Esta imagen [no levante la perdiz y sé un buen muchacho] le ayudó a ocultar algunos bochornos, especialmente la publicación en Stern, una de sus revistas, de diarios falsos supuestamente escritos por Hitler. Potencialmente mucho más dañina, porque demostró que Bertelsmann no había sido sincero anteriormente, fue la revelación en 2002 por parte de una comisión designada por la empresa de que esta había cooperado en estrecha relación con los Nazis durante la guerra y utilizado a los judíos como mano de obra barata [esclava].

¿Bochornoso? Estamos seguros de que en este tema *The Economist* fue muy amable y no profundizó exactamente para no levantar la perdiz. La anterior es la "historia oficial", según lo publicado por la propia comisión oficial "todos nos hacemos cargo" de la empresa, que siempre limpia la verdad. Por lo tanto la fundación Mohn, que tiene el control del Factor X, mintió al mundo acerca de quién fue Hitler. "Sus proyectos se centran en la educación, cuestiones económicas sociales, la salud y la comprensión internacional."

El programa de talentos Factor X, que se presenta en más de 29 países, es uno de los proyectos de Bertelsmann Stiftung. ¿No es agradable saber que alguien "independiente" e irresponsable con raíces nazis en Europa está "identificando problemas sociales en 29 países e implementando soluciones"?

Lo anterior es globalismo directo, la falsa ingeniería social de tu mente y las mentes de tus niños por parte de corporaciones dirigidas por fundaciones "sin fines de lucro" exentas de impuestos.

La coreografía y la puesta en escena de Factor X le dieron un sentido ambiguo a la canción de Ella, "Mama Knows Best". Simon Cowell le dijo que podría ganar el concurso de 2013 con esta puesta en escena en la que abre las piernas. Los jueces consideran su presentación como "televisión familiar". Cinco años atrás esto hubiera sido imposible. La corrupción de los valores morales se está acelerando desenfrenadamente. Sin coordenadas éticas, la juventud no contará con una dirección virtuosa hacia la cual dirigirse; se están convirtiendo en arcilla que puede moldearse de cualquier forma.

De hecho, la mayoría de las personas se ven condicionadas a creer que ser moralista es ser crítico en lugar de cuidadoso o sabio.

La "mentora" de Ella fue la esclava de la industria Demi Lovato (21) quien, como Selena Gomez y Miley Cyrus, fue criada, mimada, entrenada y programada por Disney Inc. para ser líder de la depravación cultural. Las tres son estrellas exitosas de la música. Sus carreras están siendo lubricadas y alimentadas por la constante exposición mediática, revista tras revista. Me pregunto si creen que ganaron su fama. ¿No se dan cuenta de que son simplemente figuritas? Selena Gomez es la protagonista de la publicidad gráfica de Kmart, Inc.: corromperá a millones de muchachas latinas con el consumismo vano.

Estas estrellas producto de Disney tienen facetas que equivalen a personalidades controladas. No me explayaré mucho en este libro sobre el control mental; puedes investigar en línea sobre el control mental MK-Ultra y las personalidades múltiples. En la personalidad de estas marionetas, el negocio de la música no tiene nada que ver con sus "yo" reales. En su interior, niegan estar influyendo en el pensamiento de preadolescentes y adolescentes. De alguna manera ellas olvidaron que el propósito del negocio del show burlesque es excitar e impresionar, y de algún modo no comprenden que este lado de ellas mismas no es sólo una actuación, sino *su manifestación ante el mundo*. Niegan estar destruyendo normas y tradiciones. Realizan presentaciones vergonzosas o cantan mensajes subliminales en el escenario mientras recorren las calles siendo gentiles y amables como "buenos modelos de conducta". Tienen una gran cantidad de fans por sus trabajos anteriores en programas para niños de Disney. Combinadas, sus canciones tienen miles de millones de visitas en YouTube.

Obviamente, una vieja marioneta de Disney de 21 años como Lovato no opinó acerca de la indecente puesta en escena de Ella. De esta forma, Lovato actuó como intermediaria de una joven filipina y ayudó a transformar a Ella en un objeto de controversia. Lovato observó el proceso sin proteger a Ella. Recuerda el libro de Naomi Kline "La doctrina del shock". El shock pretende desestabilizar culturas y también gobiernos. Ella proviene de una modesta familia filipina. De hecho, en el video se ve a la familia reaccionando negativamente a las piernas abiertas de Ella y esto fue una falta de respeto a personas con estándares de decencia. A pesar de que no les gustó, ellos se inclinarán ante el "éxito". "Acostúmbrate a esto", fue el mensaje a la comunidad asiática. Los productores sabían que era algo impactante y buscaron la reacción de la familia. Repugnante.

¿Quién le dijo que debía separar las piernas de esa forma? ¿Cuál fue su reacción inicial? Sabe lo que es la vergüenza pero se olvida de ella en el escenario por el todopoderoso dinero. Es una recluta voluntaria. La "mentora" Demi Lovato apoyó a Ella para que desarrollara una personalidad dividida similar a la suya, para poder desplegar un comportamiento indecente y, en instantes, comportarse como una persona decente.

Demi Lovato calmando a una concursante (no Ella) muy emocionada

Lovato es una persona de buen corazón. Agradable personalmente, pero es cualquier cosa que sus agentes le indiquen cuando "está haciendo su trabajo". No se ve a sí misma como una estafadora que vende depravación con un gran abrazo. Esto es personalidad dividida. Cuanta más *"vanidad desconectadora"* (ver Glosario) tiene una cantante o una actriz, más fácilmente se la manipula hacia este doble estándar. La *vanidad* es, a la vez, el cebo y la máscara. Estas estrellas juveniles sirven para diseminar indecencia por millones pero se comportan muy amable y humildemente fuera del escenario. Habiendo estado comprometidas desde muy corta edad, estas estrellas juveniles se convierten en agentes de la siguiente generación, lo que les corrobora que son personas buenas y responsables. Están inmersas en una cultura de decepción y la creen. Siempre están en escena, siempre actuando. No saben qué es no actuar. La conciencia y el remordimiento se subliman para que no se interpongan. La conciencia está presente, pero la vanidad la desconecta y la hace a un lado.

Lovato sufrirá el día que tome conciencia de cómo fue adulada y manipulada. La veo como una gran denunciante en el futuro, si no "se suicida" o sufre un "accidente". En mi opinión, ella tiene una faceta muy agradable, más que ninguna otra. Es *compasiva*, pero peligrosa debido a su condicionamiento y a la industria que la respalda. También desea ser una semidiosa. No es un juego de palabras con su nombre. Le dice a sus seguidores "Estaré cuando me necesiten". Es la *vanidad desconectadora* ilusoria. Se "automedica" con drogas, pero cree que puede liderar a otros simplemente porque tiene una manada de fans aduladores. "He estado en ese lugar.", dice a sus fans, pero no Demi, tú todavía estás allí.

En la edición 2013 del concurso de cantantes Factor X, la "jueza" Lovato le preguntó a un concursante, Tim Olstad: "¿Cuéntame algo extravagante acerca de ti?" Este es el conjunto de valores de la *vanidad desconectadora* y, ahora, de la cultura de los jóvenes. Como no pudo contarle nada extravagante, porque proviene de una realidad más rural que Lovato (Disney), la audiencia se rió de él y la "compasiva" Lovato se burló de él por no ser "salvaje". Las tres juezas murmuraron que era "aburrido", pero tuvieron que tragarse sus palabras cuando el cantante fue ovacionado de pie. Quieren estar al "límite", buscan algo que rompa con las tradiciones, "los haga sudar", borre el pasado. "Orden a partir del caos". Primero se necesita el caos. Ellos quieren una locura salvaje, de modo de que destruyan los muros tradicionales, sin percatarse de que estos muros que han sobrevivido al tiempo son los que aseguran la sostenibilidad cultural en un multiverso de entropía.

El estímulo de la industria de la música a "ser salvaje" no se trata de empoderamiento de la comunidad sino empoderamiento de la fragmentación a través del egoísmo individual.

Esta manera es anti-comunitaria.

Estas jueces querían algo impredecible, algo comprensible en una competencia de canto, pero su trabajo real es capitalizar la creatividad del otro. Es como cuando los colonos de Canadá limpian el país de animales con pieles por dinero para que algún esnob rico en alguna ciudad desconectada pueda lucir un abrigo de piel. La industria de la música criba la población en busca de nuevos talentos, no para homenajearlos sino para obtener ganancias. Por lo tanto, los jueces no son sinceros. Deben inclinarse ante el todopoderoso dinero. ¿A un chulo le importa la belleza interior de sus chicas?

Actúan como jueces pero, en realidad, son reclutadores. Simplemente, a estos jueces se les paga para reclutar para la industria y el propósito del Factor X es moldear el talento nuevo de acuerdo con sus diseños. Los programas de talentos son muy entretenidos y, en la actualidad, se los produce incluyendo historias familiares para generar más emoción, pero, en realidad, la industria de la música sencillamente utiliza el lado emotivo de las personas.

Entonces, agreguemos a la cita de Albert Einstein del capítulo uno…

> *La clase gobernante tiene escuelas y la prensa en su puño. Esto permite que influyan en las emociones de las masas.*
>
> – Albert Einstein

En estas actuaciones, se guía a las personas jóvenes por la "pasarela" de la vanidad y se les dice que luzcan, usen y actúen para adecuarse al mercado. Venden sus almas casi desde el principio, como muchos de nosotros, porque comenzamos nuestro aprendizaje como miembros de la cultura material "basada en resultados" desde la escuela. Hablemos un poco sobre escolaridad e *ingeniería social*.

Las escuelas no educan, producen trabajadores aptos para el mercado. En las escuelas se nos enseña qué pensar, no cómo hacerlo. Lo importante es la respuesta correcta para el puntaje. Esto se denomina educación "basada en resultados". El motivo por el cual los jardines de niños tienen, en la actualidad, tareas y un programa de primer grado con muy poca enseñanza de arte, es para intencionalmente no desarrollar la imaginación en los niños. En la actualidad se nos "transforma" en robots en una cinta transportadora para trabajar para el sistema. El resultado es que nos sacudimos como un caballo y somos salvajes después. La imaginación es, entonces, encaminada a producir mayor desestabilización, no creatividad que generaría su propio brillo y resistencia hacia las regulaciones intrusivas de los Globalistas.

Mientras que los niños indígenas dedican toda su niñez a explorar y probarse a sí mismos en la naturaleza, a las "personas desarrolladas" se nos entrena en una cinta transportadora para convertirnos en robots. En la "pasarela" se nos dice cómo ser un buen empleado o un modelo de moda, sin poder opinar sobre la forma en que nuestra industria o moda influye en la naturaleza o la cultura. "Siéntate quieto y haz tu tarea." En el currículo de la moda y de la escuela, el principiante es dirigido y moldeado según el programa de otro. Nosotros somos los principiantes. Recordemos que las primeras escuelas públicas obligatorias se crearon en Prusia para preparar a los ciudadanos para la mentalidad marcial.

Prusia comenzó su ascenso en poder y dominación a comienzos del siglo XVIII, con el liderazgo de su primer rey, Frederick William I. Federico Guillermo creía fervientemente en el despotismo paterno y en las virtudes del absolutismo monárquico. Una de sus primeras medidas fue agrandar enormemente el ejército prusiano, fundado sobre la base de una férrea disciplina (control mental), famoso en toda Europa. En la administración civil, el Rey Federico Guillermo forjó el motor centralizado del Servicio Civil, que se convirtió en la famosa burocracia autocrática prusiana. En el ámbito comercial, el Rey impuso restricciones, regulaciones y subsidios al comercio y los negocios.

Fue el Rey Federico Guillermo I quien inauguró el primero sistema escolar obligatorio prusiano, el primer sistema nacional europeo. En 1717, ordenó la asistencia obligatoria de todos los niños a las escuelas estatales y, en leyes posteriores, ordenó la construcción de más escuelas. [78].

Este sistema es todo lo contrario al estilo de vida indígena. En la naturaleza, el poder se desprende de cada átomo, no de una autoridad remota. La mente indígena aprende de la naturaleza, la comprende, y es natural. La naturaleza es la escuela. La naturaleza es la iglesia. La mente de un niño no es material virgen que se puede "transformar".

Cuando fabricamos nuestra vestimenta, sabemos qué es el estilo. Comprendemos nuestro mundo. Si existen símbolos en una canasta, sabemos qué significan. Hay supervisión. Los niños indígenas aprendimos cómo trabajar y producir y observamos. No existe personalidad dividida. Existe muy poca sublimación del corazón y el alma. Las personas indígenas no parecen haber crecido dentro de un refrigerador psíquico como las personas "civilizadas". En la actualidad, se cree que las personas indígenas son perezosas porque no se convierten fácilmente en consumidores, soldados o cualquier otra marioneta en la producción escénica de labial y crímenes de guerra.

Los currículos no solo se modifican para "transformar" psicológicamente a los alumnos, se están modificando las escuelas para "transformarnos" moralmente.

LA MÁQUINA DISNEY

En la siguiente foto se ve a la actual *marioneta reemplazable* Demi Lovato y a la futura Selena Gomez como pequeñas marionetas de la industria, en su entrenamiento como actrices y cantantes. ¿Cuántas miles de horas de lecciones de voz recibieron? En la fotografía del medio, Gomez en una toma fotográfica con un crayón de insinuaciones fálicas, cumpliendo las indicaciones de sus agentes. Ya está sexualizada y está sexualizando a las preadolescentes. En la fotografía de la derecha, Miley Cyrus, conocida ampliamente como Hannah Montana, vendiendo dulces con forma de guitarra en forma de pene de color piel (caucásica) para corromper subliminalmente a las niñas. (Ver discusión sobre Cyrus en el *Tema de la Jaula* en el glosario). El empaque dice que los dulces tienen forma de guitarra y micrófono para chupar en el concierto. Los mensajes subliminales funcionan. "Fascínate con el sexo. Experimenta con el sexo. ¡Ríndete y anota! Busca el sexo no la familia. Sexo, sexo, sexo, sexo, sexo, sexo…"

A pesar de lo que dijo la madrina Dolly Parton en la revista Time, en "Trailer", la *marioneta reemplazable* Miley Cyrus no está realizando presentaciones para "poner su marca". Aún obedece un guion, como en la imagen superior.

Miley Cyrus lame un pene gigante inflable en escena en G.A.Y…

www.eonline.com/news/540855/miley-cyrus...penis-onstage... see-the-pics

11 de mayo de 2014. Ese objeto fálico gigante que Miley Cyrus… Miley Cyrus lame un pene gigante inflable en escena en Gay

Existen personas que defienden cualquier cosa "gay" sin criticar de ninguna forma la agenda de ingeniería social que nos llega sin saber de dónde. A Cyrus la están usando. Pero ¿quién y para qué? Yo pregunto: ¿no hay NADA decadente? Cyrus o cualquiera de las *marionetas reemplazables* ¿son responsables por lo que hacen y dicen? Y ¿qué hay con Dolly Parton? ¿Es responsable por lo que dice? Si no hay responsables, estamos en la misma situación que con la FED Roth-efeller y la industria del entretenimiento Roth-efeller ¿o no? Nadie parece tener que rendir cuentas.

Y si el pueblo no se cuestiona todo esto, somos la perfecta manada de ciudadanos que Gran Hermano desea y tampoco somos responsables. Entonces, ¿por qué no destruir los océanos? ¡Nadie lo hizo!

Me gustaría revertir esto para que tengamos nuevamente algún tipo de control de calidad y que algunas cosas merezcan las palabras basura, decadente, obsceno, contaminado, criminal, incorrecto. En mi opinión, aunque a algunos les asombre, "todo vale" no es signo de una civilización evolucionada, es signo de decadencia. Los que bregan por los derechos de los homosexuales no debería apoyar el "todo vale". Los pueblos indígenas ¿tienen el derecho de no incluirse en las definiciones de la UNO sobre homogeneización de "derechos humanos"? ¿Lo tienen o no? Estoy dispuesto a cargar con la responsabilidad de decir que aquellos que defienden el control de calidad cero están peligrosamente equivocados. En mi controversial opinión, el suicidio no es un futuro viable. La moral importa. Tal vez SOLO la moral importe.

Más importante, nada de lo que hacen las *marionetas reemplazables* es expresión artística. Pueden tener el ego de un artista pero tienen la consciencia de un robot. ¿Por qué estas *marionetas reemplazables* deben obtener un premio al video si ellas no lo crearon? Solo son títeres obedientes de la ingeniería social que quiere desdibujar las líneas de lo que es aceptable, como vamos a exponer gráficamente. A algunas personas les "ofenden" las analogías con la prostitución. Al "ofenderse" creo que estas personas posibilitan el abuso. ¿Existe algo que las personas "amables" New Age denuncien como incorrecto además de desacreditar a quienes lo hacen?

Por este motivo, sustituí las palabras zorra y prostituta en el resto del texto por *marioneta reemplazable* o modelo de conducta.

Muchas empresas utilizan la excitación porque es rentable. Con Disney, esta podredumbre subliminal y perversa trabaja para destruir la inocencia y lastimar a las niñas para que sus límites internos ya no puedan proteger lo sagrado que hay en ellas. Al sexualizar a la juventud anticipadamente se los programa más fácilmente. Secret Weapons: Cómo dos hermanas recibieron condicionamiento mental para…

www.goodreads.com/book/show/999051 By Cheryl Hersha

Secret Weapons trata de dos niñas entrenadas mediante un programa de modificación del comportamiento estilo MK-Ultra para convertirse en mujeres fatales. Este libro es una joya oculta.

El libro *Secret Weapons,* de Ted Schwarz, la verdadera historia de dos hermanas programadas mentalmente, comienza con electrodos pegados a los labios vaginales de las pequeñas de 5 y 6 años.. Ellas estaban comprometidas en un nivel del que no podían recuperarse y sufrían profundamente. Víctimas de abuso sexual infantil podrían sentir mucha culpa porque era placentero. Enganchadas. Manipuladas. Explotadas.

La castidad no es solo inocencia, implica mantener límites. Esto requiere soberanía personal, verdadero poder. Es difícil enganchar a alguien casto porque no está interesado en el cebo.

Los niños sexualizados están condicionados para lucir "sexy" y pensar en términos de manipulación. Es posible seducirlos con atención para hacerlos sentir "especiales"; un niño que mantiene sus límites ve la adulación como un engaño. Muchachos, si quieren "anotar", hagan sentir especial a una muchacha y cólmenla de vanidad desconectadora para que baje la guardia. Esa es la técnica: adulación. Esto no funcionará con una mujer joven cuyos padres le enseñaron el juego y cuenta con su soberanía personal con límites.

(Por cierto, lo mismo puede verse en las comunidades indígenas, quienes están siendo seducidas por miembros de su propia tribu que han mordido la manzana del "progreso". Los miembros tradicionales castos de la comunidad adivinan su intención. Lo mismo está ocurriendo en este momento en tu comunidad con los agentes de la Agenda 21 de las Naciones Unidas, quienes sancionan leyes que afectan el uso de la tierra a través de políticos de tu región comprados. Las reuniones se realizan cuando estás trabajando para que no puedas dar tu opinión. Los muchachos traviesos de las Naciones Unidas están seduciendo a los burócratas consumistas (*marionetas reemplazables*) de tu comunidad. Se juega el mismo juego, tanto en una cita como en una sala de juntas.)

Muchachas, si son presa de la vanidad se las utilizará y desechará porque fueron fáciles. O pueden ser usadas durante un año y después desechadas. De ustedes depende. Les sugiero que prueben algo nuevo… algo muy antiguo. (Advertí al lector que esto sería muy personal. Recuerda, la mayoría de las decisiones en tu vida no son tuyas. Estás programado. Por este motivo el análisis debe ser personal.)

Los niños sexualizados no tuvieron la oportunidad de desarrollar un carácter independiente no adictivo basado en límites. No tuvieron la oportunidad de desarrollar su soberanía personal. La castidad implica que pudimos guardar nuestro carácter y no cedimos hasta estar listos para "entregarla" en una unión a largo plazo. Un amigo envió a sus dos hijas a la universidad este año, ninguna de ellas ha besado a un muchacho en su vida. Estuvieron muy ocupadas desarrollando sus caracteres únicos. No estaban a la venta. No se las colocó en una pasarela sexualizada desde temprana edad. [72]

En la naturaleza, las jóvenes no están sexualizadas, sencillamente se las casa, por lo general en la pubertad. Esto es para evitar la existencia de hijos ilegítimos y la endogamia en comunidades tribules. Esto ¿está bien o está mal? Todos vivimos de esta forma por cientos de miles de años. Las madres jóvenes de la antigüedad crecieron exactamente como crecemos ahora, excepto que fueron madres más temprano y abuelas a los 35 años. La experiencia por la que no pasaron fue convertirse en mujerzuelas. En la actualidad, en las áreas rurales de todo el mundo, podemos encontrar mujeres que son madres y abuelas sin falsa vanidad ni astucia. ¡Ellas son maravillosas! ¡Existe una gran diferencia entre convertirse en una jugadora sexualizada y convertirse en esposa y madre! Algunos de mis amigos no pueden entender que se sabe que el matrimonio "por amor" no funciona en la tradición de la mayor parte del mundo porque es, en realidad, matrimonio por encaprichamiento.

Las muchachas ¿deberían casarse jóvenes? Eso debe decidirse en tu comunidad. Nuestro objetivo no es juzgar otras culturas. Nuestro objetivo es aprender de ellas. Así como los Globalistas no deberían adoctrinar a nuestros niños con valores lascivos tampoco nosotros deberíamos comportarnos como Globalistas y juzgar o influir en otras culturas.

Hablando de lascivia, revisa este asalto globalista. ¿Qué preguntas surgen?

1. Legisladores de Hawái: DOE mantiene el currículo de educación sexual en secreto

   Watchdog.org/121691/hawaii-sex-education

   20 de diciembre de 2013: el Representante de Hawái Bob McDermott sostiene una copia de las notas de un estudiante de 11 años que asiste a las clases de educación sexual que se imparten en las escuelas públicas estatales.

2. The Local - Alemania: Padres protestan contra un proyecto de ley sobre la educación de la sexualidad

www.thelocal.de/20140109/petition

Más de 65.000 padres y maestros en el sur de Alemania han firmado una petición en línea contra la idea de enseñar a los niños sobre la homosexualidad en las escuelas.

3. Estado de Washington: Padres furiosos después de una clase gráfica de sexo en la escuela…

radio.foxnews.com > Home > Top Stories

Por Todd Starnes. Los padres de una pequeña comunidad en el estado de Washington están furiosos tras conocer que sus hijos de 11 años recibieron descripciones gráficas de sexo oral y anal…

Miley Cyrus, niña mimada de Disney, fue instruida por sus "agentes" (en palabras de su padre) para comportarse como una estrella porno en la televisación en vivo de la entrega de los premios VMA en octubre de 2013; luego fue tapa de las revistas internacionales, hasta la saciedad, porque, querido lector, todo está arreglado. A la izquierda, el instructor de "perreo" de la globalización del Nuevo Orden Mundial. A la derecha Cyrus con otro modelo de conducta Illuminati, Katy Perry. Ellas no están haciendo esto por ganar atención, están obedeciendo las órdenes de contaminación social de sus maestros.

Su notoriedad no se ganó. La fama es rifada y distribuida. Miley Cyrus es de "quien más se ha hablado", del mismo modo que el primer dibujo animado de Disney de 1928, cuyas excentricidades fueron promocionadas por los medios de comunicación del Nuevo Orden Mundial, ahora casi después de un siglo. Cyrus fue/es un modelo de conducta para millones de mujeres jóvenes de su edad, quienes crecieron amándola como Hannah Montana, pero a esto nos ha conducido el ritmo frenético del Club de Mickey Mouse. Estas imágenes constituyen lo que muchas jóvenes consideran como una sexualidad normal. (Ver Bola de demolición de Cyrus en el *tema de la jaula* en el glosario).

Selena Gomez, Demi Lovato y Miley Cyrus no son las únicas niñas mimadas de Disney que "coincidentemente" terminaron dominando la industria de la música pop. La misma máquina Disney fabricó a Britney Spears y Christina Aguilera diez años antes. Podemos estar seguros de que, en este momento, se está gestando otra generación de modelos de conducta del futuro; se los lanzará al ruedo y se convertirán en indecentes millonarios. O, tal vez, todos despertaremos y diremos: no gracias.

Britney Spears y Christina Aguilera tienen su origen en el Club de Mickey Mouse, instruidas para posar con las piernas abiertas.

Estas personas fabricadas, no dibujos animados fantasiosos, son modelos de conducta de generación tras generación de mujeres. También entrenan a los hombres sobre qué debe atraerlos; básicamente, un cuerpo para usar no una compañera para toda la vida, por cierto. Esto nos rebaja, porque vemos al prójimo como objetos, no como seres espirituales respetables con límites que tienen soberanía personal. A pesar de que esto es lo contrario de valores familiares, los niños están expuestos diariamente.

El objetivo de los ingenieros sociales banqueros es desestabilizar al ser humano. Estamos siendo transformados. El objetivo es reemplazar las relaciones fuertes por "derechos individuales" y "actitud". Nos dirigen como asnos, paso a paso, hasta la madurez, para aceptar valores no tradicionales que jamás existieron en la Tierra y que nunca funcionarán. No tienen el objetivo de funcionar, sino de desestabilizar.

Alguien Observa

Leona Lewis' X-Factor Journey

Arriba, el Ojo de Horus egipcio y los "jeroglíficos" de un solo ojo en YouTube. Observa las imágenes subliminales en los primeros segundos de los videos. MTV ha sido una gran vidriera para los mensajes subliminales de los Illuminati, también los videojuegos. En este primer libro, solo hablaré de los mensajes visibles. También existen mensajes invisibles debajo del nivel reconocible conscientemente, se utilizan ampliamente en publicidad. Ellos dan forma a nuestros valores, aunque no seamos conscientes de ello.

Vemos aquí a Demi Lovato, la mentora de Ella que mencionáramos anteriormente, como una actriz malcriada de Disney, con el "ojo que todo lo ve", común no solo en el simbolismo Illuminati de la música sino también presente en los billetes estadounidenses desde 1934. El símbolo del ojo único sobre la pirámide es una codificación de los subversivos Illuminati, denunciados por George Washington en una carta, escrita hace más de 200 años...

1798: "No fue mi intención dudar de que las doctrinas de los Illuminati, y los principios del jacobismo, no se hayan divulgado en los Estados Unidos. Por el contrario, nadie está más convencido de esto que yo mismo. [¡Están aquí!] La idea que pretendí expresar fue que no creía que las logias masónicas [no aún] en este país, como sociedades, se hubieran propuesto difundir los tendencias diabólicas de los primeros [los Illuminati] ni los principios perniciosos de los últimos [jacobismo] si es que son susceptibles de separación. El hecho de que algunos de estos individuos [Illuminati]… realmente tuvieran en mente una separación entre el pueblo y su gobierno es demasiado evidente para cuestionarlo."

George Washington, 1er Presidente de los Estados Unidos (1789-1797), de una carta escrita el 24 de octubre de 1798 que puede consultarse en la Biblioteca del Congreso.

Cualquiera que crea que la idea de los Illuminati es una "teoría conspirativa" debería leer esta cita.

A la derecha, el "ojo que todo lo ve" sobre la pirámide aparecen como el "secreto del éxito" en la cubierta del libro del multimillonario Warren Buffet. ¡Secreto! Buffet no comparte, acapara y enseña a otros a acaparar y "adelantarse". La pirámide siempre significa una cosa… una jerarquía de control sobre la mayoría por parte de la minoría en la cima, quienes mantienen a todos por debajo de ellos con una jerarquía de abuso. Esto es *cultura dominante*.

Esto es lo opuesto al círculo de las culturas indígenas, que puede tener estructuras de poder, pero la tribu se basa en miembros fuertes mientras que la pirámide se basa en masas débiles en la parte baja de la pirámide. La pirámide se basa en la subyugación. Una cultura dominante depende de las víctimas. La pirámide simboliza las clases económicas parásitas atrincheradas y coordenadas inmorales. En lugar de la Regla de Oro, la pirámide enseña que el abuso de la ley del más fuerte es normal.

El multimillonario Warren Buffet donó 2.000 millones de dólares estadounidenses a la Fundación Gates para proyectos de centralización globalista, disfrazados de "filantropía". El eugenista Bill Gates apoya las vacunas de esterilización para poblaciones objetivo y es un gran inversionista de Monsanto, la empresa que produce el herbicida Roundup. En la actualidad, se puede encontrar glifosato en todos nosotros. [79] Así que uno de los "secretos" del éxito financiero de Buffet es que es amoral, inmoral y ayuda a envenenar la tierra y a todos nosotros.

Desde las películas de Disney que todos ven, hasta la cubierta del libro de Warren Buffet con el ojo único, hasta el apoyo de la fundación Gates para las vacunas de esterilización étnica específicas y la monoagricultura, intento mostrar los símbolos organizativos comunes que utilizan los poderosos, que financian no solo la política y la industria sino la ingeniería de actitudes y valores.

Esta influencia posee una historia larga y negativa que está dispuesta a matar por dinero. La prioridad es la ganancia, los "daños colaterales" ni siquiera están en segundo lugar, sencillamente no importan. El abuso es simplemente el costo de hacer negocios. La idea de ganancia es ganar más que el prójimo y "adelantarse" a ellos. Por lo tanto, el abuso está incorporado al "fin de lucro". Las comunidades indígenas, en las cuales las personas comparten o pasan hambre, no toleran este motivo egoísta. En las mal llamadas sociedades "civilizadas", las personas engordan haciendo pasar hambre a otras.

El *consumismo* soborna a las masas, que persiguen la zanahoria mientras se llevan a cabo los planes profundos de desconstrucción de valores. En la desconstrucción de la tradición, uno de los objetivos es eliminar cualquier resistencia al control externo, porque como se mencionó anteriormente, el objetivo es una sociedad complaciente. Este es el objetivo primordial de los Globalistas; se deben comprometer todas las lealtades y normas para que no exista ningún valor en el que apoyarse.

Muchos creen que las noticias son engañosas y esconden crímenes de guerra. No pueden comprender cómo el labial (la *vanidad* indulgente) se utiliza para trivializar la mente que debería juzgar los crímenes de guerra.

El multimillonario Warren Buffet solía frecuentar a Madonna.

"El 1 de diciembre de 1963, a la edad de 30 años, la madre de Madonna murió. Madonna tenía 5 años de edad en el momento en que su madre murió. Aquella pérdida afectó de manera significativa la adolescencia de Madonna. Atormentada por la fragilidad y la conducta pasiva de su madre en sus últimos días, Madonna estaba determinada a hacer que su voz se escuchara."

"Yo creo que la razón principal por la que fui capaz de expresarme a mí misma y no sentirme intimidada fue por no tener mamá", dijo ella. "Por ejemplo, las madres te enseñan modales. Y yo no aprendí nada de eso".

- biography.com

No, ella no aprendió nada.

En la fotografía inferior, Madonna pasa su manto modelo de conducta demoledor al ídolo de la siguiente generación, Britney Spears, más tarde sufrió un colapso nervioso, lo que le da algo de crédito. Pregunto al lector ¿es este un buen modelo de conducta? ¿Por qué sí o por qué no? ¿Te gustaría que alguna mujer o niña de tu familia se presentara de esta forma? ¿Por qué sí o por qué no? Alguien que actúa de esta forma ¿es digno de fama?

Breaking News
The gates to Hell are now wide open

"Esto no es en realidad sorprendente. Yo, tu diva, lo estoy haciendo"

"En el 2003 los premios VMA (MTV), Madonna apasionadamente besó a Britney Spears y Christina Aguilera. El incidente fue en realidad una **boda lesbiana simulada**. Había una 'capilla de bodas' en el escenario. Madonna estaba vestida como un marimacho, ya que estaba con un esmoquin y un sombrero de copa, y Britney y Christina estaban en el rol de lesbianas femeninas. Cuando Madonna estuvo de pie en la cima de la escalera esperando para llevar al altar a Britney y a Christina, la marcha tradicional de la boda comenzó. Fue después de que se reunieron al final del camino nupcial y bailaron que ellas se besaron para darle mayor clímax a la boda. Juntas cantaron al final de la canción que **estaban cansadas del concepto de malo y bueno.**" [80] Pregunto al lector: ¿por qué la industria de la música controlada por los Illuminati, ligada mediante el simbolismo a los grandes capitales, las agencias de inteligencia y la brujería, querría crear este mensaje para los adolescentes que miran las presentaciones de premios?

Las mocosas de Disney Spears y Aguilera nunca fueron rubias.

Intimidad sin amor, sin polaridad. ¿Madona pasó el manto Illuminati de malos modales a la siguiente generación a Britney Spears o a Christina Aguilera (a la derecha con el cabello negro pintado) o a ambas? El matrimonio no es entre iguales comprometidos, sino que es "transformación" a la promiscuidad. ¿Es esto un ataque al matrimonio o no? ¿Por qué?

El comportamiento no natural se presenta como normal. Cuando ya no sorprende, la misión está cumplida y se pasa a la siguiente presentación demoledora.. La palabra decencia fue eliminada del vocabulario de esta gente; igual que la palabra indecencia. Esto se denomina "relativismo". ¿Quién es capaz de juzgar?

A estas personas, sin normas de decencia, no les importa violar las normas de nadie con su "relativismo". Es decir "No tienes el derecho a considerar nada sagrado, porque nosotros no lo hacemos". La gente cuerda con normas, tampoco tenemos el derecho de violar su relativismo. No se nos permite decir nada despectivo sobre su comportamiento ni sus valores porque "¡no se debe ser crítico!". Ergo, esta es la excusa de una sociedad inmoral sin valores excepto lo que el Gran Hermano considere "justo" y represente "derechos igualitarios". No obstante, el lado que permite todo está protegido mientras se destruye el lado con límites morales. Misión cumplida.

Ellos digieren esto en muchos niveles diferentes. ["Es decir el plan anti-familia"]
Algunas personas verán esto [escena lésbica] y se sentirán indignadas, pero quizá
*se excitarán de manera inconsciente. **Si las personas continúan viendo esto**
una y otra vez, eventualmente lo verán como algo normal.

-Madonna, The Advocate, 7 de mayo de 1991, pág. 49

*Yo sé que no soy la mejor cantante, ni la mejor bailarina. Pero puedo presionar
el botón de la gente y ser tan provocativa como quiera. El objetivo del tour es
romper con los tabús inútiles. [Inútiles para alguien que no tuvo madre.]*

- Madonna, en su gira mundial Ambición Rubia de 1990

Su arrogancia es sostener que los tabús de culturas enteras son inútiles. Por lo tanto, ella es
globalista; sus valores deberían dominar a los del resto de las personas. Es más que una *marioneta reemplazable*, es una agente consciente. Es responsable. No es una víctima del control
mental, es cómplice. Mi pregunta es: si el Nuevo Orden Mundial nos va a imponer a esta
agente, ¿por qué no oponernos y denunciarla?

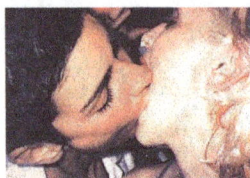

*Madonna celebrando con otra mujer. Para los
homosexuales que estén a la defensiva, ¿es esto ejemplo
de amor o libertinaje? Piénsenlo, porque mis amigos
homosexuales están defendiendo siempre el amor. ¿Tenía
una relación con esta mujer? No.*

Del Nuevo Orden Mundial Wikipedia "… Los académicos han notado que con sus videos,
Madonna está sutilmente revertiendo el rol usual de la masculinidad como el sexo dominante." Esto significa, que las mujeres van a ser el sexo dominante. La *cultura dominante* del
abuso tiene ahora nuevos reclutas a través del feminismo de mujeres que también desean ser
dominantes y Madonna se utilizó para plantar la semilla de esta ingeniería social. Vuelvo a
preguntarle al lector: ¿por qué querrían esto quienes crearon la coreografía de Madonna?.
Las revistas Penthouse y Playboy publicaron un buen número de fotos desnuda de Madonna,
tomadas en Nueva York en 1978. Esta fue una fuga intencional.

1984: "… la canción 'Like a Virgin' estuvo en la cima del Billboard Hot 100 por seis semanas
consecutivas. Esto llamó la atención de las organizaciones quienes se quejaron [de manera muy
precisa] de que la canción y el video que la acompañaba promovían el sexo premarital y debilitaba
los valores familiares. Los moralistas buscaron prohibir el video y la canción. [¿Moralistas? Aquí
Wikipedia muestra su sesgo desestabilizador. Wikipedia es controlado al igual que Madonna.]

"Madonna fue objeto de más críticas cuando ella presentó "Like a Virgin" en la primera versión
de los premios VMA en 1984 (Premio de videos musicales de MTV), donde ella apareció en
el escenario sobre un pastel de bodas, usando un vestido de boda y guantes blancos. Durante
el espectáculo ella rodó alrededor del piso, mostrando medias de encaje y una liga. [En otras
palabras las chicas no deben guardar el sexo para el matrimonio, deben ser objetos lascivos y
provocativos. Tomó al matrimonio y lo hizo pedazos.]. En años posteriores, Madonna comentó
que ella había estado asustada de aquel espectáculo."

Así es. Madonna fue y será sólo una *marioneta remplazable* junto con los Illuminati quienes
diseñan su espectáculo. Si todo fuera hecho por ella, lo habría disfrutado. Es un error atribuir
acciones a las *marionetas reemplazables*, ya sean títeres políticos o del espectáculo. Madonna
no creó su imagen ni su mensaje, tampoco lo hizo Obama. Pero ¿son responsables o no? Creo
que si no los hacemos responsables no sabremos quiénes son sus agentes.

"El siguiente éxito fue 'Material Girl' promocionado por el video icónico, que fue una imitación del espectáculo de Monroe de la canción 'Diamonds Are a Girl's Best Friend.' " -Wikipedia

Sería bueno revisar el material de Marilyn Monroe en el "tráiler" para atar cabos entre la programación de la falsa rubia Monroe y la programación de la falsa rubia Madonna.

La revista Rolling Stone llamó el tour de 1990 una "coreografía elaborada, un espectáculo sexualmente provocativo." ¿Y quién creó el espectáculo, y la sexualidad de esa manera tan elaborada? Y todavía más importante, ¿por qué?

"…El tour fue realizado con una reacción fuerte de grupos religiosos por su actuación de "Like a Virgin", durante la cual dos bailarines acariciaron su cuerpo mientras ella simulaba una masturbación." [Narcisismo o sexo por deporte].

"A lo largo de los ochenta Madonna destruyó los límites sexuales, convirtiendo el erotismo en un elemento crucial en las canciones de pop, y desafiando los valores religiosos y sociales…" - Don Shewey

[Nuevamente, todos estos revisores continúan el mito de que Madonna hizo todo esto por sí misma. Acabamos de leer que estaba aterrorizada. Le dieron el *guion* para romper con los límites sexuales. Este es el programa del Nuevo Orden Mundial. Me gustaría que el lector considerara cuál fue el resultado deseado de romper con los límites sexuales.]

"Desde el momento en que Madonna apareció en el radar de la nación [siendo manejada y promocionada] a mediados de 1980, ella hizo todo lo que estuvo en su poder para impresionar al público y su esfuerzo dio sus frutos." - Rodger Streitmatter, autor de Sex Sells (Ventas sexuales) (2004) [Doctrina del Shock, pero ciertamente no fue su poder, ni siquiera su guion.]

"Antes de Madonna, era más posible que las mujeres fuesen famosas por sus voces en vez de por su escote, para convertirse en superestrellas de la música. Pero en el universo de Madonna [programa], incluso intérpretes originales como Janet Jackson sienten la presión de exponer sus cuerpos en televisión nacional para vender sus álbumes." - Shmuel Boteach, autor de *Hating Women* (2005)

"Su [la de ellos] influencia en la música pop es innegable y difícil de superar. Los nuevos iconos del pop desde Nelly Furtado y Shakira hasta Gwen Stefani, Christina Aguilera y Britney Spears [Cada uno de estos nombres tienen fotos con el ojo que todo lo ve, parte 2] deben a Madonna, una deuda de agradecimiento [?] por la plantilla que forjó [no, no fue ella], combinando la sensualidad provocativa y el poder femenino [¿Para ser una marioneta?] en su imagen, en la música y en las letras." - Mary Cross, *Madonna: Una Biografía.*

"De acuerdo a Fouz-Hernández, las intérpretes femeninas de pop como Spears, Spice Girls, Destiny's Child, Jennifer Lopez, Kylie Minogue y Pink eran como las hijas de Madonna en el sentido directo de que **crecieron escuchando y admirando a Madonna y decidieron que querían ser como ella.**" Ellas no decidieron nada. Cada movimiento ha sido establecido.

El malentendido de todos estos comentaristas es que Madonna o cualquier otra industria que ha creado superestrellas, actúa como innovadores independientes o planean sus propias presentaciones. Este es el gran error. Madonna es parte del programa del Nuevo Orden Mundial illuminati que la controla. Ella no controla esto, como se menciona arriba sobre el miedo en el escenario y como las siguientes fotos muestran (además mira los cuadros negros y blancos de los Francmasones en el Libro 2).

Arriba, el ojo que todo lo ve que se nos impone como mensaje subliminal.

Nota que en la cuarta foto hay un orinal de hombre en el fondo. A continuación el ojo que todo lo ve en el medio tiempo del Supertazón, entrando de manera subliminal en las mentes de millones de personas como una imagen permanente, no fue la decisión de Madonna. Ella no creó el escenario. Ella no creó el traje que usa, que vemos en la página 157. Como Kylie que pronto aparece en el escenario, estas "divas" son sólo marionetas ricas, obscenas, remplazables.

¿Los concursantes de 17 años, Jonathan y Charlotte, en Britain's Got Talent 2012, crearon este escenario?

A la izquierda, Madonna, marioneta reemplazable, en concierto en el Estadio Olímpico de Roma.

A la derecha, Madonna, marioneta reemplazable, luce una chaqueta con el ojo sobre la pirámide de abuso.

Miley Cyrus, "Hannah Montana" de Disney, con Madonna. Observa que sostiene una pistola debajo de la cintura de Madonna. "¡Todo el mundo, mira con atención debajo de la cintura!" Todo está coreografiado y ensayado. Las marionetas reemplazables Cyrus y Madonna darán la vuelta e intentarán ser "modelos de conducta" respetables en público. Por cierto, Madonna es lo suficientemente vieja para ser la abuela de Cyrus.

Arriba, labial y crímenes de guerra

"Estirar los límites" de la decencia provoca la excitación por la novedad, siempre apta para llamar la atención e ir un paso más allá. Recuerda, a nuestra sociedad le gusta el "progreso" y la "novedad", no el equilibrio y la decencia… Sin embargo, al igual que los romanos en los coliseos sádicos de la antigua Roma, nos han guiado hacia esta idea de entretenimiento.

"En el año 2012, VH1 coronó a Madona como la "Mujer más grande en la música". Desde 2013, algunas fuentes informan que el patrimonio de Madona ha superado los mil millones de dólares estadounidenses. La revista Forbes la colocó en el puesto número cinco como la celebridad más poderosa y con mayores ingresos de 2013, con ganancias netas de 125 millones de dólares estadounidenses entre junio de 2012 y junio de 2013." [81]

Después de que Britney Spears rechazó la corona de Reina de los Illuminati, se rebeló y se rapó, ingresó en "rehabilitación" que, en su caso quiere decir que fue obligada a ingresar en un programa de control mental MK-Ultra para volver a "estabilizarla" como marioneta. Según algunos analistas, la corona pasó a Christina Aguilera. Pero Aguilera está ahora envejeciendo, de modo que el papel de Madonna se amplía con Cyrus coronándose.

De Hanna Montana a bola de demolición de la ingeniería social ¿será este el ideal? "arruinar lo bueno" es lo que los Globalistas muestran como ejemplo a las jóvenes.

"¡Descarten lo saludable, muchachas! ¡Usen a las jóvenes para el sexo, muchachos! Tengan montones de hijos ilegítimos que no serán capaces, cuando crezcan, de comprometerse como padres, porque no tuvieron ejemplos de relaciones hombre-mujer funcionales en sus vidas. Quizá serás alguien como Madonna, sin nadie que le enseñe valores. El Gran Hermano se hará cargo de ti."

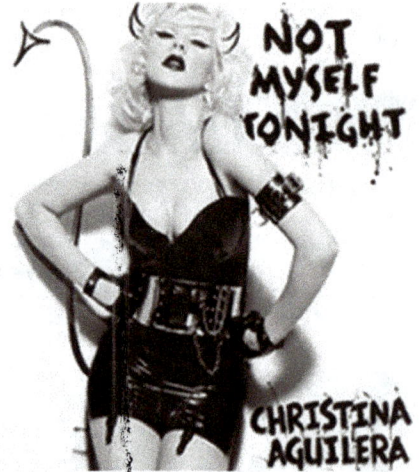

Arriba a la izquierda, ataque globalista en América Latina. Nota las cruces en los aretes.

A la derecha, un título irónico, "no yo misma" ¿Quién es la verdadera Christina Aguilera? ¿Era ella misma en los días de piernas abiertas del Club de Mickey Mouse?? Y el atuendo de diablo no es lindo, estimado lector. Veremos…

Christina Aguilera, la malcriada por Disney, incluso adulta es una marioneta controlada por los Globalistas. En la fotografía de la izquierda, observa el pentágono satánico, las velas negras, la muñeca descartada en el piso y el "ojo que todo lo ve" ubicuo con intenciones transhumanas. Se graduó en el Club de Mickey Mouse para convertirse en una muchacha de póster satánica que promociona el ojo que todo lo ve de la pirámide de abuso.

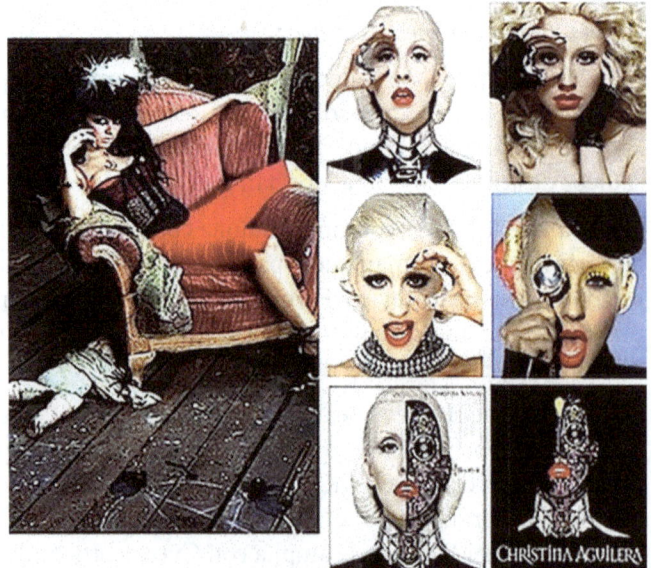

Los satanistas no son un oscuro grupo de entusiastas que utilizan velas. Son los líderes de la industria de la música que están dispuestos a asesinar para lograr sus designios. Aquí, Aguilera, malcriada de Disney, ha sido "transformada" para promover el satanismo.

La transformación del ser humano en robot-humano ha sido un tema repetido de los Illuminati, presentado al público desde la película Metrópolis, de 1927. El poder de la revolución industrial de convertir a biorregiones completas como Nueva Zelanda de bosques ancestrales vírgenes a praderas para ovejas se aplica a la mente y sociedad humanas. El futuro de la humanidad sería mejorado-comprometido mediante el implante de tecnología, como podemos ver con los chips y los anuncios de psyborgs en películas. El ser humano-máquina es el próximo paso planificado de la desestabilización-consolidación.

La deshumanización no pasó desapercibida para el astuto Charlie Chaplin en su película *Tiempos Modernos*, en la que el ser humano tiene que arrastrarse a través de un mundo de piñones, pero la *tecnocracia* va mucho más allá.

La Tecnocracia y el transhumanismo se trata de llevar los engranajes en el interior, como se ve en el diseño del álbum de Aguilera, a quien utilizan para promocionar está visión de los nuevos "tiempos modernos".

Al igual que Chaplin, me opongo completamente a esta dirección, de allí el nombre de la serie de libros, *El Final de la Tecnocracia*. Por favor remítete de nuevo a los chips implantados mandados por ObamaCare.

A la derecha, en la cubierta del álbum, Aguilera modela para el programa de los Illuminati para la humanidad. Se "transforma" de ser humano a máquina humana a máquina de la oscuridad. Nada queda del ser humano. Está totalmente transformada, una boca pintada con mente de máquina. Su alma ha sido "eliminada". El labial en la boca representa la droga de la sensualidad seductora. Es el único atributo humano que queda en el ser humano transformado. La parte de nuestro ser que persigue e intenta apoderarse de la zanahoria.

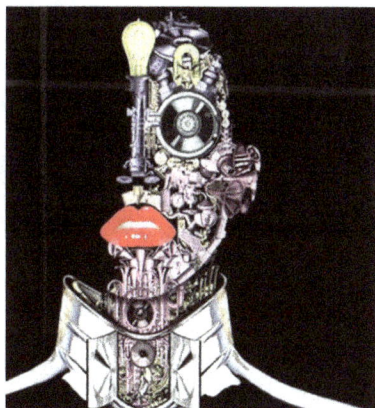

¿Quién diseñó este gráfico? Recordemos esta pregunta cuando analicemos el siguiente álbum de los Beatles.

Todas estas celebridades son "figuras reemplazables" o "recortes", igual que los políticos. Todas estas figuritas reemplazables, tanto de la política como del entretenimiento, tienen finalmente el mismo jefe, la pirámide financiera de poder manejada por los banqueros del Nuevo Orden Mundial. Los artistas populares mantienen los temas de los Illuminati en la mente del público a medida que crece su popularidad. Casi todas las celebridades modelan el mensaje del "ojo que todo lo ve" de Gran Hermano, de lo contrario, no se les permite prosperar en la industria. Una vez que se venden y cumplen, se las introduce en la corriente principal para diluir los límites de respetabilidad con su escandaloso comportamiento. Oponerse sería una "mala elección para su carrera".

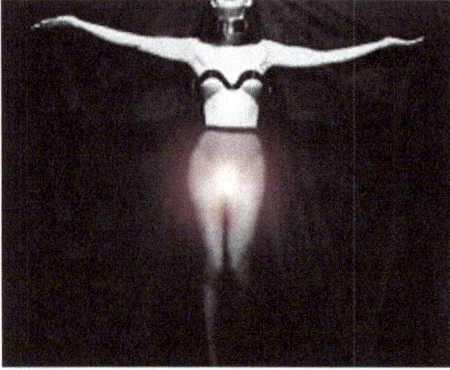

El centro de Aguilera está entre sus piernas. La foto en línea no tiene cabeza, sólo un enorme collar. A las mujeres que ven esto ¿les parece un buen futuro?

¿A qué le juran obediencia? Collin Powell nos mintió acerca de las armas de destrucción masiva en Iraq. Nunca tuvimos nada que hacer allí, excepto robar su petróleo. ¿Deberíamos estar orgullosos de nuestra bandera? Se suicidan 22 veteranos por día. Tal vez ellos sepan algo que nosotros no sabemos. La muchacha ex Mickey Mouse, a quien le enseñaron muy temprano es su vida a abrir las piernas, ha crecido y la utilizan como un modelo de conducta muy pobre, en mi opinión, para excitar e hipnotizar. También la utilizan para vender la programación mental y hacernos obedecer a nuestros líderes, estén en lo cierto o no, y jurar obediencia sin ningún tipo de criterio moral. Incluso cuando canta el Himno Nacional usa disparadores sexuales: tacones altos rojos. Nos están aplicando ingeniería social para apoyar los crímenes de guerra que nos venden manteniendo, por medio del lápiz labial, nuestra atención debajo de la cintura.

Las mujeres indígenas NUNCA posan como en la fotografía anterior; de hecho, muy pocas veces posan. No solíamos posar. No teníamos personalidades divididas. Aguilera, objeto sexual mimado por Disney, fue "jueza" en la emisión 2013 del programa de talentos La Voz. Esto la hace aparecer en televisión, la hace más conocida, respetable, vigente y capaz de seguir influyendo en nuestra mente.

La posición sexual crea una reacción visceral irracional en los hombres. Es un ataque. Se está jugando con los hombres. Muchachos, se los ha condicionado y reaccionan al condicionamiento. Misión cumplida. Los hombres indígenas la

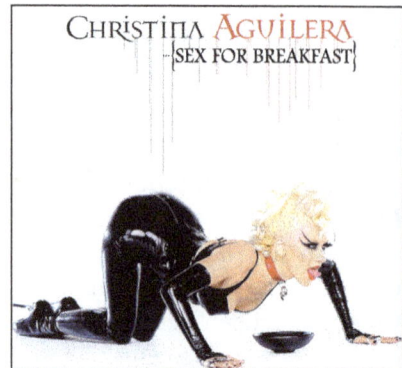

escrutarían como una criatura extraña; lo mismo debería hacer el lector, porque ella es una criatura extraña. Apenas es humana. A la izquierda, el producto del Club de Mickey Mouse. ¿Quién puso nombre a su perfume "Pecado Rojo"? Respuesta: las mismas personas que dictan cada uno de sus movimientos. Su "atractivo" para disparar la respuesta sexual es usado para vender planes secretos más grandes, como quién gana una elección presidencial. Recuerda, ella sólo sigue órdenes. Ella no tiene voluntad propia. Ella es meramente una marioneta reemplazable programada desde la niñez pero ¿es responsable? ¿Existe alguien responsable?

En este videoclip, la *marioneta reemplazable* Aguilera promociona el glamur del sexo lésbico que va en contra de la polaridad femenina/masculina que sostiene a los niños. Nota la silla de colores blancos y negros. En la fotografía abajo, observa también los bailarines detrás de ella. Este video promocionó su perfume Red Sin (Pecado rojo); en el mismo video se perfuma debajo de la cintura, la foto abajo a la derecha. Usa un collar como símbolo de cautiverio y tiene una prisionera. "La esclavitud es aceptable". ¿Por qué crearon los jefes este video? ¿Qué mensaje llega al lector? Los homosexuales podrían preguntarse si existe amor en esto o solo es decadente y abusivo. No es amor, entonces ¿qué es? Si somos buenas personas espirituales y maduras del New Age, nada nos disgusta ni nada puede condenarse. Deberíamos amar a todo, incondicionalmente, sin importar lo venenoso que sea. ¿En qué punto tildaríamos algo de incorrecto? ¿En qué punto presentaríamos

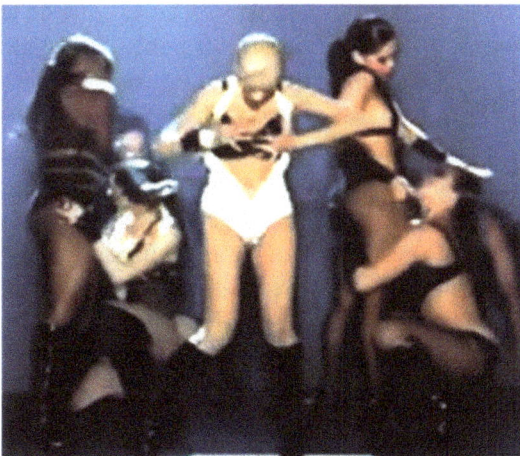

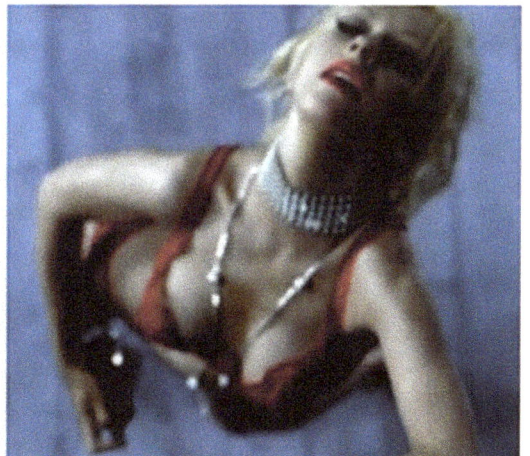

una denuncia como los padres cuyos hijos fueron atacados con instrucciones gráficas sobre sexo en las escuelas de todo el mundo? ¿O nadie es responsable de poner los límites entre lo que es decente y lo que no?

¿Cuál es el mensaje a sus antiguos admiradores de Disney? ¿El sexo está desconectado del corazón? ¿El sólo un nervio para ser estimulado por alguien? ¿Qué importa en la vida? ¿Dónde deberíamos enfocar nuestra energía?

Conoce un árbol por su fruto. Disney produce esto.

Se supone que aceptemos el pecado rojo homosexual como "derechos humanos". La operación psicológica funciona de la siguiente forma… Es incorrecto condenar nada. No es justo. No es amable hacer que otro se sienta mal. Si alguien desea promover el pecado rojo, está bien. Es su derecho. Discriminar por "orientación de género", que cualquiera puede cambiar tan a menudo y tantas veces en su vida como desee, es un discurso de odio y va en contra de la Declaración Universal de Derechos Humanos de la ONU (Un gobierno mundial que aplasta a TODAS las culturas para recrear una monocultura "justa e igualitaria"). Si alguien parece ser un pobre modelo de conducta para los niños y el distrito escolar lo contrata, es una lástima. La escuela es obligatoria y no discrimina por "orientación de género" al contratar personal. Si alguien profesa una religión denominada Pecado Rojo, es igual al resto de las religiones. No ser rechazado es su derecho humano.

En otras palabras, la Declaración Universal (Gran Hermano) de Derechos Humanos nos dice que no tenemos derecho a rechazar la declaración UNIVERSAL. Se la presenta como compasión, pero es dictadura. Y no tienes voz en ello. Pero eso se debe a que eres justo, no discriminas y crees en la paz. Después de todo, si encuentras algo con lo que no estás de acuerdo, podrías decir algo que no sería agradable ni pacífico. Peor aún, podrías infringir los derechos de otro. Compórtate como el resto de la manada y llama al estado policial si alguien rebasa la línea. Mientras tanto, sigue mirando videos.

Los Globalistas controlan Disney. Los Globalistas deciden quién debe cantar el himno nacional. Los Globalistas controlan las Naciones Unidas. Los Globalistas controlan las leyes de "odio" e incluso ahora controlan lo que la gente considera aceptable o no. Mi análisis es que toda la puesta en escena ha sido diseñada por sus amos para horrorizar y desestabilizar los valores naturales de quienes miran sus videos en línea y condicionar en ellos lo que debe considerarse normal actualmente. La nueva normalidad es que todo vale, el hedonismo es el rey.

¿A quién lastiman? A todos, porque los únicos que ganan son los Globalistas, en la cima de la pirámide de abuso, quienes recogen los restos de personas confundidas y fragmentadas y les inculcan sus propias "aspiraciones universales". ¿De qué otra forma podrían imponer sus "aspiraciones universales" en miles de culturas distintas en todo el mundo a menos que dichas culturas estuvieran debilitadas? La mejor forma de hacerlo es convenciendo a los jóvenes de que está bien experimentar con el sexo. Los espectadores del video, quienes desecharon sus coordenadas sexuales y experimentaron y que ya no podrán unirse como marido y mujer para formar familias fuertes y criar hijos con límites y modales son los seres humanos desestabilizados que se consolidarán bajo el Nuevo Orden Mundial. Una afirmación larga, pero este es un libro de desprogramación y tengo que confrontar el plan de programación de los Globalistas una y otra vez.

En este momento, algunas mujeres bisexuales estarán enfurecidas porque cuestiono su capacidad para mantener una relación estable. Las personas que han sido criadas por una madre soltera podrían estar enfadadas porque dudo de su capacidad para mantener una relación de mamá y papá. A los padres homosexuales que han adoptado niños puede no gustarles que yo sostenga que no serán capaces de dar a sus niños un ejemplo de la polaridad masculino/femenino, la energía del ying y el yang. Todo esto debe analizarse. No tiene sentido discutir desde una posición fija. El lector puede mirar a su alrededor. No se necesita mucho para ver la evidencia de que tengo razón acerca de lo que produce la confusión. La mayoría de nosotros estamos dañados y estos videos aseguran que cada vez más personas experimenten, pierdan la claridad, se hagan adictos a malos medicamentos y estén confundidos.

Preguntémonos una y otra vez: ¿por qué los Illuminati crearon este video?

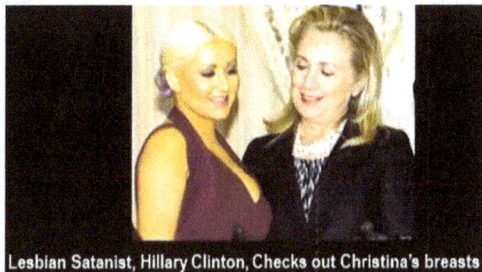

Lesbian Satanist, Hillary Clinton, Checks out Christina's breasts

Hillary Clinton es bisexual de acuerdo a las sobrevivientes de esclavitud sexual de la Casa Blanca, Cathy O'Brien y Gennifer Flowers [82]. También miente regularmente. ¿Es responsable?

A la derecha, la falsa rubia Aguilera haciendo campaña por Obama en el 2008.

Cuando éramos indígenas, nadie posaba. Había estructuras de poder y caudillos, pero dentro de una tribu, una familia. No existía la creación de personalidades divididas. Sí, estábamos limitados por sistemas de creencias, pero eran exclusivos de nuestra tribu y, por lo tanto, existía la diversidad. No había "humanidad", allí había diversidad. Se nos ha robado la singularidad para que podamos tener cabida en el sistema industrial y "tener trabajo". Charlie Chaplin tenía razón… la industrialización es inhumana.

Los Illuminati dieron a la mimada de Disney, Aguilera, canciones como esta: "La voz interior".

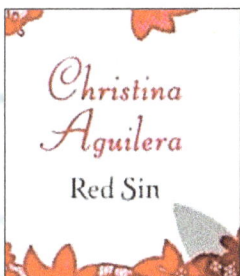

Christina Aguilera

Red Sin

*Niña no llores
Estaré allí
cuando el mundo empiece a caer.*

A la izquierda, perfume llamado Pecado Rojo de Christina Aguilera

El gran hermano está esperando que colapses para enseñarte que no existe nada como el pecado, y tú vivirás como "igual" en un mundo justo con todo lo que necesitas en una Ciudad Inteligente.

Ser una "diva" comúnmente equivale a ser una herramienta de intenciones oscuras, pero estas estrellas fabricadas no son víctimas. Son personas sin códigos morales para discernir lo decente de lo indecente. Si se las confronta, se muestran desconcertadas y se preguntan por qué están siendo criticadas.

Mientras otros digan que está bien o es aceptable y que esto "es el negocio del espectáculo", prestan su consentimiento, porque no cuentan con antecedentes morales propios. En Núremberg, los Nazi justificaban sus actos diciendo "Yo solo acataba órdenes".

¿Quién acataba órdenes? ¿Quién es Yo en la frase "Yo solo acataba órdenes? Ese Yo ¿es solo un robot que obedece o es alguien que puede elegir y se hace responsable de sus elecciones? En algún punto, ser una mujerzuela de Disney o un criminal de guerra nazi es una elección. Al no aceptar la responsabilidad facilitamos el infierno.

Es el negocio del espectáculo, es la guerra. Es el labial, son los crímenes de guerra. "¡Haz tu trabajo!"

POSES COMO EDUCACIÓN

Las jóvenes marionetas como Spears, Aguilera, Lovato, Gomez y Cyrus, producto de Disney Inc., tienen el apoyo de estrellas maduras, como Jennifer López, 45, con ganancias netas de 250 millones de dólares estadounidenses, quien comenzó su concierto en 2013 con esta pose que aparece más abajo. Nuevamente, vemos una impostora con personalidad dividida peligrosa. Esta es la verdadera Jennifer Lopez, la agente de cambio de una agenda insidiosa. Este es el aspecto subliminal de su energía, su personalidad, su vida y sus conciertos. Transcurrido el tiempo, la audiencia recordará que la modestia no significa nada para su ídolo. En su lugar, ahora la nueva norma es hacer pedazos el recato y separar las piernas para cualquiera. En el pasado, guardar la sexualidad era natural, comportarse como una mujerzuela era vulgar. Ahora, ser vulgar es genial. Jennifer Lopez "hace muy bien su trabajo". ¿Cuál es su trabajo?

Lopez se aseguró de que todos vieran bien. Su pose equivalía a una declaración. ¿Qué tipo de declaración sería? ¿¡Quiero que se horroricen con mi desagradable pose!"?, ¿"Miren cómo ignoro todas las normas"? o ¿"¡Manténgase debajo de la cintura, muchachos!"? Estimado lector, ¿existe alguna diferencia entre las tres? Lo que vemos aquí es que a Lopez no le importa nadie. No te confundas, esta es la Jennifer Lopez real. Pregúntate, ¿a quién respeta aquí? ¿A sus jefes? Es una mujer de casi 50 años. ¿Cuál es el mensaje?

Obviamente, López se rige por una falsa idea de importancia personal y la excitación de escandalizar y estar por sobre todas las normas. Es decir, se excita con "arruinar lo bueno".

¿De qué otra forma se explica que una madre de dos niños, que ya es rica y famosa, actúe de esta manera en público? ¿En busca de más fama? ¿Por la emoción? ¿Es este el motivo por el cual desea ser famosa? ¿O es que haría cualquier cosa por la emoción? ¿O es que está desquiciada por la "vanidad desconectadora" y ya no está lúcida? ¿Quién confiaría en semejante criatura? Bien, el programa de talentos curiosamente llamado "American Idol" (Ídolo estadounidense) la convocó como "jueza", otorgándole responsabilidades y un lugar como modelo de conducta. Este es su ejemplo de cómo debe comportarse una mujer exitosa. Créase o no, existen fanáticos de Lopez que no pueden aceptar que se le haga NINGUNA crítica. TODO lo que hace está bien. Entonces, pregunto, ¿cuál es el mensaje aquí?

Como mencioné antes, los superricos tienen todo lo que el dinero puede comprar; por eso, su hobby es ver cuánto pueden controlar. Necesitan cambiar algo, cualquier cosa, para alimentar su necesidad de importancia. De la misma forma que "se debe conquistar la naturaleza para servir a la humanidad", se debe conquistar la moralidad natural para servir a la vanidad desconectadora. El mal radica en este falso orgullo desconectado y vano y en la falsa energía.

Para estas personas, infringir las leyes es "probar suerte", un mensaje recurrente que citaré en las canciones y programas para la juventud. La erosión de la decencia parece ser más virulenta en las "naciones desarrolladas", las que más controlan los Globalistas. La globalización está diseminando esta erosión ética.

En la actualidad, en el Reino Unido mil niños son secuestrados al mes mientras que las redes de pedófilos son protegidas por un asesor de la Reina Bilderberger, Lord Justice Fulford, fundador de Intercambio de Información sobre Pedofilia. En otras palabras, la perversión es sistemática en la gran nación "desarrollada" del Reino Unido. [83] Para la élite, la perversión aporta excitación. "Es divertido". Horriblemente, muchos de estos niños son asesinados. La pirámide de abusos es perversa y letal y cantantes como Jennifer Lopez avivan la llama de la perversión. Lopez fue citada el año pasado diciendo que los Illuminati no existen. Leíste la cita de George Washington y en el próximo Libro presento una enorme lista de celebridades que utilizan el simbolismo obligatorio. Entonces, ¿por qué lo dijo? Sabe cuán controlada está la industria. Debemos preguntarnos nuevamente: ¿es ella responsable? ¿O será que sus hechos hablan más que sus palabras?

La intención de los Globalistas no es construir hogares sino separarlos; cada mujer joven del planeta es el objetivo para enseñarle a "probar suerte".

Abajo, la estadounidense Jennifer López aparece como estrella invitada en la temporada 2013 de Britain's Got Talent, con adolescentes concursando y colmando el auditorio. Esto se transmitió en vivo en televisión nacional británica. No podía hacerlo de forma tan evidente en los EE. UU., pero no falta mucho a menos que nos opongamos. En la primera fotografía, aparece meneando y separando activamente los muslos. Preferí dejar la imagen pequeña para que el lector no tuviera que ver la grieta de su vagina, lo que era muy obvio y ella lo sabía.

A la izquierda, Lopez como estrella invitada en la transmisión en vivo de la edición 2013 de Britain's Got Talent. A la derecha, Lopez en su actuación en American Idol en 2013.

Observa también a los bailarines. Se supone que toda nuestra atención debe centrarse debajo de la cintura. Este es su consejo a los jóvenes. Olvídate del mundo en que vives y de todos sus problemas medioambientales, de derechos humanos, de controles estatales y "¡Vive la vida!", que es el título de la canción que canta en la televisión del Reino Unido, de la que hablaremos en breve.

Por supuesto que los banksters a quienes no les importa el medioambiente ni los derechos humanos, los monstruos que desean un estado de control tecnocrático con chips RFID (identificación por radiofrecuencia) implantados en todos y sin ningún tipo de protestas, están más que felices con una *marioneta reemplazable* como López.

Y aquí está la prueba.

A la derecha, la cantante de piernas abiertas Jennifer Lopez con el Presidente de los Estados Unidos, ¿Cuál es el mensaje aquí? Como vimos anteriormente, Obama de la CIA fue colocado, por lo tanto no es Obama quien invita a López sino sus agentes. Este es el Nuevo Orden Mundial que respalda a una marioneta reemplazable con otra marioneta reemplazable para venderlos a ambos.

Los *Globalistas* promocionan un modelo de conducta indecente como Jennifer Lopez, la invitan a todas partes, le otorgan premios sin sentido, la hacen el centro de atención e incentivan su ego de muchas maneras porque su distracción "provocadora" los ayuda a ocultar sus actividades. ¿Crees acaso que la "fuerte" Michelle Obama (página 191), con hijas adolescentes, criticará las actuaciones de Lopez? No lo hará, porque en este mundo de *marionetas reemplazables* nadie es responsable y, ya que tienen el mismo jefe, están del mismo lado. El club de la elite mantiene la vanidad y la desconexión de todos ellos en fiesta, tras fiesta, tras fiesta y ocultan sus crímenes. Brzezinski, citado en el glosario (*tecnocracia*) y abajo, es asesor de Obama. Zbigniew Brzezinski es, en la actualidad, consultor de Obama. Recuerda del "Trailer" que existe la posibilidad de que Brzezinski fuera el agente de la CIA de Obama en Columbia. A continuación, presento una declaración de Brzezinski, a quien considero otra *marioneta reemplazable*. En mi opinión, no existe ninguna posibilidad de que haya escrito sus libros solo. Por lo tanto, no podemos realmente darle crédito por escribir esto. Este es el Nuevo Orden Mundial imponiéndonos sus planes.

"La Era Tecnocrática está lentamente diseñando una sociedad diaria más controlada. La sociedad estará dominada por una elite de personas **libres de los valores tradicionales**, que no dudarán en cumplir sus objetivos **mediante técnicas depuradas con las que influirán en el comportamiento de las personas** y controlarán y vigilarán la sociedad en sus mínimos detalles… será posible realizar una vigilancia prácticamente permanente [el ojo que todo lo ve] de cada ciudadano del mundo."

No dudarán significa total impunidad; influir en el comportamiento significa ingeniería social; control significa imposición; vigilar significa Google, Facebook, medidores inteligentes, teléfonos móviles y, en breve, la implantación de chips RFID si no despertamos todos. "El mundo" significa que no existirán las naciones y CERO culturas indígenas, solo una monocultura, un planeta-prisión de manadas de trabajadores con chips que vivan de raciones, con la población reducida y cuya agua, alimento y tiempo estén controlados; podemos imaginarnos como será la sexualidad "no tradicional" para la mujeres.

Estimado lector, por favor, ata cabos. Se está utilizando a las *marionetas reemplazables* del espectáculo para "influir" en la juventud y drenarlos de "valores tradicionales", es decir, de sus coordenadas morales y los "tabús inútiles" de los que hablaba la agente Madonna… Tabús que definen la decencia, la modestia, la castidad y la fidelidad y que, juntos, constituyen la fortaleza interior de un ser humano y nos protegen de las tentaciones que nos apartan del camino y de la aberración disfuncional.

Volvamos a la actuación en Britain's Got Talent: aunque el Reino Unido está repleto de personas que saben qué es la decencia, su Reina Isabel pedófila que apoya a BilderBerger Illuminati, sus constructores de estadios Illuminati, sus técnicos de vigilancia estatal Illuminati y sus productores de concursos de talento Illuminati como Simon Cowell (presentaré la pruebas en breve) garantizarán que personas como López estén en los escenarios para que todos nos centremos debajo del cinturón, en lugar de responsabilizarnos y corregir el rumbo de nuestra civilización. Mientras mantengamos nuestra atención atención debajo de la cintura no pediremos responsabilidad a nuestras autoridades, porque nosotros tampoco somos responsables.

El video en línea [84] de este episodio de Britain's Got Talent incluye a López recostada abriendo y cerrando las piernas repetidamente, con un hombre sobre ella y otros golpeando sus entrepiernas con palillos y demás. Semejante tipo de actuación sólo podría verse en un club XXX para adultos donde trabajen prostitutas, hasta ahora.

Antes de que López comience a cantar "Live it up", la escuchamos recitar las palabras iluminadas en el escenario…

"NADA DURA PARA SIEMPRE… VIVE LA VIDA… BÉBELA… RÍELA… EVITA EL DRAMA… ARRIÉSGATE… Y NUNCA TE ARREPIENTAS… PORQUE EN ALGÚN MOMENTO… TODO LO QUE HICISTE ES EXACTAMENTE… LO QUE DESEABAS."

¿Qué clase de consejo es este? ¿Qué tipo de ética? "Nunca te arrepientas" suena muy parecido a no tener consciencia ¿no es así? Exactamente. "Haz lo que quieras".

Permíteme descifrarte esto. En primer lugar, ella tiene 44 años y se dirige a una audiencia formada mayoritariamente por adolescentes, por lo tanto habla con autoridad e inculca valores. Una operación psicológica debe contener cierto grado de verdad para ser convincente; por este motivo, ella comienza con el primer y más importante axioma del budismo, la transitoriedad. Jesús hizo referencia a esta realidad como "corrosión". De "NADA DURA PARA SIEMPRE" o "Todo cambia", Buda derivó su segundo axioma: nuestro apego a las cosas transitorias es fútil y acarrea sufrimiento. Jesús dijo lo mismo: deberíamos dedicar nuestros corazones a lo divino, no lo material. El populacho, perdido en el apego, los hedonistas ligados al apego y los satanistas, apegados al poder sobre otros, convertirán esta sabiduría en "lo mismo da si nos emborrachamos". Las palabras de Lopez son "Bébela". Este es el consejo de la *marioneta reemplazable* Jennifer Lopez y sus dueños Globalistas, lo opuesto a Buda y a Jesús.

"EVITA EL DRAMA" significa no te comprometas. Esta es la razón por la cual muchos jóvenes están desesperanzados y apáticos, exactamente como lo describe Ralph Nader en la pág. 18. López y sus agentes, que están en la misma cima de la pirámide financiera, desean que permanezcas de esa forma… apático.

"ARRIÉSGATE" aparece en casi todos los mensajes a la juventud. Equivale a no seas cuidadoso, no seas sabio, no te limites o perderás la posibilidad de complacer a tu vanidad exterior. Tienes que "encontrar tu voz" sin modales como Madonna, o la satanista Beyoncé (Trailer y Libro 3) o Gloaria Steinem de la CIA. Arriésgate…

"NUNCA TE ARREPIENTAS" equivale a no tener consciencia. Esto funciona para la vanidad desconectadora cuando le rompes el corazón a alguien o bombardeas hospitales como un "héroe" de la OTAN.

"PORQUE EN ALGÚN MOMENTO TODO LO QUE HICISTE ES EXACTAMENTE LO QUE DESEABAS". ¿Qué momento fue ese? ¿Cuándo alguien hizo exactamente lo que deseaba? Si abusaron de nosotros cuando niños ¿hicimos exactamente lo que deseábamos? Como adultos, ¿no bailábamos con alguien mientras dicho alguien influía en nuestra danza para poder moverse de tal o cual manera? Si deseamos bailar en cualquier clase de interacción social, no hacemos "todo lo que deseamos" porque nadie puede. Si estamos cuerdos, vivimos en un mundo de concesiones.

Por lo tanto, esta última frase es solo la frase de la *vanidad desconectadora* que cree que alguien controla la Vida. No somos nosotros, pero tenemos cierto control sobre nuestras decisiones. Definitivamente no, nadie, nunca, en ningún sitio hizo exactamente lo que deseaba porque estaba condicionado por el contexto (todo lo que nos rodea) de las decisiones de otros.

El resultado de este "consejo" recitado es que la audiencia *está, ahora, preparada* para la fiesta de lujuria decididamente cruda que están por presenciar, que deliberadamente es lo más escandalosa posible. Lo siento, pero es increíblemente duro.

De este modo, como autoridad títere de 44 años que es "hermosa", "exitosa", "respetada" "rica" y "famosa", Jennifer López, madre de mellizos de 5 años, con su entrepierna en tu cara, inculca sus estándares culturales a los jóvenes con la siguiente canción...

Letra de "Live It Up" (Vive la vida)

> *Sí, empuja más fuerte, yo haré lo mismo*
> *Quiero sentirte de todas las formas*
> *No te cuestiones, es solo un juego*
> *Nuestros cuerpos se balancean, enloquezcamos*
> *("Dinos algo loco sobre ti")*
>
> *Estoy en lo más alto, toda la noche, lista*
> *Te daré una noche fuerte, apretada, lista para explotar*
> *Estoy en lo más alto, toda la noche, lista*
> *Te daré una noche fuerte, apretada, lista para explotar*
>
> *[Estribillo]*
> *Oh, podemos hacer lo que queramos [todo vale, sin ataduras morales ¿quién*
> *puede juzgar?]*
> *Vive la vida, vive la vida, vive la vida, ya*
> *Y no nos detendremos hasta terminar*

Vive la vida, vive la vida, vive la vida, ya
Ya, ya, ya

[Recitado]
Haz el amor, no pelees
*Enganchémonos esta noche ("f****r)*

Despiértala y déjala jugar
Sé que te gusta mi paragolpes [muestra su trasero en el video, fotografía superior]
no te avergüences
No te cuestiones, es solo un juego
Nuestros cuerpos se balancean, enloquezcamos

[Recitado]
Cualquier cosa, la ha hecho
Ella es el motivo de que las mujeres lo hagan [mensaje a las jóvenes sobre no solo
perder las inhibiciones sino realmente participar activamente en la lujuria des-
cuidada, el nuevo "feminismo"]
Apuesta a un Grammy
Tal vez ahora me entiendas [El sexo vende, la ganancia sobrepasa todo.]

Aplaude, aplaude, aplaude al ritmo (x3)

[Alienta la participación del público y la manada consiente la programación.
Están totalmente entregados. Misión cumplida.]

La presentación culminó con columnas de humo blanco explotando desde el piso en un gran orgasmo. Es importante recordar que ella no es una artista desconocida y que no estoy señalando una minúscula subcultura. Es una personalidad de fama mundial con un 250 millones de dólares estadounidenses en el banco, a quien se ha visto con el Presidente de los Estados Unidos, con una larga carrera cinematográfica, actuando de esta forma en un programa televisivo nacional, apto para todo público, muy popular en el Reino Unido, que también presenciarían millones en línea. No puede tener perfil más alto. **Es un asalto global a la decencia**. La mayoría de los participantes y las personas en la audiencia eran jóvenes. La cámara que tomó la imagen de Jennifer López recostada separando las piernas estaba montada en el techo sobre ella, hacia abajo; todo estaba planificado de antemano para realizar la toma desde ese ángulo. Nuevamente, la "discapacitada" moralmente López fue "jueza" en las ediciones 2012, 2013 y 2014 del concurso de talentos American Idol. ¡Oh, sí!, excelente criterio el suyo.

"Los niños copian lo que uno hace, por eso siempre
quiero darles un buen ejemplo."

– Jennifer Lopez, 2 de diciembre de 2013

La única forma en la que puedo explicar a Lopez es que sufre de algún tipo de esquizofrenia. La denomino "la vanidad que desconecta" que puede hacer que cualquiera sufra amnesia selectiva. Me preguntó si alguna vez les mostrará esta presentación a sus hijas y les dirá: "Intentaba ser un buen ejemplo para ustedes.". March of Dimes que, no por casualidad, está financiado por el Bank of America, un banco Roth-efeller (ver Glosario), otorgó a Jennifer López, madre soltera que abandonó a su marido, un premio de crianza en diciembre de 2013.

Sourcewatch.org

LA ORDEN DE GAGA

Madonna, Cyrus, Aguilera, Spears, López no son jugadoras aisladas. En el Libro 2, demostraré que TODAS las celebridades son jugadoras en un intento de drenarnos de nuestros valores tradicionales. Si alguien no quiere jugar el juego, le sueltan la mano. "¡Juega como nosotros ordenamos, títere, o cortaremos los hilos!" Permíteme presentarte a la estadounidense Lady Gaga, Stefani Joanne Angelina Germanotta, otra preciosidad de Disney, adoptada ya adulta por su capacidad para la perversión a la que, aparentemente, Disney es tan proclive. El patrimonio de Gaga se estima entre 150 y 190 millones de dólares estadounidenses.

El ojo único observa. Todos somos uno ¿no es así? Un mundo, un gobierno, una pirámide con el gran ojo en la cima. Existe solo una pirámide financiera internacional que controla la OTAN y al ejército de Estados Unidos y a la industria musical y a cualquiera que quiera el "éxito" de las masas.

"Lady" Gaga (arriba) invoca y empodera al "Ojo que todo lo ve". Esto no es un juego simpático. Esto es pertenencia y el evangelismo de algo negativo denominado globalismo Illuminati.

En la foto de la derecha "¿Puedes contarnos algo extravagante sobre ti? Esta persona debería presentarse en programas para niños ¿cierto? Debería conocer a la realeza ¿cierto? No se la debería prohibir ¿cierto? Deberíamos asentir y permitir esto en nuestros hogares ¿cierto? Muy bien, lo apagamos, mientras millones de jóvenes miran diariamente este tipo de material. ¿Cuál es el mensaje? ¿Quién es el responsable?

Gaga y el famoso (por famoso quiero decir colocado) homosexual Elton John colaboraron en la canción "Hello, Hello" para otra película de ingeniería social de Disney: Gnomeo y Julieta. Elton John fue nombrado Caballero por la Reina Isabel, que apoya a los pedófilos. Aparentemente aceptó su designación de género. "Sir" Elton John cree que Jesús era homosexual. [85] Se ha presentado en el programa para niños de Disney, los Muppets, en 1978. En este momento, cría a dos niños que jamás tendrán una madre. No está satisfecho con la unión civil y desea un matrimonio para poder tener un "esposo".

"Como tantos otros artistas que han vendido sus almas por el rock and roll, Elton John ha estado inmerso en el satanismo. De hecho, Bernie Taupin [cuya fortuna asciende a 300 millones de dólares estadounidenses], quien ha vivido con Elton John y ha escrito la mayoría de sus canciones [durante más de 38 años], declaró que la casa de Elton John "está repleta de chucherías y libros relacionados con el satanismo y la brujería" (US, 22 de julio de 1980, pág. 42). Taupin, al igual que Elton John con quien colabora, también es adepto al satanismo. Taupin admite que decora las paredes de su casa con "arte satánico" y, además, ha declarado que "lo oculto me fascina" (People, 23 de junio de 1980). Muchos artistas, como Elton John y Bernie Taupin, reconocen la mano del diablo en su éxito y son conscientes de que sus fanáticos no tienen ni idea de que la mayor parte de su inspiración es el resultado de seres demoníacos que los utilizan como títeres para engañar al público. [En 1991, Bernie Taupin autopublicó un libro de poemas titulado *The Devil at High Noon* (El Demonio al Mediodía).]

Elton John admite que ha engañado a sus fanáticos, "Todo es una gran estafa" y, añade, "pero mientras el público lo trague, estoy muy feliz de seguir dándoselo". (Rolling Stone, 15 de julio de 1976, pág. 30).

… Elton John ha declarado: "En la mayoría de los artistas existe una veta de autodestrucción. Drogas, sexo y relaciones nefastas eran mi forma de destrucción". Además de su estilo de vida sexualmente pervertido, a Elton John se lo conoce por sus rabietas y profundas depresiones. Elton John ha tenido múltiples parejas sexuales, "solía entrar en un club, ver a alguien a quien no conocía y ya lo tenía en la cinta transportadora", declaró John. "En el otro extremo, salía con una camisa Vercase y un reloj Cartier."

… Elton John ha cantado sobre el suicidio, lesbianismo (*All the Girls Love Alice*), la prostitución glorificada (*Sweet Painted Lady*), aspirar pegamento (*B*tch is Back*) y ha alentado la rebelión adolescente (Bennie and the Jets).

— Good Fight Ministries

En 1999, fue protagonista de un escándalo al presentarse en un concierto de caridad con bailarines vestidos como boy scouts y forzarlos a desvestirse. En escena, se le unió George Michael
y en la audiencia estaban nada menos que sus compañeros pervertidos Cherie Blair y Simon
Hughes MP.

John Fogg, un portavoz de la Asociación de Scouts, dijo en ese momento:

> "Creemos que es bastante deplorable y de mal gusto en términos de denigrar
> nuestro uniforme y lo que representa. Estamos decepcionados de que alguien
> de la altura de Sir Elton se involucre en algo de tan poco gusto. Unió la homo-
> sexualidad con la pedofilia. Si los Stonewall están a favor de los homosexuales,
> no se hicieron ningún favor."

> "No me sorprende que un homosexual contumaz, que está legalmente casado
> con otro hombre, hable de los cristianos como "fanáticos de Jesús".

> "El poder subyacente en todas las prácticas ocultas, es el satanismo; es decir,
> la adoración de Satanás (o Lucifer), en oposición a la adoración a Dios. La
> adoración a Satanás ha sido la fuerza detrás de un puñado de hombres que han
> perpetuado la conspiración Illuminati.

> "A través de sus diversas reencarnaciones, la diseminación de lo oculto ha
> permitido a los Illuminati crear un clima social que ha dado la bienvenida al
> advenimiento del Nuevo Orden Mundial y el gobierno mundial único que le
> acompaña".

— David J. Stewart

Asombrosamente, el personal de Disney estima que un 40 % de los empleados son homosexuales. [86] La homosexualidad es lo opuesto a una cultura indígena sostenible y está basada en un
rechazo al círculo de la vida en favor de las fiestas en los saunas. Si no fuera verdad, por qué no
escuchamos propuestas de homosexuales de llamar a los saunas por lo que son, lugares donde
se practica el sexo por deporte con extraños. Mi opinión sobre la homosexualidad es que no es
de mi incumbencia hasta que se convierte en una agenda para cambiar cómo piensan mis hijos
y es el único tema en Disney. Pronto conoceremos el cantante homosexual estadounidense de
moda, Adam Lambert.

Nuevamente, como en la canción anterior de López, en la canción para niños Hello, de Gaga/
Elton John, encontramos el mismo consejo: "Baila vertiginosamente, gira y arriésgate". La parte vertiginosa implica olvidarse del equilibrio, olvidarse de la sabiduría tradicional, dejarse ir y
unirse a nosotros.

Suena bastante inocente excepto que las mismas palabras aparecen una y otra vez para los escuchas mayores. Cuando vemos la repetición, estamos presenciando el condicionamiento de
control mental planeado.

Con una larga historia y casi el monopolio en películas de animación, Disney Inc. es uno de los
mayores jugadores en la ingeniería social globalista, junto con CNN, BBC e instituciones como
las Naciones Unidas. Disney no solo cría niños para convertirlos en marionetas de la industria
sino que invita a personajes que destruyen la moral como Gaga y Elton John al programa para
niños los Muppets. Esto es para incluir a los niños en la ingeniería social y condicionar nuestros
valores que, como hemos notado, han tenido un enorme éxito en el aumento de los embarazos

adolescentes, los hijos ilegítimos, las tasas de divorcio y la dependencia del gobierno. Lo "no tradicional" se está convirtiendo en la norma; la "tradición" se presenta como arcaica aunque esta tradición solía evitar los problemas enumerados anteriormente.

"Disney [fabricante de modelos de conducta], a través de ABC Television Network y sus emisoras locales afiliadas, llega al 99 % de los hogares estadounidenses con televisión. [¡99 %!] La empresa ESPN, propiedad de Disney, mediante sus acuerdos con redes deportivas internacionales, transmite en más de 195 países en 16 idiomas. Radio Disney (programación orientada a niños y "adolescentes") se transmite a través de 52 emisoras (41 de ellas propiedad de Disney) y cubre el 60 % del mercado estadounidense; esto no incluye la audiencia de sus transmisiones por Internet y las fuentes satelitales de programación de radio." –

- Sourcewatch.org

Ya he mencionado antes que la fama no es ganada, es otorgada. Nos han dicho que Walt Disney fue un caricaturista que se hizo famoso. Esto no es verdad. Él fue colocado, lo mismo que Bill Gates y Gloria Steinem.

"El 18 de noviembre de 1928 (la caricatura de Walt Disney) Steamboat Willie fue exhibida en un teatro pequeño independiente sin ningún anuncio o publicidad anterior. Pero, de manera sorprendente, el New York Times, Variety y Exhibitor's Herald reseñaron los dibujos animados al día siguiente. ¿Fue esto un accidente? ¿Los periodistas de todos estos periódicos importantes sólo fueron a un minúsculo teatro independiente? No, existían conexiones.

- de *The 13 Illuminati Bloodlines* de Fritz Springmeier.

La palabra "conexiones" es un eufemismo. ¿Cómo sabían estos periódicos globalistas importantes de *Steamboat Willie*? La respuesta es que estos medios de comunicación de vanguardia no eran creación de Walt Disney. Él recibió está tecnología, además recibió la notoriedad, la publicidad, el "éxito". Pero como intercambio, él estaba atado a una correa y sus películas, desde el comienzo, contenían planes secretos de *ingeniería social*. Walt Disney fue una marioneta remplazable.

Las comunidades fuertes tienen su base en familias fuertes; esto resistiría la intromisión del gobierno. En la actualidad, el complot entre comercio y escuelas "guía" a los niños; es decir, nuestros niños ya están siendo criados por el estado que les enseña valor y autoestima. La familia está siendo remplazada por los *medios de comunicación controlados*, el entretenimiento y los currículos.

Esta es la letra de la canción "Born this Way" (Así nací) de Gaga…

No importa si lo amas a él, o a É-L en mayúsculas [No importa si estás con un hombre a quien no amas. Tampoco importa si amas a cualquier divinidad. Pero a quienquiera que ames o no ames…]

Solo levanta las garras [piernas como en la fotografía de los Muppets]

porque así naciste, nena

Cuando era niña mi mamá me dijo

Todos nacemos superestrellas [el objetivo es la vanidad y la fama]

Me rizó el cabello y me pintó los labios

en el espejo de su cuarto

"No tiene nada de malo amar quién eres" [pero necesitas labial]

Dijo, "porque te hizo perfecta, bebé" [pero ponte el labial]

Así que mantén la cabeza en alto [pintada], niña, y llegarás lejos [vanidad]

Escúchame cuando digo"

Soy hermosa a mi modo [pero necesita labial]

Porque Dios no comete errores [por lo tanto acepta tu condición, no te perfecciones]

Estoy en el buen camino, nena, porque así nací

No te escondas detrás del remordimiento [haz lo que desees, "haz lo que os plazca", sin remordimiento, sin consciencia]

Solo ámate a ti misma, no necesitas más [sin responsabilidades para con nada más]

Estoy en el buen camino, nena, porque así nací

Se prudente [una pequeña verdad destruida por el resto de lo que dice]

Ama a tus amigos, niña del metro, alégrate por tu verdad

En la religión de lo inseguro [la religión globalista de la debilidad]

Debo ser yo misma, respetar mi juventud

Un amante distinto no es un pecado [¿Qué significa pecado en la mente de Gaga?]

Cree en É-L con mayúsculas [¿Está hablando de lo divino después de descartar el pecado? Este es el condicionamiento de personalidades múltiples para desconectar la consciencia.]

Amo mi vida, amo este disco [yo, yo, yo] y

Mi amore vole fe yah

No seas tediosa, solo se una reina [si no eres una reina eres aburrida]

Si está deprimido o desconsolado

Eres negro, blanco, crema, mestizo

Eres libanés, eres oriental [homogenización globalista]

Si la discapacidad de la vida te dejó discriminado, abusado o molestado [no pretendas justicia, acéptalo]

Alégrate y ámate hoy [olvidar los problemas en el hedonismo]

Porque así naciste

No importa si eres gay, hetero o bi

Lesbiana o transexual [homogenización inmoral globalista]

Estoy en el buen camino, nena

Nací para sobrevivir [supervivencia material]

No importa si eres negro, blanco, beige, mestizo u oriental

Estoy en el buen camino, nena

Nací para ser valiente [Rima, en inglés, pero ¿valiente para qué? ¿Para aceptar su propia condición? ¿Para esconderse detrás del labial?]

Esta letra tiene el significado opuesto a la letra de la canción "I Get Out" de Lauryn Hill, pág. 17. Gaga predica la inconsciencia carnal indulgente mientras que Hill comparte el camino a la emancipación y la soberanía personal. En los ejemplos que has visto hasta ahora de Cyrus, Madonna, Lopez y Gaga, ¿has visto la purificación como el valor primario promocionado? O, ¿ves lo opuesto? ¿Qué es lo opuesto a purificación?

La ganadora de la temporada 2013 del concurso de talentos Factor X en Australia fue Dami Im, una mujer australiana nacida en corea, joven, casada y de corazón puro, que daba lecciones de piano. En su última presentación, se le asignó la canción Alive de DNA Songs, un gran éxito en Australia. Vemos que se repiten las mismas palabras.

No esperes que se abran las puertas

Irrumpe y obtén algo más [romper con las tradiciones]

Haz algo porque estás vivo, vivo

No tendremos otra oportunidad [vivir el hoy, hedonism0]

La vida no es más que un baile desenfrenado [tema común canción tras canción… no existe una significado superior: nihilismo]

Aprende a moverte [conformarse con este nuevo baile desenfrenado] porque estás vivo, vivo

Recuerdo todo lo que dijiste

Que un corazón desenfrenado nunca descansa ["Cuéntame algo extravagante sobre ti."]

Cuando tu estrella comience a palidecer, palidecer [esto es la preparación para el colapso, el final y la desesperación. Los mismos temas aparecen en las canciones de otros ganadores de Factor X y no hablan de esperanza.]

Siempre puedes romper las reglas [¿Siempre? Las reglas son las tradiciones de tus padres.]

Siempre puedes atreverte a bailar [baile desenfrenado como en la canción Hello Hello]

Pero tienes que arriesgarte, arriesgarte [Una y otra vez, arriesgarse a "vivir" de verdad rompiendo con la tradición, no creando nada]

Estamos vivos, vivos, vivos

Estas canciones celebran la negación, no la fortaleza ni la creación. Los temas subliminales se repiten de forma coherente, en las canciones de Lopez, Gaga, Gaga-Elton John y Dami In. "Arriésgate, la vida es una baile desenfrenado sin sentido, vive el hoy".

"… el nihilismo existencialista sostiene que la vida no tiene un significado, finalidad o valor intrínseco objetivo. Los nihilistas morales afirman que no existe la moralidad inherente y que cualquier valor moral establecido se concibe de forma abstracta. El nihilismo también puede adoptar formas epistemológicas u ontológicometafísicas, es decir que, respectivamente, en algunos aspectos el conocimiento no es posible o la realidad realmente no existe. [¡Y hablábamos de vanidad desconectadora!]

… El término se utiliza a menudo para explicar el estado de desesperación general frente a la falta de sentido de la existencia, que se puede percibir al tomar consciencia [quedar atrapado en el pensamiento desconectado del mundo natural] de que no existen normas, reglas o leyes necesarias. Los analistas han identificado a movimientos como el futurismo como "nihilistas"…

- Wikipedia

Sostengo que la Regla de oro "Haz a los demás lo que quieras que ellos te hagan" es una brújula moral universal que se encuentra en todas las dimensiones en las cuales los seres vivos pueden comunicarse.

Los nihilistas son, en realidad, narcisistas que se dejan llevar por el placer en sí mismos porque han perdido la brújula y la conexión. Los Globalistas pertenecen a este grupo. Esto deja sin control al egoísmo, como veremos con los satanistas "haz lo que tú quieras".

REINA DEL DESASTRE

En la fotografía de abajo, a la izquierda, el atuendo de Gaga, realizado en carne, con diamantes en la muñeca, que deja ver parte del trasero, transmite a las mujeres qué hay que hacer para tener "éxito". Esto no es solamente escandalizar; son diamantes.

Abajo, a la derecha, la Reina Isabel, Bilderberger y masón, rinde honores a Gaga que está vestida como una bruja Illuminati. Más adelante veremos un disfraz similar que utilizó Nicki Minaj en un ritual satánico.

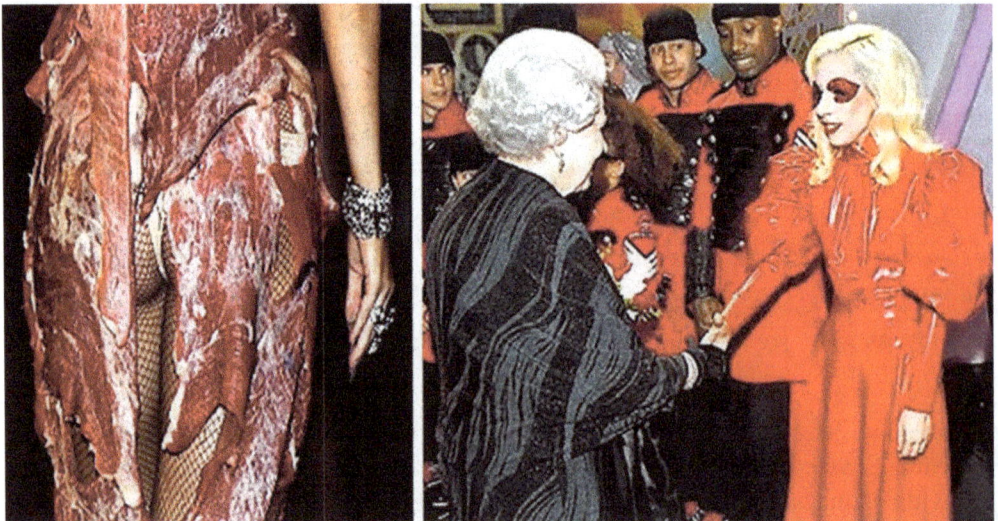

Las coronas de la reina a continuación incluyen símbolos de la Cruz de Malta de manera muy prominente en la cima de la corona. Esto evidencia quién controla realmente la Corona y a Inglaterra. Ciertamente, ni la Cristiandad ni la Regla de Oro controlan al mayor violador del mundo, el Imperio Británico. Por cierto, los Rothschild, los verdaderos gobernantes de Inglaterra, no son cristianos. Y, sin duda, los Rothschild, que fundaron los Illuminati, están relacionados con los Caballeros del Temple, los Caballeros de Malta y los masones. Por lo tanto, no te confundas, la corona de la Reina es Illuminati. Relee la historia de los Rothschild si tienes alguna duda.

Gran Bretaña es esclava de un bloque financiero internacional.

- David Lloyd George, Primer Ministro Británico,
20 de junio de 1934, revista New Britain

15 de abril de 2012: "The Sex Pistols", la banda de rock punk famosa por sus bufonerías antigobierno, lanzarán el clásico himno Dios salve a la Reina, en coincidencia con la celebración del jubileo este verano.

… Originalmente lanzado el 27 de mayo de 1977, antes del 25º aniversario de la Reina, el single, en cuya cubierta se encontraba la imagen sin rostro de la Reina, provocó una amplia controversia [controversia debido a la existencia de la enorme manada de británicos cuya mente está programada para pensar que es ordinario que alguien critique a la mayor criminal de guerra de la historia. La historia del Imperio Británico es una gran vergüenza, tan terrible como la de Enrique VIII] y fue prohibido por la BBC y la Autoridad de Transmisión Independiente, que regulaba las emisiones comerciales de radio y televisión y la radio independiente". [De "independiente" tiene solo el nombre.]

- Roya Nikkhah, London Telegraph

Dios salve a la Reina, un régimen fascista
Te convirtieron un tonto, bomba H potencial
[atontaron para que seas irresponsable]
Dios salve a la Reina, no es un ser humano
No existe futuro, en el sueño de Inglaterra [insostenible]

Que no te digan qué quieres
Que no te digan qué necesitas
[no dejes que te programen]
No hay futuro, no hay futuro, no hay futuro para ti
Dios salve a la Reina, el turismo es dinero
Pero nuestra representante no es lo que parece
Dios salve a la historia, Dios salve tu loco desfile [nuestra pasarela al suicidio]
Oh Dios ¡ten piedad! Todos los crímenes se pagan
Si no hay futuro ¿cómo puede haber pecado?
Somos las flores entre los residuos
Somos el veneno en la máquina humana
Somos el futuro, somos el futuro
No hay futuro, no hay futuro, no hay futuro…

Las organizaciones en la ilustración de la Estructura Emblemática de la Francmasonería en la página siguiente, tienen muchos años de antigüedad y continúan activas.

¿Qué hacen ellas? Esto no puede discutirse, porque del mismo modo que con las cuentas del Banco Suizo, algo está oculto. Las personas más ricas y poderosas en el mundo están en la cima de estas jerarquías, haciendo algo secreto con el apoyo de las masas de francmasones de menor nivel de las organizaciones, que creen que hacen algo exclusivo e importante. "¡Shhhh, es un secreto!"

Estos miembros secretos de la sociedad que están abajo no tienen idea de los planes secretos de las personas en la cima. Ellos negarían la existencia de rituales satánicos en la cima, porque no han sido iniciados en ese nivel de vanidad desconectadora todavía.

En la siguiente ilustración nota los símbolos de la Cruz de Malta, en la izquierda, de los caballeros de Malta y los caballeros templarios. Es la misma cruz que se ve en las coronas de la reina y curiosamente, pero no coincidencialmente, en una placa de matrícula de Nueva York, mostrada más adelante en el libro. Los Caballeros de Malta no son algún club extinto. El ejército mercenario Blackwater/Xe en Irak tiene vínculos con los Caballeros de Malta, (una búsqueda fácil en Internet). Pongamos los vínculos entre la reina y los Caballeros de Malta en contexto de la Europa controlada por los Rothschild…

"Los Caballeros de Malta no son meramente una "organización de caridad". Ese es sólo un frente elaborado, como verás claramente más adelante. Como el nombre Orden Militar Soberano de Malta (SMOM) confirma, es una orden militar basada en los Caballeros Hospitalarios de Jerusalén y está entretejida con la Francmasonería. La mayoría de la gente nunca ha escuchado de SMOM, mucho menos que es parte de la Francmasonería. Pero así es como le gusta a la elite aristocrática.

EMBLEMATIC STRUCTURE OF FREEMASONRY

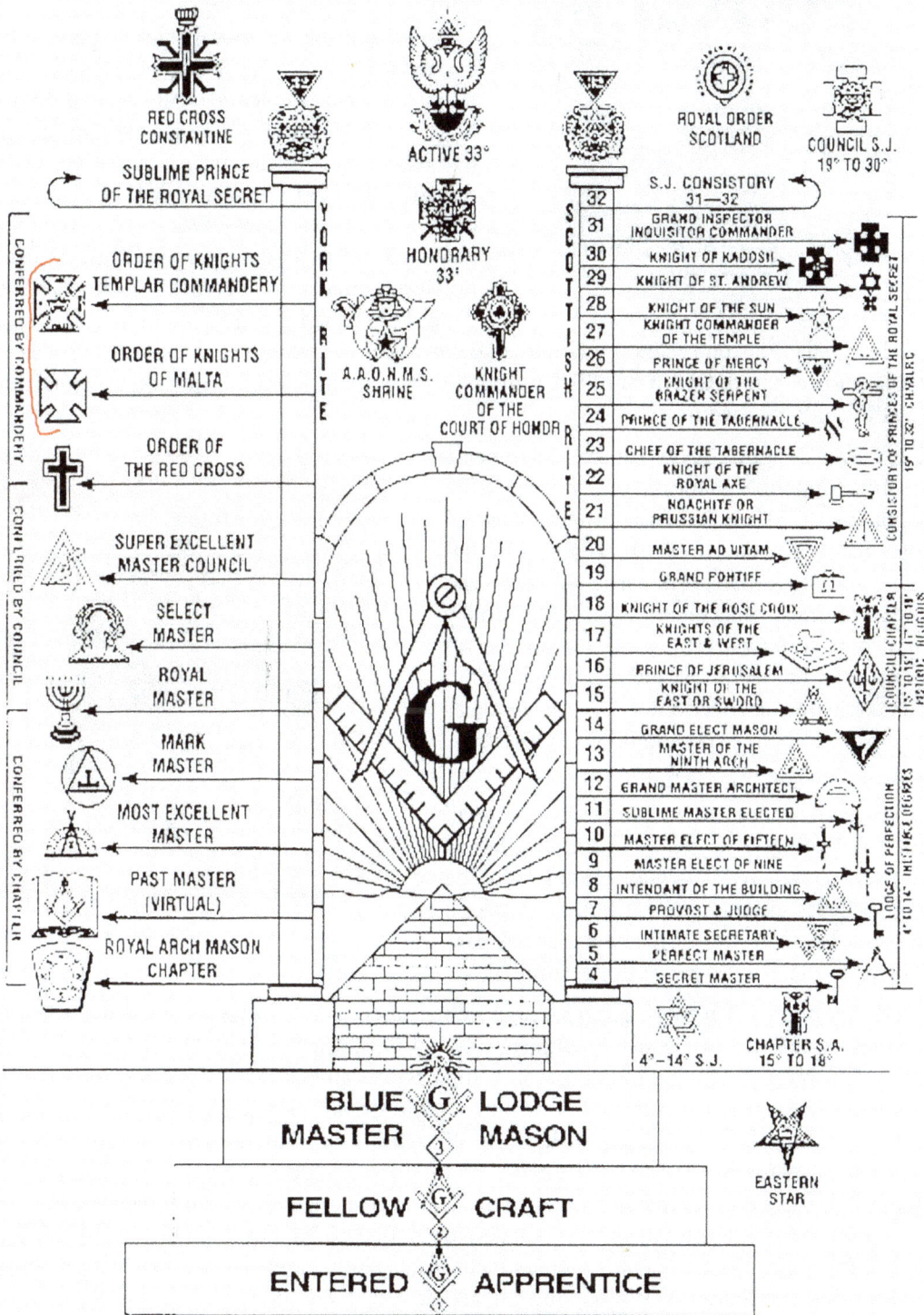

RED CROSS CONSTANTINE

ACTIVE 33°

ROYAL ORDER SCOTLAND

COUNCIL S.J. 19° TO 30°

SUBLIME PRINCE OF THE ROYAL SECRET

S.J. CONSISTORY 31—32

CONFERRED BY COMMANDERY

ORDER OF KNIGHTS TEMPLAR COMMANDERY

HONORARY 33°

ORDER OF KNIGHTS OF MALTA

A.A.O.N.M.S. SHRINE

KNIGHT COMMANDER OF THE COURT OF HONOR

ORDER OF THE RED CROSS

CONFERRED BY COUNCIL

SUPER EXCELLENT MASTER COUNCIL

SELECT MASTER

ROYAL MASTER

MARK MASTER

CONFERRED BY CHAPTER

MOST EXCELLENT MASTER

PAST MASTER (VIRTUAL)

ROYAL ARCH MASON CHAPTER

YORK RITE

SCOTTISH RITE

Degree	Name
32	
31	GRAND INSPECTOR INQUISITOR COMMANDER
30	KNIGHT OF KADOSH
29	KNIGHT OF ST. ANDREW
28	KNIGHT OF THE SUN
27	KNIGHT COMMANDER OF THE TEMPLE
26	PRINCE OF MERCY
25	KNIGHT OF THE BRAZEN SERPENT
24	PRINCE OF THE TABERNACLE
23	CHIEF OF THE TABERNACLE
22	KNIGHT OF THE ROYAL AXE
21	NOACHITE OR PRUSSIAN KNIGHT
20	MASTER AD VITAM
19	GRAND PONTIFF
18	KNIGHT OF THE ROSE CROIX
17	KNIGHTS OF THE EAST & WEST
16	PRINCE OF JERUSALEM
15	KNIGHT OF THE EAST OR SWORD
14	GRAND ELECT MASON
13	MASTER OF THE NINTH ARCH
12	GRAND MASTER ARCHITECT
11	SUBLIME MASTER ELECTED
10	MASTER ELECT OF FIFTEEN
9	MASTER ELECT OF NINE
8	INTENDANT OF THE BUILDING
7	PROVOST & JUDGE
6	INTIMATE SECRETARY
5	PERFECT MASTER
4	SECRET MASTER

CONSISTORY OF PRINCES OF THE ROYAL SECRET 19° TO 32° CHEVALIER

COUNCIL CHAPTER 15° TO 18° KNIGHTS ROSE CROIX

LODGE OF PERFECTION 4° TO 14° INEFFABLE DEGREES

CHAPTER S.A. 15° TO 18°

4°–14° S.J.

BLUE G LODGE MASTER MASON

EASTERN STAR

FELLOW G CRAFT

ENTERED G APPRENTICE

Uno de los símbolos de las órdenes militares del Vaticano, el águila masónica de dos cabezas adornada con la cruz de Malta, significa dominio real omnipotente sobre oriente y occidente. La esfera significa dominio temporal sobre el planeta tierra, y el cetro significa control sobre los impulsos religiosos o espirituales de la humanidad. El símbolo del águila es usado en los ritos masónicos de Memphis y Misraim, bajo el que se lee: "orden de caos", el método hegeliano de la creación de la crisis. Esto se encuentra en los emblemas de muchas naciones europeas y euroasiáticas, incluyendo Rusia, indicando el control directo del Vaticano sobre aquellos países. Simboliza el deseo de una elite predatoria con recursos virtualmente ilimitados para dominar el mundo bajo sistema de gobierno del Nuevo Orden Mundial, usando secretos, manipulación, coerción y terror, con el fin justificando los medios.

"El emblema de águila de dos cabezas del imperio bizantino (imperio romano) en un escudo rojo fue adoptado en 1743 por el infame orfebre Amschel Moses Bauer. (Quien cambió su nombre a Rothschild e inventó la banca moderna. Él abrió una tienda de numismática en Frankfurt, Alemania y colgó sobre su puerta esta águila romana en un escudo rojo. La tienda se volvió conocida como la "la compañía de Escudo Rojo". La palabra alemana para símbolo de escudo rojo es Rothschild.

Después de este punto, los Rothschild se volvieron los banqueros de los reyes y pontífices por igual, entre las familias más ricas del mundo. Desde entonces, ellos han financiado ambos lados de las principales guerras y revoluciones usando la dialéctica hegeliana como ingeniería social para la construcción de un Nuevo Orden Mundial.

"Los Rothschild y sus agentes, como los Rockefeller, han estado transformando Estados Unidos y su política exterior casi desde el comienzo. Ellos y sus socios de Wall Street de la sociedad secreta Calaveras & Huesos manipularon y financiaron ambos lados de la Segunda Guerra Mundial y de esa pesadilla infernal nació su gobierno global, las Naciones Unidas, y su herramienta de tiranía, la CIA. El padre de la CIA, "Wild Bill" Donovan, fue un Caballero de Malta. Para llegar a ser un director de la CIA debes ser un Caballero de Malta y no está de más si eres miembro de Calaveras & Huesos. Con el fin de alcanzar el nivel más alto en el Pentágono, debes ser un Francmasón Illuminati y/o un Caballero de alguna orden. Los miembros de SMOM que son militares notables de Estados Unidos incluyen generales como Alexander Haig, William Westmoreland, y Charles A. Willoughby, un fascista declarado." [87]

El artículo de arriba incluye una lista larga de políticos y generales notables que son miembros de la Orden Militar Soberana de Malta. A la derecha vemos a la cantante latina Shakira con la marca de los Caballeros de Malta en sus pantalones. Ella casi siempre tiene símbolos Illuminati en sus fotos. Shakira es otra marioneta remplazable que estudiaremos en el primer capítulo del Libro 2.

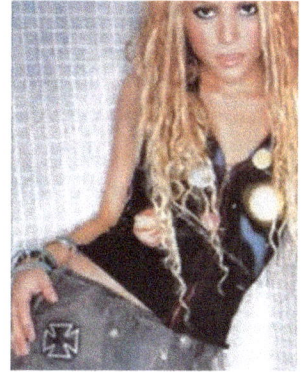

En la imagen siguiente, vemos como esta orden secreta fue parte de la conspiración Nazi, que cubriré posteriormente en este libro. En la cima de cada organización hay personas haciendo acuerdos secretos con otras personas en el "Gran Tablero de Ajedrez". Nota la cruz de Malta en el pecho de Amschel Rothschild en la imagen a continuación.

ORDER OF MALTA
Proud Vatican Charity Organization since the Crusades!

Grandmaster Andrew Bertie, John Paul II

Amschel Mayer von Rothschild
"Guardian of the Vatican Treasury"

"Los gobiernos de la actualidad no tienen que lidiar únicamente con los otros gobiernos, con emperadores, reyes y ministros, sino además con sociedades secretas, que tienen agentes inescrupulosos en todos lados y pueden, en último momento, sabotear todos los planes del gobierno."

– Benjamin Disraeli, 1876

La Reina de Inglaterra, siendo una marioneta programada desde el nacimiento, ha honrado a muchos criminales de guerra convirtiéndolos en "caballeros". Dos que se destacan recientemente son el "señor" General Norman Schwarzkopf, responsable de que 400.000 hombres, mujeres y niños iraquíes hubiesen sido asesinados o heridos en 1991 en 100 horas. Otro, por supuesto, será el "señor" anti virtud Henry Kissinger que aparece en la cubierta frontal de este libro. Aquí están algunas de las "honorables" personas que han recibido la Cruz de Malta o la Gran Cruz de Caballero. Pregunto nuevamente: ¿no hay nadie responsable? O, como expongo, las ceremonias de entrega de premios ¿existen para ocultar la responsabilidad y sellar las acciones detrás de una cortina de humo de respetabilidad falsa?

No vale la pena contar los muertos de Iraq.

– General "Señor" Norman Schwarzkopf

Royal Babylon: The Criminal Record of the British Monarchy
from Margaret Cox # .# 2 yobra ago

Nosotros incendiamos las chozas de paja, comenzando el fuego con cohetes y encendedores. ¿Por qué estábamos quemando las casas y destruyendo los cultivos? Ho Chi Minh ha dicho que su gente era como el mar, en que la guerrilla nada. Intentamos resolver este problema haciendo completamente inhabitable el mar. En la difícil lógica de la guerra, qué diferencia puede haber en disparar a tu enemigo o dejarlo morir de hambre (mujeres, niños, abuelos…). (Recuerda: esto es para salvar a la gente del comunismo y traerlos a la "democracia" occidental).

- "Señor" Collin Powell

Powell mentiría a las Naciones Unidas sobre armas de destrucción masiva en Iraq, y mentiría sobre casi cualquier cosa. Es sólo la difícil lógica de la guerra no tener conciencia, ¿verdad? ¿Y aceptar condecoraciones por esto? La *vanidad desconectadora* equivale a daño colateral y crimen. Es momento de que vaya a prisión. ¿Enfrentará la vida después de la muerte con toda esta sangre en tus manos, "señor" Powell?

Quiero que cada soldado iraquí sangre por cada orificio.

- "Señor" Norman Schwarzkopf

El "señor" pedófilo Kissinger está en la cubierta principal de este libro por una razón. Ha estado manejando a las marionetas presidentes y primeros ministros desde los 70 y, como se mencionó, ha sido nombrado CEO del grupo Bilderberg. Su tesis doctoral fue sobre el Congreso Illuminati de Viena. Por favor, compra y lee el libro *Trance-formation of America* de la heroína Cathy O'Brien, así como la continuación de su libro sobre su hija, verificado con documentos de los tribunales. Allí puedes leer sobre el psicópata de la reina, el señor Kissinger, expuesto como pedófilo.

SITES BOMBED
BY THE US AIR FORCE
IN CAMBODIA, 1965–1973

▪ 113,716 SITES
▪ 230,516 SORTIES
▪ 2,756,941 TONS
OF ORDNANCE

Royal Babylon: The Criminal Record of the British Monarchy

Por favor, busca el video mencionado arriba. Los británicos, principalmente, pueden ser desprogramados con este documental. 230.516 incursiones de bombardeo sobre 113.716 lugares (cada uno atacado dos veces) en Camboya rural fue un regalo del "señor" Kissinger, destruyendo la sociedad civil y creando un espacio para el poder de Khmer Rouge, el cual llevó a los camboyanos a un holocausto.

"Por qué debemos flagelarnos por lo que los camboyanos se hacen a ellos mismos". [Sin remordimiento, sin vergüenza, sin conciencia, ¡disfruta la vida! Haz lo que quieras.]

"Si ponen judíos en cámaras de gas en la Unión Soviética, no es un asunto que interese a Estados Unidos."

*"Hoy en día los estadounidenses se molestarían si las tropas de las Naciones Unidas entraran en Los Angeles para restaurar el orden; mañana estarían agradecidos. Esto sería cierto si se les hubiese dicho que había una amenaza exterior, **sin importar si fuese real o promulgada**, que ponía en riesgo su existencia. (¿Ébola? ¿OVNI?) Entonces todas las personas del mundo se comprometerían con los líderes mundiales para ser librados de este mal. La única cosa que teme el hombre es lo desconocido. Cuando este escenario se presente, los derechos individuales serán voluntariamente entregados por la garantía de su bienestar otorgado por su gobierno mundial."*

- "Señor" Henry Kissinger

En la Casa Blanca de Obama vemos el monstruo Kissinger, la monstruo Madeline Albright, y en la parte superior derecha el monstruo Brent Scowcroft. ¿Quién es él?

"Si tenemos que usar la fuerza, es porque somos Estados Unidos. Somos la nación indispensable. Nos paramos alto. Vemos más allá en el futuro" [… ¡Porque ella es iluminada! ¡El poder hace el derecho! ¡Mi país está equivocado y en lo correcto! Pero su país nunca se equivoca, de modo que los crímenes de guerra son excusables.]

- Antigua Secretaria de Estado, Madeleine Albright

Brent Scowcroft convertido en caballero por la Reina Elizabeth II

18 de marzo de 1993

La reina Elizabeth II confirió el título de Caballero Honorario el miércoles a Brent Scowcroft, antiguo Consejero de Seguridad Nacional del presidente Bush.

Scowcroft, 67, recibió el título de Caballero Honorario, el honor más alto que el gobierno británico da a un extranjero por su contribución a las relaciones entre Inglaterra y Estados Unidos.
Nuevo Orden Mundial

> De acuerdo con la página web de Keppler Associates, Inc sobre Brent Scowcroft:
> "Con el final de la guerra fría y el colapso de la Unión Soviética, fue Scowcroft quien acuñó el término de Nuevo Orden Mundial"

Scowcroft es, además, el fundador y presidente del Foro para Política Internacional, una organización sin ánimo de lucro que fundó en 1993 y que fomenta el liderazgo estadounidense y la política exterior.

Scowcroft sirvió como Consejero de Seguridad Nacional para los presidentes Gerald R. Ford y George Herbert Walker Bush. Fue vice-presidente de Kissinger Associates, Inc (1982-1989), una firma internacional de consultoría. "En su capacidad, él aconsejó y ayudó a una amplia gama de líderes corporativos extranjeros y estadounidenses sobre oportunidades de empresa conjunta global, planeación estratégica y evaluación de riesgo.

La carrera militar de 29 años de Scowcroft comenzó con su graduación de West Point y concluyó con el rango de Teniente General; más tarde, fue Consejero de Seguridad Nacional Adjunto. En la Fuerza Aérea, fue Profesor de Historia Rusa en West Point; asistente del Agregado Aeronáutico en Belgrado, Yugoslavia; Jefe del Departamento de Ciencias Políticas en la Academia de la Fuerza Aérea; planificación a largo plazo de la Fuerza Aérea; asistencia de seguridad internacional en la Oficina del Secretario de Defensa, Asistente Especial del Director del Estado Mayor Conjunto y Asistente Militar del presidente Richard M. Nixon.   - Wikipedia

Nota el vínculo cercano entre los asociados de Kissinger y las "empresas conjuntas globales". Globalismo. Como ya hemos aprendido, el término "Nuevo Orden Mundial" es más viejo que Scowcroft y él ciertamente no lo acuñó. Pero él estaba bastante cómodo usando las palabras, ya que es una cucaracha globalista.

"La frase en latín *Novus ordo seclorum*, que significa "Nueva orden de las épocas", aparece en el reverso del Gran Sello de Estados Unidos, primero diseñado en 1782 e impreso en la parte posterior del billete de un dólar de los Estados Unidos desde 1935. La frase es algunas veces traducida de manera incorrecta como "Nuevo Orden Mundial" por personas que creen en una conspiración detrás del diseño". (Las personas que han estudiado de manera correcta a los Illuminati, saben lo que una pirámide representa, y no están dispuestos a ser esclavos estúpidos nunca más bajo un grupo de conspiradores secretos).

- de Wikipedi-mentiras

En la foto, el "señor" Brent Scowcroft en la parte inferior, "señor" pedófilo Kissinger, y sí, el presidente de FED "señor" Alan Greenspan, quien preparó el terreno para el colapso financiero de 2008. Greenspan además fue nombrado caballero por la Reina, cuando viajó al Banco de Pagos Internacionales en Suiza para recibir sus órdenes del Nuevo Orden Mundial.

A continuación, "señor" Ronald Reagan responsable del escándalo Irán-Contra y el criminal de guerra, esterilizador de mujeres nativo americanas, el pedófilo "señor" George Bush Sr. Ambos fueron convertidos en caballeros por la reina del desastre.

Y el último "caballero" ilustrado es el "señor" J. Edgar Hoover, director del FBI desde 1935 hasta 1972, quien espió a Martin Luther King por diez años, se infiltró en las Panteras Negras y asesinó a la mitad de ellos, y en su vida personal fue un travesti confundido sexualmente, no incluiré la imagen de la "bomba sexual" Tome Jones, ¿qué hizo exactamente para ser convertido en caballero? Aun así, algunos borregos se dirigen a Jones como "señor" en La Voz, 2013. Y ellos se dirigirán a los asesinos seriales Kissinger, Powell o Hoover como "señor".

¿Los harías tú? ¿Les darías la mano? ¿Estás despertando? ¡Levantémonos todos!

A continuación imágenes de la Gran Cruz de Caballeros, Cruz de Malta

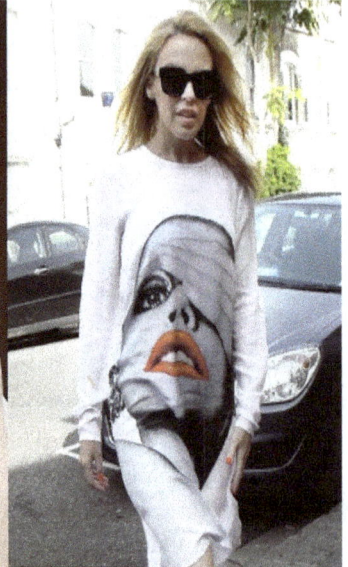

KYLIE MINOGUE

USA 2009

OFFICIAL 2015 CALENDAR

MINO VOL

Realeza=Esclavitud

Rothschild >
> Nuevo Orden
> Mundial >
> Pir á mide
de Abuso >
> Ojo que todo
lo ve >
> Iluminati >
Entretenimiento >
> Indecencia >
Embrutecimiento

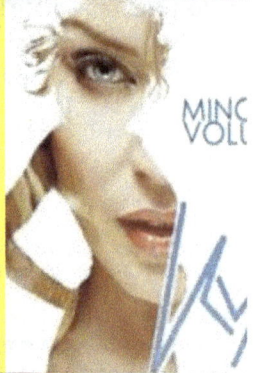

Kylie has joined The Voice UK

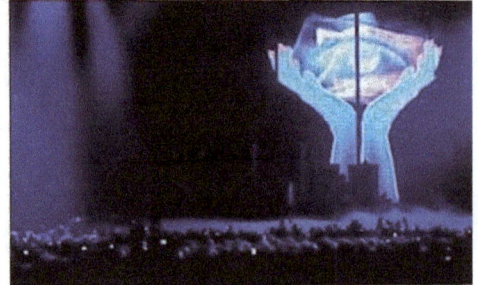

Kylie X2008 - World Tour Opening

En las siguientes fotografías podemos apreciar que tanto Simon Cowell, quien dirige el programa de talentos Factor X para sus jefes de Sony Inc, como la Reina Isabel, forman parte de sociedades secretas. Como mencioné anteriormente, los masones ya resistían la infiltración por parte de los Illuminati en la época de George Washington, pero evidentemente fracasaron. La Reina Isabel es probablemente la mujer más rica del mundo. No solo posee la mitad de Shell Petroleum sino que, como Soberana del Commonwealth Británico, que incluye Canadá, Australia y mucho más, es dueña de todos los derechos de minería. Pero, como parte de la horda demoníaca Bilderberg, que pretende chantajear a todo el mundo para su propio beneficio, sigue trabajando para obtener más poder, ganancias y control. Estas personas no son altruistas. Están atrapados en la vanidad desconectadora. Es imposible que imaginen la conexión. Están perdidos y, obviamente, enfermos. ¿Quién estando cuerdo honraría a esta reina loca?

*Símbolos masónicos en el cinturón de la enfermera de la Reina; los mismos símbolos
en el jet ski de Simon Cowell y en el santuario de Eliat, Israel. Observa, también,
el pentágono en el cinturón, que aparece en la película Metrópolis, la fotografía de
Aguilera y, como veremos, en los rituales secretos de Hitler.*

Por todo lo anterior, no es tan sorprendente que la Reina de Inglaterra, masón e Illuminati, honre a una pervertida como Gaga. Aún así, ¿tiene algún sentido que Disney promocione a una persona como Gaga con niños pequeños? Creí que queríamos algo sano para nuestros niños. Pero, lo saludable es la imagen falsa de Disney, Inc. Ahora sabemos que Walt Disney fue colocado y todo Disney Inc. siempre ha sido parte de una manipulación de ingeniería social.

Atemos cabos… Hemos visto la línea de producción de Disney, donde se producen artistas que terminan siendo modelos de conducta pervertidos, por lo tanto, debemos repensar nuestros conceptos y llegar a la conclusión de que, en realidad, Disney no tiene una relación sana con los niños o la sociedad. Disney tiene una relación muy abusiva en una lucha contra la bondad. El objetivo de Disney no es proveer entretenimiento sano para los niños. Su objetivo es la aberración sexual y la contaminación de los niños. Bienvenido al mundo real.

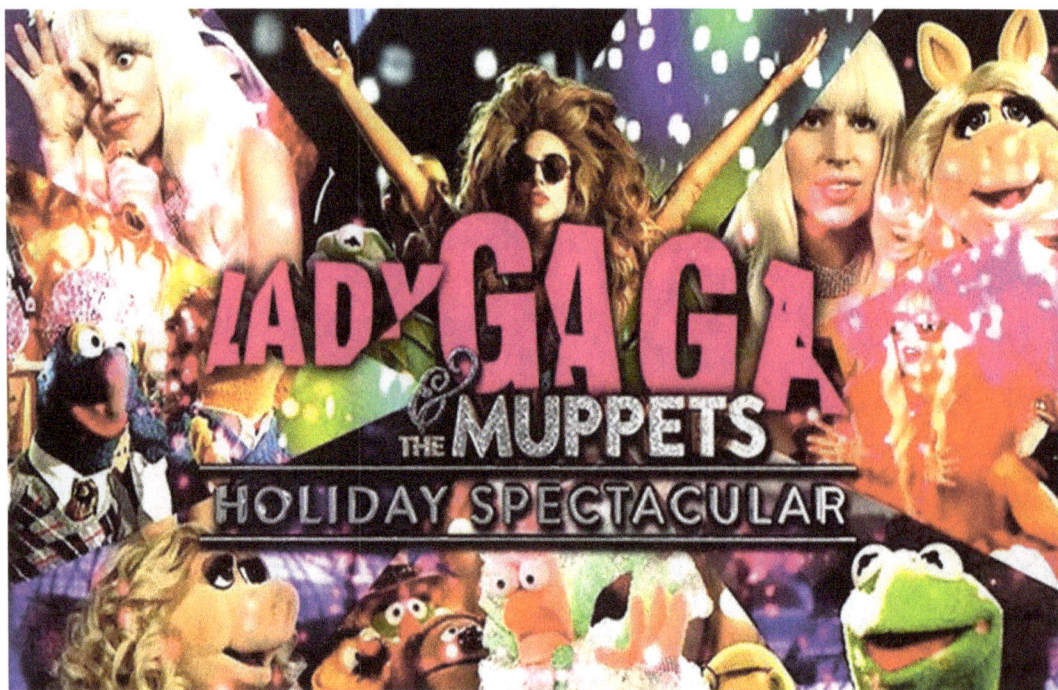

En la parte superior izquierda del póster, Gaga con el mensaje subliminal del "Ojo que todo lo ve" en la pirámide y, a la derecha, las piernas separadas. La modestia desintegrada para niños de edad preescolar. La misión de desestabilización y consolidación está cumplida. Sin moral, las "tradiciones" nuevas pueden ser establecidas.

En el poster anterior, Disney no utiliza a Gaga para promocionarse, utiliza su plataforma global para promocionar la falta de respeto a la modestia y la indecencia que Gaga representa. De la misma forma en que la homosexualidad se está volviendo algo normal, la prostitución se está convirtiendo en normal, y funciona. Una gran cantidad de niñas es feliz si aparece en videos pornográficos. Esto hubiera sido imposible hace cincuenta años. ¡Hace cincuenta años existían normas de vestimenta en las escuelas! Aquellos que se burlan deben considerar qué tenemos ahora… La vergüenza "pasó de moda". Sin vergüenza no hay culpa. No culpa significa no responsabilidad. Misión cumplida de los Illuminati. Todos los niños pequeños que ven a Gaga separando las piernas tendrán este ejemplo plantado en sus mentes. Obviamente, se le dijo que separara las piernas y no puso ninguna objeción. ¿O tal vez sea su costumbre? De cientos de fotografías se escogió esta. Manos abiertas, piernas abiertas. No hay límites, no hay control de calidad.

Celine Dion, controlada por los Illuminati es vista en la película *Muppets: los más buscados* en 2014, donde la CIA es retratada como una organización criminal, la cual ciertamente no es, y el tema de la jaula (a ser discutido) es puesto en escena con personajes cantando desde un Gulag ruso, que no se muestra como un campo de exterminio, sino como un lugar para criminales. Los Muppets fueron comprados por Disney Illuminati en 2004 y es ahora un lugar para realizar ingeniería social a niños. Colocando a Celine Dion en un film infantil, los espectadores adultos son seducidos para pensar que la película es respetable. Pero la verdad es que está llena de mensajes subliminales. Gaga aparece por unos segundos en el comienzo de la película, al igual que se menciona a la cantante Rihanna, a quien conoceremos pronto. Los Muppets de Disney colocan a Gaga y Rihanna en pequeños momentos subliminales para crear el imaginario de que es normal no tener vergüenza y no ser responsable.

Por lo tanto, ¿qué podemos esperar de Disney? Deberíamos esperar algo retorcido, ya que los dibujos animados de Mickey Mouse y Disney Inc. estuvieron patrocinando programas de ingeniería social desde 1928. Yo pregunto, ¿vas a exponer a tu familia a Disney?

Se puede juzgar a un árbol por sus frutos, y los frutos, como las celebridades malcriadas Spears, Aguilera, Cyrus, Lovato, Gomez y los injertos gangrenosos de Gaga, son modelos de conducta muy perversos. Los frutos de Disney parecen podridos. ¡Por favor, busca en tu corazón la *soberanía personal*! O permites la corrupción social de Disney y los sigues como manada o los boicoteas y salvas tu familia. Estás a favor o en contra.

O, si la ingeniería social del movimiento New Age ha calado hondo en ti, no haces nada y te quedas mirándote el ombligo.

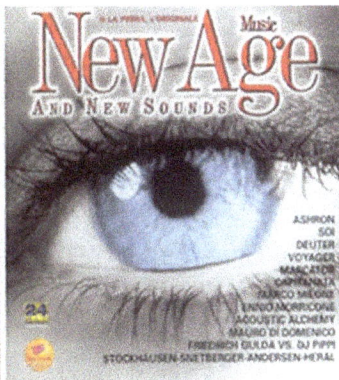

Mira, en las imágenes anteriores, como el movimiento New Age es cooptado con los mismos símbolos Illuminati. El pensamiento New Age era como el feminismo original, una alternativa. Fue cooptado. La mentalidad del New Age es ahora: "Si estoy relajado y no juzgo a nadie (no me involucro), no estoy contribuyendo al conflicto y estoy trayendo paz. Por lo tanto, debo enfocarme en mi propio estado de ánimo y sentirme bien. Dar energía a los problemas de justicia social es ser negativo, porque lo único que importa es mi confort y tranquilidad." La mentalidad del New Age es narcisista y muy crítica de aquellos que tienen una posición firme, son apasionados y señalan los problemas. Las personas New Age juzgarían duramente a alguien como Jesús, quien sacó a los cambistas de dinero del templo.

"Meditación global por la paz" mientras compras ropa de diseñador y sorbes un latte. ¿Una mente gigante? No, gracias. Arriba está mi comentario al Youtube de Chopra.

¿Qué hay de malo con esta foto? La respuesta es la sequía en California. Mira GeoengineeringWatch.org. No es tiempo de meditar. Es momento de protestar.

Estelas Quimicas de Muerte.avi
Canal de Feli584

Geoingeniería La Increible Historia Completa
UnCafe Nirvana

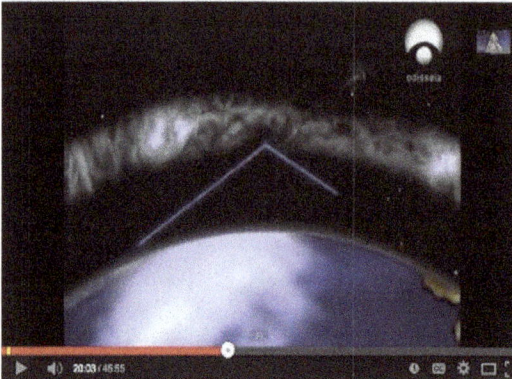

ARMAS CLIMÁTICAS Y ELECTROMAGNÉTICAS SE
UTILIZAN EN SECRETO, Proyecto HAARP. CANAL ODISEA,
(ODISSEI)
53Mistral

"Por que demonios nos fumigan?" HD Documental
CHEMTRAILS sub español
Milo Modera

"Chemtrails, un enigma sin resolver" Soraya Lacaba en IV
Congreso Ciencia y Espíritu
Ciencia Espiritu

GEOINGENIERÍA ¿QUÉ ES? Y ¿CUÁLES SON SUS
CONSECUENCIAS - CONFERENCIA EN ALICANTE
Asociación Nacional Española Cielos Limpios

En tu propio hogar

A medida que el libro profundiza en la cultura popular, el control y el manejo de la industria musical y las celebridades, los vínculos con la realeza, el satanismo y la metodología de la destrucción de la decencia, el lector puede preguntarse, ¿qué tiene que ver la estupidez de las celebridades con la globalización? ¡Esto parece sólo un rumor!

Por favor, recuerda esto… la monopolización se gana mediante la homogenización. Para reducir todos los estándares a los estándares más bajos, haz que la resistencia sea muy improbable. Además, recordemos seguir el dinero. Del mismo modo que los banqueros financiaron a Karl Marx y a Gloria Steinem, los banqueros están financiando lo que creen es popular y forman la popularidad como una herramienta de su plan secreto.

Permíteme repetir esto, no tiene importancia si te gusta la música pop, la conoces o la desconoces. Los jóvenes la conocen. Aunque tus niños nunca escuchen música pop ni miren televisión, sus amigos sí lo hacen. Aunque tu hijo no juegue videojuegos todo el día, la mayoría de los niños de su edad sí. Aunque tu hija no estudie religiosamente las revistas de moda, la mayoría de sus amigas lo hace.

La exposición de los jóvenes a estos valores divididos establece la vanidad desconectadora que puede controlarse más tarde de otras formas. Una vez quebrada nuestra soberanía personal, que es sana, centrada y conectada a tierra, somos como caballos quebrados, nuestro espíritu nunca será el mismo.

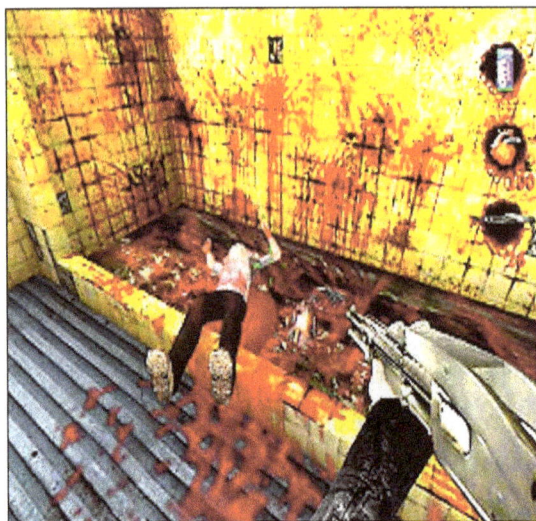

¿Qué enseñan estos videojuegos? Una comunidad ¿tiene el poder de restringir lo que ingresa en ella o los Globalistas tienen el derecho de arrasar con cualquier norma? ¿Cómo protegerías tu comunidad?

El siguiente anuncio apareció cuando investigaba en YouTube. ¿La Liga de Ángeles? Sabemos que los Globalista controlan YouTube ya que prohíbe algunos videos de denuncias pero permite anuncios como este. La camisa de la derecha reza MUJERZUELA. Estas son las imágenes que tanto niños como niñas ven en los "países desarrollados". ¿Alguna cultura del pasado expuso a sus jóvenes a cosas como esta? Estos modelos de conducta ¿serán de alguna ayuda en tiempos de crisis? Este tipo de mensaje ¿fortalece a la familia y la comunidad o hace todo lo contrario?

Por lo general, al presentar nueva información, escucho respuestas como... "Yo no hago eso, mis hijos tampoco..." Esa es la vanidad desconectadora que puede asegurar que no es parte del problema. De hecho, todo lo que compramos es parte del mismo sistema que, definitivamente, está en problemas.

Aprendimos un poco sobre el rol "educativo" del Nuevo Orden Mundial de la fundación Carnegie. Lo siguiente describe la financiación inicial de la serie para niños, *Plaza Sesamo.*

> *"Como resultado de la propuesta inicial de Cooney en 1968, el instituto Carnegie le otorgó una subvención de $8 millones para crear un nuevo programa de televisión y establecer el Taller de televisión infantil (CTW), renombrado en 2000 como el Taller Sesamo (SW). Cooney y Morrisett obtuvieron otras subvenciones multimillonarias de parte del gobierno federal de Estados Unidos, la fundación Arthur Vining Davis, CPB y la fundación Ford".*

> - Wikipedia

Creo que Cooney fue cooptada con condiciones tan pronto como tomó el dinero, o más probable, como con la Gloria Steinem de la CIA y Ms. Magazine, ella fue simplemente una agente pagada, asignada al proyecto de control infantil desde el comienzo. La fundación Carnegie es un frente que produce otros frentes para dar caridad. Las fundaciones son el lado publicitario del control corporativo y aquellos que reciben subvenciones son soldados. Las fundaciones Ford, Gates, Rockefeller, Carnegie son todas frentes de desestabilización cultural del Nuevo Orden Mundial.

Plaza Sesamo muestra las siguientes ilustraciones en su sitio web. Esto es globalización real, que está más allá de modelos económicos.

En casa y en el mundo, construimos asociaciones de colaboración con aquellos que comparten nuestra misión. Al hacer coincidir las necesidades educativas vitales con las metas de nuestros socios, juntos creamos un impacto real.

Nuestra colaboración continua proporciona una oportunidad para impactar positivamente en la primera infancia a nivel mundial con la última tecnología.

Kristin Parsley Atkins, Senior Director, Wireless Reach, Qualcomm
USA, Sesame Street

> learn more

QUALCOMM

Lo que ayuda a que nuestro programa "Grow Up Great" sea tan eficaz, es la asociación que establecimos con Sesame Workshop desde el principio. Nuestra colaboración ha creado una asociación innovadora que continúa alentando el aprendizaje temprano.

Eva Tansky Blum, Senior Vice President & Director Community Affairs, PNC Bank Chair and President, The PNC Foundation
USA, Sesame Street

Nos podemos preguntar, ¿quién en Qualcomm tiene derecho de decir lo que es "positivo" para los niños del mundo? La declaración fue hecha por el director de tecnología inalámbrica de Qualcomm. Se ha demostrado en más de 1200 estudios revisados por pares, que están en Bioinitiative.org, que las frecuencias inalámbricas son peligrosas, causan cáncer y disfunción genética. (Capítulo 6).

Podemos preguntar cómo el Banco PNC resulta con una misión de "aprendizaje temprano" y qué obtendrán mediante la financiación de un programa para condicionar a los niños.

La primera declaración en el cuadrado de fondo verde es globalización en tu rostro.

"En casa y de manera global, elaboramos sociedades colaborativas con aquellos que comparten nuestra misión (para su propio beneficio, condicionar a los niños con valores corporativos). Satisfaciendo las necesidades educativas vitales de aquellos que comparten nuestros objetivos (¿de vender más?) creamos, juntos, un verdadero impacto."

Ahí lo tienes. El verdadero Plaza Sesamo es una conspiración de ingeniería social elaborada por intereses corporativos para transformar los niños a su antojo. Nunca hemos tenido una discusión sobre este tipo de globalización en las escuelas, pero esta conspiración de globalización es el objeto de nuestras escuelas.

Podemos preguntar, ¿quién hizo pensar a Plaza Sesamo que puede determinar "las necesidades educativas vitales" de tus niños en tu casa y en la casa de las culturas de todo el mundo?

"Impactar" significa seducir, condicionar, controlar a tu hijo. Por favor, nota que estos conquistadores de la cultura dominante están, de manera egoísta, orgullosos de su impacto global.

*   *   *

Arriba a la izquierda, la misma imagen que a la derecha del póster de Disney/Muppet/ Sesamo, Gaga inculcando la postura de piernas abiertas para destruir la modestia en los niños. Este mensaje es muy claro… "Esto es normal. Esta es la forma en que las mujeres aparecen en público". Esto se muestra a millones de niños. Las imágenes se imprimen en la mente.

Arriba a la derecha, Elton John en la edición 1978 de los Muppets, con un saco rosa abierto sin nada debajo, enseñándole a una generación que ser un homosexual indulgente es "alegre". Funcionó, no existe diferencia entre la vagina y el ano en la visión global políticamente correcta que promueven la ONU y los gobiernos títere. Ver la cita del Depto. de Educación de Hawái y la ONU, Capítulo 18)

La línea que divide la ingeniería social de niños y adultos es académica… no hay diferencia. Conozcamos a otra agente, Nicki Minaj.

A la derecha vemos a Nicki Minaj (el nombre en francés significa triángulo amoroso) lució una vestimenta similar a la usada por Gaga (arriba con la Reina) en la entrega de los premios Grammy de 2012, en Los Ángeles. La ceremonia de los Grammy tuvo lugar el día después del asesinato de Whitney Houston; fue un ritual satánico por televisión en vivo, planeado con meses o años de antelación. [88] En la entrega de premios, Triángulo Amoroso Minaj cantó Roman Holiday (Fiesta romana). Según el diccionario, fiesta romana significa: 1) tiempo de libertinaje y diversión sádica, 2) disturbio destructivo o tumultuoso.

El atuendo del Papa es una bofetada obvia a los católicos. Pero para aquellos que han estudiado a los jesuitas y las conexiones del Papa con los Rothschild, la imagen de un Papa del brazo con una bruja Illuminati es simplemente la conspiración oculta a plena vista. Si esto parece descabellado, ve atrás a la foto del Papa y la investigación de Hitchcock. Recuerda que la pedofilia en la iglesia es peor en la cima. ¿Qué significa el rostro del vestido? Seguramente tiene algún significado de culto.

"Fiesta Romana", por Nicki Triángulo Minaj

Toma tus medicamentos romano [esclavo]
Toma unas pequeñas vacaciones, romano
Vas a estar bien
Necesitas conocer tu estación, romano [en la jerarquía]
Algunas alteraciones en tu ropa y tu cerebro [transhumanización]
Toma un descanso
Del silencio [atontamiento]
Hay tantas cosas que puedes tolerar, puedes tolerar
Yo sé cuánto necesitas una fiesta romana (libertinaje)
Fiesta romana
¿Listo? ¿Tu vida apesta?
No quieres una tercera ronda [amenaza] Sufrirás dos veces.
Adora a la reina y es posible que suceda [esclavo],
Vive en la realidad, estas zorras no podrán olvidarse de mi [sé un verdadero esclavo]
Igual, estilista, consigue Bulgari
Yo soy la última Svengali
Estas chicas no pueden ni siquiera explicar que
Usted se va molestando
Repele eso

Dejame decirte, hermana
Yo soy, yo soy más potencia que una ampolla
Con mi flujo tan enfermo   Estoy loco
Y esto no se puede curar con elixir

Porque todos saben que se da, que da, lo hago
Es hora de poner la presión a cada pato
Cuac, cuac de un pato y un pollo también
Poner la hiena en el zoológico

Bruja, tic, perra
Dios estaba en lo cierto esta es la sexta guerra mundial
Esto hará que la perra muera
Y esto hará que la perra llore
Y si eres honesto, soy un gran tipo
*Y esto es lo que hago cuando **la perra se separa***
Voy a ponerla en un calabozo subterráneo
Las muy perras no comen
Mueren de hambre
Necesito, quién diablos es esta prostituta
Tal vez un poco de tourette
Trae mis alas Terrance y mi boina

¿Hablas de mí? ¿Hablas de mí?
Cómo te atreves a hablar de mí
Las muy perras deben estar fumando un par de CO
Quieren los titulares, les daré una chiva
Maldito seas, ¿estás hablando de mí?
¿Hablas de mí? ¿Hablas de mí?
Cómo te atreves a hablar de mí
Las muy perras deben estar fumando un par de CO
Ha ba ba ba ga gum, la chiva

Bienvenido a la entrega de los premios Grammy 2012..

El lector debe comprender que Nicki Minaj es una *marioneta reemplazable* colocada. Ella no escribió sola esta canción, tampoco la canta sin permiso. Aunque está escrita en primera persona, no es ella la que habla. No es su canción como tampoco fue su elección lucir el vestido de culto ni caminar junto al Papa. La canción y el atuendo pertenecen a sus agentes y transmiten un único mensaje, no muchos. Estos agentes son las mismas personas que diseñaron la puesta en escena y quienes se aseguraron que Whitney Houston se alojará en el hotel donde se alojó.

En esta entrevista en video [89], Whitney Houston calificó a su agente, Klive Davis, como abusivo; parecía angustiada mientras hablaba de su relación con él; es evidente que no quería explayarse. Utilizó la palabra "Svengali" para describir su relación (más información en la Parte Dos); esta palabra se usa en la canción. Svengali denomina a una persona nociva en una relación abusiva.

"Ustedes ni siquiera pueden deletrearla". En realidad, casi nadie conoce la palabra, pero Minaj nos la está enseñando. Roman Zolanski no es "su alter ego gay". Él es el "máximo" abusador, la fuerza que controla la industria del entretenimiento. El asesinato de Whitney Houston se planificó con tiempo al igual que el asesinato del actor Robin Williams; presentaremos las pruebas en la Parte Dos de *Lápiz Labial y Crímenes de Guerra.* ...No solo de que fue asesinado sino de que llevó años idear y coordinar dicho plan.[90] Como queda claro, estos son sacrificios rituales, exactamente lo que muestra la puesta en escena.

Cuando leí esta letra por primera vez, no la entendí, pero cuando piensas que es la maldad Illuminati la que habla, todo queda claro; los agentes están haciendo de Houston un ejemplo para aterrorizar al resto de la industria de la música. Vuelve a leerla. Las líneas en negrita están dirigidas directamente al resto de los miembros de la industria advirtiéndoles lo que les ocurre a los que "dejan el nido". Como veremos en la Parte Dos, TODOS saben. La canción es una advertencia.

A la izquierda, el sacrificio simbólico y la "transformación" de Nicki "Triángulo" Minaj en la misma entrega de Grammy 2012, donde se utilizó la muerte real de Whitney Houston como víctima real, ¿o crees que los elaborados disfraces, el escenario, la canción Roman Holiday (Fiesta romana) y los informes misteriosamente incoherentes sobre la muerte de Houston son meras coincidencias?[91] El mundo fue testigo de un ritual satánico real, no de una puesta en escena extraña al azar.

"Triángulo" Minaj forma parte de la burla al Papa, supuestamente los caracteres chinos del tatuaje de su brazo significan "Dios está siempre conmigo". ¿De qué forma está Dios con Nicky "Triángulo" Minaj, la amante? (Mira la foto a continuación) Veremos a otros satanistas con cruces, diciendo que sus religiosos padres los apoyan sin importar lo que digan o hagan. Todo esto debilita cualquier significado real de las tradiciones que guían la moralidad. Y Kmart también está presente, utilizando a alguien que presume de normas de decencia como muchacha de póster. Crest Toothpaste hará lo mismo con la cantante Shakira haciendo el símbolo del ojo que todo lo ve.

En la esquina inferior izquierda de la foto anterior, una captura de pantalla de baja calidad de YouTube, donde se ve a Nicki Minaj entrando en trance como uno de los jueces del concurso de talentos American Idol. En la parte superior derecha, Minaj promocionando el tema de la jaula. El mensaje es: "Acostúmbrate, has sido atrapado por Gran Hermano". Y a las niñas: "Tu papel es el sexo sin amor. Tu valor depende de ser una buena esclava". ¿Respeto por la familia? "Triángulo" Minaj es la amante de tu esposo. Y K-mart está de acuerdo.

La satanista Aguilera promociona a la satanista Nicki Minaj. ¡Hurra!

K-mart promociona a Minaj con su contenido explícito. ¿Hora de boicotear a K-Mart?

(La letra pequeña en la parte inferior dice 'Advertencia a los padres, contenido sexual')

Sam Bailey canta "Edge of Glory" de Lady Gaga – en vivo

Arriba una fotografía, más tema de jaulas (ver glosario) con el nuevo talento Sam Bailey, ganadora de la edición 2013 del concurso de talentos británico Factor X. Presenta una canción de Gaga, para aumentar la fama de la superestrella Illuminati. Esto la mantiene vigente; así los Illuminati no pierden una reclutadora de la decadencia y ni qué hablar de su valor como fuente de ganancias. Gaga disemina la gloria (vanidad en el glosario) a las masas. Más y más vanidad. Barrotes de cárcel… Todos estamos atrapados ¿no crees?

Arriba a la izquierda, Jennifer Lopez promocionando el tema del bondage, American Idol, 2013. ¿Respeto para las mujeres? Arriba en el medio, la concursante de la edición 2013 del programa Factor X USA, Rachel Potter, tiene un escenario que incluye un cerco de jaula con forma de pirámide (su mano está en la cima en la imagen), pero ella sale de detrás del cerco "liberada" y "transformada" en víbora con vestido y botas de cuero negro e iluminación roja de fondo. La canción se convierte de una conversación sobre amor a sexo implícito. Potter fue usada. Arriba a la derecha, la mocosa de Disney, Britney Spears.

Como mínimo, el tema de jaulas tiene 2 lecturas. La primera, es que a la mujer natural tradicional se la enjaula y se transforma en una predadora de piel de leopardo, pícara, sexualmente liberada e interesada solo en la lujuria. Este es el tema de la "transformación". La segunda está relacionada con la encarcelación. Aparentemente, los Globalitas banksters Illuminati nos están preparando para la ley marcial. Esperan que, de la misma forma que aplicaron ingeniería social a los niños en cuanto a su forma de ver las relaciones y los objetivos en la vida, pueden influir en nosotros para que aceptemos la encarcelación y la policía antidisturbios para "mantenernos seguros". (Parte Dos, Capítulo 29)

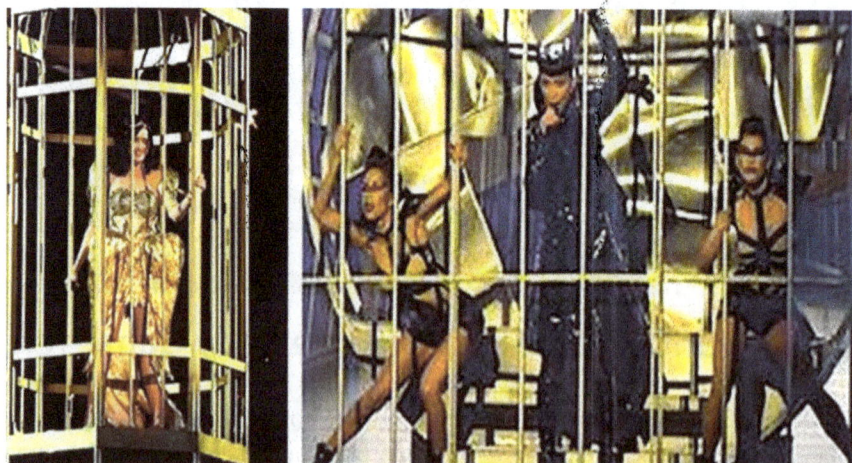

Uno pensaría que el tema de las jaulas pasaría de moda, pero no, se repite una y otra vez para taladrar el condicionamiento. De esta forma, esta coreografía no es arte sino ingeniería social.

La puesta en escena a menudo no tiene nada que ver con la canción. Arriba a la izquierda, soldados policías en la canción "If I Were a Boy" (Si fuera un muchacho) en la entrega de los Grammy 2010 (tapa de este libro). Arriba, a la derecha, los jóvenes talentos Alex y Sierra, ganadores de la edición 2013 del programa Factor X estadounidense, comprometidos con una escena de policías antidisturbios. ¿Qué? "Acostúmbrate. El estado policial es lo normal." Nuevamente, esta repetición de temas no es coincidencia.

A la joven pareja formada por Alex y Sierra se le indicó cantar canciones opuestas a su relación amorosa real. En la canción "Say My Name" (Di mi nombre), la joven y dulce Sierra se presentó "descarada" y ambos se acusaban de engañarse mutuamente. Una ganadora anterior del concurso Factor X británico, 2007, Leona Lewis, interpretó la nauseabunda letra de la canción Bleeding Love (Amor sangrante) y la hizo famosa. En 2013, tanto los ganadores estadounidenses como la británica (Alex y Sierra y Sam Bailey) interpretaron Bleeding Love. La industria de la música Illuminati y los Globalistas no desean pureza, amor ni fidelidad porque estos fortalecen interiormente. Desean lujuria y conflicto porque ocasionan competencia y falta de unidad. Está usando la misma táctica con música que la CIA en el extranjero. Levantan el infierno. No quieren nada sano y leal que se oponga a sus designios. ¿Cuáles son? Su plan sin alternativas es una pirámide con la élite en la cima que controla y maneja a la base global. NO HAY ALTERNATIVAS. Esos son sus designios.

Hemos sido arrastrados en un círculo de conspiración alrededor de Plaza Sesamo, los Muppets, Disney, Gaga, "Triangulo amoroso" Minaj, el asesinato de Whitney Houston, rituales satánicos en el Grammy, el tema de la jaula, perversión de chicas y concepción de la ira policiaca como algo "normal". Los lugares populares fueron creados inicialmente para servir como herramientas de ingeniería social o fueron cooptados y adquiridos después. Del mismo modo que vemos que Spears y Aguilera fueron herramientas desde la infancia temprana, mientras Madonna, Gaga y Lopez fueron incorporadas/esclavizadas/pagadas más adelante. No vemos ningún lugar popular o cantante popular promoviendo un mensaje saludable. La conspiración se ejecuta mediante la financiación de las fundaciones Roth-efeller. Las fundaciones nazis de Rothschild controlan el factor X. Rastrea el dinero. Estudia los hechos de la conspiración. Tu mente es la siguiente en la lista.

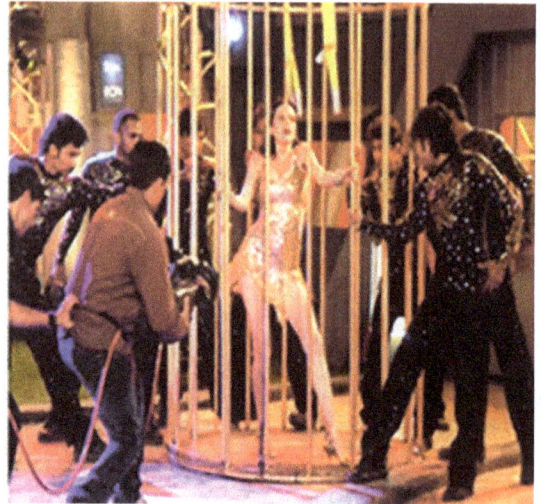

Tema de la jaula en India, a la izquierda, "Sunny Leone, la estrella porno se convirtió en actriz de Bollywood, hace un baile erótico en una jaula en el lanzamiento de la canción "Babydoll" de su película Ragini MMS 2." Las imágenes son claramente de una violación en pandilla. No existen las Baby Dolls en las culturas tradicionales. Este es el fruto de la globalización, en el que se esparcen como una enfermedad moral. La sociedad secreta que ha controlado la India permite esta influencia. ¿Cómo protegerías a tu comunidad? (Mira la actitud valiente de Uganda en el capítulo 18)

Shakira, Disney Britney Spears, Rihanna, Khloe Kardashian, Disney Miley Cyrus, Madonna

Taylor Swift

Además revisa el Tema de la Jaula en el glosario

* * *

El tema de la jaula en la vida real… Estados Unidos tiene seis veces el promedio de todo el mundo en prisiones. Estados Unidos es lo opuesto a la "tierra de la libertad". Es la tierra de la reclusión. ¿Existe el progreso para las personas de "color" en la sociedad estadounidense? Las organizaciones denunciantes reportan un número mayor de encarcelamiento que la historia oficial. Del mismo modo que la tasa de desempleo no es reportada de manera precisa por el gobierno. (Los números de desempleo están basados en aplicaciones recientes por desempleo, no el número de personas que no tienen trabajo).

Tendremos una buena cantidad de celdas para arrestar a la elite y sus secuaces cuando corrijamos los valores en nuestras cabezas y en nuestras leyes. Para aquellos que creen en el "progreso", revisen la tasa de encarcelamiento en los últimos 40 años, siguiente gráfico.

Nota en estos gráficos de qué modo incrementa la tasa cuando las drogas fueron adquiridas por la CIA y la "guerra contra las drogas" de Reagan consolidó todo el tráfico de drogas bajo el Nuevo Orden Mundial. Si no hubiese más drogas disponibles, no habría más arrestos. El uso de la droga se incrementó y las ganancias de la industria carcelaria…

"El estado de Vermont – meca de la ropa de marihuana, de la conducción Subaru, del amor cooperativo, de los revolucionarios de Frisbee (yuppies New Age decadentes) - está paradójicamente llamando mucho la atención por su rol de liderazgo en el apoyo privado para la industria carcelaria con fines de lucro… atrás de Nuevo México, Hawái y Montana. El estado de Vermont ahora alberga la proporción más grande de sus presos – 28 por ciento – en prisiones operadas por firmas carcelarias con fines de lucro." [92]

"En 1984 la Corporación de Correccionales de América revolucionó la manera en que funcionaban las prisiones en Estados Unidos. La compañía quedó a cargo de una instalación carcelaria en el condado de Hamilton, Tennessee – la primera vez que un operador privado fue contratado para manejar una prisión. Más compañías carcelarias fueron creadas y los contratos continuaron fluyendo —entre 1990 y 2010 el número de prisiones operadas de manera privada en Estados Unidos se incrementó en un 1600 %. Este incremento superó el crecimiento de instalaciones carcelarias públicas e incluso de población en Estados Unidos. [84]

[A pesar de que el Departamento de Seguridad Nacional fue inventado después del 9/11, las drogas continúan lloviendo. ¿Por qué?]

"Las prisiones privadas reciben alrededor de 3000 millones de dólares de ingresos anualmente y más de la mitad de esto viene de instalaciones para inmigrantes no documentados. Las operaciones privadas manejan entre 50 % a 55 % de instalaciones de detención para inmigrantes. La ley de inmigración que se disputa en Washington ahora podría además significar cosas buenas para las prisiones privadas. Algunos estiman que la mano dura sobre los inmigrantes indocumentados dará lugar a 14.000 reclusos más al año, con el 80 % de ese negocio para las prisiones privadas.

"La industria carcelaria también ha hecho dinero mediante la contratación de mano de obra penitenciaria a empresas privadas. Las empresas que se han beneficiado de esta mano de obra barata incluyen Starbucks, Boeing, Victoria Secret, McDonalds e incluso el ejército de Estados Unidos. "[85]

Tu latte y tu Mac Burger y tu lencería pervertida fue hecha con mano de obra esclava.

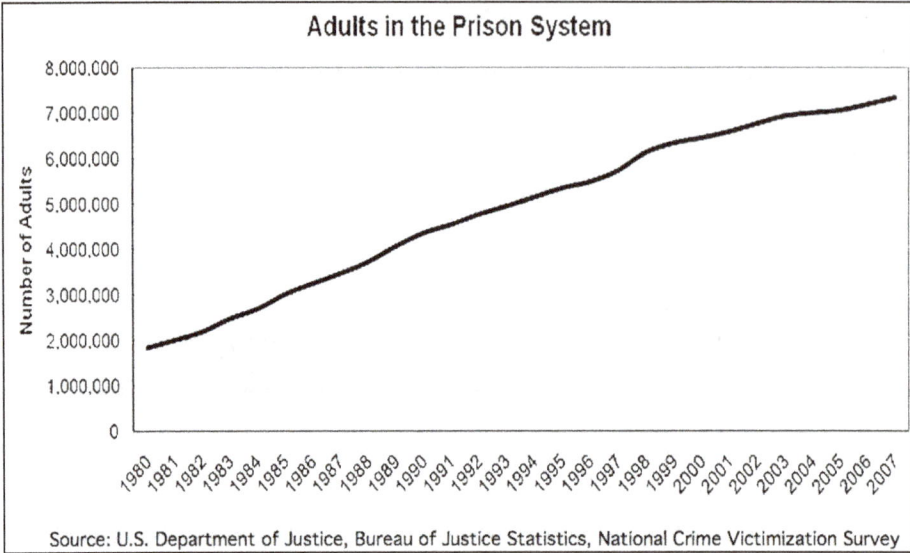

Adults in the Prison System

Source: U.S. Department of Justice, Bureau of Justice Statistics, National Crime Victimization Survey

Adultos en el sistema penitenciario de Estados Unidos. La población no se cuadriplicó en 27 años, pero los prisioneros sí.

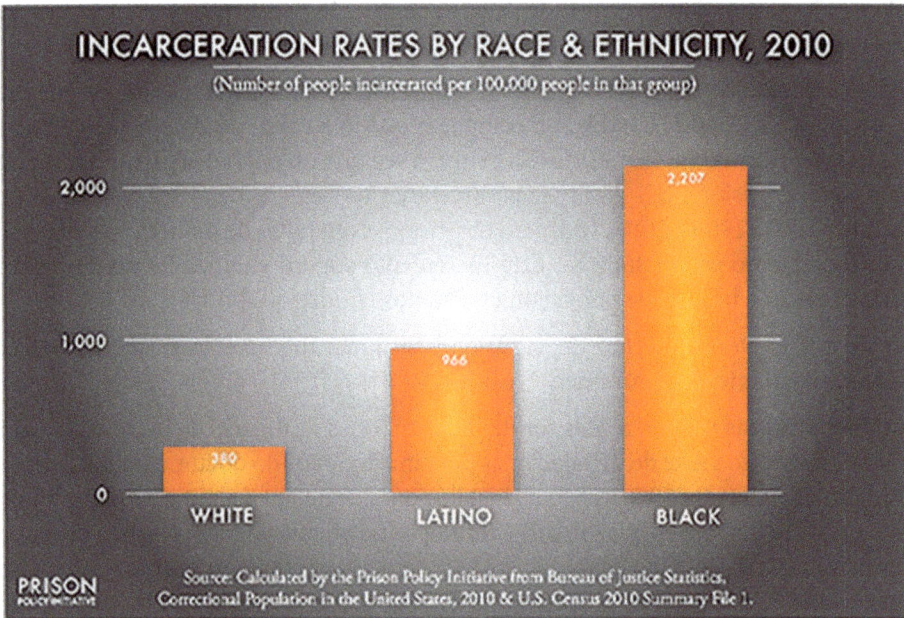

INCARCERATION RATES BY RACE & ETHNICITY, 2010

(Number of people incarcerated per 100,000 people in that group)

Source: Calculated by the Prison Policy Initiative from Bureau of Justice Statistics, Correctional Population in the United States, 2010 & U.S. Census 2010 Summary File 1.

Seguridad Nacional no ha reducido la disponibilidad de droga, su trabajo real es crear un estado policial que requiera más arrestos. ¡Mantienen las drogas fluyendo y hacen dinero con esto! ¡El tema de la jaula! ¡Acostúmbrate!

Chart 4: The War on Drugs and incarceration in the US

number of drug arrests   ━━━number of prisoners per 100,000 population

Source: US Bureau of Justice Statistics, www.bjs.ojp.usdoj.gov
Chart copyright © 2012 by Richard D. Vogel at combatingglobalization.com
Permision to copy granted.

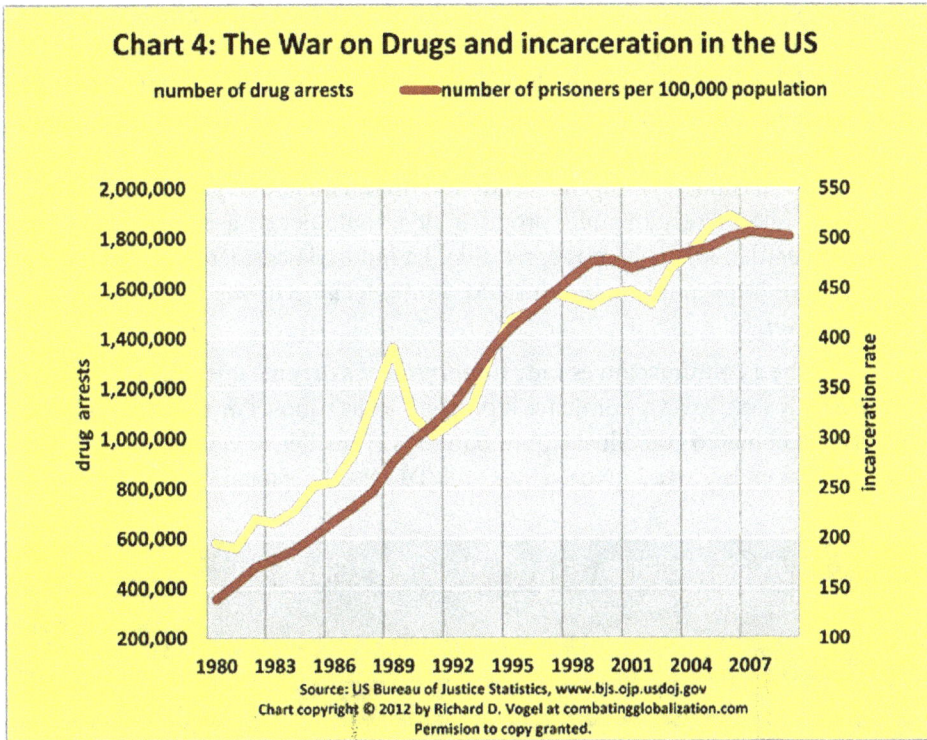

El tema de la jaula ingresa en nuestros hogares: Estados Unidos tiene el doble de condena carcelaria para los niños en comparación con otros países, atrapándolos en sus propias casas con ingeniería social que crea una cultura extraña a la de sus padres y abuelos. Esta es la globalización del Nuevo Orden Mundial.

Esta generación de adictos a la televisión tendrá déficit de atención y no será capaz de enfocarse por mucho tiempo en ningún asunto. No serán tan atléticos o coordinados como niños "menos desarrollados". Probablemente serán obesos. La televisión les enseñará el consumismo, la codicia, la autoproclamación, la confusión sobre la identidad sexual, el sexo por deporte, la violencia, la discriminación racial, prejuicios contra la religión, el abuso de la naturaleza, las mentiras sobre la historia, las excusas de la guerra, el alcoholismo y el deseo de velocidad. Se volverán perezosos, descarados y demandantes, verán la vida desde la posición de un espectador en vez de un participante. Debido a los duros golpes de la escuela serán débiles, lentos y más adaptables que sus pares que pasaron estos años interactuando con el mundo real. La televisión enseñará a las niñas que seducir a hombres excitados con las piernas abiertas es el lugar de la mujer y que una mujer debe ser igual obedeciendo cualquier orden del estado. Eso es "igualdad". Los niños aprenderán que si bombardean civiles se convertirán en héroes y que esos luchadores de la libertad justifican un estado policial.

Porque el capitalismo demanda concentración de la riqueza e incluso más "crecimiento" para mantener los precios del mercado arriba, fusiones y automatizaciones para volver los negocios algo más "eficientes", es decir, menos puestos de trabajo y más y más personas se "benefician". No hay recuperación de la economía. No puede existir porque los recursos económicos han desaparecido. Habrá sólo más personas recibiendo raciones (bienestar). Yo sugiero que no tomes más raciones del estado y en vez ganes tu propio pan diariamente mediante el trabajo duro que te mantendrá fuerte. Sugiero que dejes de ir al médico, excepto en caso de emergencia. Es vital que saques a tus hijos fuera del living y los lleves a algún lugar donde puedan aprender habilidades. Ellos necesitan convertirse en buenos administradores de la tierra que mantendrá a las generaciones futuras saludables, y con el fin de hacer esto, deben conocer y tocar la tierra. Por favor no conviertas a tus hijos en indígenas retardados manteniéndolos prisioneros de la televisión y los videojuegos. Ellos necesitan poder producir algo, cualquier cosa, con esfuerzo. Y las chicas que leen esto, recuerden lo que hemos aprendido. La industria cosmética es engañosa sobre los químicos que están impactando sobre tu salud. *Está tan cubierto que es cierto. La cobertura es la prueba del crimen.*

El video de Youtube a continuación es muy importante. Es urgente que el lector lo vea y lo comparta con amigos y familiares y comience a proteger a sus niños. Por favor, examina cualquier cosa que entre en contacto con ellos. Continuaremos el thriller de no ficción de Lápiz labial y crímenes de guerra en la Parte 2. ¡Nos vemos allí! ¡Tú eres el personaje principal!

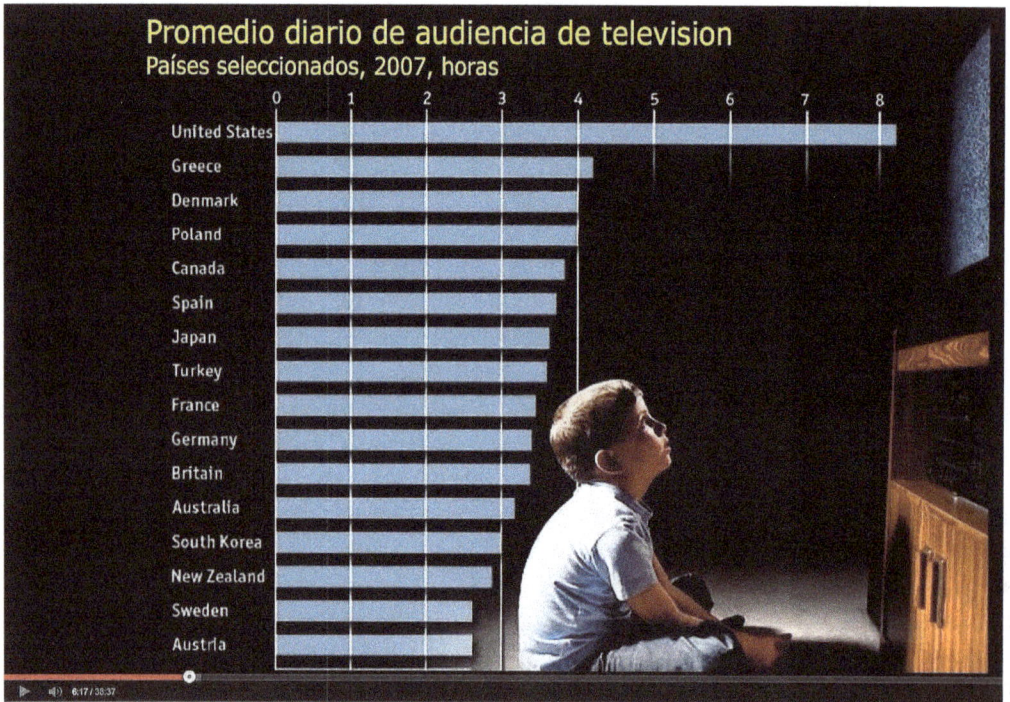

Expuesta hipersexualización Illuminati de los niños!
Pedofilia de Disney y satánicos modelos a seguir.

codenameANOOR

Illuminati Hypersexualization of Children Exposed! Disney Pedophilia and Satanic Rolemodels
by codenameANOOR
4 months ago • 1,264,501 views

www.youtube.com/watch?v=hwUwchCeeI4

La Guerra Hispano-Estadounidense

La CIA admite: *"Nosotros intervenimos en un país siempre que sea de interés para nuestra seguridad nacional. Acostúmbrate, mundo."*

- Duane Clarridge, antigua jefe de la CIA Latino América en un documental "La guerra sobre la democracia"

Un gobierno representativo se construye en la confianza. El engaño no puede ser parte de un gobierno representativo, pero llegó un día en que la adquisición global a través de la conquista se convirtió en una política estadounidense. La conquista requirió una justificación y esta se fabricó para el hombre común. Para robar de manera inmoral a otras naciones se requiere de engaño. Por lo tanto, Estados Unidos fue más allá y dejó de ser un gobierno honesto para convertirse en un gobierno mentiroso, que ha mentido a su pueblo con engaños y crímenes de guerra. Los ciudadanos de Estados Unidos fueron convertidos en mercenarios por los banqueros.

En los últimos años de 1890, los cubanos y los filipinos estuvieron resistiendo la ley española. Los Rothschild decidieron participar en esto y Estados Unidos se volvió imperialista. Hay una mejor manera de decirlo… A medida de que la fortaleza británica fue decayendo, Estados Unidos comenzó a introducir su armamento militar para los Globalistas Illuminati Rothschild en su lucha por establecer un Nuevo Orden Mundial.

Lo que evolucionó es simplemente un Imperio Británico transformado bajo una bandera con estrellas y rayas en vez de la Union Jack, organizada por los mismos banqueros Rothschild. Si el lector duda de que los Rothschild controlaban la política estadounidense en ese momento, agudiza los oídos en el nombre del National City Bank a medida que este cuento se desarrolla. Los banqueros Illuminati no sólo controlan la industria de la música, ellos controlan la política exterior y lo han hecho por más de un siglo. Lápiz labial y crímenes de guerra.

Para privar a las personas de otra nación de su soberanía nacional y personal, se ha tenido que usar el engaño para decir a los ciudadanos estadounidenses que la guerra era necesaria. Aunque nuestros corazones respetuosos, compasivos y conectados honran a los otros y no continuarían abusando de otros, los banqueros nos han engañado. Los banqueros han jugado con nuestros corazones, nuestra compasión y nuestra conexión con otros… ellos pintaron una imagen de abuso en Cuba. Ellos dijeron que se necesitaba una intervención humanitaria. ¿Suena familiar?

Este truco de engaño "humanitario" ha sido usado ahora contra los estadounidenses por más de cien años, empezando con la guerra hispano estadounidense en 1898. Estados Unidos controlado por los globalistas nunca va a ninguna parte por razones humanitarias. Él "interviene", que es un doble lenguaje para "invade", con el fin de construir un imperio, porque una vez que interviene, Estados Unidos Roth-efeller no se marcha hasta que las marionetas remplazables están en su lugar. Esto es lo que significa un "cambio de régimen" a lo Bush Jr. Esto significa que remplazaremos el "régimen malo que hiere a su propio pueblo" con un régimen CIA-banqueros y mataremos a miles de personas para hacerlo.

De modo que la naturaleza humana, que es nuestra compasión, ha sido engañada para hacer que los estadounidenses entren en guerras extranjeras por "razones humanitarias". Las personas no pueden matar en nombre de la compasión. Simplemente no funciona así, ¿o sí? No usamos tropas para ayudar a la gente, intervenimos para detener al "malo". Para defender al débil debe existir un villano, de este modo es que la difamación se usa como una táctica, para acabar con un líder, régimen o gobierno. Si alguien puede ser pintado como un "dictador despiadado", el soldado santurrón puede ser convertido en criminal de guerra, porque era necesario. La venganza es una emoción más poderosa y fácil de manipular que la compasión. Por lo tanto, un ataque falso es una excelente manera de convencer a las personas de tomar venganza y volverlas defensivas/agresivas. Con el fin de arrancar con la guerra hispano-estadounidense, fue necesario un ataque contra Estados Unidos.

*   *   *

Para poder avanzar en su vanidad ascendente, la dialéctica hegeliana funciona de la siguiente manera: (1) crear un problema, (2) orientar la reacción mediante los medios controlados, y (3) ofrecer la solución.

Asusta a la manada, llévala hacia la entrada del corral y luego quedará acorralada.

Financia a ambos candidatos políticos de partidos opuestos y luego controla el gobierno "elegido".

Así, se puede orientar la historia y la sociedad "hacia arriba", conforme está definida la vanidad.

> *Dado que es la vanidad la que define lo "valioso", entonces lo que se vuelve valioso es el control total ejercido por la vanidad. La persona vanidosa quiere ganarle al dilema presentado en Job 11. Ganar quiere decir dominar la naturaleza con la voluntad de uno, y medir todo valor según el poder que se tiene POR SOBRE otra cosa. De este modo la vanidad puede reclamar la comprensión, el control y -lo que es ideal para la vanidad- la inmortalidad.*

Se podría afirmar que la "dialéctica hegeliana" se usa para manipular los hechos psicológicamente a fin de lograr un resultado deseado. Sin embargo, la acción inicial en términos políticos es típicamente violenta y traumática, para dirigir la sociedad hacia una mayor centralización (la vanidad centralizada). Por "traumática" quiero decir, criminal.

Una *operación de bandera falsa* se basa en una mentira y a menudo crea el pretexto para una *respuesta de emergencia* junto con una *campaña difamatoria para identificar un "enemigo"*. "Operación de bandera falsa" es una expresión de origen naval militar.

Ejemplos históricos de operaciones de bandera falsa, o "respuestas de emergencia"

En 1898, el hundimiento del acorazado Maine en el puerto de La Habana por los *bankster* globalistas, que tomaban cada vez mayor control sobre EE.UU., fue falsamente atribuido a España. Fue el pretexto para declarar la guerra (invasión) hispano-norteamericana y apropiarse de Filipinas, Cuba, Puerto Rico, Guam, las islas Marianas, la isla Wake y, finalmente, Hawai.

Las operaciones de bandera falsa pueden ser ataques reales atribuidos a otra bandera, o solo el reclamo de un ataque. No he encontrado documentos desclasificados u otros que explican el hundimiento del USS Maine en el puerto de La Habana. Sin embargo, cuando seguimos la huella del dinero, la verdad se torna evidente. Incluyo toda la historia que sigue porque volveremos a observar las mismas tácticas usadas una y otra vez para plasmar nuestro relato histórico y nuestras mentes...

> "La rebelión cubana sería el evento que rebajaría la reputación de *World* (un periódico dirigido por Joseph Pulitzer) por siempre, a medida que compitió con el periódico de William Randolph Hearst, *The Journal*. *The Journal* fervientemente declaraba su apoyo por los revolucionarios locales (cubanos) contra la tiranía de sus gobernadores españoles. Incluso Hearst rehusó recibir noticias de fuentes españolas, declarando que solo los informantes rebeldes se merecían su confianza. Esta violación tan elemental de la objetividad periodística fue considerada ofensiva por los periódicos más conservadores, sin embargo resultó en noticias más emocionantes. La gente acudía a los kioskos para leer los relatos de los rebeldes en *The Journal*, que describían el conflicto en el lenguaje sencillo del malvado español y el héroe cubano.
>
> El periódico *World* de Pulitzer pudo haber actuado responsablemente y representado el conflicto con mayor precisión para sus lectores. Sin embargo, las crecientes tiradas tanto del *World* como de *The Journal* durante este período de patrioterismo muestran que el drama redituaba dinero para estos periódicos y la competencia era demasiado feroz como para desechar las ganancias. Ambos periódicos se rebajaron a tal punto que habitualmente publicaban noticias sacadas directamente de las páginas de su rival.
>
> La explosión del acorazado estadounidense Maine en el puerto de La Habana el 15 de febrero de 1898 aseguró que EE.UU. ya no se conformaría con solo observar el espectáculo cubano desde las graderías. Doscientos sesenta tripulantes murieron en la explosión (¡!) y una junta de investigación de la Marina de EE.UU. examinó la causa de la explosión. Muchos periódicos neoyorkinos, incluidos Times, Tribune, Herald e Evening Post, aconsejaron mantener la paciencia y la paz por el momento. Sin embargo, tanto el World como The Journal se subieron al carro del patrioterismo, los dos publicando simultáneamente un "cable suprimido" que afirmaba que la explosión no fue un accidente. *Se descubrió más tarde que el cable fue un invento.* (Piensen en... las armas de destrucción masiva en Irak).
>
> No es posible subestimar el impacto de la demagogia de los dos periódicos más grandes de Nueva York. *The World* afirmó haber vendido cinco millones de copias en la semana siguiente al desastre del Maine. El clamor público para que el presidente McKinley declarara la guerra fue enorme, como resultado de

los informes distorsionados en la prensa. Y si bien la guerra hispanoamericana resultó ser "espléndida" desde la perspectiva militar, no ha podido resistir el juicio moral contemporáneo. - John Therkelsen [57]

"En aquel entonces los periódicos no podían reproducir fotografías, por lo que se usaban dibujos. (Las caricaturas en color en World y The Journal dieron origen al término "prensa amarilla"). Esto le permitió a William Randolph Hearst (el magnate de la prensa, coludido con los Rothschild y Rockefeller en la propiedad de Anaconda Copper, la mina de cobre más grande del mundo entre 1892 y 1903) "validar" las historias con las creaciones de artistas. Hearst (un co-conspirador de los Rothschild recién llegado a Nueva York específicamente para manejar los medios en nombre de ellos) contrató al connotado pintor Frederic Remington. A la llegada de Remington a La Habana en 1897, hubo el siguiente famoso intercambio. Según se informa, telegrafió lo siguiente a Hearst: "Todo está tranquilo. No hay problemas. No habrá guerra. Quiero volver". Hearst replicó: "Favor quedarse. Proporcione las imágenes y proporciono la guerra". Aunque Hearst negó que hubo tal intercambio, las palabras encarnan la realidad. (Lo negó: la negación y el echar culpas son el sello de la vanidad desconectadora).

Tal vez la ilustración más notoria de Remington es la de una joven desnuda rodeada de tres sonrientes rufianes españoles y encima el titular del *Journal* de Hearst que dice: "SEÑORITAS DECENTES DESNUDADAS Y REVISADAS POR ESPAÑOLES BRUTALES MIENTRAS BAJO EL AMPARO DE NUESTRA BANDERA". La realidad era que una mujer cubana que prestó ayuda a los revolucionarios fue registrada en privado por una matrona española. El artista Remington no había presenciado el suceso.

Los reporteros de Hearst rara vez salían de los bares de La Habana. Algunos incluso nunca siquiera viajaron más allá de Florida, desde donde remitían historias procedentes de inmigrantes cubanos simpatizantes de la revolución. Y algunas historias las inventó el mismo Hearst en Nueva York.

Pocos reporteros decían la verdad. Uno era George Bronson Rea de *New York Herald* que obtuvo información de primera mano al acompañar a los rebeldes durante nueve meses. Resumió sus experiencias en su libro *Facts and Fakes about Cuba* (Hechos y mentiras sobre Cuba).

Si bien Rea apoyaba la independencia cubana, demostró que las historias de opresión española, más allá de actos aislados de venganza y de represalias que cabían esperarse en cualquier guerra, eran fabricadas. Escribió: "Viví en Cuba durante los cinco años previos a la insurrección y pasé la mayor parte de mi tiempo en el campo; y debo decir que, si los cubanos estaban oprimidos, no acerté descubrir de qué manera" (Sería el informe exacto de visitantes independientes a Libia. Ciudadanos de EE.UU. actuando en calidad de observadores independientes viajaron a Libia en 2010 y no pudieron verificar ningún caso de los supuestos abusos cometidos por Gadaffi y que sirvieron de pretexto para la invasión de Libia por la OTAN).

Rea demostró que la prensa amarilla exageraba groseramente el número de los rebeldes, inventaba batallas, poco sabía de la geografía cubana, y finalmente afirmó que los insurgentes habían capturado más pueblos de los que existían. En el punto álgido de la locura, el *World* de Pulitzer dijo que los rebeldes poseían un ejército y habían tomado La Habana.

Desafortunadamente, la prensa amarilla ahogó las voces de los hombres (denunciantes, whistleblowers) como Rea, hecho que afectó no solo a la opinión pública, sino también a los miembros del Congreso, **muchos de los cuales carecían de otras fuentes de información sobre Cuba**. (Recuerden todas las mentiras que escuchamos acerca de Osama Bin Laden sin pruebas de su real participación).

Después del falso artículo en el *Journal* sobre el "registro al desnudo de mujeres", el enfurecido congresista Amos Cummings presentó una resolución a modo de respuesta. **Engañado por las historias** de "estadounidenses padeciendo hambre en Cuba", el Congreso asignó un fondo de 50.000 dólares para su socorro, pero los cónsules estadounidenses en Cuba pasaron grandes apuros para encontrar a "estadounidenses hambrientos" a quienes entregar el dinero. El senador agresivamente pro-guerra, John T. Morgan, presidente del Comité Senatorial de Relaciones Exteriores, citó muchos pasajes de un informe en el *Journal* de Hearst; el sucesor de Morgan como presidente, John Sherman, también se apoyaba en el *Journal*, calificándolo como "uno de los más grandes periódicos del país".

Después de que el presidente McKinley designara a Sherman como Secretario de Estado, este último escribió al gobierno español, condenando la fuerza de su intervención militar e instando a "conducir la guerra de una manera respetuosa de los preceptos de la humanidad común". No obstante, el hermano de Sherman era el general de la guerra civil norteamericano William T. Sherman, cuya estrategia bélica llamada "la guerra es infernal" (o a: quemarlo todo), lo había convertido en un hombre abominable para los sureños de EE.UU. La ironía del asunto no se le escapó al Ministro de Ultramar español, cuya respuesta recordó al Secretario de Estado de "la pasada del general Sherman, aquel general ilustre y respetado, a través de los estados de Georgia y Carolina del Sur".

Según Ferdinand Lundberg en su clásica obra *America's Sixty Families*, (Las 60 Familias de Norteamérica) el presidente William McKinley estaba en deuda con los Rockefeller y Standard Oil (o sea, era ¡financiado por los Rothschild!). Cuando era gobernador de Ohio, McKinley cayó en bancarrota y fue secretamente rescatado por un consorcio presidido por Mark Hanna, testaferro de los Rockefeller, amigo de John D. Rockefeller padre desde cuando eran compañeros de la secundaria). (En cada gran guerra de los últimos 200 años los Rothschild han tenido en las manos el timón del poder). Mark Hanna se convirtió en el gerente político de McKinley. Muchos lo consideraban *el verdadero jefe de la Casa Blanca; los críticos del presidente lo apodaron "McHanna"*. J.P. Morgan fue otro financista de McKinley (de modo que McKinley era otro títere Roth-efeller más).

En el número del 14 de abril de 1898, el *Chronicle* de Chicago comentó: **"Los Rothschild y los Morgan controlan la Casa Blanca"**. (Morgan también estaba controlado por Rothschild).

A medida que en EE.UU. crecía el clamor por la guerra, España intentaba evitarla. (Amén Irak, Libia, Siria e Irán). El general Weyler fue repatriado; habría reformas sustanciales a la política de "reconcentración", y se ofreció la semi-autonomía a Cuba, parecida a la relación de Canadá con Gran Bretaña. *Si McKinley y sus **controladores** hubieran genuinamente deseado la paz, lo anterior los hubiera aplacado; pero no fue así, y se envió el acorazado Maine a Cuba.*

El hundimiento del *USS Maine* sigue siendo el mayor enigma de la guerra hispano-estadounidense. Uno de los nombramientos más arriesgados de McKinley fue el de Teddy Roosevelt como subsecretario de la Armada. Roosevelt abogó sin cesar por una guerra abierta; una de sus observaciones características fue: "Me temo que McKinley está empeñado en mantener la paz".

Una tarde de febrero de 1898, Roosevelt aprovechó la ausencia del secretario de la Armada John Long para poner a la Armada en alerta de guerra. Telegrafió al comodoro Dewey, que estaba en Hong Kong, para que se preparase para atacar Manila — *a pesar de que aún no se había declarado la guerra.* (El presidente rara vez tiene todas las cosas bajo su control). Cuando el secretario Long supo de la orden, no la revocó; si dijo, en referencia a Roosevelt: "parecía poseído por el mismísimo diablo ayer en la tarde".

El 24 de enero de 1898, la decisión provocadora de enviar el *Maine* a Cuba fue tomada durante una reunión en la Casa Blanca, *de la cual no se levantó acta.* (Esto es por definición una conspiración). Si bien se dio aviso a los españoles de que un buque de guerra visitaría Cuba en algún momento, no esperaban al *Maine* cuando entró en la bahía de La Habana el 25 de enero. Incluso fue una sorpresa para el comandante del acorazado, el capitán Charles Sigsbee, quien escribiría: "Más tarde supe que la llegada del *Maine* fue inesperada, *incluso para el cónsul general de los EE.UU.*".

(Se trata de la llamada "compartimentalización", en que se deja a cada agente de la operación en la ignorancia respecto del panorama general, para así poder manipularlo. Se restringe "la necesidad de saber" para que todos se limiten a "hacer su trabajo" como operadores ciegos. Se mantiene a cada soldado en la ignorancia, y se compensa a los oficiales de élite para que den cualquier orden que se les instruya dar a la tropa ciega de adolescentes. Lo contrario de esto se llama soberanía personal, en que uno solo actúa si se le da la oportunidad de tomar una decisión informada en base a recibir información verídica, pudiendo responsabilizar a cualquier persona que le proporcione información falsa. Por tanto, el juego de la guerra depende del aplastamiento de la soberanía personal, no solo de la tropa adolescente, sino de la de sus padres, para que "apoyen a las tropas" sin un cerebro que pregunte: -¿Por qué?-)

Con una guerra perfilándose en el horizonte, ¿qué clase de "omisión" hizo que Washington no notificara a ambos oficiales en La Habana, tanto españoles como estadounidenses, de la llegada del acorazado? (Obviamente no se trató de una omisión; hubo una conspiración para mantener a todos desinformados). Sin embargo, si alguien (los conspiradores) esperaba que hostilidades estallasen en la bahía, derivando en una declaración de guerra, fueron decepcionados. Los españoles, corteses no obstante su frialdad, acogieron al *Maine* y dieron su autorización para que echara anclas.

William Randolph Hearst (el conspirador de Rothschild) ahora oprimió los botones bélicos con mayor fuerza. Había *pagado sobornos* (es así cómo operan los controladores) para que se espiara la correspondencia privada del embajador español Enrique Dupey de Lôme. En una carta personal a un amigo, el embajador calificó a McKinley de "débil y complaciente con el vulgo", "un politico de poca monta" que deseaba "quedar bien con los patrioteros de su partido". En una violación de la inmunidad diplomática, la carta fue sustraída y publicada en el *Journal* de Hearst bajo el titular, "EL PEOR INSULTO A EE.UU. DE LA HISTORIA."

...Hearst y otros "periódicos amarillistas" habían caldeado los sentimientos anti-españoles hasta lo intolerable.

Dos días después en el puerto de La Habana, una masiva explosión nocturna destrozó el *Maine*. De la tripulación de 355 hombres, 266 murieron; solo hubo 16 sobrevivientes que escaparon ilesos. *Para el día siguiente*, el *Journal* de Hearst ya había publicado dibujos artísticos de cómo se suponía se había perpetrado: con torpedos colocados debajo del buque, conectados a la orilla por cables eléctricos. (Lo mismo sucedió el 11/9). El día después del 11/9, Bin Laden fue nombrado el autor intelectual sin la más mínima prueba). Fue convocada la Corte de Investigación Naval. Tras oír el testimonio de los testigos y buzos, concluyó que una mina submarina hundió el *Maine*. Sin embargo, no determinó a quién le cupo la responsabilidad por el hecho.

En cambio, la prensa amarilla no tenía reparo alguno. El periódico de Hearst *The Journal* lo calificó un acto de "traición española". A medida que el clamor bélico intensificaba, se proclamó el slogan: ¡Recuerda el *Maine* y al diablo con España!" Es probable que la intención detrás fuera despertar el deseo de venganza del mismo modo que el lema "¡Recuerden el Álamo!" inspiró a las tropas de Sam Houston en la batalla de San Jacinto en 1836. Hubo una gran diferencia, sin embargo, entre los dos sucesos: es innegable que el ejército mexicano masacró a los defensores del fuerte El Álamo. En cambio, *no hubo pruebas que implicaran a España* en la tragedia del *Maine*.

Marineros españoles arriesgaron sus vidas rescatando a los sobrevivientes del *Maine* y médicos y enfermeras españoles los cuidaron. Los españoles carecían de motivo para provocar a EE.UU. e intentaron desesperadamente evitar una guerra. La armada de España aún consistía mayormente de buques de guerra de madera, muchos en mal estado, incapaz de igualar la potencia de fuego de la armada de EE.UU., que cada vez más contaba con buques de acero. El almirante Pascual Cervera, al mando del escuadrón atlántico de España, advirtió a su gobierno de "nuestra falta de todo lo necesario para una guerra naval, tal como aprovisionamientos, municiones, carbón, pertrechos, etc. No tenemos nada de nada". Más aún, una guerra terrestre contra tropas estadounidenses sería difícil de librar en Cuba, a escasos 161 kilómetros de los EE.UU., pero distante más de 6.437 kilómetros de España."

- James Perloff [95]

Nunca hubo una investigación independiente del hundimiento del Maine. Si los Rothschild querían una guerra (o sea, una invasión) tal como lo quisieron en todo el mundo (mediante su control sobre el Imperio Británico con deudas y sobornos), la guerra hispano-estadounidense era su oportunidad para utilizar la nación nueva y pujante de EE.UU. para sus designios globalistas. (Como lo vamos a estudiar en el próximo libro, solo 15 años después, en 1913, los Rothschild tomarían el control de la economía estadounidense al crear la fraudulenta Reserva Federal).

En 1901, tres años después del hundimiento del Maine, el presidente McKinley fue muerto de un tiro por Leon Czolgosz, un conocido de Emma Goldman [96], agente comunista del globalista Jacob Schiff, mencionado anteriormente como uno de los fundadores de la Reserva Federal. Ahora que McKinley había muerto, el belicista Teddy Roosevelt fue investido presidente de EE.UU.

"El ancestro de Teodoro Roosevelt que emigró a EE.UU. era un judío holandés, de nombre Claes Van Rosevelt, que llegó a Boston en 1645 y se radicó en Nueva York. El abuelo judío de éste, de apellido Rossacampo, fue expulsado de España durante la Inquisición por el edicto de Alhambra en enero de 1492, y más tarde se asentó en Holanda... El padre de Teddy era corredor de opio de Rothschild que usaba una empresa de vidrio como fachada. Todos los corredores de opio y comerciantes de esclavos de Rothschild en EE.UU. usaban varias fachadas comerciales como importadores de té y exportadores de pieles" [97].

Teddy Roosevelt se apropió de las leyes antimonopolio y las dirigió para ocultar el control permanente de los Roth-efeller sobre la economía de EE.UU. En el próximo libro voy a ahondar en toda la cuestión judía, del asunto de los bankster. Para ustedes que han sido programados a reaccionar a la palabra "judío" con la respuesta condicionada de "antisemita", relájense por favor. Este cuerpo físico con el que escribo es judío y perdí a todos mis parientes en el holocausto nazi, así es que estoy en una excelente posición para ser un denunciante del control delictual de los Rothschild sobre el mundo.

"National City Bank era el dueño y controlador de la industria y producción cubana al término de la Guerra".

- Mark Twain

"National City era el banco más poderoso de Norteamérica, cuyo consejo de directores incluía a representantes de los intereses Rockefeller. Para financiar la guerra (hispano-estadounidense), el Subsecretario de Hacienda Frank Vanderlip negoció un préstamo con National City Bank por 200 millones de dólares. Después de la guerra, el banco nombró a Vanderlip presidente. En ese cargo participó en la infame reunión de Jekyll Island donde banqueros privados complotaron en secreto para crear el Banco de la Reserva Federal.

(Entonces Vanderlip era un agente a sueldo de Roth-efeller. Siempre es así como los Rothschild sacan ganancias de las guerras, y a menudo prestan dinero a ambos lados del conflicto. Crear guerras con los medios de comunicación que tienen bajo su control es su *modus operandi*. National City Bank --hoy conocido como Citibank-- no solo obtuvo utilidades de los préstamos para la guerra hispano-estadounidense; también quedó en control de Cuba después de la liberación. Solo una coincidencia, ¿no es cierto? No se trata de ninguna conspiración, ¿verdad? Esta colonización Rothschild bajo el gobierno del títere Batista fue lo que Castro derrotó. ¿Acaso te programaron para ver a Castro como el demonio, al igual que te programaron para ver a Lee Harvey Oswald, Gaddafi o Ahmadinejad como demonios? Ya hemos conversado bastante sobre la programación. Ahora el lector puede empezar a ver cómo su mente ha sido programada para mofarse, ridiculizar o culpabilizar.

"Se anunció un nuevo impuesto para financiar la guerra (o, en términos prácticos, para reembolsar a National City Bank). Dado que la Corte Suprema dictaminó en 1895 que un impuesto sobre la renta era inconstitucional (los bankster Rothschild más tarde también crearon el Impuesto federal a la renta), se aplicó un impuesto federal específico de 3 % a los servicios telefónicos. Dicho impuesto se mantuvo vigente durante más de un siglo hasta su revocación en 2006. Esto fue esencialmente un impuesto a los ricos, ya que solo alrededor de 1.300 estadounidenses poseían teléfonos en 1898. Si bien la guerra hispano-estadounidense terminó en 1898, el impuesto temporal solo fue derogado en… 2005. Durante su período de vigencia, aquel impuesto que duró 107 años generó casi 94 mil millones de dólares, más de 230 veces el costo de la guerra hispano-estadounidense" [98].

Lo que hemos descubierto aquí es que la guerra hispano-estadounidense fue otro proyecto comercial Rothschild, y dado que esto es verídico, tal como lo comprueba la información sobre National City Bank, me siento 100 % seguro de que el USS Maine fue saboteado por agentes

bankster con el propósito de iniciar la guerra hispano-estadounidense que la prensa amarilla pedía. Como veremos, la Guerra de Vietnam y el ataque de banderas falsas de la costa de Gaza en 1967 usaron el mismo plan de engaño.

En la imagen de la página anterior, "Rough Rider" Teddy Roosevelt, el "héroe" de la Guerra Cubana, quien posteriormente se convirtió en presidente, es mostrado liderando el ataque en la colina de San Juan montado sobre un caballo. Esto nunca sucedió. La máquina de propaganda Rothschild hizo famoso a Teddy Roosevelt, aunque nunca estuvo en la colina de San Juan, él estaba en la colina de Kettle. Cuatro ametralladoras Gatling (armas nuevas) y tropas, que superaban a los hispanos 15:1, hicieron que fuera fácil la "gran victoria".

"El progreso" llega a Filipinas

Cuando los buques de guerra estadounidenses llegaron a la bahía de Manila, al principio los filipinos creyeron que EE.UU. los salvaría del dominio español, pero pronto se desengañaron.

"La invasión de Filipinas, por ninguna otra razón que adquirir posesiones imperiales, suscitó una reacción feroz del pueblo filipino. Se envió a 126.000 soldados estadounidenses para aplastar la resistencia. El resultado fue la muerte de 400.000 'insurrectos' filipinos bajo fuego estadounidense y de un millón de civiles filipinos debido a las terribles condiciones, masacres y la táctica de tierra arrasada llevada a cabo por los estadounidenses" [99]. Hasta la sexta parte de la población murió a los pocos años de la "liberación" de España. O sea, una de cada seis personas murió. Así es que podemos agregar esto a nuestra lista de genocidios, tales como Camboya o Ruanda o Alemania nazi. Toda la isla de Samar fue blanco de masacres y todo varón mayor de 10 años de edad fusilado, porque un soldado estadounidense fue encontrado muerto tras un ataque de guerrilla nocturno contra los ocupadores estadounidenses. En la ilustración a continuación

Crimnals Because They Were Born Ten Years Before We Took the Philippines

aparece el periódico del socio Rothschild, William Randolf Hearst. El caricaturista parece críti-co, pero Hearst provocó la guerra con sus mentiras intencionales.

> *"...He visto que no es nuestra intención liberar, sino someter al pueblo de Fili-pinas. Hemos ido a conquistar, no a redimir... Por esta razón soy un antiim-perialista. Me opongo a que el águila (norteamericana) pose sus talones sobre cualquier otra tierra".*

> - Mark Twain, 15 de octubre de 1900, The New York Herald

Masacre en Joló, Mindanao, 1906. Soldados norteamericanos, al igual que los nazi 40 años más tarde, posan sin pudor para la foto. ¿Acaso son cascos alemanes?

Ha habido muchos holocaustos, el mayor de ellos por la llegada de los europeos a las Américas. La guerra hispano-estadounidense derivó en el holocausto filipino y fue iniciada con un ataque de bandera falsa en el puerto de La Habana, en coordinación con el engaño de Rothschild ges-tionado por William Randolph Hearst.

Quien sea que se enorgullezca de la historia de EE.UU. solo siente orgullo porque sus textos escolares le ocultaron la verdad.

Cien años más tarde tenemos la expresión "bargirl" o cantinera, en Filipinas. Ahora entiendes qué significa "progreso" para lo natural femenino.

Me gustaría mencionar a alguien que se enorgullece de la historia norteamericana. En un dis-curso "libertario" que dio en Hillsdale College en mayo de 2013, el senador Ted Cruz afirmó que sentía orgullo porque EE.UU. tiene la fuerza militar más grande del mundo.

Su afirmación me causa no poca vergüenza. El objetivo de cada militar que deja su propia tierra es: robar. El orgullo que el Sr. Cruz siente por EE.UU. se basa en su orgullo por depredar. Su idea de la "libertad" norteamericana es una libertad ganada a costa de la de todos los demás. El Sr. Cruz es un típico globalista de la cultura dominante. Hijo de un inmigrante cubano, el senador Cruz ni siquiera conoce la historia bankster de la guerra hispano-estadounidense.

Filipinos Afortunados

Parece que los filipinos han perdido la confianza en los estadounidenses.

¿Estos desdichados ignorantes no comprenden lo que hemos logrado en sus islas?

Puede que hayamos quemado ciertos pueblos, destruido considerables propiedades y accidentalmente hayamos masacrado a algunos miles de sus hijos y hermanos, esposos y padres, etc. Pero, ¿qué esperaban?

¿Íbamos a transportar a un ejército al otro lado del mundo simplemente para escuchar proposiciones de paz?

No.

Y mira en Manila.

Dos años atrás la calle principal de Manila no tenía una sola taberna.

Ahora hay trece en esta calle.

Y se quejan que los soldados estadounidenses borrachos insultan a las mujeres de la región.

¿Qué esperan de un soldado borracho?

El progreso está ahora en estas islas.

Este artículo que data de un siglo atrás da cuenta del doble discurso en la palabra "progreso".

ENTRENAMIENTO EN ESCUELAS DE OPERACIONES DE BANDERA FALSA

Se enseñan las operaciones de bandera falsa y otras de tipo psicológico en escuelas militares, incluida la "Escuela de las Américas" [School of the Americas] en Fort Benning, Georgia, donde se enseña la teoría de la desestabilización y los métodos de asesinato político.

Veamos a continuación cómo se presenta la actual historia oficial de EE.UU. y lo que todavía enseñan algunas escuelas...

"En 1823, la Doctrina Monroe de EE.UU. declaró a todas las Américas como una zona prohibida a la intervención europea.

"Con el correr del tiempo, la Doctrina Monroe pasó a ser objeto, no de profundo agradecimiento, sino de gran disgusto en Latinoamérica. Los países latinoamericanos encontraron que tenían mucha mayor razón para temer la intervención de EE.UU. que la de cualquier poder europeo. Esto se hizo particularmente evidente durante la Conferencia Panamericana de 1928. Ese año EE.UU. emitió el Memorando Clark, que definitivamente repudió el [agresivo] Corolario de Teddy Roosevelt. En 1933, el secretario de estado Cordell Hull *firmó un protocolo que obligó a EE.UU. a no intervenir en los asuntos de cualquier otro país del hemisferio.*

"Así, una doctrina, establecida cuando EE.UU. era la única potencia en el mundo con verdadero peso, ha evolucionado gradualmente hacia una política que respeta las sensibilidades emergentes de los demás países del hemisferio" [¡!][100].

Como lo saben todos en América Latina, esta historia oficial es una gran mentira oficial. Es una vil mentira que hace que los estadounidenses se enorgullezcan de su país "justo y noble" y luego se enlisten para servir en las fuerzas militares, que terminan siendo las fuerzas de la injusticia.

De hecho, EE.UU. es el origen del terrorismo de estado que ha moldeado el continente latinoamericano como lo conocemos hoy.

Por favor recuerda que anteriormente dije, que cuando escuchas la palabra "China", piensa en los banqueros occidentales. Cuando escuchas la palabra "EE.UU.", también piensa en los banqueros occidentales. Recuerda lo que acabamos de leer sobre los que ganaron de la guerra hispano-estadounidense. No lo olvides.

La Escuela de las Americas (School of the Americas - SOA), fundada en 1946, hoy se llama The Western Hemisphere Institute for Security Cooperation (WHINSEC - Instituto del Hemisferio occidental para la Cooperación en materia de seguridad). En realidad esto solo significa "cooperación en materia de seguridad" para los globalistas, y ninguna seguridad para cualquier nación independiente.

Desde su creación, la SOA ha entrenado a aproximadamente 60.000 soldados en la guerra de contrainsurgencia (doble lenguaje para escuadrones de la muerte, ya que insurgente es todo aquel que se oponga a la hegemonía de EE.UU.); técnicas de interrogación (doble lenguaje para tortura); *guerra psicológica* y de comando (desinformación); fuego a larga distancia (asesinato político); inteligencia militar (espionaje de actuales gobiernos latinoamericanos); *relaciones cívico-militares (terrorismo)* y programas de estudio relacionados [101].

> *"He aquí la Escuela de las Américas. Es una escuela de combate. La mayor parte de los cursos giran en torno a la llamada "Guerra de contrainsurgencia".*
>
> *"¿Quiénes son los 'insurgentes'? Debemos formular la pregunta. Ellos son los pobres. Son los latinoamericanos que piden reformas. Son campesinos sin tierra que sufren hambre. Son trabajadores de la salud, defensores de derechos humanos, organizadores sindicales. Ellos se han tornado insurgentes. Son vistos como 'el enemigo'. Son aquellos que se convierten en el blanco de quienes aprenden sus lecciones en la Escuela de las Américas."*
>
> -Padre Roy Bourgeois

En la entrada de uno de sus edificios principales están colgadas las fotos de las personas honradas por la escuela, o sea, el llamado Cuadro de Honor.

A la cabeza de la lista está Hugo Banzer, antiguo dictador de Bolivia y egresado de la Escuela. Algunos de los otros, también honrados, son los ex dictadores de Honduras, Ecuador y Argentina. Hay también fotos de generales de otros ocho países de América Latina y el Caribe, muchos de ellos denunciados por grupos de derechos humanos por su involucramiento en abusos de derechos humanos en sus propios países.

Entre otros egresados está Manuel Noriega, ex presidente de Panamá, un narcotraficante globalista que se volvió demasiado autónomo, por lo que su país fue invadido, con 5.000 civiles muertos en el bombardeo, y EE.UU. que tomó el control del canal de Panamá.

De los cinco oficiales hondureños de alto rango que organizaron escuadrones de la muerte en los años '80 como parte del Batallón 316, cuatro son graduados de la Escuela.

La mitad de los 250 oficiales colombianos acusados de abusos de derechos humanos asistieron la Escuela.

Los tres oficiales peruanos de mayor rango condenados en febrero de 1994 por asesinar a nueve estudiantes y un profesor universitarios eran todos egresados de la SOA, asimismo el comandante del ejército peruano que ordenó sacar tanques a las calles para obstaculizar la investigación inicial de los asesinatos.

Durante la dictadura de la familia Somoza (en Nicaragua) más de 4.000 integrantes de la Guardia Nacional egresaron de la Escuela. Muchos de ellos son posteriormente conocidos como los "contra", responsables de la muerte de miles de campesinos nicaragüenses en los años '80.

El general a cargo de la llamada "Guerra sucia" de Argentina era también un egresado. Durante ese conflicto interno a fines de los 1970 y comienzos de los 1980, aproximadamente 30.000 personas fueron torturadas, desaparecidas y asesinadas.

El general Hector Gramajo de Guatemala fue el orador invitado de la ceremonia de graduación de la Escuela en 1991. Grupos defensores de los derechos humanos afirman que es el arquitecto de las estrategias que legalizaron las atrocidades militares en Guatemala y que resultaron en la muerte de más de 200.000 hombres, mujeres y niños [102].

Es posible que el lector sepa que esta "Escuela de las Américas" terrorista y todavía activa tuvo un segundo campus en Afganistán, operado por la CIA, llamada Muyahidin, que ahora se denomina Al Qaeda, y que aún es administrada por la OTAN y EE.UU., pero ahora con sedes en Libia y Siria [103]. ¿De dónde viene el financiamiento para "Al Qaeda"? ¿De qué otra parte? La pirámide de dinero, cuyo ápice son los bancos centrales de Roth-efeller, financia Al Qaeda. En otras palabras: los Illuminati globalistas. ¿Y quién los financia? Nosotros.

Al igual que en América Latina, con la lista de líderes instalada por la Escuela de Asesinos, las "rebeliones" en los países musulmanes terminan de algún modo, "por casualidad", instalando títeres globalistas. Agentes de la CIA-Al Qaeda, posando como rebeldes, ayudaron a destruir Libia y, acto seguido, los mismísimos mercenarios fueron enviados a Siria [104].

> *¿Cuán duro, cuán bueno necesita ser?*
> *¿Cuántas pérdidas, cuánto arrepentimiento?*
> *Qué reacción en cadena, qué causa-efecto*
> *Te hace darte vuelta*
> *Te hace tratar de explicar*

Perdonar y olvidar
Cambiar

Si todo lo que crees saber
Vuelve la vida intolerable
¿Cambiarías?

Si hubieras roto cada regla y juramento
Y llegan tiempos difíciles para bajonearte
¿Cambiarías?

Si supieras que morirás hoy
Si vieras el rostro de Dios y del Amor
¿Cambiarías?
Si supieras que el amor puede romper tu corazón
Cuando llegas tan bajo que ya no puedes caer
¿Cambiarías?

- de la canción Change de Tracy Chapman

1962 : OPERACIÓN NORTHWOODS

"Según se informa, a comienzos de los años '60 los más altos líderes militares de EE.UU. supuestamente hicieron planes para matar a gente inocente y cometer actos de terrorismo en ciudades estadounidenses para crear apoyo público para una guerra contra Cuba (Castro). Su nombre en código fue Operación Northwoods y los planes supuestamente incluían el eventual asesinato de inmigrantes cubanos, el hundimiento de barcos que llevaban refugiados cubanos en alta mar, el secuestro de aviones, la voladura de un barco estadounidense e incluso orquestar actos de violencia terrorista en ciudades estadounidenses.

"Los planes se diseñaron como formas de engañar al pueblo estadounidense y la comunidad internacional y hacerlos apoyar una guerra para derrocar al entonces nuevo líder de Cuba, el comunista Fidel Castro. "Incluso los altos mandos militares de EE.UU. contemplaron causar bajas militares estadounidenses, cuando escribieron: 'Podríamos hacer volar un barco norteamericano en la bahía de Guantánamo y culpar a Cuba', y 'listas de víctimas en los periódicos norteamericanos darían lugar a una oportuna ola de indignación nacional'". (Se repite lo de la prensa amarilla y el *Maine*).

- David Ruppe, 1 de mayo de 2001, ABC News [67]

Glosario de Términos y Algunos Conceptos Centrales

Permítanme presentar algunos conceptos que se utilizarán de manera frecuente en el libro.

Todos nosotros somos un conjunto de elecciones.

No existe diferencia entre quienes somos y nuestras elecciones y sus consecuencias (karma). No somos una mente ni un cuerpo que realiza elecciones: somos nuestras elecciones.

Nuestra existencia consiste de elecciones realizadas en determinados contextos. Creemos ser cuerpos separados de todo contexto; sin embargo, cuando bajamos el ritmo, nos damos cuenta de que no estamos separados, sino conectados los unos a los otros. Esto no se trata de una conclusión intelectual, sino de una experiencia dinámica y tranquila, una transición real hacia nuestra verdadera naturaleza. Despertar no es un destino, sino una simplificación demasiado tranquila para nombrarla y que crece de manera más profunda.

En el contexto ineludible que nos rodea, se encuentran otros seres. Al respetar y apreciar su derecho inalienable de estar aquí, elegimos actuar moralmente; por consiguiente, vivimos en un universo moral. Jamás podemos evadir la responsabilidad: esta es una verdad absoluta que incluso los ateos pueden aceptar. Entonces podemos elegir entre encerrarnos en nuestras ideas, mantenernos separados y ser abusivos; o calmarnos y conectar desde el corazón, afirmar nuestra soberanía personal, y hacer algo positivo.

Al despertarnos, ayudamos a otros a despertar. Al dejar atrás el consumismo, ayudamos a que otros lo hagan también. Fortaleciendo nuestra comunidad, socavamos el plan globalista de centralizar y controlarlo todo. La re-localización revertirá la monocultura y sacará del trono a las estructuras parasitarias de la corrupción que amenazan con matar el planeta.

Dado que ninguno de los dos tomamos las mismas decisiones, existe una fricción dentro del multiverso. No hay universo o una única versión. No hay un mensaje o una solución universal. No existe una "humanidad". No hay utopía o cielo. Sin importar dónde los seres elijan, hay multi-verso y multi-elección y fricción. Un "creyente" espiritual olvida esto y enmascara esta realidad con un dogma como la "paz" o la "evolución espiritual", o el único dios o la única verdad. No existe una única paz, ni un solo camino de evolución, ni una deidad que tenga una perspectiva finita o elecciones infinitas, no hay una única manera de expresar una verdad que abarque elecciones infinitas.

La creencia estructurada es una ceguera.

En vez de vivir en un dogma, un individuo soberano vive en acción que está cada vez más informada por la conexión. Esa conexión incluye otras dimensiones que no pueden ser explicadas, pero en español usamos las palabras suerte, sincronicidad, gracia, tao, Dios, espíritu, providencia (Capítulo 16) para referirnos a esta conexión y a los seres con los que nos conectamos. Yo no puedo explicar esto, ni nadie puede.

Se sugiere que el lector revise el Glosario de conceptos centrales al final del libro antes de continuar con la lectura, ya que está ilustrado con explicaciones largas de los términos que forman el tema presentado. Aquí está la lista de términos, que aparecerán en itálica a través del texto.

1. *Agotamiento de recursos*
2. *Auto-legitimado*
3. *Camino de la purificación*
4. *Compasión*
5. *Consumismo*
6. *Cooptar*
7. *Cultura dominante*
8. *"Democracia"*
9. *Deseo ávido*
10. *Doble lenguaje*
11. *Elección informada*
12. *El Gran Misterio*
13. *Enfermedades autorizadas*
14. *Fuerzas Armadas*
15. *Globalistas*
16. *Globalización*
17. *Habitantes urbanos*
18. *Héroe*
19. *Historia*
20. *Ingeniería Social*
21. *Libertad*
22. *Maldad*
23. *Marioneta remplazable*
24. *Medios de comunicación controlados*
25. *Monopolización*
26. *No sostenible*
27. *Países "desarrollados"*
28. *Países "en desarrollo"*
29. *Países "desarrollados" en recuperación*
30. *Programación predictiva*
31. *Progreso*
32. *Pueblos indígenas*
33. *Relaciones inversas*
34. *Relocalización*
35. *Roth-efellers*
36. *Rothschild*
37. *Soberanía personal*
38. *Tecnocracia*
39. *Tema de la jaula*
40. *Vanidad*
41. *Vanidad desconectadora*

1. El tema de la jaula es un mensaje común en la industria musical (página 239-242) en cuyos escenarios de videos se incluye una jaula, una pajarera, una cerca, muros, celdas o disturbios (cubierta de este libro). El uso del tema de la jaula en la industria del entretenimiento es intencional y no es algo artístico. 1) Por un lado, aceptamos que somos esclavos bajo una pirámide de abuso y que las jaulas son normales. 2) Por otro lado, somos conducidos a creer que la manera de liberarnos de este sentimiento depresivo de la "jaula" es el eslogan satanista de "haz lo que tú quieras" (Capítulo 12) que significa que hagas lo que quieras hacer, cualquier cosa, sin limites, sin fronteras, nada es sagrado, no hay tradición, "vive al tope, bebe completamente". (página 207). Según lo definido en el tema de la jaula, "evadirse" es liberación para ser hedonista.

"Es mi vida, haré cualquier cosa loca que quiera, sin importar las consecuencias". El tema de la jaula anima a los niños a ser "atrevidos" y a los jóvenes a abandonar la creatividad responsable y conduce a una respuesta negativa y destructiva que resta empoderamiento sobre la soberanía personal y las comunidades soberanas. El tema de la jaula anima la experimentación, particularmente con el sexo.

"Hannah Montana, los mejores fans para siempre"

La sexualidad depravada rompe los muros tradicionales mientras crea dependencia en una nueva cadena.

El tema de la jaula va de manera conjunta con el símbolo de la muñeca rota, (Capítulo 12), según el cual somos juguetes que pueden ser descartados, muñecas divididas en personalidades múltiples, las cuales no están ya gobernadas por una conciencia soberana (bondad), y para quienes destruir personas es sólo daño colateral. Para las mujeres el tema de la jaula promueve la liberación de la modestia tradicional. Además promueve la emoción vana del poder ligero del bondage y la esclavitud sexual. Es decir, que promueve la vanidad que desconecta. Para los hombres, el tema de la jaula mantiene la atención masculina atrapada debajo de la cintura para ver a las mujeres como incitadoras seductoras de lujuria. Esto va de la mano con el rol de las mujeres como gatitas esclavas sexuales, otro tema que usa la vestimenta de piel de leopardo. (Ver Capítulos 11-12)). En el tema de la jaula, la mujer esclava "liberada" exhibe el poder de ser capaz de seducir. En este feminismo las mujeres son "libres" para ser "iguales" y jugar el juego materialista de la lujuria. Aquellas mujeres son unas prostitutas "espectaculares" (foto de Rihanna en el Capítulo 12). Ellas están cubiertas con lápiz labial por dentro y por fuera, y creen que la nueva jaula es maravillosa. Ellas llegaron allí por ser "niñas buenas que se volvieron malas", otro tema común en la programación de entretenimiento.

La celebridad elaborada, Miley Cyrus (fotos arriba y abajo), por ejemplo, es un personaje creado e introducido por Disney Inc. controlado por los Globalistas (Walt Disney fue colocado, página 211) para usar, subliminalmente, su modelo de rol para promover el tema de la jaula. Su rol como Hannah Montana fue configurado de antemano específicamente para ser desechado después por la "liberación" programada de Cyrus como una bola de demolición que destruye los muros de la modestia tradicional. Otros mocosos de Disney han tenido "transformaciones" similares, pero no tan desvergonzadas. Para esto, el *Time Magazine* globalista, convirtió a Cyrus de 21

años en una de las 100 personas más influyentes de 2014. Podemos esperar lo mismo de la siguiente Hannah Montana que Disney intente dar a conocer. Los mocosos y las mocosas de Disney no se convierten en padres jóvenes.

Su presumida influencia co-creada por el Time fue la divulgación de la "niña buena que se vuelve mala". (Ver Capítulos 11-13). Su mensaje para las niñas es escapar de la jaula (Hannah Montana) del bien y la tradición (que los Globalistas quieren destruir en su meta de monocultura) para ser "libres", sin limites y sin ataduras. Los millones de fans de Hannah Montana, que tienen su edad y aquellos más jóvenes, ya no creen en nada honorable. Esta es una "doctrina de shock" cultural. Ellas reciben, en su lugar, el supuesto nuevo modelo de rol de madurez en el "perreo" (página 203) con el fin de "liberarse".

Este no es el mensaje personal de Miley. Ella no tiene ninguno. Los mocosos de Disney no tienen voluntad propia. Ella no creó ninguno de los símbolos que tuvo que representar o modelar. Ella ha sido una marioneta controlada mentalmente, desde sus primeros años. Ella no elije nada. El autor no quiere atacar a Cyrus. Ella es sólo una marioneta remplazable (ver el término en el glosario), que está siendo usada. De modo que el tema de la jaula funciona de manera conjunta con el "estar libre" o "escapar".

En el mundo real de la amplia vigilancia estatal de los equipos SWAT y del final del habeas corpus américano (derecho a un juicio) cuando Obama firmó la Ley de Autorización de Defensa Nacional (Capítulo 29), el tema de la jaula no es una metáfora. EE.UU. tiene la tasa de encarcelamiento per capita más alta en el mundo. (página 244) Es decir, que EE.UU. no es la "tierra de la libertad" en comparación con cualquier nación con la mayoría de la gente encarcelada. Pero el constante tema de la jaula en la industria del entretenimiento hace esto psicológicamente aceptable. "Las jaulas son normales. Sal de la vieja jaula. Acepta la nueva". Esto es ingeniería social clásica o lo que se conoce como "transformación". (página 88 y 199) El video de prisión de Michael Jackson que aparece en YouTube de la canción "They Don't Care About Us" es una protesta contra el tema de la jaula (página 244) al igual que algunas películas de Charlie Chaplin. (Página 199)

2. Compasión es nuestra verdadera naturaleza interior.

3. Consumismo Es la idea de que la finalidad de la vida es consumir (o perseguir, andar detrás de) experiencias sensuales. No sólo se refiere a comprar y llenarse de cosas materiales innecesarias; también puede significar el consumir películas, consumir música, consumir relaciones personales, relaciones sexuales o consumir experiencias turísticas. Puede significar consumir deportes, drogas, estatus social. El Consumismo es promovido por los Globalistas como una estrategia de "pan y circo" para mantener a las masas preocupadas e ignorantes.

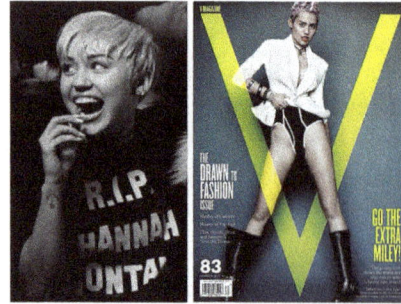

Consumismo es lo opuesto al camino de purificación del espíritu. El Consumismo nos vuelve débiles y adormecidos adictos al placer sensual. Opuestamente, el camino espiritual nos torna soberanos, potentes y despiertos. El Camino espiritual fomenta la sencillez y la sensibilidad. Por otro lado, el camino del consumismo fomenta lo complicado, la vanidad y la insensibilidad. La fuerza principal detrás de la degradación del medio ambiente es nuestra elección de comprar lo que sea que nos den ganas de comprar, en vez de comprar sólo lo justo y necesario. "Los mansos heredarán la Tierra" significa que el vano consumismo es insostenible.

4. Los medios de **comunicación controlados** es la historia real encubierta de los banqueros dueños de los medios de comunicación y de los medios infiltrados por la CIA en Occidente. En Asia, están en vigor los mismos programas. La prensa libre desapareció en EE.UU. en 1915.

> "En marzo de 1915, los intereses de JP Morgan, los intereses de la industria del acero, la construcción naval, y la pólvora, y sus organizaciones subsidiarias, reunieron a 12 hombres con altos cargos en el mundo periodístico y los contrataron para escoger a los periódicos más influyentes de Estados Unidos y al número suficiente de ellos como para tener un control general de la política en la prensa diaria.... Encontraron que sólo era necesario comprar el control de 25 de los periódicos más grandes. Se llegó a un acuerdo. Se compró la política de los periódicos para pagarla cada mes, se les proporcionó un editor por periódico para supervisar y editar apropiadamente la información con respecto a cuestiones de preparación, militarismo, políticas financieras, y otras cosas de naturaleza nacional e internacional consideradas esenciales para los intereses de los compradores ".
>
> - Congresista estadounidense Oscar Callaway, 1917

En EE.UU. este control se fusionó con la infiltración encubierta del gobierno a través de la CIA, llamada Proyecto Mocking Bird, a partir de 1948. Décadas más tarde, en la actualidad no hay fuentes de información independientes en EE.UU., y las emergentes, como el Huffington Post, se compran rápidamente. Internet todavía conserva un poco de libertad, pero esto se debe a que no es una sociedad de "noticias", sino un foro para la investigación colectiva.

La libertad en Internet está siendo atacada con la monopolización de los principales sitios como Youtube, donde regularmente se vetan importantes fuentes reveladoras de secretos. Google, Facebook, Yahoo, Youtube, Skype, Paypal, Craigslist y muchos más están dirigidos por las mismas computadoras. Los llamados espacios "independientes" son producidos para atrapar a los incautos. Los sitios que ofrecen correo electrónico encriptado "seguro" están gestionados por la CIA. Medios de comunicación controlados significa que los medios u opiniones independientes se están eliminando de forma sistemática con el fin de controlar lo que piensas. Y, por supuesto, eso lleva a que la mayoría de las personas hagan oídos sordos.

Probablemente muy pronto Obama declarará una emergencia nacional basándose en ataques cibernéticos falsos y, como consecuencia, Internet se cerrará. En Internet se obtiene información independiente que no está controlada por los medios de comunicación controlados. Recuerda, la mayoría de nuestros datos están controlados por unas pocas empresas. Internet puede ser centralizado, si así lo permitimos. Hacer uso de Facebook o Google es apoyar la centralización.

Las únicas excepciones a una Internet sin control son las páginas web que se preguntan "¿Quién tiene el control?" El resto de las fuentes de noticias son "pan y circo" para las masas.

"No existe la prensa independiente. Tú lo sabes y yo también. Ninguno de ustedes se atreve a escribir opiniones honestas, y si lo hicieran, saben de antemano que nunca aparecerían en la prensa. Me pagan semanalmente para mantener mi honesta opinión lejos del periódico al cual estoy ligado. A otros se les paga salarios similares por cosas similares, y si cualquiera de ustedes fuera tan tonto como para escribir opiniones honestas estaría en la calle buscando otro trabajo. Si mis opiniones honestas aparecieran en una edición de mi periódico, perdería mi empleo en menos de veinticuatro horas. El objetivo del periodista es destruir la verdad, mentir abiertamente, pervertir, vilipendiar, adular a los pies de Mammon, y vender su país y su raza por su pan de cada día. Tú lo sabes y yo también y qué insensatez es esta, ¿brindar por una "prensa independiente"? Somos las herramientas y los vasallos de hombres ricos detrás del escenario. Somos marionetas, ellos mueven los hilos y nosotros bailamos. Nuestros talentos, nuestras posibilidades y nuestras vidas son propiedad de otros hombres. Somos prostitutas intelectuales".

- John Swinton, ex jefe de gabinete, The New York Times, New York Press Club, 1953

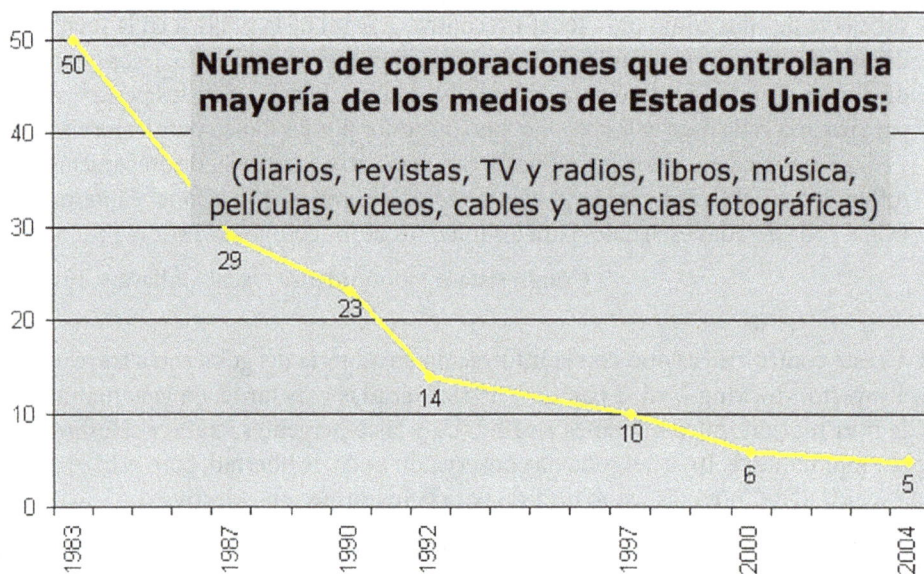

5. Cooptar: neutralizar o vencer (por ejemplo, a una minoría independiente) mediante su asimilación a un grupo o cultura establecido <nombrar rebeldes otorgándoles posiciones de poder>.

Hacer parte de un grupo (como una facción, movimiento o cultura): absorber, asimilar, <los estudiantes son comisionados por el sistema al cual sirven, incluso cuando luchen contra él – A.C. Danto>.

Tomar el control, apropiar <un estilo controlado por los anunciantes>.

6. Marioneta reemplazable es otro término para marioneta política o económica. Es como un molde de papel de un ser humano, pegado en el circo de la escena cultural o política. Las marionetas reemplazables tienen esas cualidades: 1) ellas han sido colocadas o comprometidas con el fin de obtener una posición de influencia, o para mantener su posición. 2) Ellas son reemplazables y con frecuencia arrojadas a la basura como muñecos o muñecas rotas. (Ver Capítulo 12). Además son asesinadas si los Globalistas creen que están actuando de manera independiente. 3) Ellas son muy respetadas y triunfan en cualquier lugar. Son bien pagadas, tienen fama y unas carreras decoradas con elogios. 4) Ellas han dividido sus personalidades y no están gobernadas por la conciencia. 5) Nunca van a denunciar a nadie, a menos que les ordenen deshacerse de otra copia o victimizar a alguien. Un ejemplo de una copia que no tiene interés en la justicia es la cantante Rihanna o Gaga. Otro ejemplo es Opray Winfrey quien, de igual modo que Walt Disney, Bill Gates y Obama, fue colocada. El gobernador de Arkansas fue invitado a una reunión Bilderberg en Europa. Un año más tarde este "don nadie" fue elegido presidente de los EE.UU. Clinton fue una copia colocada. 6) Las marioneta reemplazables no pueden mostrar públicamente ninguna estructura moral. La mayoría de las celebridades son marioneta reemplazables. Son actores/actrices colocados, por programas de ingeniería social, en guiones que ellos no escribieron. Las marionetas reemplazables en la industria de la música son divas introducidas, parecidas a los políticos, y que siguen los modelos de comportamiento dictados por la industria musical, que es Illuminati y Globalista. La única diferencia entre la diva de la industria de la música y un presidente o primer ministro, es que la primera abre las piernas, mientras los demás se inclinan sobre la máquina globalista.

7. **"Democracia"** solía significar un gobierno representativo, pero ahora significa un gobierno financiado y propiedad de las corporaciones, dirigido por Globalistas. Guiados por sus "think tanks", los Globalistas usan los medios de comunicación controlados para manipular las elecciones entre candidatos mentirosos sobornados.

8. Los **"países desarrollados"** no existen porque ninguno de los objetivos explícitos del llamado "desarrollo" podría ser una meta sostenible. Más que una meta, los "países desarrollados" creen en la estupidez del crecimiento sin fin, que nunca se alcanza. El término equívoco "países desarrollados" se refiere a los estados ricos que están robando a todos los demás lo más rápidamente posible. Sus habitantes tampoco tienen metas y jamás llegan a ser lo suficientemente "desarrollados". Sus ciudadanos aprenden a desear yates y aviones privados, y si tuvieran el dinero se comprarían dos o tres.

El éxito en los países "desarrollados" significa poder darse el lujo de ser flojo, derrochador y superficial. Salir de compras se considera la actividad más emocionante. La publicidad está especialmente dirigida a las mujeres, insinuando que nunca son lo suficientemente atractivas y que deben comprar cosas para mantener su autoestima. El objetivo de las revistas femeninas en los últimos 30 años ha sido fomentar la imagen de la mujer como objeto sexual o depredadora sexual. Esto mantiene a todos enfocados "desde la cintura hacia abajo" y no en el corazón ni en el intelecto. ¡Bienvenidos al "desarrollo"!

Los ciudadanos de los "países desarrollados" son entrenados para ser fácilmente tentados y se dejan comprar con facilidad. Nunca hay suficiente comodidad ni rapidez, la casa siempre puede ser más grande, nunca hay suficiente ropa en el closet. Esta es la ética de los "países desarrollados" mientras sus ciudadanos se vuelven cada vez más obesos (alrededor del 35 % de la población en EE.UU. y Australia). El "desarrollo" o "progreso" es una falsa imagen que hipnotiza a las masas. La verdad es que el 15 % de los estadounidenses recibe cupones de alimento (subsidios alimentarios estatales) y EE.UU. está en quiebra. Si EE.UU. es el modelo del "desarrollo", entonces ¿por qué está imprimiendo 30 mil millones de dólares al mes solo para mantenerse a flote? Así es como la mentira de alcanzar el "desarrollo" es solo una fantasía en quiebra y sin fondos.

9. Los países **"en desarrollo"** son países que han sido identificados por asimilación y conquista a través de la deuda. Estos países tienen cientos de ONG (organizaciones no gubernamentales) que no han sido invitadas y que vienen esparciendo dinero para desarrollar el consumismo lo más rápido posible. Un ejemplo es una ONG que trae sistemas de aguas residuales en vez de enseñar acerca de letrinas aboneras y jardinería urbana que podrían utilizar las aguas grises. Los sistemas de aguas residuales sólo desperdician agua y enseñan despilfarro imprudente. La imprudencia es la forma Globalista. Las ONG siempre barren los problemas bajo la alfombra del "desarrollo" y nunca examinan las verdaderas fuentes de la reforma, porque eso no sería provechoso para los que financian las "Fundaciones" u ONG.

La Pirámide de la explotación tiene Globalistas en la cima, seguidos por los bancos, seguidos por los gobiernos/empresas, seguidos por fundaciones "sin fines de lucro", seguidas por las ONGs, seguidas por la asimilación a los valores de la cultura dominante, seguida por la deuda, seguida de más regulaciones. Se promulgan nuevas leyes para apoyar a las empresas aseguradoras, las empresas multinacionales y a un estado policial.

Veremos un llamado continuo a más "seguridad" hasta que cualquier movimiento pueda considerarse como ilegal. Cuanto más "desarrollado" sea el país, más policías se necesitan para mantener todas las leyes. EE.UU. tiene 6 veces más gente en la cárcel que el promedio mundial.

Los países "en desarrollo" se refiere a que alguien está desarrollando los recursos para la extracción hacia los países extranjeros urbanos dominantes, así como desarrollando a las personas como un mercado para la monocultura inconsciente, también conocida como la dependencia o el "progreso".

10. La **Vanidad desconectadora** será un nuevo concepto para algunos y puede que no exista en vuestro idioma nativo. No se trata tan solo del egoísmo, ni del narcisismo o del falso orgullo, pero puede incluir a los tres. La energía alrededor de la vanidad desconectadora ha sido llamada el engreimiento, una comprensión medular en los escritos de Carlos Castaneda, quien fue influenciado por el Libro de los Hopi. Al modificar la palabra "vanidad" con la palabra "desconectadora", trato de apuntar al fruto de la vanidad, que es la desconexión destructiva. Podemos aplicar esta idea imaginando una revista titulada "Vanidad Desconectadora". La Vanidad es veneno, no es tan solo cierto aspecto aceptable de la vida humana. Según lo entiendo, no existe el "orgullo sano". Todo orgullo obstaculiza el despertar espiritual. La Revista Vanidades es un indicio que nuestra sociedad está verdaderamente enferma. Tampoco es ninguna coincidencia que los océanos, la atmósfera, las aguas subterráneas y el suelo estén igualmente enfermos.

La vanidad desconectadora se podría traducir simple y llanamente como "yo yo yo".

Sin embargo, a modo de explicación:

La vanidad desconectadora nos desconecta de nuestro corazón compasivo, que es nuestra verdadera naturaleza tranquila. La vanidad desconectadora nos separa los unos de los otros, de la compasión recíproca, de la conexión con los animales, plantas e intuiciones espirituales. La vanidad desconectadora hace que nos perdamos en el falso orgullo y el egoísmo, en el deseo de "dirigir el espectáculo". Cuando escuchamos nuestra cháchara mental y hacemos oídos sordos a la sentida voz de nuestra conciencia, entonces andamos perdidos en la vanidad desconectadora.

La vanidad desconectadora es capaz de demonizar al otro (arrojar piedras con los pensamientos) para deshumanizarlo y permitir el abuso (o sea, arrojar piedras de verdad). Cuando Jesús dijo:

-Quienes nunca hayan pecado, arrojen la primera piedra-, puso al descubierto la vanidad desconectadora y despertó a la multitud a la compasión que nos conecta a todos. Cuando el Buda dijo: -El odio jamás hará cesar al odio-, señaló la inutilidad de los actos de la vanidad desconectadora.

Toda las jerarquías están basadas en el rango, y el rango está basado a su vez en la vanidad desconectadora, porque la verdad es que nada puede ser más elevada ni mejor que cualquier otra cosa. Ningún sacerdote puede estar más cercano a la Verdad que cualquier otra persona. Nadie es de mayor categoría que otra persona, a no ser que compre la falsa identidad y se imponga por la fuerza para crear víctimas a quienes dominar. Pensar que "yo soy más que tú" es egoísta, superficial y -en realidad- es desquiciado. Los rangos al igual que la violación son dos manifestaciones de la vanidad desconectadora. Lo mismo la codicia. El codicioso es la personalidad desconectada que ha sido configurada mediante la glorificación del "yo + yo + yo". El elitista desquiciado es en realidad adicto a las muletillas y premios de su auto-identidad. Su personalidad es por lo tanto, un castillo de naipes con escasa fuerza real. La fuerza verdadera proviene de la soberanía personal que no tiene necesidad del estatus ni de muletillas y que es todo lo contrario de la vanidad desconectadora.

Todos tenemos un intelecto, pero a veces el intelecto puede tornarse aislado y despiadado cuando la vanidad desconectadora toma el control de nosotros. Es lo que sucede a criminales, curas, politicos, científicos, y ahora a nuestros "Globalistas" que se creen los amos del universo. Los científicos que hacen descubrimientos "por el bien de la ciencia" mienten. Su vanidad desconectadora está dividiendo y conquistando la naturaleza por el bien de "yo, yo, yo". Estar perdidos en nuestra cabeza y en nuestro orgullo conduce a la destrucción, que es exactamente lo que estamos presenciando ahora. En estas páginas vamos a examinar los crímenes de nuestra era. La solución que buscamos se encontrará en purificarnos del "yo, yo, yo".

¡De lo que no cabe duda, es que la solución no será más planificación mediante la vanidad desconectadora!

Purificarse de la vanidad desconectadora es el polo llamado 'amor espiritual' y 'despertar'. Al otro extremo está la persona que está aislada de su propia conciencia y de la compasión, lo único que es capaz de escuchar es la cháchara dentro de su cabeza. El extremo de ese polo alucinado se llama 'satánico' o 'malévolo'.

He creado la Tabla "N° 22. Relaciones inversas" en este Glosario para dar algunos ejemplos de nuestras elecciones. Mi premisa completa es que vivimos en un universo moral, y pensar de otro modo es obra de la vanidad desconectadora..

Podemos elegir entre conectarnos con la compasión o con el "yo, yo, yo". La primera opción trae la verdad, niños que crecen libres del terrorismo de estado, y ríos limpios. La segunda trae mentiras y maldad, sufrimiento y destrucción.

En un principio iba a usar las palabras "Ego Separado". Sin embargo, no hay sustantivos dentro de nosotros. "Yo" no es un sustantivo. Tampoco lo es "Dios". Ambos son verbos transitivos. No hay tal "cosa" como Dios ya que Dios no es una cosa. No hay tal "cosa" como "ego" ya que el ego no es una cosa. Cuanto más soltamos la idea de la separación, menos separados nos sentimos de lo que nos rodea, llamado por algunos "Dios".

Entonces en vez de ocupar un sustantivo, elegí "vanidad desconectadora", que identifica a la vanidad como un concepto activo.

Ego Separado iba a significar egocentrismo separado. El el ego separado o falso orgullo es el polo opuesto del corazón espiritual, tranquilo, conectado. Los científicos usan el ego separado (o egotismo) para crear planes de dividir y conquistar (ver más abajo Tecnocracia). Profesores y "científicos" usan el ego separado para adjudicarse autoridad. El violador usa el ego separado para aplastar su propia compasión.

El ego separado desea "ayudar" a otros sin considerar la soberanía personal de los otros. La mayoría de los funcionarios "bien intencionados" que trabajan para las instituciones globales padecen esta enfermedad. Sin que se les pida hacerlo, ellos vienen a "ayudar" a (apropiarse de) los otros.

En un sentido extremo, el ego separado manifiesta el sufrimiento intencional tratando de ser superior a los otros. Las potencias coloniales europeas (Gran Bretaña, España, Portugal, Bélgica, Francia, Alemania, Italia, Rusia) han usado durante 500 años el ego separado para negar sus crímenes. El ego separado también ha sido llamado "maléfico". De manera extrema, el ego separado está desquiciado y este libro demostrará el linaje de este síndrome entre nuestros líderes actuales.

El ego separado o la vanidad desconectadora pueden ser conceptos nuevos para algunos lectores. Un ejemplo del ego separado es un hombre tan soberbio que es incapaz de examinar sus errores y se encuentra en efecto separado de la realidad. La vanidad desconectadora significa la misma cosa. Un ejemplo de ello es el rey que quisiera ser recordado y que se construye monumentos, pero que ocupa la mano de obra esclava. Su vanidad desconectadora lo hace creer que será recordado como un gran monarca, cuando en realidad será recordado como un tirano que cometió abusos contra su propio pueblo. Hoy en día, en cada ciudad hay monumentos a la vanidad levantados por personas con egos separados que piensan, por ejemplo, que la Guerra es gloriosa. En realidad, las guerras son infernales. Pero la vanidad desconectadora o el ego separado inventa su propia realidad. Esta separación de la realidad, creada por la vanidad o el ego, es la principal razón por que los crímenes y abusos son tolerados por nuestros líderes, cuyos corazones no están conectados ni a la naturaleza, ni a la gente.

11. La expresión **Cultura dominante** se refiere a cualquier grupo de personas que se considera superior y actúa conforme a su ego separado –sea consciente o inconscientemente-- para destruir y utilizar a otras culturas. El ego separado rara vez quiere aprender cosas nuevas, ni tampoco la cultura dominante. La cultura dominante se aferra a su propio estilo de "monocultura" sin admitir la diversidad. La cultura dominante cree en la desigualdad y la legitimación de casta como sus derechos exclusivos y la dominación sobre otras culturas les aporta un prestigio ilusorio.

En Cuzco, Perú, los españoles demolieron el antiguo templo inca y construyeron sobre sus cimientos su propio templo, que llamaron "La Iglesia del Triunfo". Hasta el día de hoy no se cuestiona esa vanidad y odio. (Como si los sacerdotes católicos nunca hubieran leído el Nuevo Testamento).

Hay registros históricos que indican que en 1193 la Universidad Budista Nalanda fue saqueada por el general turco Bakhtiyar Khilji. La conquista musulmana en la India es vista por los estudiosos como una de las razones del debilitamiento del budismo en la India. En su crónica Tabaqat-I-Nasiri, el historiador persa Minhaj-i-Siraj informa que miles de monjes fueron quemados vivos y miles decapitados mientras Khilji se esforzaba por desarraigar el budismo. El incendio de la biblioteca continua durante varios meses y "el humo de los manuscritos en llamas flota cual mortaja durante días sobre las colinas bajas".

Cuando los chinos invadieron el Tíbet soberano en los años '50, asesinaron a miles de monjes y monjas y destruyeron a cañonazos ermitas y monasterios.

En Indonesia, decenas de miles de chinos fueron asesinados con el pretexto de que eran "comunistas", pero la verdadera razón fue que no eran musulmanes. Muchos se convirtieron al Catolicismo sólo para sobrevivir. Los anteriores son ejemplos de la mentalidad que caracteriza a la cultura dominante. El ego separado impone la cultura dominante y la cultura dominante impone el ego separado.

En el pasado las culturas dominantes solían ser nacionalistas, pero se han convertido en culturas mundiales centralizadoras que envuelven a las culturas nacionales. Un ejemplo de ello es la fusión de los poderes coloniales ingleses, franceses y norteamericanos en la OTAN (Organización [Bélica] del Tratado del Atlántico Norte), cuyos países miembros proporcionan a sus ciudadanos la misma tecnología, noticias y valores. La mayoría de los gobiernos nacionales del planeta son culturas urbanas dominantes que intentan aplastar la diversidad étnica local en aras de un control más "eficaz". Lo hacen mediante leyes, "incentivos monetarios" y programas nacionales de educación que convierten la diversidad en la mentalidad de la manada.

12. El **doble lenguaje** proviene del libro 1984 de George Orwell, que es un método de engaño deliberado, utilizando palabras para confundir al pensador. Por ejemplo "progreso" suena tan bien, que el pensador no ve la destrucción. Otro ejemplo es el uso que los Globalistas hacen de la palabra "paz", que significa homogeneización a través de la guerra. "Llevaremos la democracia a Iraq" matando a más de un millón de civiles inocentes, es un ejemplo del doble lenguaje en el uso de la palabra "democracia". El "Departamento de Defensa" es un término del doble lenguaje para representar al Departamento de Agresión. "Héroes de guerra" es un término del doble lenguaje estadounidense para criminales de guerra.

Nuestras escuelas no enseñan el doble lenguaje, porque esto expondría el engaño manipulador, como el patriotismo, que ahora nos está controlando. El doble lenguaje es un uso de la discordancia cognitiva para confundir y obtener el control de la conducta de otras personas. Es una mentira semántica.

13. Auto-legitimado(a) se refiere a la gente que se comporta como niños malcriados y consentidos al auto-adjudicarse el derecho a privilegios especiales y exigir que otros satisfagan sus expectativas.

14. En este libro, la **Maldad** significa: crueldad deliberada.

15. **"Libertad"** solía significar la oportunidad, que no estaba permitida por el despotismo pasado. Ahora, "libertad" significa escapar de la responsabilidad personal y dar poder a las agencias reguladoras dirigidas por Globalistas. Así que "libertad" ahora significa ser un engranaje en una máquina y ser un esclavo "a salvo" que está "libre" de responsabilidad. La última cosa que la mayoría de nosotros queremos es el dolor de cabeza de estar involucrado en algo. Para casi todos los ciudadanos, ser anónimo y no tener responsabilidades equivale a ser "libre".

16. El término **globalistas** indica a aquellos que se encuentran en la cima de la pirámide de poder mundial (o por lo menos creen estarlo), que desean el control total mediante la centralización. El control total se conoce como "dominación de espectro completo". La centralización implica que desaparece el control local.

17. La **globalización** es la monocultura en una pirámide de poder dirigida por los globalistas en la cima, quienes utilizan su principal arma, las manipulaciones financieras secretas de las tasas de interés y las cotizaciones monetarias, para manipular la economía y, por lo tanto, a los gobiernos. El objetivo de todos los programas globalistas es introducir el endeudamiento en las comunidades locales; esto se realiza comprando líderes ingenuos, que se convierten en dependientes de los artículos de suministro global y de la inmediatez. Estos líderes son muy tontos ya que la cadena de suministro es insostenible. Los globalistas lo saben y desean que todos sean dependientes, para poder "despoblar" a las "bocas sobrantes" y así crear su mundo manejable de manera "eficiente". Quieren utilizar la cadena de suministros como una cadena de esclavitud y despoblación, o genocidio.

18. El **Deseo ávido** se demuestra con un mono que introduce la mano en un jarro de boca estrecha y agarra una golosina, pero con el puño cerrado no logra sacar la mano del jarro. No quiere soltar la golosina, ¡pero su mano queda atrapada! El deseo ávido tiene casi el mismo significado que la palabra 'apego' en el Budismo. Creemos que somos los jefes y perseguimos la zanahoria, pero en realidad es la zanahoria la que nos controla porque permitimos que el deseo ávido se apodere de nosotros. Y si tenemos la mala suerte de comer un pedazo de la zanahoria nos volvemos adictos y necesitaremos otro. Estar dominado por la lujuria, los deseos y las apetencias es estar controlado por el deseo ávido. En el budismo el buscador corta con ese hábito y se libera del encadenamiento a lo material. En el cristianismo, el deseo ávido es el mecanismo mediante el cual la tentación nos controla.

La zanahoria no controla al burro. Tampoco lo controlan su estómago ni sus papilas gustativas. Al burro lo controlan los hábitos del deseo. El deseo ávido podría llamarse 'karma mal manejado'. No hay tradiciones espirituales que avalen el deseo ávido pero sí existen tradiciones anti-espirituales que lo hacen. Una de ellas son los Iluminati.

19. El **Gran Misterio** se refiere a lo que verdaderamente nos rodea e incluye. Lo innombrable. El Gran Misterio abarca los reinos invisibles del espectro infinito que interactúan con nuestra dimensión humana, pero que están velados, a menudo por nuestros propios prejuicios. El Gran Misterio incluye las funciones de nuestro cuerpo que no tenemos la más mínima posibilidad de comprender. ¿Estás respirando ahora? ¿Acaso lo controlas? ¿Cómo ocurrió? Cuando recordamos el Gran Misterio, escuchamos en vez de suponer. Por lo tanto, el Gran Misterio es la piedra angular del camino de la purificación. El camino de la purificación lleva a la compasión, lo que nos ubica en un universo moral.

20. Héroe, en este libro, se refiere a los valientes denunciantes, hombres y mujeres, que se han alzado frente a la amenaza de ser calumniados o asesinados, por decir la verdad.

"Su historia" [His-story] en este libro se refiere a nuestra historia falsa, esto es, la fábula de una sola cara sobre el pasado, escrita por la cultura dominante criminal que esclavizó, violó y colonizó el mundo.

21. Su **historia desconoce** los crímenes del narrador y desconoce la historia de los vencidos. Su historia aún está saliendo a la luz a través de noticias falsas, como lo que ocurre ahora mismo en Libia o Siria, o lo que realmente sucedió en El Salvador o Nicaragua. Otro ejemplo son los ganadores del premio "Nobel", que en realidad son monstruos tecnocráticos o criminales de guerra.

Mientras los colocamos en medio del foco con elogios y no decimos en qué programas participan, se escribe "su historia", y no la historia que nos pueda ofrecer una elección informada.

Wikipedia es el ejemplo perfecto de "su historia", pues nunca cuenta la verdadera historia de las víctimas. Wikipedia sanea todos los delitos, de esta manera no se culpa a nadie.

22. Los **pueblos indígenas** en este libro se definen como personas que 1) hablan una lengua regional antigua, 2) producen sus propios alimentos, y 3) hacen su propia ropa. Las personas que se visten y comen de acuerdo a la monocultura, y no pueden recordar el idioma local de sus ancestros ya no son pueblos indígenas en este libro, aunque genéticamente pueda decirse que lo son. Que estos aspirantes a "ricos", llamados "pueblos indígenas", esperen derechos y reparaciones para que puedan dejar de ser indígenas y adecuarse a la monocultura es un punto confuso para muchos de sus defensores.

Una comunidad de esquimales que todavía habla esquimal, tendrá que abandonar su tierra ancestral o morir de hambre y congelarse dentro de un año, cuando la cadena de suministros globalista de repuestos de máquinas, combustible y alimentos importados se corte. Por lo tanto su cultura ya no es una cultura viva. En la definición anterior, ya no son un pueblo indígena autosuficiente. Ellos son sólo un pueblo de la monocultura esperando el corte inevitable. Casi todos nosotros estamos en este barco Globalista insostenible en este momento. Este libro pretende ayudar a cambiar eso para que usted y su familia sobrevivan.

La mayoría de los pueblos indígenas estuvieron exentos de impuestos, ya que sabiamente decidieron no vivir en los centros de concentración, sino que optaron por la libertad y una relación directa con la Tierra. Desafortunadamente los gángsters locales habían dividido la tierra en territorios, pero esto fue menos institucionalizado de lo que las pobres personas de Europa y la mayor parte de Asia tuvieron que soportar durante miles de años. Los pueblos indígenas no son siervos. Los europeos y asiáticos fueron todos siervos o esclavos, y no apreciaron las culturas indígenas cuando las encontraron. Al estar en una jerarquía de la ley del más fuerte, los colonizadores convirtieron en siervos a los indefensos pueblos indígenas, o simplemente los aniquilaron.

Los pueblos indígenas están destinados específicamente a la extinción por las Naciones Unidas y el método es encontrarlos y exponerlos a la Globalización a través del turismo. Sus líderes son llevados a conferencias donde experimentan la impotencia. Se les ofrece específicamente fondos astronómicos para destruir sus valores y corromperlos, entonces se les ofrece la posibilidad de endeudarse. Si la cultura dominante regional puede ocultar el crimen, simplemente se arrasan sus bosques y se los mata de hambre. El primer paso para tomar la tierra legalmente es dar a los pueblos indígenas que nunca tuvieron "propiedad" de la tierra, el título de propiedad en el sistema de la cultura dominante. Esto ha sucedido en todo el mundo. La tierra común se convirtió en propiedad privada. Luego, se puede vender o gravar con impuestos.

Los pueblos indígenas también se enfrentan a vacunas intencionalmente peligrosas, según lo prescrito por el Sr. Despoblación, Bill Gates, que no es el Bill Gates que pensabas que conocías.

Los pueblos indígenas son lo contrario de la monocultura, que es la cultura de la fábrica. Como un concepto paralelo, la ropa hecha en casa es lo contrario a la ropa de fábrica. Una es limpia, la otra contamina. Una tiene alma, la otra genera ganancias para alguien en la cima y emplea trabajadores maltratados con el fin de ser "competitiva". La cultura indígena autosuficiente es lo opuesto a la vida totalmente artificial de la ciudad. La cultura indígena es sostenible y antigua, mientras que la monocultura "moderna" es una no-cultura que nos venden a través de la publicidad y es insostenible o temporal.

23. Elección informada: significa que todos nosotros, informados o no, somos electores activos. Para tomar buenas decisiones necesitamos información precisa, no mentiras.

24. Relaciones inversas

Cuanto más urbana es la civilización, más insostenible se vuelve.
    Cuanto más indígena es la civilización, más sostenible.

Cuanto más urbana, más compleja y vana se vuelve.
    Cuanto más indígena, más simple e inocente.

Cuanta más deuda, más esclavitud.
    Cuanto menos deuda, más libertad.

Cuanto más separados están los egos, aparece la lujuria y se abusa de todo.
    Cuanto menos separados están los egos, hay más compasión y afecto.

Cuanto más desarrollado está un país, más rápido va a colapsar.
    Cuanto menos desarrollado está un país, tiene menos probabilidades de colapsar.

El universo moral de sencillez y respeto

Vivimos en un continuo de pureza relativa o vanidad relativa. No hay ni luz final ni oscuridad final. No hay un cielo final ni iluminación o moksha, ni un infierno final ni Satanás. Siempre estamos en algún punto medio, aprendiendo algo más, y del mismo modo están los otros, incluidos los seres de otros reinos.

Por lo tanto, colocar a cualquier persona encima de un pedestal, o arrojarla a una fosa, es actuar con ignorancia. No existen los avatares, no existen los demonios. Solo existimos todos nosotros. Podemos optar por la elección moral en cada uno de los ejemplos a continuación.

La opción de la purificación	<--->	La opción de la "Vanidad desconectadora"
natural	<--->	artificial
sencillo	<--->	enmarañado
paz interna	<--->	tejemanejes internos
escuchar	<--->	hablar
compasión	<--->	demasiado ocupado
despertando	<--->	inconsciente
sosteniendo amor	<--->	sosteniendo odio
humilde y libre	<--->	soberbio y esclavizado
de mente abierta	<--->	sabihondo
en el testigo	<--->	en el cálculo
inocente	<--->	en entredicho
comunión	<--->	adquisición
conectado	<--->	dominante
altruista	<--->	egoista
perdonar	<--->	prejuzgar
empático	<--->	utilitario
bondadoso	<--->	cruel
bueno	<--->	malo
cooperador	<--->	delictivo
autosuficiente	<--->	codicia sin límite
gracia	<--->	pecado
limpio	<--->	satánico
información honesta	<--->	anuncios engañosos
responsable	<--->	negligente
guardián respetuoso	<--->	consumidor contaminante
sagrado	<--->	profano
sobrio	<--->	preso a adicciones
sincero	<--->	falso
candoroso	<--->	aparentar
respetuoso	<--->	promiscuo
indígena	<--->	glamour urbano
acepta la diversidad	<--->	acaparador de mercados
respeta la privacidad	<--->	recopila datos en secreto

25. Las **Fuerzas armadas** ahora significa terrorismo patrocinado por el Estado para saquear a otros países y para forzar la globalización.

En nombre de la "defensa", se está estableciendo un estado policial. Con la falsa "Guerra contra el Terrorismo" este Estado policial se convirtió en un objetivo global. El enemigo se esconde debajo de tu cama. ¡El enemigo está en todas partes! La principal organización terrorista activa hoy en día es la OTAN. En el Tíbet, las Fuerzas Armadas chinas respaldan la opresión que ejerce la cultura dominante sobre los pueblos indígenas. También en China, los militares persiguen y torturan a sectas religiosas como el Falang Gong. En Irán la fe Bahai fue atacada hace 30 años por las Fuerzas Armadas y ahora son los Sufíes los que están siendo atacados. En la isla de Timor Oriental, los gobiernos australiano y estadounidense se aliaron con su marioneta, el gobierno de Indonesia, para matar a los cristianos a través de las Fuerzas Armadas. Las Fuerzas Armadas generalmente son un brazo agresivo de una cultura dominante.

Las Fuerzas Armadas sólo serían necesarias en un país que rechaza la globalización y necesita tropas armadas como escudo, ya que el único régimen agresivo actualmente en el mundo son los Globalistas.

Ahora, en esta época, las Fuerzas Armadas más peligrosas cuentan con 850-1000 bases militares estadounidenses en todo el mundo y 55.000 "Fuerzas Especiales" de Estados Unidos, o asesinos. Este terrorismo también es ambiental con sustancias extremadamente venenosas como la Munición de Uranio "Empobrecido".

"Cerca de 55.000 miembros del Comando de Operaciones Especiales de Estados Unidos están proporcionando ayuda humanitaria [doble discurso], y entrenando soldados y policías en más de 60 países, según su comandante, el Almirante de Marina Eric Olson.

"Están construyendo relaciones a largo plazo [bandas] en cada país, en cada región en el mundo, y los necesitamos allí por un largo periodo," dijo Olson ayer en el XX Simposio anual de combate [cuerpo a cuerpo] de baja intensidad/operaciones especiales. Las fuerzas de operaciones especiales -- especialmente las operaciones especiales del ejército -- hacen esto [matar] mejor que nadie.

U.S. DEPARTMENT OF DEFENSE

| HOME | TODAY IN DOD | ABOUT DOD | TOP ISSUES | NEWS | PHOTOS/VIDEOS | DOD S |

News
: News Articles
News/Casualty
Releases
Press Advisories
News Transcripts
: Publications
Speeches
Contracts
: Testimony
Messages
Special Reports

Secretary of Defense
: Biography
Speeches
Messages
: Testimony
Travels

DoD News   SHARE

NEWS ARTICLE   E-MAIL A COPY | PRINTER FRIENDLY | LATEST NEWS

Special Ops 'Fight' Persistent Conflicts Around the World, Panelists Say

By Army Staff Sgt. Michael J. Carden
American Forces Press Service

WASHINGTON, Feb. 11, 2009 – About 55,000 members of U.S. Special Operations Command are providing humanitarian aid and training soldiers and police in more than 60 countries, according to their commander Navy Adm. Eric Olson.

"They're building long-term relationships in every country in every region in the world, and we need them there for a long time," Olson said here yesterday at the 20th Annual Special Operations/Low-Intensity Conflict symposium. "Special operations forces -- especially Army special operations -- do this better than anyone."

Olson, and a panel of experts provided insights on special operation activities throughout the world to more than 300 participants at the Feb. 10-12 symposium. While humanitarian efforts are part of their mission, these deployed special operations forces main focus is on deterring America's enemies.

"Olson y un grupo de expertos proporcionaron sus puntos de vista, sobre las actividades de las operaciones especiales en todo el mundo, a más de 300 participantes en el Simposio del 10 al 12 de febrero. Mientras que los esfuerzos humanitarios [vomitivos] son parte de su misión, el foco principal de estas fuerzas de operaciones especiales desplegadas está en disuadir [matar] a los enemigos de Estados Unidos [combatientes de la libertad]."

- www.defense.gov/news/newsarticle.aspx?id=53048

Están "disuadiendo a los enemigos de Estados Unidos" en "todas las regiones del mundo". Se trata del doble discurso para decir que cualquier cosa en cualquier lugar que no esté todavía controlada, está siendo atacada, y que cada región del mundo tiene que ser controlada por la fuerza.

Este artículo del 2009 no está reseñado en ningún lugar que conozca. Mira en la última frase que el orador, Teniente General retirado de la Fuerza Aérea, Lawrence P. Farrell Jr., quien estaba dando consejos sobre las políticas de comportamiento, fue en el 2009 empleado por la industria de (agresión) defensa.

Farrel describe la guerra interminable adelantada en cada país del mundo (donde Estados Unidos está asesinando personas con las fuerzas especiales). Él dice que habrá una "batalla larga y dura" contra aquellos que quieren ejercer la violencia contra las "democracias aliadas", lo que significa que Rothschild es el propietario de naciones como las que forman parte de la OTAN.

Veremos en capítulos posteriores que esta "violencia" nunca ocurrió y fue una mentira. Recuerda, el departamento de "defensa" está operando dentro de las "democracias aliadas" y desde diciembre de 2013 pueden asesinar de manera legal a cualquiera, incluyendo ciudadanos de EE.UU. sin el proceso debido. (Capítulo 29)

Farrel menciona 60 naciones. Con 55.000 operativos de EE.UU. encubiertos, esto significa que cada nación puede tener cientos de miles de entrenados y bien abastecidos asesinos ocultos en su suelo, y esta cuenta no incluye las 850-1000 bases militares.

Los rusos no tienen este sistema. Los chinos tampoco. El enemigo del mundo es Estados Unidos, de acuerdo con esta afirmación y ningún país está a salvo del terror de EE.UU. en la "lucha ardua y larga". La "guerra contra el terrorismo" es en realidad la guerra del terror.

En 2011 Estados Unidos triplicó sus ventas de armas a otros países, hasta $66 mil millones de dólares.

26. Monocultura: La monopolización del control y la homogeneización de la demanda del mercado es la meta de la centralización. El objetivo de los Globalistas es crear una monocultura mundial que tenga la misma apariencia, piense y actúe de la misma manera, y que disfrute con eso. Para llegar a ello, se comete cualquier delito. Monocultura significa que no hay diversidad o disidencia. Monopolio significa que no hay competencia. Los Globalistas quieren controlar todo el planeta y cada pensamiento que hay en él.

27. La **soberanía personal** implica que cada uno es responsable en su rol de elector y se hace cargo de las consecuencias de sus elecciones. Nuestras elecciones influyen en otros y esto nos importa. Como electores soberanos respetamos y exigimos respeto. La soberanía personal implica respetar la de nuestro prójimo. La soberanía personal es lo contrario de lo que los globalistas desean. Ellos prefieren personas irresponsables e irreflexivas, una manada que puedan arriar de aquí para allí. Queremos ser electores soberanos, no manada siguiendo algún tipo de ingeniería social subliminal (ver abajo). Somos electores, no ganado en manada. Somos seres humanos, no ovejas, ni conejos, ni saltamontes. No podremos sanar nada hasta que tomemos consciencia de nuestro poder de elección. Podemos elegir cooperar, o no, con la injusticia. Podemos elegir permanecer, o no, en este planeta. Tenemos el supremo derecho de elegir ahora si aceptamos algo o no.

La frase "En ayuda de las comunidades locales" puede ser engañosa si la ayuda que se ofrece obedece al mismo esquema de ayuda, independientemente de la comunidad, tribu o región del planeta a la cual se le ofrece "asistencia". Esta tan llamada "ayuda" siempre busca incluir a personas independientes en la monocultura global del consumismo y el endeudamiento. El éxito de esta "ayuda" es convencer a las personas para que se conviertan en hombres de negocios "independientes" y tomen préstamos. Responder al llamado de las comunidades locales cuyos deseos fueron impuestos mediante propaganda durante décadas como necesidades no es ayudarlas, solo continuar con el programa de asimilación.

Aquellos que pregonan que la globalización no es más que la integración y comunicación orgánicas niegan el hecho de que las Naciones Unidas, el FMI, los bancos centrales, la mayoría de los medios y los valores transmitidos en la mayor parte de la publicidad fueron creados y están controlados por la banca Rothschild, en un régimen continuo de control a través del endeudamiento que lleva más de 200 años. La creación más reciente de Rothschild es la Organización Mundial de Comercio.

"El acta final de la Ronda Uruguay, que marca la conclusión de la negociación comercial más ambiciosa de nuestro siglo, dará a luz, en Marruecos, a la Organización Mundial de Comercio, el tercer pilar del Nuevo Orden Mundial, junto con las Naciones Unidas y el Fondo Monetario Internacional".

-De una publicidad a página completa del gobierno de Marruecos en
en The New York Times, abril de 1994.

Estos globalistas han socavado nuestra capacidad de ejercer nuestra soberanía personal. Es decir, quieren destruir nuestras opciones de elección para que vivamos todos bajo un gobierno global, una economía global, un sistema de valores global y un control global.

28. La **programación predictiva** es simplemente sembrar un concepto o imagen en la mente del oyente o espectador, que abre al oyente a aceptar esa posibilidad como una probabilidad poco sorprendente.

Si durante diez años yo mostrara un carro de bomberos azul en las películas, no te sorprendería ver uno en la vida real. Hacemos esto con los niños todo el tiempo, y se ha llamado el poder de la sugerencia. La programación predictiva se utiliza para crear enemigos temibles, despreciables e indignos en la mente de las masas, tales como los "nipones," los "alemanes," los "rusos," los "musulmanes," los "terroristas," los "chinos," o para corromper la moral y crear promiscuidad o introducir el transhumanismo (páginas 88 y 199) como futuro viable para los seres humanos. Aquí hay algunas definiciones de la web...

"La programación predictiva es una forma sutil de condicionamiento psicológico proporcionado por los medios de comunicación para familiarizar al público con cambios sociales planificados que serán implementados por 'los poderes establecidos.' Si se realizan estos cambios el público ya estará familiarizado con ellos y los aceptará como 'progresiones naturales', como los llama Alan Watt, disminuyendo así cualquier conmoción y resistencia pública. Por lo tanto, se puede considerar a la programación predictiva como una forma velada de manipulación o control mental anticipado de las masas, cortesía de nuestros titiriteros." -

bibliotecapleyades.net/sociopolitica/sociopol_mediacontrol66.htm

De MindControlWiki.com - "La 'programación predictiva' es la práctica de decir (predecir), muchas veces, que algo va a suceder para que las personas den por hecho que, sin lugar a dudas, sucederá. Una vez que hayan aceptado este evento futuro como un hecho consumado, su comportamiento se alineará de manera correspondiente. Los pasos para implementar la programación predictiva para beneficio propio son los siguientes: 1) determinar el comportamiento que deseamos como resultado en los demás, 2) decidir qué emoción sería la mejor motivación para lograr ese comportamiento, 3) decidir qué evento inminente sería el mejor para crear esa emoción, 4) proporcionar evidencia de que ese evento inminente ocurrirá, 5) hacer que cada individuo involucrado entienda que es una figura central en cómo se desarrollará este evento.

 Y desde Wikipedia, el sitio web de propaganda de desinformación globalista que negaría que existen los titiriteros o que la ingeniería social está influenciando, de manera constante, mucho de lo que se afirma para encubrir de manera precisa.

(Wikipedia existe para reescribir la historia y programar a quien la utilice... Por este motivo Wikipedia utiliza constantemente las palabras "teoría de la conspiración" en vez de investigación de la conspiración, porque para los Globalistas que controlan Wikipedia, el público debe dudar de que una persona oficial esté conspirando algo.)

Wikipedia - La "programación predictiva" es una teoría de la conspiración [Calumnias. Es así como Wikipedia distorsiona lo obvio, como si la expresión hecho consumado no existiera] promulgada por los investigadores de Alternative Media Alex Jones, David Icke, Michael Hoffman, Alan Watt, y otros.

[En otras palabras, sólo los medios de comunicación oficiales son válidos, y todo el resto son unos locos. Esto calumnia a los denunciantes que identifican precisamente las técnicas de control mental de la ingeniería social. Entonces, si David Icke expone la pedofilia, debe ser descartado como teórico de la conspiración porque es un "investigador de medios alternativos".] La teoría [la realidad histórica] propone [expone] que los medios de comunicación públicos (como son las películas, la televisión, los noticieros, etc.) están deliberadamente sembrados con sutiles pistas acerca de los futuros cambios sociales, políticos, o tecnológicos. Según la teoría [la realidad, como se demuestra fácilmente en este libro], cuando se introduce el cambio en cuestión al mundo, el público ya se ha acostumbrado a la idea por medio de la exposición a la misma, y entonces la acepta pasivamente en vez de resistirse u oponerse. Por lo tanto, [precisamente como lo han esbozado Rockefeller, Kissinger, y otros en las páginas 149 y 221] se piensa que la programación predictiva [elimina la palabra 'piensa' porque no es especulación] es una forma de propaganda o de condicionamiento psicológico masivo que opera a un nivel subliminal o implícito."

Yo, el autor, incluyo la programación predictiva en este libro. Estoy desprogramando el calendario globalista y sembrando al lector con nuevos cronogramas que podrían efectivamente ayudar al lector a sobrevivir y despertar y a vivir una vida sana. Para hacer esto presento hecho tras hecho para desprogramar nuestra creencia de manada en el "progreso", que pronto será suicida. La estoy reemplazando con semillas que compensen las semillas de impotencia.

29. "Progreso" es la hipnosis religiosa de las masas según los mentirosos Globalistas, quienes saben que el futuro en realidad es bastante sombrío e incluye muchas muertes o "despoblación", que ellos mismos están organizando. De esta manera, la palabra hipnotizante "progreso" es en realidad una mentira. Sin embargo, para la mayoría de las personas "progreso" significa "más comodidad para mí ahora mismo, y a quién le importa el mundo agotado y tóxico que mis hijos heredarán". En este libro, se demostrará que el "progreso moderno" es un error vano y ofensivo.

30. El Camino de la Purificación es el esfuerzo de un iniciado espiritual por librarse de apegos y deseos para poder despejar el corazón y la mente y lograr una visión clara, lo cual nos conduce a nuestra naturaleza interna, que es la bondad. También lleva a la experiencia espiritual (no la intelectual). Tal experiencia es un despertar continuo de progresiva profundización, que se podría llamar: la disolución de la separación. No se puede describir el camino de la purificación con precisión porque lleva a la unión con el Gran Misterio. El camino de la purificación existe en todos los pueblos con un sinfín de tradiciones. En este libro, la Profecía hopi (en el centro-norte de Arizona) describe sucintamente el camino de la purificación. En este libro, Buda y Jesús son vistos como des-programadores que comparten un camino de purificación que ambos recorrieron.

31. Los países **"desarrollados" en recuperación**, son aquellos que están entrando en el camino del desempleo masivo y el agotamiento de los recursos, y empiezan a ser pobres otra vez, lo que está devolviendo un poco de cordura después de la ebriedad. Los jóvenes empiezan a renunciar a la codicia constante como mentalidad y forma de vida. Europa está comenzando a recuperarse del empacho producto del despojo global colonial. EE.UU. aún está empantanado en el consumismo excesivo y su recuperación mental está rezagada debido a la "expansión monetaria", o la emisión de dólares falsos como soporte económico, y el uso de sus fuerzas armadas en ultramar para capturar recursos. Cuando esto llegue a su fin, EE.UU. empezará su recuperación de la mentalidad decadente del robo.

32. Relocalización es lo opuesto a la globalización centralizada. La relocalización o "descolonización" no implica solo la migración fuera de las ciudades (a medida que la escasez de recursos quiebra la vida urbana). En este libro, relocalización también significa un empoderamiento de las comunidades locales en la toma de decisiones. La relocalización resistiría las reglamentaciones nacionales o provinciales, por ejemplo, porque no respetan la soberanía personal. "No nos inclinaremos ante ustedes. Tendrán que respetarnos. Esta es nuestra tierra y la comprendemos, ustedes no." La relocalización prohibiría la vigilancia aérea porque viola la elección soberana de los administradores locales, por ejemplo. La relocalización resistiría los libros de texto escritos en otro lugar.

33. Agotamiento de recursos se refiere al hecho de que los recursos de fácil extracción ya han sido robados a los pueblos indígenas, y ahora todos los recursos serán más difíciles de encontrar, y más caros de llevar al mercado.

(El lector debe recordar que toda la tierra de África, América, Australia y el Pacífico pertenecen a los pueblos indígenas, no a los ocupantes que actualmente abusan de estas tierras y las mantienen a punta de pistola. Todas estas tierras fueron tomadas ilegalmente por criminales en los últimos 500 años. Los ocupantes no tienen un idioma ancestral que esté arraigado en la tierra.

No conocen la tierra y no tienen la intención de conocerla jamás. Solo la están agotando tan rápidamente como sea posible).

La búsqueda de recursos ahora está invadiendo territorios indígenas que anteriormente estaban prohibidos. Utilizando análisis aéreos y mapeando formaciones subterráneas con tecnología de baja frecuencia, quienes viven en la superficie no son considerados seres humanos reales que merecen respeto. Entonces ahora se buscan los recursos subterráneos, que antes no eran visibles.

Cada año, la totalidad de los recursos estará menos disponible por el resto de la historia de la humanidad. Esta realidad fue acuñada como "pico de todo" (Peak Everything, en inglés) por Richard Heinberg. Hemos alcanzado el pico de la extracción de todos los minerales y recursos y ahora estamos en una era de declinación permanente.

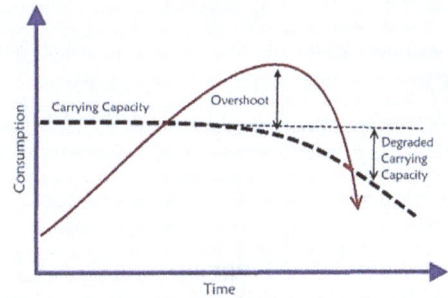

El pico de población aún no ha llegado, mientras el pico de extracción de los recursos sí. Este período donde demasiadas personas enfrentan el agotamiento de recursos se denomina desborde (overshoot). A medida que sube la demanda y la oferta baja, los precios se incrementan y eso significa más pobreza. Ahora estamos ingresando en un aumento de la pobreza hasta que la demanda (la población) se reduzca en la misma proporción que la oferta de recursos.

Las únicas poblaciones que no tendrán que experimentar una reducción continua del consumo serán los pueblos indígenas que conocen cómo ser auto-suficientes sin la cadena industrial de abastecimiento. Ellos ya se han reducido y han vivido de manera sostenible. Su estilo de vida representa la vida estable que los humanos tenían antes de los últimos 200 años de burbuja de energía barata que llevó al desborde.

Llegará el momento cuando algunos recursos permanecerán en la tierra porque su extracción es demasiado costosa. La producción debe verse como el límite clave, no las reservas subterráneas que están a 10 kilómetros debajo de la superficie y podrían parecer interminables. ¿Y entonces? No podemos permitirnos ponerlos en producción.

34. Roth-efellers es una nueva palabra que combina los apellidos de las familias Rothschild y Rockefeller. Los vínculos entre estas dos familias conspirativas están bien documentados y ofrezco los siguientes ejemplos (hay muchísimos):

"Estos banqueros internacionales (los Rothschild) y los intereses de Rockefeller y Standard Oil controlan la mayoría de los periódicos y las columnas de dichos periódicos para así someter o expulsar de sus cargos públicos a aquellos funcionarios que rehúsan seguir las órdenes de los poderosos y grupos corruptos que constituyen el gobierno invisible".

- Ex presidente Teddy Roosevelt (m. 1919) en el New York Times, 27 de marzo de 1922, quien rutinariamente y sin cuestionamientos autorizó las operaciones de la Roth-efeller Standard Oil por años, mientras supuestamente implementaba campañas antimonopólicas.

"No obstante el hecho de que gran parte de la riqueza de los Rockefeller es atribuible a la rapacidad implacable del viejo John D., sus orígenes sin duda se remontan a su financiamiento inicial por el National City Bank de Cleveland, identificado en informes del Congreso como uno de los tres bancos Rothschild en EE.UU., y por su posterior aceptación de la asesoría de Jacob Schiff de Kuhn, Loeb & Company, nacido en la residencia de los Rothschild de Frankfurt, y quien en ese tiempo ya era el principal representante de Rothschild (aunque sin que se supiera públicamente) en Estados Unidos.

"Con los fondos iniciales del National City Bank de Cleveland, el viejo John D. Rockefeller pronto se ganó la fama de ser "el más despiadado estadounidense". Es más que probable que fue ese rasgo de carácter lo que persuadió a los Rothschild a brindarle su respaldo. Rockefeller se dio cuenta en aquellos comienzos que el negocio de la refinería de petróleo, que ofrecía grandes utilidades en poco tiempo, también estaba a merced de la competencia descontrolada. Su solución fue sencilla: aplastar a la competencia. La famosa dedicación de Rockefeller al monopolio total fue nada más que una simple decisión comercial.

"Rockefeller se lanzó en una campaña de coerción a todas las refinerías de petróleo de la competencia hasta dejarlas fuera del negocio. Atacó por varios frentes, lo que es también una lección para todo futuro emprendedor. Primero enviaba a secuaces que no eran conocidos como empleados de Rockefeller, y que hacían una oferta de compra a una refinería competidora a bajo precio, pero en efectivo. Si rechazaba la oferta, la competencia era atacada por otra refinería competidora que subvaloraba sus precios. O sufría una huelga repentina, lo que forzaría a la refinería a cerrar. El control de los trabajadores por intermedio de los sindicatos siempre ha sido una técnica básica de Rockefeller. Al igual que la Unión Soviética, rara vez tenía problemas laborales. Si estas maniobras fracasaban, entonces Rockefeller se sentiría compungido por verse obligado a recurrir de mala gana a la violencia: ataques a los trabajadores rivales a la ida o vuelta del trabajo, o incendiar o colocar bombas en la refinería competidora.

"Estos métodos convencieron a los Rothschild de que habían encontrado a su hombre. [Los Globalistas siempre se abalanzan sobre individuos excepcionales para incorporarlos, dirigirlos, nombrarlos o utilizarlos. Toda genialidad, sea para bien o para mal, es cooptada de inmediato. Y si no lo logran, el talento es percibido como una amenaza y es aplastado.] Enviaron a su representante personal, Jacob Schiff, a Cleveland para que ayudara a Rockefeller en la planificación de futuras expansiones. En aquel entonces, los Rothschild controlaban el 95 % de los ferrocarriles de EE.UU. mediante las empresas J.P. Morgan Company y Kuhn Loeb & Company, de acuerdo con las cifras oficiales del Departamento de Comercio para el año 1895. J.P. Morgan menciona en su perfil biográfico, en la publicación "Who's Who", que él controlaba 50.000 millas de los ferrocarriles estadounidenses.

"Schiff elaboró un plan minucioso de descuentos para Rockefeller mediante una compañía ficticia llamada South Improvement Company. Los descuentos aseguraban que ninguna otra empresa petrolera pudiese sobrevivir en competencia con la empresa de Rockefeller. Posteriormente, la maniobra fue descubierta, pero para ese entonces Rockefeller ya había prácticamente logrado el monopolio de todos los negocios del petróleo en EE.UU. La hija de una de sus víctimas, Ida Tarbell, cuyo padre quedó en bancarrota por las prácticas delictivas de Rockefeller, escribió la primera denuncia pública importante del Standard Oil Trust. Fue inmediatamente acusada (los informantes siempre son denunciados) de practicar periodismo amarillista por el petulante de Teodoro Roosevelt, quien se vanagloriaba de ser "trust buster"1 o antimonopolista, cuando en los hechos aseguró el dominio de Standard Oil Trust y otros fideicomisos gigantes.

"En 1902, el gobierno de Teodoro Roosevelt obligó a las empresas de ferrocarriles Northern Pacific y Great Northern a poner fin a su alianza, como una de las medidas importantes tomadas contra el poder monopólico hasta esa fecha. Los "trust" (carteles o directivas interconectadas) permitían a pequeños grupos de individuos controlar grupos de empresas que de otro modo serían competidoras entre sí.

"A lo largo del siguiente medio siglo, John D. Rockefeller solía ser caricaturizado por los prose-litistas socialistas como la personificación del capitalista despiadado. Al mismo tiempo, fue el principal financista (también Rothschild) del movimiento comunista mundial, por intermedio de una firma llamada American International Company. A pesar del hecho de que la Casa de Rothschild ya había logrado el control mundial (mediante la deuda internacional), el ruido y la furia estaban dirigidos exclusivamente contra sus dos representantes principales: John D. Rocke-feller y J.P. Morgan. Una de las pocas revelaciones del verdadero estado de las cosas apareció en la revista "Truth", el 16 de diciembre de 1912, en un artículo de George R. Conroy en que señalaba:

"El Sr. Schiff dirige la gran casa bancaria privada de Kuhn, Loeb & Company, que representa los intereses Rothschild por este lado del Atlántico. Se lo describe como un estratega financiero y por muchos años ha sido el ministro financiero del gran poder impersonal conocido como Standard Oil. Estuvo estrechamente vinculado con los Harriman, los Gould y los Rockefeller en todas sus empresas de ferrocarriles..."

"Debido a estos factores ocultos, fue relativamente sencillo para el público norteamericano acep-tar el "hecho" de que los Rockefeller fueran el poder preeminente en el país. El mito en realidad fue investido con los símbolos del poder: Rockefeller Oil Trust se volvió el "complejo militar-in-dustrial", que a su vez asumió el control político de la nación. El Monopolio Médico Rockefeller logró controlar los servicios de salud de la nación, y la Fundación Rockefeller (que controla la Fundación Carnegie), un intrincado enjambre de invenciones afiliadas y exentas de impuestos, efectivamente controló la vida religiosa y educacional de la nación. El mito tuvo éxito con su meta de camuflar a los gobernantes ocultos: los Rothschild.

> - Rockefellers Secondary to Rothschilds, de Eustace Mullins, 2008
> http://www.truedemocracy.net/hj32/21.html

La riqueza e influencia de los Rockefeller, a partir de 1975, fue organizada en "Rockefeller Family and Associates", dirigida a partir del año 1958 por J. Richardson Dilworth, un antiguo emplea-do del bufete de abogados (Rothschild) Kuhn & Loeb.

Por esta razón he acuñado el nombre "Roth-efeller".

35. Rothschild: En esta serie de libros uso el apellido Rothschild para indicar pertenencia, como por ejemplo, Hitler de Rothschild, Israel de Rothschild o EE.UU. de Rothschild. De hecho, la familia de banqueros Rothschild puso a Hitler en el poder y lo controló, puso a los sionistas en el poder y los controló, creó y controla hasta el día de hoy a Israel, y es dueña de la Reserva Federal. "Bankster" es una nueva palabra en inglés que combina 'banquero' y 'gangster'. Hoy este térmi-no se usa cada vez más, en la medida que más gente estudia el sistema bancario y se da cuenta de los delitos que ha cometido en estos tiempos. Es necesario leer "The History of the House of Rothschild" (*La Historia de la Casa de Rothschild*) de Andrew Hitchcock más de una vez para asimilar la verdadera historia en la mente de cada uno de nosotros. Es un extracto de su libro titulado *"Synagogue of Satan"* (*La Sinagoga de Satanás*) que es más completo y que recomiendo, sin estar 100 % de acuerdo con su contenido. Recuerda que el mundo es controlado por los que controlan la deuda, y ellos son los Rothschild.

Un ejemplo de la investigación que decenas de miles de investigadores están realizando...
http://www.theforbiddenknowledge.com/hardtruth/the_rothschild_bloodline.htm

36. Las enfermedades legitimadas son aquellas no discutidas por los medios de comunicación controlados, ni investigadas seriamente por el Centro de Control de Enfermedades (CDC) o la Organización Mundial de la Salud (OMS), y son por lo tanto permitidas para debilitar y reducir la población. Ejemplos son el autismo, el alzhéimer, contaminación de xenohormonas (el hombre ha fabricado químicos que actúan como hormonas), efectos de fluoruro, efectos del mercurio en peces y empastes dentales, efectos del aluminio en empaques y vacunas, cánceres y trastornos genéticos causados por frecuencias inalámbricas (Ver www.Bioinitiative.org), cánceres y trastornos genéticos causados por otras frecuencias electromagnéticas (FEM), radio (RF) y frecuencias de microondas y radiación, electricidad sucia, tabaco (todavía legal en la mayoría de los países), enfermedades relacionadas con el alcohol, etc. Las gráficas en el Capítulo 5 muestran más ejemplos.

Otra clase de enfermedades legitimadas son los alimentos hechos por el hombre que no existían antes y que no son familiares a nuestro cuerpo.

Como un ejemplo...

> "No puedes permitirte arriesgar tu salud consumiendo (alimentos cocinados con) aceites y grasas artificiales, como grasas hidrogenadas hechas por el hombre (ácidos grasos trans) y grasas poliinsaturadas y aceites vegetales (provenientes de plantas) excepto por el aceite de oliva extra virgen. Estas grasas y aceites son dañinos para tu cuerpo, porque afectan la estructura de cada célula.

> "Estas grasas son tóxicas, incrementan la necesidad corporal de vitamina E y otros antioxidantes (sustancias que protegen el cuerpo contra los efectos dañinos).

> "El proceso de hidrogenación que usa la industria de aceites y grasas produce grasas trans, que son más dañinas que cualquier otro aceite y grasa, porque emplea: 1) calor alto, 2) un catalizador de metal como el níquel, el zinc, el cobre u otros metales reactivos, y 3) gas de hidrogeno.

> "Esta es una combinación volátil diseñada para extraer y procesar los aceites, pero que da como resultado un producto extremadamente tóxico al cual el cuerpo reacciona como lo hace con otras toxinas y venenos.

> "Además, estas grasas y aceites se ponen rancios (se descomponen) fácilmente, incluso cuando han sido refrigerados, a menudo están ya rancios cuando se compran en la tienda." [109]

Actitudes como, "Hay demasiadas personas, ¿qué importancia tiene?" "Hay demasiada población y debe ser reducida de alguna manera" "¿Cómo sabes que el cáncer de nuestra empresa es el problema?, autorizan de manera no oficial muchas enfermedades. Las enfermedades legitimadas son posible gracias a las agencias regulatorias que tienen puertas giratorias de liderazgo con las industrias que se supone deben regular. En EE.UU. están por ejemplo FDA, USDA, FCC, EPA y más. Estas agencias fueron "limpiadas" de integridad durante la administración Reagan, dirigida por George Bush Sr. La OMS y la CDC son controladas por las Naciones Unidas con sus raíces Roth-efeller eugenésicas. La muerte intencional y la esterilización a través de las vacunas a la Bill Gates, cuyo padre de raíces eugenésicas Rothefeller fue el cofundador de Paternidad Planificada, es otro grupo de enfermedades legitimadas.

La ubicación de torres celulares y medidores inteligentes de energía eléctrica cerca de la gente son más ejemplos intencionales. La prueba de vacunas con reclutas militares es otro. Ataques directos sobre la población con estelas químicas y grupos de antenas de baja frecuencia es otro. Los efectos de los pesticidas, herbicidas y organismos genéticamente modificados (OGM) son más ejemplos de ataques intencionales sobre nuestra salud.

Las enfermedades legitimadas son problemas médicos creados por el hombre que están ocultos a la vista y pasados por alto por los medios de comunicación controlados. Habrá una avalancha de cánceres en las siguientes décadas, y no es un problema para los políticos, quienes no están dando la voz de alarma, ni persiguiendo criminales, porque la población intencionalmente tonta no está solicitando investigaciones al respecto. Cuando se siente desafiada, la industria saca a sus detractores e instala sus propios candidatos muy financiados y en favor de la industria. Su silencio permite muchas enfermedades. Esto está ocurriendo ahora en la isla de Kauai (en el estado de Hawái), donde las compañías de biotecnología han sido acusadas de ser responsables del uso de pesticidas en experimentos de OGM cerca de escuelas y calles públicas, y su respuesta es una demanda contra el condado y la financiación de sus propios candidatos a favor de la industria. En California, $40 millones fueron gastados venciendo una iniciativa de etiquetado OGM. Lo mismo ocurrió en el estado de Washington.

> "Virtualmente todas son enfermedades de la "civilización", es decir, creadas, mejoradas, esparcidas por humanos viviendo en un entorno cada vez más tóxico, contaminado por los procesos industriales de los que dependemos para esta manera insana de vivir"
>
> – Ted Howard

37. La **ingeniería social** significa la manipulación secreta y no debatida de valores a través de programas previstos y mensajes subliminales por medio de películas, la televisión, la publicidad, los medios de comunicación controlados, los libros de texto, y ahora Google, que ofrece noticias, censura información, y controla el acceso a datos. Un ejemplo de la ingeniería social de los valores y de la identidad es el feminismo distorsionado, que guía principalmente a mujeres jóvenes y "educadas" en todo el mundo. Sin embargo, no sospechan que ellas fueron el blanco de los programas de ingeniería social.

38. La **tecnocracia** es una orientación social dirigida, además de una ideología. La tecnocracia puede considerarse un trastorno mental.

La empresa Technocracy Inc. fue co-fundada a fines de los años '30 por Marion King Hubbert, llamado "el gurú verde". La Tecnocracia consiste en el uso Globalista de la nueva tecnología para controlar a la sociedad. Un ejemplo del uso de la tecnocracia es toda recolección de datos. IBM vendió máquinas de suministro[xx] a Hitler perteneciente a Rothschild, quien utilizó fondos de las familias Rockefeller y Bush (ver Apéndice) para organizar y registrar el asesinato de 6 millones de judíos.

> "Un pequeño círculo de industriales estadounidenses está muy empeñado en suplantar nuestro gobierno democrático por un estado fascista y está trabajando estrechamente con el régimen fascista de Alemania e Italia. He tenido sobradas oportunidades, en mi cargo en Berlín, de ser testigo de lo cercanas al régimen nazi que están algunas de nuestras familias gobernantes norteamericanas.... Ciertos industrialistas norteamericanos estuvieron muy implicados en la instalación de regímenes fascistas tanto en Alemania como en Italia. Prestaron ayuda [dinero] para ayudar al fascismo a llegar al poder y están ayudando a mantenerlo allí."
>
> - William E. Dodd, Embajador estadounidense en Alemania, 1937.

La tecnocracia quiere el control total, una "monocultura", un estado policíaco, y la extinción de la diversidad en nombre de la "justicia eficaz, segura y pacífica para todos, bajo la equidad" (para un tecnócrata, 'equidad' significa raciones). La Comisión Trilateral, otro de los grupos de estudio internacional financiado por Rockefeller, es un firme partidario de la tecnocracia, al igual que el títere globalista de Microsoft, Bill Gates, y Erich Schmidt de Google.

> "La Comisión Trilateral tiene la finalidad de servir como vehículo para la consolidación multinacional de los intereses comerciales y bancarios, apoderándose del control del gobierno político de los Estados Unidos. La Comisión Trilateral representa un esfuerzo hábil y coordinado para tomar el control de los cuatro centros de poder ... político, monetario, intelectual y eclesiástico, y consolidarlos. La Comisión Trilateral pretende crear un poder económico mundial superior a los gobiernos de las naciones estado en cuestión. Como los gerentes y creadores del sistema, dominarán el futuro."
>
> - Barry Goldwater, Senador de los EE.UU., en su libro
> *With No Apologies* [*Sin Disculpas*, 1964].

Zbigniew Brzezinski, el primer director de la Comisión Trilateral, arquitecto del holocausto afgano, y asesor del títere globalista Obama, escribió los libros *"Between Two Ages - America's Role in the Technetronic Era"* [Entre dos épocas: el Rol de EE.UU. en la Era tecnetrónica] y *"The Grand Chessboard - American Primacy and its Geostrategic Imperatives"* [El gran tablero de ajedrez: La primacía estadounidense y sus imperativos geoestratégicos].

En sus palabras:

> "La Era tecnocrática está, paulatinamente, diseñando una sociedad cotidiana más controlada. La sociedad será dominada por una élite de personas libres de los valores tradicionales, que no dudarán en lograr sus metas por intermedio de técnicas de purga, con las cuales ejercerán influencia sobre la conducta de la gente y controlarán y vigilarán la sociedad en cada detalle...se volverá posible realizar la vigilancia casi permanente de cada ciudadano del mundo."

Son todas frases horrorosas, pero me gustaría destacar la siguiente oración: Dice que "la Era está diseñando la sociedad". ¿Pero cómo es posible que un período de tiempo diseñe algo? Es un ejemplo de la típica mentira del ego separado, que se niega a asumir su responsabilidad y por tanto ni siquiera constituye una personalidad soberana. Vale decir, la gente presa de egos separados ni siquiera es verdaderamente humana, no es otra cosa que un engranaje. Son las elecciones de tales engranajes irresponsables y desalmados, las que están diseñando nuestra pesadilla tecnocrática, y no algo extragaláctico llamado "Era".

Tal como lo demuestra Brzezinski, la tecnocracia está impulsada por un ego separado apenas vinculado al corazón o a la naturaleza. Jacque Fresco de las películas Zeitgeist también fue un tecnócrata. La mayoría de los planificadores urbanos son tecnócratas, como lo es cualquier persona que "diseñe" el futuro de otra, o que haga uso de los datos personales de otra gente sin su permiso; por ejemplo, los "cookies" de rastreo informática o fotos de vigilancia o Facebook. Controlar la actividad cerebral de poblaciones enteras mediante la tecnología secreta de baja frecuencia o el fluoruro en el agua son otros ejemplos. La tecnocracia es aceptable en los círculos académicos porque a los graduados de 16 o 20 años del "condicionamiento operante" de la educación pública (programación) les han separado el corazón del intelecto. De hecho piensan que no tiene nada de malo planificar las vidas de los demás.

RUTH (de inglés) implica compasión, y los tecnócratas son despiadados. He introducido el término al comienzo del libro porque la Tecnocracia es el enemigo número uno de toda persona amante de la naturaleza, de su propia naturaleza interior o de sus hijos.

39. Los **habitantes urbanos** constituyen el 51 % de la población mundial que actualmente vive desconectada de la vida vegetal y de la tierra, y que no sabe de dónde proviene su comida. Si eres un habitante urbano no sabes cómo se cultiva tu alimento, de dónde viene el agua para los cultivos, qué hábitat existía antes de que el suelo fuera arado, quiénes son los agricultores, cuánto se les paga, a cuáles sustancias químicas te encuentras expuesto, cómo se conserva el alimento, cómo se transporta, y si es o no es sano. La vida urbana equivale a esclavitud, vanidad y consumismo. Yo encontré la imagen de Lipstick Alley (página 93) por accidente, pero esto describe de manera precisa la cultura urbana. Los habitantes urbanos sobreviven sin saber cómo. De este modo, comparados con los pueblos indígenas, los habitantes urbanos son ignorantes, irresponsables, indefensos, borrachines y constituyen el cáncer de la tierra. Su existencia interior amenaza toda la naturaleza.

La crisis medioambiental se origina en una crisis urbana. Los habitantes urbanos representan la cultura dominante. Ellos no pueden reconocer que hay victimas debido a su consumo de los recursos y sus hábitos diarios. No hay muchos indígenas en la tierra, pero sí muchos habitantes de las ciudades. Si las ciudades fuesen deconstruidas, y los jóvenes regresaran a cultivar sus propios alimentos e hiciesen su propia ropa, la mayoría de problemas ambientales desaparecerían. La transición de regreso a la cordura es llamada "emergencia" por la cultura dominante, el "gran desenlace" por los observadores imparciales, "el retorno al buen camino rojo" por algunos nativo americanos, y la "gran oportunidad" por estudiantes espirituales como el autor.

Muchos de los llamados ambientalistas son consumidores urbanos que quieren "salvar la naturaleza" en los pueblos indígenas mientras se alimentan con comida de granjas que aniquilan la naturaleza. Su estilo de vida de pedicuras, videos e Ipads para cada miembro de la familia, está libre de consecuencias.

Los habitantes urbanos viven más por lo que quieren, que por lo que necesitan. Ellos viven para disfrutar el fin de semana, es decir, para ir de fiesta. Viven para estar entretenidos el mayor tiempo posible. Viven para comer, en vez de comer para vivir, porque vivir en una ciudad es vivir en una jaula, un zoológico, una prisión, de modo que la hora de la comida es un asunto importante. La mayoría son sus "carreras laborales", es decir, que su vida es un "trabajo" Ellos quieren recibir su porción del mundo natural. Que es su recompensa por su trabajo. Que haga la existencia en la jaula tolerable. Por supuesto, viven para comer, no tienen la vida conectada con el gran círculo de la existencia natural. Ellos nunca han caminado descalzos sobre la naturaleza en toda su vida, nunca han sujetado la tierra en sus manos, nunca han cortado la madera, o trabajado con telas. La mayoría de su tiempo en la tierra lo pasan de hecho en el interior de sus casas y no sobre la tierra. Ellos gravitan en lo artificial y sueñan con un futuro que es más artificial. Ellos diseñan un futuro basado en la tecnología, no en la naturaleza. La vanidad desconectadora es su cultura.

La película de Pixar, Wal-E (2008), muestra un futuro urbano desconectado. Mira la palabra FUN (DIVERSIÓN) en la parte superior derecha del futuro tecnocrático y la apariencia acomodada y obesa del ciudadano.

40. No sostenible es una palabra relativamente nueva en español, y la cual puede ser usada de muchas maneras, pero en el contexto natural significa extinción. Niveles no sostenibles de pesca significa que el año próximo tendremos menos peces. El pastoreo no sostenible, con demasiado ganado, despoja las colinas de pasto, lo que causa la erosión permanente del suelo y la pérdida permanente de pasto. La capacidad de carga de la tierra para ovejas, o yaks o llamas o vacas disminuye. (Yo presencié esto de primera mano en el Tibet) Este tipo de programa de uso de tierras es no sostenible y es lo contrario de la administración inteligente.

Dado que el multiverso es cambio y que cualquier cosa que se pueda identificar es transitoria, nada es eternamente sostenible, nada dura para siempre, incluyendo los planetas y los soles y los sistemas solares. De esta manera, la sostenibilidad es un concepto relativo. Es obvio que, sin embargo, algunas elecciones son repetibles y sostenibles, mientras otras son experimentos que no llevan a nada (como nuestro consumismo actual).

En nuestro planeta, con el constante cambio climático y eras de hielo en retroceso o aumento, ninguna ciudad o estado puede ser sostenible permanentemente, dado que se encuentra en una ubicación fija y el clima va a cambiar. Incluso los puertos de mar cambiarán de lugar a medida que cambie el clima. Ejemplos son Venecia y Nueva Orleans. A menos que una ciudad pueda obtener provisiones indefinidamente de un área rural estable, ésta agotará sus recursos disponibles. Si una ciudad depende del transporte que a su vez depende de combustibles que se encuentran en disminución, la misma tendrá que reducir su población a medida que el transporte disminuya. No habrá crecimiento ilimitado. Debe haber equilibrio o habrá extinción.

Por otra parte, nada de esto es un problema para las civilizaciones nómades o agrarias que están acostumbradas a seguir adelante. Los aborígenes de Australia han vivido por 50.000 años en las mismas tierras sin destruir su muy diverso hábitat. Esto es notable y estas personas fueron físicamente superiores a los colonos. Las culturas nómadas no construyen palacios. No hubo un auge y una caída de la civilización en Australia. Simplemente había una civilización sostenible. La ciudad de Melbourne colapsará, lenta o rápidamente, en el siguiente siglo debido al agotamiento de recursos, pero la selva australiana todavía sustentará la civilización humana (encarnación), por muchos, muchos miles de años.

Los humanos somos criaturas sociales. Siempre vivimos en grupos, que es el significado de civilización. En este libro "civilización" es una configuración espiritual, no un juego vano, abusivo para ver quién tiene el monumento más grande. Los romanos tenían un régimen brutal y grotesco, que dependía de la esclavitud y no era civilizado. El arco romano se construyó con sangre. No hay nada de grandiosidad en el Estado de Esclavitud Romano. Fue un experimento sobre la crueldad, y por lo tanto no era sostenible. Destruyó a los pueblos indígenas y programó a Europa para aceptar la centralización como algo normal. Tenemos que revertir esto, y entender que la re-localización es sostenible, no la esclavitud.

En las sociedades agrarias, en particular aquellas construidas sobre ríos que inundan y fertilizan la tierra cada año con cieno nuevo, la agricultura es perfectamente sostenible y continuará de esa manera, de forma indefinida. La tala y quema es sostenible también, siempre que la proporción entre granjeros y la tierra base sea una proporción sostenible. La cultura agraria es una mejor medida de la civilización que los excesos de esa antigua elite que iba y venía. La civilización que consume maíz en las Américas ha existido por miles de años, en un ciclo anual, ininterrumpido, de recolección y plantación de semillas. La civilización del maíz ha sido muy sostenible. Si esta cultura de plantación de maíz no fuera sostenible, no tendríamos maíz, porque el maíz no existe en estado silvestre. Podemos decir lo mismo de las civilizaciones que se basan en el arroz, el trigo o las papas.

Estas civilizaciones nómadas o agrarias todavía son mucho más grandes que las que construyeron grandiosas estructuras con el trabajo de esclavos. Las civilizaciones fuera de la recolección de impuestos y cazadores de esclavos ofrecen una mayor soberanía personal a la encarnación humana. Los abusadores vanos de la cultura dominante los llaman "pobres," pero son libres. Las culturas nómadas y agrarias son más sostenibles y más morales. ¡Qué extraño que algunos investigadores académicos no puedan encontrar un ejemplo de una cultura sostenible! Podemos simplemente examinar a las poblaciones que fueron saqueadas por delincuentes ricos y superficiales a través de la historia. Allí encontramos la sostenibilidad.

Los arqueólogos que examinan las ruinas de una antigua ciudad sumeria, por ejemplo, y tienen teorías acerca de los dramas políticos que causaron su "colapso" se están olvidando de que la replantación de trigo por la cultura del trigo nunca colapsó. La semilla ha sido vuelta a plantar en un ciclo ininterrumpido cada año durante al menos 6000 años. Los historiadores que forman parte de la cultura dominante se centran en las ciudades parásito que vivían de las tierras de labranza que las rodeaban, como medida de civilización, probablemente porque viven en una de ellas.

La civilización humana simple nunca colapsó porque estuvo guiada por la soberanía personal y la administración, así como la sabiduría para recolectar y guardar las semillas. La actual cultura dominante menosprecia a las culturas indígenas sostenibles como pobres, cuando en realidad su manera de vivir ha persistido y seguirá persistiendo. La cultura dominante vana no puede ver esto porque está perdida en su propia vanidad desconectadora.

En este libro, consideramos las ciudades temporales como abusadoras decadentes de las civilizaciones rurales sostenibles que las rodean. Estos urbanistas no son la verdadera humanidad de la que la mayoría de nosotros descendemos. Las personas de las ciudades se extinguieron, una y otra vez. Aquellos que tocan la tierra nunca se extinguieron. Su estilo de vida fue y es sostenible.

Las culturas antiguas y sostenibles que cultivaban alimentos, las que guardan sus semillas y alimentan a los niños año tras año ahora se encuentran bajo el ataque de compañías transgénicas o de modificación genética, que están actuando codo a codo con las Naciones Unidas, como lo prueba la legalización internacional del Codex Alimentarius en 2009.

Por primera vez en la historia de este planeta, la habilidad de cultivar alimentos para nuestros propios hijos está siendo regulada, ya que las compañías globalistas reclaman derechos de propiedad intelectual en base al mapeo de la codificación genética de cuanta planta encuentran. Estas leyes son respaldadas por la policía. Se está volviendo ilegal dar de comer a nuestros propios hijos alimentos cultivados en nuestro hogar. Ya sabemos que las ciudades parásito son no sostenibles logísticamente, pero ahora los Globalistas están haciendo que la antigua sostenibilidad se vuelva ilegal.

En los círculos académicos existe una enfermedad de ego separado (ver a continuación) denominada "relativismo", que asegura poder mantenerse a una gran distancia y ver las cosas desde cierta perspectiva. Esto es esnobismo intelectual y es un engaño total, pero es muy vano y autoritario. Esta conciencia de un ego separado es lo contrario de un despertar espiritual, que considera a todo en el presente como la unión de la mente/el corazón y el contexto. El relativismo está separado de la realidad, mientras que el despertar espiritual se trata de una participación más solidaria con la realidad. El relativismo es complaciente con todo. El despertar espiritual no lo es porque crea vínculos y se involucra mediante la compasión.

Los esnobistas intelectuales con estudiantes que los adoran son un escenario viejo y aburrido, pero otra generación, la de la "nueva ciencia," parece emerger cada tanto con una nueva respuesta a sus propios problemas. Al estudiar la sostenibilidad, estos "científicos" relativistas se pierden en el espacio y deben bajar a la tierra. La sostenibilidad es guardar semillas y plantar cultivos en tierras en donde la soberanía personal ha tomado la responsabilidad de la administración. Las personas que simplemente teorizan acerca de la sostenibilidad a menudo, nunca se han ensuciado las manos.

Los "sistemas" sostenibles diseñados por las universidades son un chiste cuando sabemos que un estilo de vida indígena sostenible y autosuficiente ha existido por miles de años. Es el consumismo vano del analista el que no le permite ver esto. "Ellos son pobres" significa "Yo soy superior". De hecho, los "pobres" son más fuertes, y cuando la cadena de suministros se corte, los pobres continuarán con sus vidas y los ricos tendrán que ponerse al día y aprender cómo ser pobres.

41. La Vanidad tiene que ver con la cabeza que actúa separada del corazón y obsesionada con las apariencias. Los indígenas carecían de espejos. Los espejos llegaron junto con el "progreso". El "progreso" nos hipnotiza con espejos.

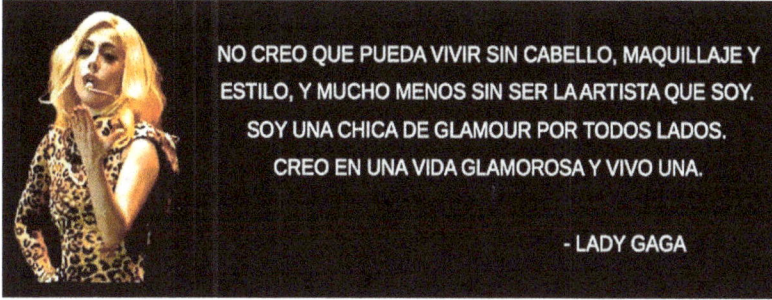

NO CREO QUE PUEDA VIVIR SIN CABELLO, MAQUILLAJE Y ESTILO, Y MUCHO MENOS SIN SER LA ARTISTA QUE SOY. SOY UNA CHICA DE GLAMOUR POR TODOS LADOS. CREO EN UNA VIDA GLAMOROSA Y VIVO UNA.

- LADY GAGA

Gaga es una marioneta Illuminati multimillonaria, engañada por la vanidad. A la derecha, está usando un traje de programación de piel de leopardo Illuminati (ver el tema de la jaula en este glosario).

Ella cree en el consumo excesivo. Ella divulga esto.

El consumo excesivo está basado en quitar a otros que no tienen lo suficiente.

Esto es forzado por el ejército. La vanidad conduce a la violencia.

Lápiz labial y crímenes de guerra.

Por favor visite

Lapiz-Labial-y-Crimines-de-Guerra.Com

Algunos links

Tengo la esperanza de que en cada colegio y universidad aparecerá un departamento nuevo llamado la "Historia no revelada" en la que los candidatos a doctorados escribirán disertaciones no censuradas que revelarán las mentiras de nuestra mafia de banqueros Illuminati e ingeniería social contaminante, destructiva en la que está basado nuestro sistema. La economía, la psicología y la ciencia serán reescritas.

Estos estudios formarán los libros de historia nuevos y honestos para todos los estudiantes. Aprenderán sobre los criminales, la cultura globalista y colonial que prácticamente ha terminado con la vida en la tierra. Y estudiarán valores como la REGLA DE ORO (tratar a los demás como te gustaría que te traten a ti) y el mandato de tomar la administración y la responsabilidad personal seriamente.

En vez de "pensar globalmente, actuar localmente", las personas pensarán localmente y recordarán la Regla de Oro, de no enviar contaminación río abajo. Mientras se escribe esta historia honesta, millones morirán de enfermedades intencionales, de dispositivos electrónicos, vacunas y comida y suelos envenenados. La lección de este sufrimiento cauterizará profundamente la conciencia humana, directamente en el rostro de todo el mundo a medida que develemos quien lo produjo. El infanticidio de bebés deformados será de conocimiento público. Lo siento, pero a esto nos enfrentamos. Cada lugar donde Estados Unidos ha usado armas radioactivas estará aterrorizado por mucho tiempo y cada vertedero de fábrica que no se haya limpiado apropiadamente envenenará el agua. El lado positivo es que las lecciones aprendidas durarán miles de años.

Por muchos siglos la lección arderá. Nunca más confiaremos en una pirámide de poder y daremos nuestra soberanía personal.

-Ray Songtree, noviembre de 2014

No hay manera de que todas las referencias a continuación puedan ser precisas. Tampoco es posible que todas puedan ser falsas. ¡Conecta los puntos! La información importante que encuentres en Internet debe ser descargada a tu disco duro antes de que desaparezca de Internet. Especialmente documentos de Youtube y Wiki-Leaks. Si parece útil, guárdalo. También son valiosas las fotos de pantalla. Pero mejor comienza a cultivar comida.

Alice Bailey (Página 28)
https://lahoradedespertar.wordpress.com/tag/alice-bailey/
https://batallaespiritual.wordpress.com/2011/05/27/alice-bailey-la-madre-del-new-age/
http://armonicosdeconciencia.blogspot.com/2011/05/alice-bailey-movimiento-buena-voluntad.html
http://www.bibliotecapleyades.net/sociopolitica/sociopol_newage07.htm
http://www.conoze.com/doc.php?doc=9064

Educación controlada + Nuevo Orden Mundial

http://periodismo-alternativo.com/2014/06/13/adoctrinamiento-en-textos-escolares-para-aceptar-el-nuevo-orden-mundial-2/

http://laverdadysololaverdad.wordpress.com/2012/03/05/todas-las-religiones-del-mundo-estan-siendo-controladas-por-el-nuevo-orden-mundial/

http://www.cuttingedge.org/sp/n1856.htm

http://vimeo.com/77650664

Flexner

http://expedientesilluminati.blogspot.com/2014/05/conspiracion-industria-farmaceutica.html

Ingeniería social y educación

http://periodismo-alternativo.com/2014/06/14/conferencia-la-agenda-oculta-de-la-escuela-obligatoria-pilar-baselga-3/

http://www.youtube.com/watch?v=tZ-P8VXiUc8

1929 crisis and Rothschild

http://www.bibliotecapleyades.net/sociopolitica/esp_sociopol_rothschild43.htm

http://real-agenda.com/2011/06/03/el-cartel-de-la-reserva-federal-las-ocho-familias/

http://www.conspiracionesocultas.es/?p=2953

David Icke

http://www.youtube.com/watch?v=mQhgVSKn0kc

http://www.bibliotecapleyades.net/biggestsecret/esp_icke07a.htm

http://timefortruth.es/2011/08/21/entrevista-david-icke-problema-reaccion-solucion/

http://www.aporrea.org/actualidad/a4130.html

Revolución francesa Illuminati

http://arucasblog.blogspot.com/2010/05/revolucion-francesa-el-primer-golpe-de.html

http://mundosinborregos.wordpress.com/2012/03/11/la-orden-de-los-illuminati-sus-origenes-sus-metodos-y-su-influencia-en-los-acontecimientos-mundiales/

Reserva Federal

http://www.youtube.com/watch?v=l-jbmHo3b0I

http://defensatum.wordpress.com/2011/08/26/los-jesuitas-crearon-y-controlan-la-reserva-federal-estadounidense/

http://henrymakow.com/espanol/2014/04/un-banquero-illuminati-desvelo-un-metodo-de-control.html

http://www.rebelion.org/noticia.php?id=190446

Liga antidifamación

http://salinasdeluz3.blogspot.com/2014/02/conoce-las-oscuras-actividades-de-la.html

http://www.danielestulin.com/2007/06/25/george-soros-el-secreto-del-quantum-fund-nv-2a-parte/

http://www.bibliotecapleyades.net/sociopolitica/esp_sociopol_rothschild15.htm

http://www.bibliotecapleyades.net/sociopolitica/historia_bilderberg/historia_bilderberg01.htm

Henry Kissinger

http://www.contrainjerencia.com/?p=65204

http://larepublica.pe/blogs/paranoia_mundial/2010/04/10/la-operacion-condor-en-manos-de-kissinger/

Kennedy

http://pijamasurf.com/2010/11/la-claves-de-la-conspiracion-%C2%BFquien-mato-a-john-f-kennedy/

Reunión Bilderberg

http://www.elconfidencial.com/alma-corazon-vida/2014-06-03/bilderberg-2014-estos-son-los-planes-de-los-poderosos-para-el-mundo-y-para-espana_140260/

http://conspiracionesilluminatis.blogspot.com/2011/06/la-reunion-del-club-bilderberg-en-suiza.html

Mercurio en el atún

http://www.semana.com/nacion/articulo/que-peligro-mercurio-atun/341396-3

http://www.elmundo.es/elmundosalud/2002/11/28/dieta/1038479355.html

http://www.directoalpaladar.com/salud/metales-pesados-en-el-atun-y-el-pez-espada-sanidad-desaconseja-su-consumo

Estados Unidos ayuda a Iraq a usar gas venenoso contra Irán

http://books.google.com.co/books?id=np5cxeebeTMC&pg=PA229&lpg=PA229&dq=educaci%C3%B3n+control
ada%2Bnuevo+orden+mundial&source=bl&ots=JLzHWSfdAD&sig=iNOuhUP-cxE5InZ8WShj9UfwcMg&hl=
es&sa=X&ei=BGhuVODXBoupgwSa4YCADQ&ved=0CBoQ6AEwADge#v=onepage&q=educaci%C3%B3n%20
controlada%2Bnuevo%20orden%20mundial&f=false

http://elcomercio.pe/mundo/actualidad/estados-unidos-apoyo-ataques-armas-quimicas-iraq-contra-iran-noti-cia-1623343

Armas tectónicas

http://www.nosotros.cl/enigmas/detalle_noticia.php?cont=419

http://urgente24.com/areax/2011/08/sura-el-equivalente-ruso-al-haarp-que-podria-destruir-usa-de-un-plumazo/

http://www.youtube.com/watch?v=xFROA99pVHk

http://pijamasurf.com/2010/02/terremoto-de-8-8-grados-en-chile-podria-haber-sido-provocado-por-haarp/

http://despabilar.wordpress.com/2010/02/28/no-lo-queria-creer-pero-el-terremoto-de-chile-tambien-fue-provoca-do-juzga-tu-mismo/

http://elfalsomundo.blogspot.com/2010/07/haarp-tecnologia-para-crear-terremotos.html

http://elnuevordenmundial.wordpress.com/

Fukushima

http://astillasderealidad.blogspot.com.es/2014/06/lo-ocurrido-en-fukushima-no-fue-un.html

http://pijamasurf.com/2011/03/teorias-de-la-conspiracion-sobre-tsunami-en-japon-haarp-terremoto-predicho-guerra-meteorologica/

http://conspiraciones1040.blogspot.com/2012/01/el-argumento-de-que-fukushima-fue-un.html

http://percy-francisco.blogspot.com/2012/03/los-misterios-de-fukushima.html

Vacunas

http://www.bibliotecapleyades.net/salud/salud_vacunas81.htm

http://www.ecoportal.net/Eco-Noticias/Bill_Gates_habla_sobre_las_vacunas_para_reducir_la_poblacion

http://informacionporlaverdad.wordpress.com/2011/10/19/vacunas-la-verdad-oculta/

Medidores inteligentes

http://www.youtube.com/watch?v=iKMNGxsHMDw

http://teatrevesadespertar.wordpress.com/2012/05/17/nuevos-contadores-inteligentes-de-suministros-de-energia-espias-daninos/

http://www.eldiario.es/turing/Contadores-inteligentes-usos-cuestionables_0_125638280.html

Pandemia falsa

http://detenganlavacuna.wordpress.com/2012/06/25/preparan-pandemia/

http://www.aporrea.org/internacionales/a107520.html

Microchips implantados RFID

http://www.conspiracionesocultas.es/?p=2601

http://codigosecretos.com.ar/asi-sera-la-futura-implantacion-de-microchips-rfid-en-humanos

Chemtrails - Geo-ingeniería

http://lahoradedespertar.wordpress.com/2012/09/17/chemtrails-el-mayor-genocidio-contra-la-humanidad-programa-de-geo-ingenieria-enfermedad-de-morguellons-invasores-nanotecnologicos-modificacion-y-degradacion-del-adn-humano-programa-de-reduccion-2/

Flúor

http://detenganlavacuna.wordpress.com/2011/03/10/conspiracion-fluor/

http://despertar2012conspiracion.blogspot.com/2014/05/el-engano-del-fluor-el-veneno-que-mata.html

https://despierten.wordpress.com/2013/05/11/ciencia-confirma-una-teorias-conspiracion-fluor-agua-dana-cerebro/

Enfermedades diseñadas

https://eitegloval.wordpress.com/tag/vacuna/

http://www.escritoresyperiodistas.com/NUMERO61/nwo.htm

http://periodismo-alternativo.com/2014/10/09/operacion-ebola-la-excusa-perfecta-para-la-implantacion-del-nuevo-orden-mundial/

Bill Gates

http://elnuevodespertar.wordpress.com/2012/02/04/microsoft-compra-la-tecnologia-eugenesica-de-merck-y-se-convierte-en-socio-del-principal-desarrollador-de-vacunas-del-mundo/

http://forosdelavirgen.org/39842/control-de-la-poblacion-y-eugenesia-el-ingreso-de-microsoft-a-las-vacunas-geneticas-2012-02-04/

Caballeros de Malta

http://pijamasurf.com/2011/01/sociedad-secreta-de-los-caballeros-de-malta-encumbrada-en-lo-mas-alto-de-la-politica-militar-de-estados-unidos/

Cathy O'Brien - Esclava sexual de la Casa Blanca

https://cazadebunkers.wordpress.com/2012/04/28/cathy-obrien-superviviente-de-control-mental-y-ex-esclava-sexual-de-la-elite-cuenta-que-fue-asaltada-sexualmente-por-hillary-clinton/

http://ecuador.indymedia.org/es/2013/04/40344.shtml

Elton John

http://www.rpp.com.pe/2010-02-18-elton-john-dice-que-jesus-fue-un-gay-super-inteligente-noticia_243550.html

Ritual satánico en los Grammy

https://yahel.wordpress.com/2014/02/07/katy-perry-ceremonia-satanica-illuminati-en-los-grammys-2014/

Endnotes for English Readers
Notas finales para los lectores de habla inglesa

It is my hope that a new department will appear in every college and university called "Unveiled History" in which PHD candidates write exacting uncensored doctoral dissertations which blow open every lie that our destructive, polluting, *social engineering*, top/down, mafia-Illuminati-bankster system is based on. Economics, psychology, and the sciences too will be re-written. These studies will form the new and honest history books for all students. They will learn about the criminal, colonial and globalist culture that almost ended life on Earth, and they will study VALUES like the Golden Rule and the mandate of taking stewardship and personal responsibility seriously. Rather than "think globally, act locally" people will think locally, and remembering the Golden Rule, will not send any pollution downstream. While this honest history is written, millions will be dying from intentional diseases from electronic devices, vaccines, and poisoned food and soil. The lesson of this suffering, directly in everyone's face as we uncover who brought this suffering upon us, will sear deep into human consciousness. Infanticide of deformed babies will become widespread. Sorry, but that is what we are facing. Every place the U.S. has used radioactive ammunition will be scared for a long time and every factory dump that is not cleaned up properly will poison the ground water. The upside might be that the lessons learned will last for thousands of years.

For many, many centuries the lesson will burn. Never again will we trust a pyramid of power and give up our *personal sovereignty.*

– Ray Songtree, November 2014

There is no way all the references below can be accurate. There also is no way they could all be false. Connect the dots! Important information you find on internet should be downloaded to your hard drive before it is scrubbed off the internet. Especially youtubes and Wiki-leaks Documents. If it looks very indicative, save it. Also screen shots are very valuable. But better, start growing food.

Introduction

1 The vow of service extends into future incarnations and into the soul. In Buddhism it is called the Bodhisattva vow. In Native American culture today it is known in English as the Good Red Road. Every ancient culture had an ancient Vow of Service that some people in each culture devoted their life to and were known as seekers or shamans or many other names. Once we enter the road of service, there is no returning to selfish *vanity* as our reason to exist.

2 See World Trade Center 7 video at top of page at
   http://www.afterenlightenment.net/hearing_vets.htm\
   The full story – https://www.youtube.com/watch?v=O1GCeuSr3Mk

3 "Canned tuna, Americans' favorite fish, is the most common source of mercury in our diet ... Children and women of childbearing age can easily consume more mercury than the Environmental Protection Agency considers advisable, simply by eating one serving of canned white tuna or two servings of light tuna per week."
   http://www.consumerreports.org/cro/magazine-archive/2011/january/food/mercury-in-tuna/overview/index.htm
   What this article doesn't state is that mercury is cumulative. All top-of-food-chain fish, such as sword fish and Mahi Mahi, are also toxic.

Chapter 1: Organized Consumerism

4 Ralph Nader June 2013
   https://www.youtube.com/watch?v=2XoQx9NqZY8&list=FLZ1SmunMl-g89yZg7pkdpkw

5 Controlled Education: William T. Stills, New World Order: The Ancient Plan of Secret Societies. pg. 180-181

6 2012 speeches at Harvard Law School
   https://www.youtube.com/watch?v=A8kla2T0NQQ&list=FLZ1SmunMl-g89yZg7pkdpkw

7 U.S. helps Iraq use poison gas against Iran
   http://theweek.com/article/index/248745/how-the-us-helped-saddam-hussein-use-chemical-weapons-against-iran

8 Chase Manhattan builds Mustard Gas factory in Iraq for Saddam Hussein
   http://wearechangetv.us/2013/04/freemasons-chase-manhattan-the-arming-of-saddam-hussein/

9 Alice Bailey links
   http://www.conspiracyarchive.com/NewAge/Alice_Bailey.htm
   http://www.lucistrust.org/en/books/alice_bailey_books/about_alice_bailey

10 Education 2000
   www.ties-edu.org/GATE/Education2000.html

11 Planned 1929 stock crash
   http://www.conservativeactionalerts.com/2011/08/short-sellers-destroying-the-market-101/
   also
   http://21stcenturycicero.wordpress.com/2008/02/11/how-a-group-of-international-bankers-engineered-the-1929-crash-and-the-great-depression/

12 Senator Claremont Pell Earthquake Weapons
   www.rense.com/political/weapons/earthqk.htm
   www.curezone.com/forums/am.asp?i=18516
   https://view.officeapps.live.com/op/view.aspx?src=http%3A%2F%2Fwww.thenewalexandrialibrary.com%2Fsitebuildercontent%2Fsitebuilderfiles%2Fweatherweapon.doc

13 Man made Earthquakes and Tsunamis
   HAARP low frequency signals can be directed anywhere and over days can trigger earthquakes ...
   http://www.globalresearch.ca/search?q=HAARP+earthquakes
   Tectonic weapons http://www.rense.com/political/weapons/earthqk.htm

Santiago Chile Earthquakes
A carpenter from Chile that I know was in Santiago the day of 2010 earthquake, and witnessed the sky turn blood red at 3AM, as the atmosphere was reacting to the HAARP signals that built up to trigger the earthquake the following day. His first hand report is backed by similar accounts from others.
> wn.com/Chile_earthquake_and_haarp_colors_in_the_sky

"This morning, the socialist President of Chile, Michelle Bachelet, has accused the American Government, of causing the recent earthquakes … "
> worldnewsdailyreport.com/chile-american-haarp … for-recent-earthquake

Do Search Chile Earthquake HAARP

Christ Church 2010
U.S. Homeland Security and FEMA in Christchurch New Zealand day of Earthquake.
> http://uncensored.co.nz/2011/03/04/was-the-christchurch-earthquake-a-terrible-natural-disaster-or-was-it-a-terrible-man-made-disaster/
> http://beforeitsnews.com/earthquakes/2011/06/christchurch-earthquake-a-fake-haarp-weapon-in-play-713807.html

Military exercise the day before NZ earthquake, like every other disaster. See Haiti Southcom exercise article below, day before also.
> http://www.pseudoreality.org/christchurch_earthquake.html
> http://www.exohuman.com/wordpress/2011/02/haarp-fema-and-the-christchurch-quake/

Over a hundred pilot whales beached themselves in New Zealand 48 hours before the 6.3 Earthquake hit Christchurch . This is response to the HAARP frequencies torturing whales
> www.youtube.com/watch?v=KaWYc9Lq4-M

Do these searches, "Christchurch New Zealand tectonic weapons", "Christchurch earthquake HAARP," "Beached whales HAARP New Zealand Earthquake,"

Hugo Chavez Haiti earthquake
> http://www.abc.es/20100119/internacional-/chavez-acusa-provocar-seismo-201001191332.html

Navy exercise same day as Haiti quake http://www.cryptogon.com/?p=13147

Tectonic Weapons Tsunamis
> http://whitewraithe.wordpress.com/2011/03/29/tectonic-warfare-aided-by-haarp-specific-cause-of-japans-311-9-1-earthquake-not-due-to-natural-causes/

Collin Powell, Secretary of State, and Jeb Bush reconnaissance 2004 Tsunami
> http://www.marketwatch.com/story/sec-state-powell-fla-gov-bush-to-visit-tsunami-areas

14 Tip of iceberg on fukashima conspiracy
> www.naturalnews.com/032670_Fukushima_HAARP
> www.israel21c.org/news/israeli-surveillance-at-fukushima-plant/

15 Myanmar Cyclone HAARP just search these words: Pakistan Flood HAARP
> http://www.pakalertpress.com/2010/08/06/pakistan-flood-photos-haarp-fingerprints-found-allover/

16 Matt Simmons suspicious "heart attack"
> http://www.zerohedge.com/article/matt-simmons-has-died-heart-attack

Matt Simmons Exposes BP in an Interview Before His Death
> www.youtube.com/watch?v=bcpKSD-Li0A

17 Suspicious vaccines
> http://www.abovetopsecret.com/forum/thread916892/pg1
> http://www.prisonplanet.com/pandemic-profits-exposed-follow-the-money-on-ebola-fda-and-big-pharma.html
> http://www.secretsofthefed.com/whistle-blower-reveals-big-pharma-corps-profit-lifelong-disease/
> http://www.sodahead.com/united-states/live-avian-flu-virus-placed-in-baxter-vaccine-materials-sent/blog-68815/?link=ibaf&q=live+virus+pharma+profits

18 History of Americam Medical Association, Flexner Commission
> http://hemphealer.wordpress.com/2012/03/01/the-rockefellers-the-flexnor-report-the-ama-and-their-effect-on-alternative-nutritional-botanical-medicine/

19 Introduction to smart meter dangers
    http://www.cellphonetaskforce.org/?page_id=389
    also www.bioinitiative.org

20 Problem-Reaction-Solution – David Icke illustrates
    http://vimeo.com/29561138
    www.youtube.com/watch?v=iEz5fQ_Pm-g

21 *Pawns in the Game:* William Guy Carr
    www.gofindpdf.com/pdffiles/pawns-in-the-game-pdf-download.html
    Please do Search "Illuminati French Revolution"

22 Ukraine protests engineered by West
    http://www.youtube.com/watch?v=SEcZFgSnVP0Do
    also search at website Globalresearch.ca for Ukraine

23 Secret recordings at Federal Reserve
    http://thinkprogress.org/economy/2014/09/28/3573141/segarra-recordings-elizabeth-warren-hearing/

Chapter 2: All the Man's Kings

24 Many histories, here are two more …
    http://greatgameindia.wordpress.com/2013/04/14/the-rothschild-colonization-of-india/
    http://www.theforbiddenknowledge.com/hardtruth/the_rothschild_bloodline.htm

25 George Washington letter Library of Congress
    http://memory.loc.gov/cgi-bin/query/r?ammem/mgw:@field%28DOCID+@lit%28gw360395%29%29
    http://thecounterpunch.hubpages.com/hub/Georges_Washington_did_acknowledge_the_Doctrines_
        of_the_Illuminati_was_spreading_in_United_States

26 Ben Franklin questions
    http://judeo-masonic.blogspot.com/2010/02/3a-american-revolution-addendum.html

27 http://judeo-masonic.blogspot.com/2010/02/4-adam-weishaupt-and-bavarian.html
    http://projectavalon.net/forum4/showthread.php?52886-The-Bavarian-Illuminati-Jesuit-Adam-
        Weishaupt
    This dispute is not one I sort out in this book. There are those who argue the Vatican controls
    Rothschilds, and those who argue the other way.

28 Jack Ruby Speaks
    http://www.youtube.com/watch?v=9zd4r4O0o_Y also
    http://jfkmurdersolved.com/ruby.htm

29 Buffet, Schwarzenegger, Rothschild Manor
    http://www.indybay.org/newsitems/2007/12/02/18464823.php
    The source of this article was "by NEW WORLD ORDER Sunday Dec 2nd, 2007 7:08 PM" however
    I could not find out where or who this was. But most of the information checked out with other
    sources. Some people think that if they can't find information in their own language on the internet,
    then it isn't true. There is more information in other languages, than English. Also, it is dangerous
    to be a whistleblower and source may not want to disclose themselves. I am not happy with this
    entree, because the writer gave no references, but I feel it is true. This is an entree that is borderline
    for me. Not as solid as other history, but just barely solid enough.

30 History of Rothschild Anti-defamation League. Definitely *Globalization* you won't get in school.
    June 27, 1994
    http://www.theforbiddenknowledge.com/hardtruth/adl_1.htm

31 The Great American Adventure by Judge Dale
    www.scribd.com/doc/95392318

32 The 1999 Shelby Tennessee trial that exonerated James Earl Ray in death of Martin Luther King
    http://www.afterenlightenment.net/control_mlk.htm

33 Bill Gates was placed. See more end of Chapter 6.

"In a lengthy interview with Bill Moyers released today, Microsoft billionaire Bill Gates reveals the inspiration for his funding of pro-abortion population control measures. Responding to a question by Moyers on how he came to fund "reproductive issues" Gates answered, "When I was growing up, my parents were always involved in various volunteer things. My dad was head of Planned Parenthood …" May 9, 2003 – LifeSiteNews.com
Youtube of Gates with Moyer making statement above
https://www.youtube.com/watch?v=EZ6mjx4J7dM
https://www.lifesitenews.com/news/bill-gates-planned-parenthood-president-dad-inspired-pro-abort-funding
Gates Foundation support of *indigenous* destruction
http://www.naturalnews.com/035105_Bill_Gates_Monsanto_eugenics.html#
Bill Gates supports geo-engineering
http://www.theguardian.com/environment/2012/feb/06/bill-gates-climate-scientists-geoengineering
Bill Gates and Sterilization
http://strangerz1989.wordpress.com/2014/03/13/the-hidden-agenda-of-bill-gates-part-b/

34 Apple Inc. hides safety warning, May 12, 2012
http://consumers4safephones.com/apple-warns-customers-to-never-use-or-carry-an-iphone-in-your-pocket/

35 Kissinger the Pedophile
http://waronyou.com/topics/bob-chapman-henry-kissinger-and-the-bushes-are-famous-pedophiles/
http://www.kycbs.net/Kissinger-of-Death.htm

Chapter 3: The Mask Comes Off

36 Rockefellers – Andrew Gavin Marshall
http://www.globalresearch.ca/bilderberg-2011-the-rockefeller-world-order-and-the-high-priests-of-globalization/25302

37 http://colorrevolutionsandgeopolitics.blogspot.com/2011/09/act-one-of-cias-arab-spring-lebanons.html
also Color revolutions
http://ronpaulinstitute.org/archives/featured-articles/2014/february/19/invasions-of-the-mind-snatchers.aspx

38 Do internet search "Kissinger Allende Chile." Many articles.

39 Operation Condor CIA Kissinger, South America
http://www2.gwu.edu/~nsarchiv/NSAEBB/NSAEBB125/index.htm
http://www.latinamericanstudies.org/chile/operation-condor.htm
http://www.globalresearch.ca/operation-condor-campaign-by-us-backed-latin-american-dictators-to-hunt-down-torture-and-murder-tens-of-thousands-of-opponents/5325695

40 Do internet search "Assassination of John Kennedy Jr" on YouTube.
Twenty-two Congressman killed in air crashes
http://www.fromthewilderness.com/free/ww3/110102_wellstone.html

41 www.globalresearch.ca/controlling-the-global-economy-bilderberg
Also Engdahl … Proof Bilderberg Meeting >Yom Kipper war >oil
shockwww.takeoverworld.info/pdf/Engdahl__Century_of_War_book.pdf Page 130

42 Andrew Gavin Marshall
http://www.globalresearch.ca/controlling-the-global-economy-bilderberg-the-trilateral-commission-and-the-federal-reserve/14614

43 FBI surveillance of Nelson Mandela
http://www.nydailynews.com/news/national/fbi-spied-nelson-mandela-u-s-trip-report-article-1.1809078

44 Gandhi Appendicitis without anesthetics. Gandhi Chapter in *Autobiography of a Yogi,* Paramhansa Yogananda. I also read that President Garfield who was shot, had bullet removed with out anesthetics, but he died anyway.

Chapter 4: Entitlement, the Bad Boy

45 See my essay on the "Australian 2007 Intervention" under Tab "Essays, Letters" at
     www.Lipstick-stick-and-war-crimes.org

46 Senator Wellstone assassination
     http://www.alternet.org/story/14399/was_paul_wellstone_murdered/
     The assassination of John Kennedy Jr.
     http://www.youtube.com/results?search_type=&search_query=the%20assassination%20of%20jfk%20jr

47 Fake swine flu
     http://www.cbsnews.com/news/swine-flu-cases-overestimated/
     http://articles.mercola.com/sites/articles/archive/2009/11/24/Superstar-CBS-Reporter-Blows-the-Lid-Off-
     the-Swine-Flu-Media-Hype-and-Hysteria-.aspx
     http://beforeitsnews.com/2012/2014/04/what-really-happened-to-cbs-news-investigative-   reporter-
     sharyl-attkisson-2450498.html
     http://www.naturalnews.com/036317_CDC_Swine_Flu_death_estimates.html

48 WHO changes definition of pandemic to now be meaningless. At any time a pandemic requiring
     martial law can be declared
     http://www.spiegel.de/international/world/interview-with-epidemiologist-tom-jefferson-a-whole-
     industry-is-waiting-for-a-pandemic-a-637119.html

49 Vaccines cause 145,000 child deaths in 20 years
     http://www.naturalnews.com/038812_vaccines_childhood_deaths_toxic_chemicals.
     html##ixzz2vgOnDL2c

50 Experimental vaccines troops
     http://www.brasscheck.com/videos/iraq/iraqwar14.html

51 RFID chips Obamacare
     www.healthcarevideosite.com/proof-rfid-microchip-is-in-obama-health-care.html

52 Proof of RFID chips in Obamacare. www.fda.gov., www.sodwahead.com,
     http://www.youtube.com/watch?v=rsbgqTCS9ZQ#t=79

53 Wyoming children chipped
     nationalreport.net/wyoming-school-implant-rfid/

54 RFID with breast implant
     www.infowars.com/rfid-microchips-to-be-embedded-in-breast-implants/

55 Billions seen as bottom of economic pyramid BOP
     http://www.wri.org/publication/next-4-billion

56 Amnesty international destabilization agent
     http://www.youtube.com/watch?v=SEcZFgSnVP0

Chapter 6: The Ocean is Broken

57 Article by Greg Ray
     www.theherald.com.au/story/1848433/the-ocean-is-broken/

58 Geoengineering videos
     http://www.geoengineeringwatch.org/
     What in the World are They Spraying 98 minute
     www.youtube.com/watch?v=jf0khstYDLA
     Why in the World are They Spraying video
     www.whyintheworldaretheyspraying.com
     Look up award winning video
     http://www.skyderalert.com/

59 Vincent Freeman Chemical Pathogens, April 4, 2014
     http://www.redicecreations.com/radio/2014/04/RIR-140404.php

60 A list of *sanctioned diseases*
The original article is no longer online that I wanted to cite. Here are some others.

Cholera brought to Haiti, Lyme Disease, Sars, Crohns disease.
http://forum.prisonplanet.com/index.php?topic=194876.0
http://nstarzone.com/LYME.html
http://rense.com/general69/lyme.htm
http://socioecohistory.wordpress.com/2014/06/30/jim-willie-mers-is-a-bio-weapon-attack-against-the-saudis-sars-was-a-bio-weapon-attack-against-the-chinese/
http://israelect.com/reference/WillieMartin/AIDS.htm
http://exploitationnation.blogspot.com/2007/11/crohns-disease-conspiracy.html

Gum disease, FDA suppression, Radiation
http://articles.mercola.com/sites/articles/archive/2001/07/25/dentist.aspx#!
http://www.robertbarefoot.com/p-17-the-disease-conspiracy-the-fda-suppression-of-cures.aspx
http://agreenroad.blogspot.com/2013/08/hanford-and-multiple-secret-green-runs.html
http://enenews.com/they-lied-to-us-radiation-release-comparable-to-chernobyl-total-core-meltdown-in-all-3-reactors-worst-industrial-catastrophe-in-world-history-cnn-video

61 Fluoride in drinking water
http://canadianawareness.org/2012/03/water-fluoridation-directly-linked-to-eugenics/

62 Ebola article from The Common Sense Show, Dave Hodges
http://www.thecommonsenseshow.com/2014/09/17/the-cdc-nih-bill-gates-own-the-patents-on-existing-ebola-related-vaccines-mandatory-vaccinations-are-near/

63 It's all scripted Ebola article Natural News
http://www.naturalnews.com/046946_ebola_outbreak_vaccines_patents.html

64 Inventor of vaccines, Dr. Salk denounces polio vaccines as causing more polio
http://vaxtruth.org/2012/03/the-polio-vaccine-part-2-2/

65 Microsoft gene targeting software
http://www.naturalnews.com/034848_Microsoft_Merck_eugenics.html#ixzz3Ffyccthd

66 Anne Hendershott quote on Bill and Melinda Gates
http://catholicexchange.com/168244

67 Hidden Agenda of Bill Gates – Part B
http://strangerz1989.wordpress.com/2014/03/13/the-hidden-agenda-of-bill-gates-part-b/
https://www.lifesitenews.com/news/a-mass-sterilization-exercise-kenyan-doctors-find-anti-fertility-agent-in-u

68 Gates Nano fibers deliver contraceptive and HIV drugs
http://preventdisease.com/news/12/120712_Bill-Gates-Awards-Researchers-Development-Electrically-Spun-Cloth-Deliver-Contraceptive-HIV-Drugs.shtml

Chapter 7: Just Look in the Mirror

69 Video worth watching "Man in the Mirror" Michael Jackson. In video Jackson didn't understand that FDR was placed.
http://www.youtube.com/watch?v=lVlY6q6_QfQ

70 Proprietary software tracking school children
http://www.politico.com/story/2014/05/data-mining-your-children-106676.html

71 Excellent article on Native American children
http://www.dailykos.com/story/2013/04/14/1200994/-Native-schools-and-stolen-generations-U-S-and-Canada

72 Book *Who Stole Feminism?: How Women Have Betrayed Women* by Chistina Hoff Sommers

73 Occult background of Isis
http://illuminatusobservor.blogspot.com/2008/04/isis-and-osiris-foundation-to-western.html#axzz3Bmr7O7zd

74 Howard Hughes bought the rights to Broadway show *Philadelphia* for Katherine Hepburn, which she sold at a profit and with terms benefitting her career. Once again Wikipedia leaves out the important truth: "Hepburn masterminded her own comeback, buying out her contract with RKO Radio Pictures and acquiring the film rights to *The Philadelphia Story*." She masterminded nothing. The money came from Hughes. So much for an "independent" feminist.

Chapter 8: Shamelessness and the Big Eye

75 See minute 3:45 of this video. You will see also that the words, "I'm not rag doll" in song align with Simon Cowell calling her a puppet the week before, so here she proves she is no puppet, she is the real thing, a real rag doll, a real puppet, doing whatever she is told to do. The words go directly against her pornographic gesturing, making the words *doublespeak*.
http://www.youtube.com/watch?v=Yr6w9qJFiJM

76 NASA scientists letter, global warming is bad science
http://climatism.wordpress.com/2014/02/02/former-nasa-scientists-reject-global-warming-crisis/
http://www.inquisitr.com/1234575/nasa-scientist-global-warming-is-nonsense/

77 Education is now *social engineering*, based on screened "facts."
http://www.crisismagazine.com/2013/the-ambitions-of-bill-and-melinda-gates-controlling-population-and-public-education

78 First compulsory elementary schools
http://wiki.mises.org/wiki/Public_education#Prussia

79 Deadly Monsanto Roundup
http://www.naturalnews.com/035050_Roundup_Monsanto_DNA.html#
http://www.scientificamerican.com/article.cfm?id=weed-whacking-herbicide-p
http://www.naturescountrystore.com/roundup/

80 Madonna tired of "right and wrong."
http://truthadvocate.wordpress.com/2011/09/03/the-power-of-music-part-4/

81 Madonna Stats
http://www.celebritiesgirl.com/2013/06/queen-of-pop-madonna.html

82 Hillary Clinton bi-sexual

Cathy O'Brien Testimony

A) Includes Corroborating evidence
www.bibliotecapleyades.net/sociopolitica/sociopol_mindconMKULTRA01.htm

B) Sex: Hilary Clinton and Cathy O'Brien blogspot.com
dutroux.blogspot.com/2008/01/hilary-clinton-and-cathy-obrien.html

C) Cathy's Assault by Hillary Scribd
www.scribd.com/doc/63957893

D) Hillary Clinton witness of mutilation of Cathy O'Brien's vagina Page 2
www.godlikeproductions.com/forum1/message1186955/pg2

Gennifer Flowers Testimony
http://www.dailymail.co.uk/news/article-2424555/Bill-Clintons-mistress-Gennifer-Flowers-Wed-today-wasnt-Chelsea.html
http://1984arkansasmotheroftheyear.blogspot.com/2012/02/bill-clinton-confirms-it-hillary-is.html

83 English paedophilia https://www.youtube.com/watch?v=NkudWCm_rGU

84 YouTube of Britain's Got Talent Show 2013 with Jennifer Lopez
http://www.youtube.com/watch?v=Sx0g9BZFZUQ
http://www.ukcolumn.org/forum/childrens-issues/elite-pedophilia-ring-private-network-exposed-groucho-club-more-cover-ups

85 Elton John thinks Jesus was homosexual.
    http://newsbusters.org/blogs/noel-sheppard/2010/02/21/elton-john-blames-parade-mag-his-jesus-was-gay-comment

86 40% homosexuals at Disney, bottom of page.
    http://theconspiracyzone.podcastpeople.com/posts/32979

87 Knights of Malta
    http://www.zengardner.com/u-s-military-holy-crusade-uncovered/
    http://aftermathnews.wordpress.com/?s=malta+blackwater
    http://redicecreations.com/article.php?id=23716
    http://vaticannewworldorder.blogspot.com/2012/02/knights-of-malta-are-militia-of-pope.html
    http://aftermathnews.wordpress.com/2011/02/28/seymour-hersh-targeted-matthew-phelan-writes-on-the-fallout-from-his-exposure-of-the-knights-of-malta-conspiracy/
    http://aftermathnews.wordpress.com/2007/10/01/blackwater-knights-of-malta-in-iraq/

Chapter 9: In Your Own Home

88 2012 Grammy Awards as satanic ritual. (Whitney Death is covered more in Chapter 10.)
    http://vigilantcitizen.com/musicbusiness/whitney-houston-and-the-2012-grammy-awards-mega-ritual/

89 2002 – Whitney Houston Exposes the Illuminati
    https://www.youtube.com/watch?v=J9TS7ss7exg

90 Why The Illuminati Killed Robin Williams Conspiracy EXPOSED (Final Cut)
    https://www.youtube.com/watch?annotation_id=annotation_299510355&feature=iv&src_vid=lPZCy6G03Tc&v=b-nvpgRk5to#t=6m

91 Ibid

92 Privately owned prisons
    http://www.nationofchange.org/truth-about-private-prison-contracts-1348147617

93 Slave labor http://finance.yahoo.com/blogs/daily-ticker/top-5-secrets-private-prison-industry-163005314.html

Chapter 10

94 See Cseti.org, that U.S. Government has spent vast resources for at least 60 years to set up a very high tech "War of the World's" stage show using actual flying saucers the U.S. Military has had, for decades, even manufactured biological entities, which along with EMF and use of drugs could convince any population it is real enemy, the last straw false flag attack.
    https://www.youtube.com/watch?v=H0z4U5_7BBQ&t=48

    This is what Reagan was eluding to in a 1987 UN speech
    https://socioecohistory.wordpress.com/2010/08/23/president-ronald-reagans-1987-speech-about-ufo-alien-invasion-at-united-nations/

    But Reagan was just repeating what John Dewey said in 1917.
    https://www.youtube.com/watch?v=LBzHIm4FcUY

95 James Perloff
    http://www.thenewamerican.com/culture/history/item/12338-trial-run-for-interventionism

96 Emma Goldman

    "In violent opposition to all this sphere of Jewish effort rise the schemes of the International Jews. The adherents of this sinister confederacy are mostly men reared up among the unhappy populations of countries where Jews are persecuted on account of their race. Most, if not all, of them have forsaken the faith of their forefathers, and divorced from their minds all spiritual hopes of the next world. [True] This movement among the Jews is not new. From the days of Spartacus-Weishaupt to those of Karl Marx, and down to Trotsky (Russia), Bela Kun (Hungary), Rosa Luxembourg (Germany), and **Emma Goldman (United States),** this world-wide conspiracy for the overthrow of civilisation and for the reconstitution of society on the basis of arrested development, of envious malevolence, and impossible equality, has been steadily growing. It played, as a modern writer, Mrs. Webster, has so ably shown, a definitely recognisable part in the tragedy of the French Revolution. It has been the mainspring of every subversive movement during the Nineteenth Century; and now at last this band of extraordinary personalities from the underworld of the great cities of Europe and America [NYC with aid of Jacob Schiff] have gripped the Russian people by the hair of their heads and have become practically the undisputed masters of that enormous empire."

– from article by Winston Churchill the *cutout,* in which he wrongly differentiates Zionism and Bolshevism, which I have shown in Chapter 2 to have been initated and funded by same source. The International Bankers, meaning the Roth-efellers, funded Zionism.

http://library.flawlesslogic.com/ish.htm

97 A very good history of the Spanish American War and the rise of the Globalists in America by Ajit Vadakayil, however, very poorly documented.
http://ajitvadakayil.blogspot.com/2012/10/explosion-on-ss-maine-grooming-of.html

98 Monroe Doctrine
www.u-s-history.com/pages/h255.html

99 School of Americas
http://www.thenation.com/blog/teaching-torture-updated100

100 Funding the Spanish American War
http://www.infowars.com/10-false-flags-operations-that-shaped-our-world/

101 American atrocities in Philippines
http://www.scribd.com/doc/98382109/The-Philippine-American-War#scribd

102 School of Assassins
http://www.informationclearinghouse.info/article13436.htm

103 NATO supplied Libyan terrorists are shipped to Syria and called "rebels."
http://landdestroyer.blogspot.com/2012/08/libyan-terrorists-are-invading-syria.html
http://www.infowars.com/natos-slow-genocide-in-libya-syria-is-next/
http://www.globalresearch.ca/americas-global-war-on-terror-al-qaeda-and-the-islamic-state-isis/5434057

104. Ibid 103

Glossary

105 Jackie Robinson   Robinson, along with singer Harry Belafonte and actor Sidney Poitier, were supporters of the CIA-linked African American Students Foundation that financially backed Obama Sr.'s (Barack's father) scholarship in Hawaii. Page 14, *The Manufacturing of a President,* must read book by Wayne Madsen.

106 55,000 special ops overseas
http://www.defense.gov/news/newsarticle.aspx?id=53048

107 Obvious *predictive programming* demonstrated as evidence in the planned murder of Robin Williams

"Why The Illuminati Killed Robin Williams Conspiracy EXPOSED (Final Cut)" by Vigilant Christian
https://www.youtube.com/watch?annotation_id=annotation_299510355&feature=iv&src_vid=lPZCy6G03Tc&v=b-nvpgRk5to#t=6m

108 *Rockefeller Secondary to Rothchilds* by Eustace Mullins, 2008
http://www.truedemocracy.net/hj32/21.html

109 Fats in food
http://healthoracle.org/downloads/F/Fats%20that%20damage%20the%20entire%20body.pdf

Fin de Capítulos 1 a 10

Esto concluye la versión del Concurso de Ensayo de *Lápiz labial y crímenes de guerra*. El libro completo tiene 17 capítulos más.

Más adelante conoceremos a Beyonce y su satánico esposo Jay-Z; conoceremos a Shakira, Taylor Swift, Nichole Kidman, Enrique Iglesias, Usher, Justin Beiber, One Direction, Drake Rihanna, Carrie Underwood, Teddy Roosevelt, Senator Ted Cruz, Nicole Scherzinger,

Gary Barlow, William Randolph Hearst, Will Smith, Allen Dulles, Pharrell Williams y muchos más peones del juego. También conoceremos héroes como Michael Jackson, Michael Hasting, Joan Baez, Bradley (Chelsea) Manning, Salvador Allende, Catherine Austin Fitts, Pete Seeger, Makana, Richard Larry, quien renunció al USS Liberty, y muchos otros más.

Luego exploraremos el significado de heroísmo y el falso heroísmo, la tragedia enferma de la "vanidad desconectadora" y el significado vital de conexión. Examinaremos dónde estamos parados como personas (no "un pueblo", sino individuos que son responsables) que viven en una civilización en la que ya no podemos creer.

¿Recuerdas el pez en la imagen de la página 16? Este libro fue escrito como un círculo. Por favor lee lo que el pez está diciendo en esa imagen otra vez. Mostraré en el resto del libro que lo que nos han presentado como NOTICIAS es una serie infinita de mentiras, tan increíbles, que te pondrás a un lado de la sociedad como la conoces y verás esa imagen como una búsqueda muy personal. Tan mal como se ve todo, recuerda, la razón por la que no nos gusta el engaño es porque la naturaleza humana es amor. Simplemente tenemos que despertar a la responsabilidad de esa verdad.

Por favor, ahora lee el glosario y vuelve a leer el libro otra vez, porque aquí hay mucha información que antes no habías recibido. Puedes usar las palabras claves de cualquier oración que he escrito para realizar tus propias búsquedas, que es esclarecedor.

Gracias por tomarte el tiempo de educarte con la globalización que no recibiste en la escuela. Por favor compra el libro impreso sin ánimo de lucro como un regalo para tus amigos y familia. Puedes comprarlo en un costo al por mayor en Lapiz-Labial-Y-Crimenes-De-Guerra.com

Puedes ganar dinero promocionando el concurso de ensayo en tu universidad o universidades en tu área. Esto con el fin de generar entusiasmo y ayudar a crear un momento crítico de elección informada. Por favor mira la página web Lapiz-Labial-y-Crimines-de-Guerra.Com para conocer las bases del concurso y recibir un pago para organizar un concurso en tu área.

Esta es tu vida. Tómala seriamente. Hay una vida después de la muerte. Tú estás en una senda espiritual infinita y la purificación es el buen camino que vale tu energía y enfoque. Elige la calidad. Conoce el silencio. Visita la naturaleza. Vuélvete hábil con las manos. Olvida los dulces y fortalécete.

Muchas gracias,

Ray Songtree

P.S. ¡Y no olvides el amor!

Avances de la Parte Dos

Estas son algunas imágenes de la parte dos de Lápiz Labial y Crímenes de Guerra.

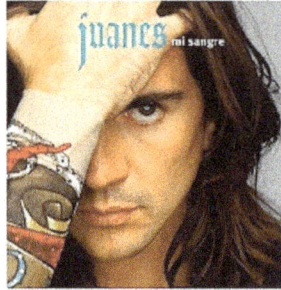

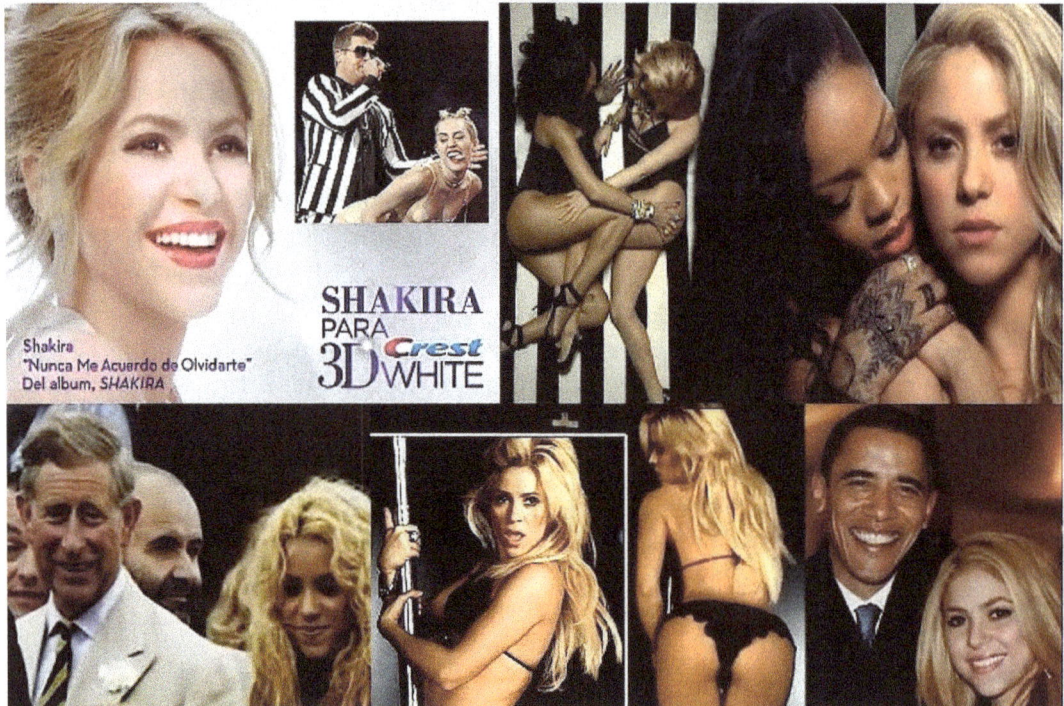

Concejal de Bogotá pide vetar nuevo video de Shakira

febrero 3, 2014

El cabildante calificó el video de "sencillamente asqueroso".

Foto: El Espectador

463
f share

63

0

1

1474
f like

El llamado 'concejal de la familia', el cabildante del movimiento político **Opción Ciudadana, Marco Fidel Ramírez** adelanta una campaña que tiene como objetivo vetar el más reciente video de **Shakira** por considerarlo "sencillamente asqueroso", "inmoral" y una "una descarada apología al lesbianismo".

Por medio de un comunicado de prensa, Ramírez advirtió que solicitará a la **Autoridad Nacional de Televisión** prohibir "la transmisión del video en los canales nacionales".

Shakira - Can't Remember to Forget You ft. Rihanna

Grupo del Banco Mundial   Portada • Mapa del sitio • Índice • Preguntas frecuentes • Contactos

Quiénes somos   Países   Datos e Investigación   Aprendizaje   Noticias   Proyectos y operaciones   Publicaciones   Temas

América Latina
y el Caribe

Buscar   América Latina

Portada > Regiones y países > América Latina y el ... > Shakira y el Banco Mundial crean alianza...

• English

⊞ Panorama general

⊞ Datos y estadísticas

⊞ Publicaciones e informes

⊞ Proyectos y programas

⊞ Temas de desarrollo

⊞ Centros de Información Pública

⊞ Aprendizaje

⊞ Resultados

⊞ Participe

Recursos para

▶ Acceso a la Información

▶ Estudiantes y escuelas

▶ Oportunidades de trabajo y becas

▶ Adquisiciones/ Licitaciones

▶ Boletín del Banco Mundial

▶ Guía de recursos especializados

▶ Contactos

▶ Parlamentarios

▶ Periodistas (i)

▶ Centro de información en línea para la prensa (i)

Shakira y el Banco Mundial crean alianza para ayudar a los niños de América Latina

Disponible en: العربية, English, 中文, Français

WASHINGTON DC, 22 de febrero de 2010 - Los niños latinoamericanos se convirtieron en protagonistas este lunes tras el lanzamiento de una iniciativa conjunta de la aclamada artista Shakira y el Banco Mundial para ampliar y promover programas claves para el desarrollo de la infancia.

Shakira y el presidente del Banco Mundial, Robert B. Zoellick, anunciaron un plan de US$ 300 millones –'**Iniciativa para la primera infancia: Una inversión de por vida**'- para proveer asistencia financiera y técnica dirigida a respaldar la implementación de programas de Desarrollo Infantil Temprano (DIT) en América Latina y el Caribe, durante una ceremonia llevada a cabo en la sede del Banco Mundial en Washington DC. El emprendimiento también creará una comunidad de aprendizaje de expertos para que intercambien conocimientos y experiencias.

Shakira y el Banco trabajarán conjuntamente, bajo una sociedad recientemente creada – llamada "Iniciativa para la primera infancia: Una inversión de por vida", para incrementar la concientización respecto a la importancia de los programas DIT, a la vez que promueven la adopción de dichas iniciativas en beneficio de millones de niños latinoamericanos que carecen de servicios básicos.

Los programas DIT proporcionan a los niños una adecuada nutrición, cuidados de salud y ambientes estimulantes desde el momento de la concepción hasta la edad de seis años, un período de su desarrollo que es crucial para que los niños alcancen su máximo potencial. Según cálculos del Banco Mundial, 9 millones de niños menores de cinco años sufren de desnutrición crónica, y 22 millones carecen de atención médica temprana en la región.

Dirigiéndose a más de 300 invitados locales, incluyendo representantes de gobiernos y organizaciones internacionales, y a una audiencia global de miles de personas conectadas a través de Internet, Zoellick argumentó que la inversión en DIT no sólo era el paso correcto para mejorar el estado de los niños pobres, sino que también "era lo más inteligente".

"Las inversiones tempranas son rentables porque significan que más niños se quedan en la escuela, obtienen mejores calificaciones y se alejan de los problemas. Asimismo, los niños saludables son más productivos una vez que se convierten en adultos", dijo Zoellick durante la ceremonia de firma del acuerdo de asociación entre la Fundación ALAS de Shakira, el Earth Institute de la Universidad Columbia y el Banco Mundial.

Información relacionada

Artículos

› Shakira y Banco Mundial lanzan iniciativa de USD 300 millones para la Primera Infancia en América Latina y el Caribe

› Banco Mundial y cantante Shakira unen fuerzas por la niñez latinoamericana

› Programas de desarrollo en la primera infancia ofrecen soluciones efectivas de bajo costo

Investigación

› La promesa del desarrollo en la primera infancia en América Latina y el Caribe (pdf)

› Ampliando la calidad y acceso a educación temprana en Chile (ppt)

› Evidencia internacional sobre políticas de la Primera Infancia que estimulen el desarrollo infantil (pdf)

› Ficha técnica DIT (pdf)

› Incrementar el aprendizaje estudiantil en América Latina (pdf)

Videos

› Shakira, Banco Mundial lanzan iniciativa por la infancia

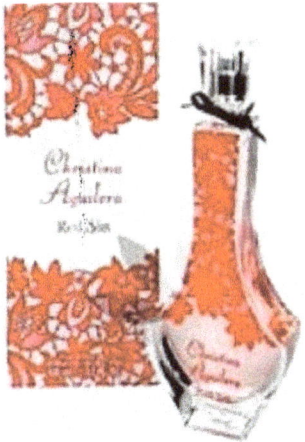

Christina Aguilera, pecado rojo

Shakira, ¿Cual colgante?

Jennifer Lopez, ¿Brújula moral?

Katy Perry, ¿Exhibicionista cristiana?

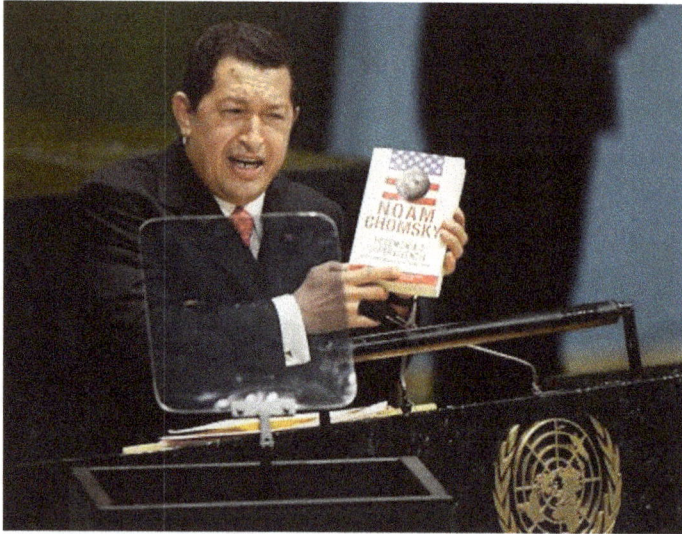

Varios líderes latinoamericanos han muerto de cáncer. ¿Fueron asesinados por armas de alta tecnología electro-magnética? Cuando Chávez fue secuestrado, ¿estaba envenenado?

Cargador de Flores, Diego Rivera, 1935

www.ingramcontent.com/pod-product-compliance
Lightning Source LLC
Chambersburg PA
CBHW081143020426
42333CB00021B/2648